高等学校电子商务专业系列教材

E—COMMERCE LOGISTICS MANAGEMENT

电子商务物流管理

（第四版）

主　编　张　铎
副主编　张秋霞　刘　娟

高等教育出版社·北京

内容简介

本书是高等学校电子商务专业主要课程教材。本书在第三版的基础上，结合近年来国内外电子商务与现代物流理论与实践的发展，做了较大篇幅的修订和拓展。

全书共分 8 章，内容包括：电子商务与物流的关系、物流基础理论、物流模式、新型物流、物流管理、物流信息技术、物流信息管理和供应链管理方法。

本书还通过二维码链接了拓展资源，有利于学生利用移动互联网拓展学习。

本书可作为电子商务专业本科教材，也可供从事电子商务或物流管理理论研究与实践工作的人员参考。

图书在版编目(CIP)数据

电子商务物流管理／张铎主编. --4 版. --北京：高等教育出版社，2019.5（2025.4 重印）

ISBN 978-7-04-051873-3

Ⅰ.①电… Ⅱ.①张… Ⅲ.①电子商务-物流管理-高等学校-教材 Ⅳ.①F713.365.1

中国版本图书馆 CIP 数据核字(2019)第 081231 号

Dianzi Shangwu Wuliu Guanli

策划编辑 曾飞华　　责任编辑 曾飞华　　封面设计 李小璐　　版式设计 张 杰
插图绘制 于 博　　责任校对 李大鹏　　责任印制 张益豪

出版发行	高等教育出版社	网　　址	http://www.hep.edu.cn
社　　址	北京市西城区德外大街 4 号		http://www.hep.com.cn
邮政编码	100120	网上订购	http://www.hepmall.com.cn
印　　刷	唐山嘉德印刷有限公司		http://www.hepmall.com
开　　本	787mm×1092mm　1/16		http://www.hepmall.cn
印　　张	25	版　　次	2002 年 1 月第 1 版
字　　数	500 千字		2019 年 5 月第 4 版
购书热线	010-58581118	印　　次	2025 年 4 月第 5 次印刷
咨询电话	400-810-0598	定　　价	55.00 元

物 料 号　51873-00

第四版前言

在经济发展和互联网技术不断成熟的背景下,电子商务以突飞猛进的态势向前迈进。电子商务与其他行业融合,推动服务业转型升级,催生新兴业态,成为提供公共产品、公共服务的新力量,成为经济发展新的原动力。同时,我国电子商务与快递物流协同发展不断深入,推进了快递物流转型升级、提质增效,促进了电子商务快速发展。《国务院关于大力发展电子商务加快培育经济新动力的意见》《国务院办公厅关于促进跨境电子商务健康快速发展的指导意见》《国务院办公厅关于推进电子商务与快递物流协同发展的意见》等众多政策文件都体现了国家对电子商务与物流发展的重视。

为了紧跟时代的发展,充分反映电子商务和物流实践与研究领域的新发展、新成果,满足教学需求,我们在第三版基础上对教材进行了较大幅度的修订。

本次修订主要增加了以下内容:先进物流设施设备、物流联盟、物流中心与园区、城市物流、冷链物流、单元化物流、云计算与大数据、区块链与产品追溯、供应商管理库存及供应链协同网络服务。同时,我们对某些章节的结构和内容做了调整,使本书条理更加清楚。

第四版教材更加注重时代性、实践性与实用性,将电子商务物流管理相关知识与当前社会热点、国家政策与企业需要密切联系,使读者了解行业发展方向与动态,掌握企业电子商务物流管理所需技能和方法,提高企业的核心竞争力。同时,本教材加强对信息化、网络化知识的介绍和普及,使读者更好地适应科技发展对学习、工作和生活带来的变革,提高接受、适应、掌握新鲜事物的技能,养成终身学习的人生态度。

本次修订由北京交通大学物流标准化研究所所长、21 世纪中国电子商务网校校长张铎负责。北京交通大学和 21 世纪中国电子商务网校的以下教师参加了本次修订工作:张秋霞、刘娟、刘睿智、田金禄、葛腾、侯鹦哥、李娜、刘梦晗、潘情情、徐玉桐、刘京祥、汪凡等。本次修订工作得到了众多专家学者的指导,他们为本教材提出了许多具体的意见,极大地提高了本教材的科学性、时效性,在此向以下专家学者致谢:中国物品编码中心主任张成海,中国物品编码中心技术部主任李素彩,中国电商物流产业联盟常务副会长兼秘书长干为,阿里巴巴集团副总裁(公共事务)邢悦,阿里巴巴研究院电子商务物流专家粟日、中国电商物流产业联盟李娅姗,中国外运股份有限公司信息管理部高级经理、北京网路畅想科技发展有限公司首席技术总监孙佐,中国通关网 CEO、21 世纪中国电子商务网校副校长战复东。

本教材还配有网络课程,读者可以通过 21 世纪中国电子商务网校(http://

www. ec21cn. org)学习。

在本教材的编写中,作者借鉴了国内外许多专家学者的学术观点,参阅了许多报刊媒体和网站的报道资料,在此特别鸣谢。

由于时间仓促和水平所限,书中难免有不妥之处,敬请读者批评指正。

编者

2018 年 12 月

第三版前言

近年来,我国电子商务与现代物流一直保持着高速发展的态势。国家对电子商务与现代物流的发展给予了高度重视,特别是在一系列国家纲领性文件中不断重申发展电子商务与现代物流的重要性并做了一系列的部署:《国务院办公厅关于加快电子商务发展的若干意见》,《中华人民共和国国民经济和社会发展第十一个五年规划纲要》,中共中央办公厅、国务院办公厅印发的《2006—2020年国家信息化发展战略》,国家发展和改革委员会、国务院信息化工作办公室联合发布的我国首部《电子商务发展"十一五"规划》,国务院发布的《物流业调整和振兴规划》等。电子商务与物流管理的人才培养显得尤为重要。

《电子商务物流管理》作为我国高等院校电子商务专业的教材投入使用九年来,收到了很好的效果。为了能够准确把握时代的脉搏,与时俱进,我们对教材不断地进行了修改、补充、完善,以保证教材的新颖性和先进性。作者自1998年起就开始在高校讲授电子商务课程,并具有在多家国内外电子商务企业任职的经历,积累了丰富的理论和实践经验,这在本教材中得到了充分的体现。

在第三版教材中,作者适时地增加了如下内容:国家物流产业振兴规划、电子商务物流服务平台、物流标准化、畅想供应链管理系统与实验指导以及物联网技术与发展。与前两版相比,新增和调整内容较多,更能适应我国电子商务物流管理人才培养的需要。

第三版教材更加强调理论联系实际,系统性强,将电子商务与物流管理有机地结合在一起,通过供应链管理理论和策略,运用物流信息技术与物流信息管理,实现物流、信息流的一体化管理,并结合大量的最新案例和模拟实验,以使学生学到实际有用的知识,掌握一定的技能,从而提高理论联系实际的能力。

第三版教材由北京交通大学物流标准化研究所所长、21世纪中国电子商务网校校长张铎主编。北京交通大学和21世纪中国电子商务网校的以下教师参加了第三版的编写工作:寇贺双、刘娟、李维婷、李锦川、汤斌、汪凡、薛卫星、赵广顺、刘京祥等。第三版教材的光盘和网络课程由北京网路畅想科技发展有限公司设计制作,读者可以通过21世纪中国电子商务网校(http://www.ec21cn.org)学习。第三版教材由北京交通大学物流研究院副院长、博士生导师王耀球教授审定。

在本教材的编写中,作者借鉴了国内外许多专家学者的学术观点,参阅了许多报刊媒体和网站的报道资料,在此特别鸣谢。

由于时间仓促和水平所限,书中难免有不妥之处,敬请读者批评指正。

编者

2010 年 10 月

第二版前言

目前,国内同类教材不少,但这些教材大多或是单一侧重电子商务专业,或是单一侧重物流管理专业。由于专业限制,很难实现两个专业知识的整合,还会造成内容的交叉重复。

本教材在长达近五年的教学实践中,得到高校师生的普遍欢迎。第二版教材具有以下显著的特点:将电子商务与物流管理的理论内容融为一体。电子商务物流管理具有交叉学科的显著特点。缺少了电子商务系统作为支撑,就不可能有现代物流;同样,没有现代物流,也就没有电子商务的发展基础。在两个专业的教学中,必须将交叉与结合部分的知识系统地向学生讲授,这就是本教材的最大特点,也是它的生命力所在。

本教材以电子商务开篇,引出物流、物流管理、供应链管理,最后通过网络化将电子商务与物流融为一体。这是本教材科学化、系统化的体现,也是它在高校中受到师生普遍欢迎的关键。

教材作者长期从事电子商务和物流两个专业领域的教学、研究与实践,提出了全新的理论体系:1999 年在国内率先提出电子商务环境下应重视物流与配送问题;2000 年在国内率先提出著名的 B2B 电子商务网站群的概念,并付诸实施,主持开发建设了国内多个著名的电子商务网站;2001 年在国内率先提出基于因特网的综合物流代理模式;2002 年在国内率先提出现代物流标准化总体规范的整体架构;2003 年在国内率先提出了供应链管理模型中的信息前置理论;2004 年在国内率先提出了物流规划的层次划分边界模型理论;2005 年在国内率先提出了"后物流规划"时代的过程监理、委托代理新思路。这些理论将电子商务与物流管理的理念融为一体,从而形成了本教材的理论核心。

第二版教材中,每一章节后都附有典型案例,另外增加模拟实验的专门内容,实现理论教学与实践教学的有机结合。

第二版教材还增加了光盘。光盘中除了电子教案以外,强调了视频案例的重要性,通过大量的视频资料,提高学生学习的积极性,同时扩大其知识面。

第二版教材由 21 世纪中国电子商务网校校长张铎统稿。21 世纪中国电子商务网校李赟、刘娟、寇贺双、姚志刚、冷雅洁,北京交通大学王耀球、周建勤、张祥哲、白慧、郭江明、刘露,墨尔本皇家理工大学孙宏雁,香港理工大学易莹等共同参与第二版的编写工作。第二版教材的光盘和网络课程由北京网路畅想科技发展有限公司设计制作。第二版教材由北京交通大学物流研究院博士生导师詹荷生教授审定。

在本书的编写与修订中,借鉴了国内外许多专家学者的学术观点,在此特别鸣谢。

由于时间仓促和水平所限,书中难免有不妥之处,敬请读者批评指正。

编者

2006 年 3 月

第一版前言

由于电子商务的飞速发展,近年来,全球物流业方兴未艾。与此同时,电子商务向物流业提出了新的挑战。首先,由于客户可以通过互联网直接面对销售商并获得个性化服务,所以必须对传统的物流渠道进行重组,消除不必要的流通环节,增加适应电子商务发展的物流机构。其次,网上交易的“零距离”很难被带入流通领域,物流始终是电子商务的瓶颈问题之一。在网上交易日趋火爆的今天,知识密集型、可信息化产品的网上交易日益扩展。这些已经数字化的产品的物流系统在信息业迅速发展中将逐渐与网络系统重合并最终被后者取代。但对于多数产品和服务来说,仍然要经过由商品实体化的流通渠道。如何实现用户网上购物后,迅速组织物流,满足电子商务环境下用户的购物需求,是新兴物流业正在逐步探索的问题。

物流作为电子商务发展的重大瓶颈问题之一,已引起了全世界的广泛重视。在美国,Amazon 公司曾以其个性化的服务、快速的交易过程以及高质量的物流配送而著称。但一个时期由于其业务量增长过快,交易中的物流环节已节节告急。企业自建配送中心并投入大量员工,这对一个产品范围和销售市场都不断扩张的网上商店来说,绝非是解决物流问题的有效途径。由此可见,如何建立现代物流管理体系,加强对物流的管理,使其顺利与网上交易过程相对接,以适应电子商务的需求,已成为当前开展电子商务的企业及机构不可回避的焦点问题。

本书作为电子商务专业(本科)教材,是从电子商务与物流的关系入手,系统介绍电子商务环境下如何开展物流管理的理论知识与应用方法。首先了解物流、物流管理的基础知识;然后结合电子商务下的物流模式特点,引出供应链管理问题,同时论述了电子商务与供应链管理的关系、供应链管理的现状及其问题和供应链管理方法的应用;接着介绍了现代物流信息和自动化技术在电子商务中的应用;最后将国内外的具体案例单独成章加以说明。本书在侧重电子商务下物流模式与理论探讨的同时,也详细介绍了供应链管理方法与现代物流技术,这不仅为从事电子商务的人员提供现代物流方面的知识,也为从事物流管理的人员提供电子商务方面的知识。因此本书也可供广大电子商务或物流管理领域的从业人员参考。

本书由北方交通大学张铎、周建勤任主编。张铎编写第 1 章、第 3 章和第 7 章;周建勤编写第 2 章和第 4 章;张铎、左莉编写第 5 章;张成海、周建勤编写第 6 章;鲁晓春编写第 8 章;孙宏雁编写第 9 章。本书由北方交通大学物流科学研究所博士生导师詹荷生教授审定。

在本书的编写中，借鉴了国内外许多专家学者的学术观点，参阅了许多报刊媒体和网站的报道资料，在此特别鸣谢。

由于时间仓促，水平有限，书中难免有不妥之处，敬请读者批评指正。

编者

2001 年 6 月

目 录

第一章　电子商务与物流的关系

第一节　电子商务对物流活动的影响

随着电子商务环境的改善以及人们对电子商务巨大优势认识的加深，电子商务受到政府、企业界的高度重视，人们纷纷以不同的形式介入电子商务活动中，使得电子商务以惊人的速度迅速发展。电子商务在改变传统产业结构的同时，对物流业也不可避免地产生影响。

一、电子商务的基本特征

近年来，随着知识经济的发展和信息高速公路的建设，电子商务已经形成一股浪潮，迅速在互联网上蓬勃开展起来。《中国互联网络发展状况统计报告》显示，截至 2017 年 6 月，我国网民规模达到 7.51 亿，半年共计新增网民 1 992 万人，半年增长率为 2.7%。互联网普及率为 54.3%，较 2016 年年底提升 1.1 个百分点。自 2012 年 ICANN 新批准了 1 226 个新顶级域名，中国在全球新顶级域名市场增速第一。截止到 2017 年第 2 季度末，中国市场新顶级域名保有量为 1 090 万，占全球市场份额的 40.18%。中国市场各类型顶级域名注册量达到 4 807 万，约占全球域名市场总量的 14%，是全球第二大注册量的国家。

电子商务正在迅速地渗透到每一个行业领域，连接起企业、社团、政府和个人。很多企业、社团、政府和个人在互联网上开设网站，宣传自己、发表观点；有的开设网上商店，在网上销售商品和服务；更多的人是作为消费者或浏览者收发电子邮件、上网看报、了解新闻、做广告、炒股票、听音乐、看电影、查资料、读小说、求职、寻友、购买商品、玩游戏等。通过在网上冲浪，有的商家生意红红火火，增加了销售量，扩大了市场占有率；有的消费者足不出户，坐在计算机旁轻轻点击鼠标或动动手指使用手机，就可以通过网上商店购得商品，甚至从太平洋彼岸找到自己想买的东西，很方便地成交，并且会有人把商品送上门来。电子商务拉近了人们之间的距离，给社会、人们生活和工作模式带来了深刻的、革命性的影响。

电子商务的基本特征是：

（1）普遍性。电子商务作为一种新型的交易方式，将生产企业、流通企业以及消费者和政府带入了一个网络经济、数字化生存的新天地。

(2) 方便性。在电子商务环境中,人们不再受地域的限制,客户能以非常简捷的方式完成过去较为繁杂的商务活动,如通过网络银行能够全天候地存取账户资金、查询信息等,同时使企业对客户的服务质量得以大大提高。

(3) 整体性。电子商务能够规范事务处理的工作流程,将人工操作和电子信息处理集成为一个不可分割的整体,这样不仅能提高人力和物力的利用效率,也可以提高系统运行的严密性。

(4) 安全性。在电子商务中,安全性是一个至关重要的核心问题,它要求网络能提供一种端到端的安全解决方案,如加密机制、签名机制、安全管理、存取控制、防火墙、防病毒保护等,这与传统的商务活动有着很大的不同。

(5) 协调性。商务活动本身是一种协调过程,它需要客户与公司内部、生产商、批发商、零售商间的协调,在电子商务环境中,它更要求银行、配送中心、通信部门、技术服务等多个部门的通力协作,电子商务的全过程往往是一气呵成的。

电子商务导致了一场深刻的革命,集中体现在以下两个方面:

第一,这场革命是一场比工业革命更深刻的革命。17 世纪的工业革命,以机械化大生产和扩大规模为标志,将手工生产和个体劳动转变成为机械化大规模生产,大大提高了生产力,促进了生产的发展。这一次电子商务引起的革命,则是一次高科技和信息化的革命。它一方面将事务处理信息化,把商店、产品、广告、订货、购买、货币支付、认证等实物和事务处理虚拟化信息化,使它们变成脱离实体而能在计算机网络上处理的信息。另一方面又将信息处理电子化,将所有信息处理都通过计算机网络用计算机、电子邮件、文件传输、数据通信等电子手段处理。这样做,实际上是强化了信息处理、弱化了实体处理,用信息处理来控制指挥实体处理,使实体处理更科学化、效率化。因此,这样做将充分发挥信息对经济发展的作用,充分利用人类的知识和智慧,更科学合理地组织运用有限的资源,创造最大的经济效益。如果说工业革命强化了人的体力(手脚等)、创造了一个产业经济的话,这一次革命则是将数字技术与传统产业深度融合,创造了一个释放经济社会发展新动能的数字经济。数字经济不仅在生产力层面推动劳动工具数字化、劳动对象服务化、劳动机会大众化,而且以数据资源为创新要素,使组织、服务和技术创新相互融合,有效提高资源配置效率,推动了公共服务和市场服务向着更智能、便捷、高效的方向发展,增强了经济发展内生动力,实现了资源共享化、组织平台化。

第二,产业大重组。由于电子商务这场革命是将实物和事务处理信息化,使事务处理的内容、处理方式和处理程序都发生了革命性变化,因此这场革命必然导致产业大重组。原有的一些行业、企业将逐渐消亡,将新增加一些行业、企业,扩大一些行业。

也许以后就不会再有像今天这样许多的商店和银行分店了,人们都在网上的虚拟商店购物,虚拟商店的商品展示功能将比现在的实物商店更生动,购物付款也不用亲自跑到商店或银行去了,人们坐在计算机旁轻按鼠标点击网络银行就可以了。

二、电子商务将把物流提升到前所未有的高度

电子商务导致产业大重组,那些消亡了的商店、银行等企业的人员到哪儿去?去搞物流业、搞送货,或者去网络银行工作(那里将比现在的业务量大得多),或者去搞其他服务业。大量的商店和银行消亡以后,将代之以按区域合理分布的配送中心、物流中心。

产业重组的结果实际上使得社会上只剩下两个行业:一个是实业,包括制造业和物流业;一个是信息业,包括广告、订货、销售、购买、服务、金融、支付和信息处理业等。这两个行业,可以理解为一个是“实”业,一个是“虚”业。

在“实”业中,制造业和物流业二者相比,制造企业的增长会逐渐减缓,而物流企业将强劲增长。制造企业增长缓慢主要是因为:随着经济的发展和生产力水平的提高,社会已经从短缺经济走向了剩余经济,绝大多数的产品都出现了供过于求的现象。即使一个产品暂时短缺,由于高科技和高生产力水平,再加之趋利竞争,这个产品产量会迅速上升,很快就会由短缺变为剩余。随着人们生活水平的提高,需求品越来越走向个性化、高档化,商品的生命周期也越来越短,所以制造企业生产的产品就必须越来越随之迅速地变化,今天生产这个产品,说不定明天就要改产另外的产品,今天这个企业还能存在,说不定明天就不能存在了。正是为了适应这种情况,所以出现了所谓柔性理论,出现了柔性制造、柔性企业、虚拟企业等。柔性企业的基本特征是,其组织结构是一些最基本的功能单元按产品生产的需要临时组合起来,能随时根据产品品种、规格、产量的变化而变化。随着这种企业的增加,特别是虚拟企业的增加,使得制造业的企业实体不得不随时变化,时大时小、时此时彼,甚至时存时亡。物流企业会越来越强化,这是因为:在电子商务的环境里,消费者在网上的虚拟商店购物并在网上支付,送货的功能就由物流公司承担。也就是说,现实的商店没有了,银行没有了,而物流公司非但不能省,而且任务加重了。物流公司不但要把虚拟商店的货物送到用户手上,而且还要从各个生产企业及时进货,并存放到物流仓库中。物流公司既是生产企业的仓库,又是用户的实物供应者。

电子商务环境下,物流企业成了代表所有生产企业及供应商向用户进行实物供应的唯一最集中、最广泛的供应者,是进行局域市场实物供应的唯一主体,可见电子商务把物流业提升到了前所未有的高度。物流企业应该认识到,电子商务为他们提供了一个空前发展的机遇。

三、物流需求的新变化

(一) 消费者的地区分布分散化

互联网是电子商务的最大信息载体。互联网的物理分布范围正在迅速扩展,是否凡是互联网所及的地区都是电子商务的销售区域呢?在电子商务发展的初级阶段这是不可能

的。一般商务活动的有形销售网点资源按销售区域来配置，每一个销售网点负责一个特定区域的市场，比如把全国划分为7个销售大区，每个大区内有若干销售网点，再设立一个配送中心，销售网点向配送中心订货和补货，配送中心则在规定的时限内将订货送达销售网点。电子商务按照这种方式操作的问题在于，电子商务的客户可能在地理分布上是十分分散的，要求送货的地点不集中，而物流网络并没有像互联网那样广的覆盖范围，无法经济、合理地组织送货。所以，提供电子商务服务的公司也需要像有形店铺销售一样，要对销售区域进行定位，对消费人群集中的地区提供物流承诺，否则是不经济的。还有一种处理办法，就是对不同的销售区域采取不同的物流服务政策。如在大城市，因为电子商务的普及，订货可能比较集中，适于按不低于有形店铺销售的送货标准组织送货，但对偏远地区的订单则要进行集货，送货期限肯定要比大城市长得多，那些地区的电子商务消费者享受的服务就要差一些。从电子商务的经济性考虑，宜先从上网用户比较集中的大城市起步，这样建立基于一个城市的物流配送体系比较容易。

近年来，随着电子商务物流水平的迅速提高，电子商务的销售区域越来越广泛，特别是农村电子商务的崛起，为电子商务应用的普及开拓了更加广泛的市场。此外，快递业的快速崛起，解决了电子商务物流初期的困扰，电子商务物流覆盖的范围越来越广，速度越来越快，效率越来越高。

电子商务的推广，加快了经济全球化，因为电子商务的跨时域性和跨区域性，使得物流需求必然呈现跨国性，国际物流在整个商务活动中愈来愈占有举足轻重的地位。跨境电子商务的高速发展，印证了这点。

（二）销售的商品标准化

是否所有的商品都适合采用电子商务这种形式？在电子商务发展的初期答案是否定的。有没有最适合采用电子商务进行销售的商品？当然有。以上两个问题要考虑的是不同商品的消费特点及流通特点，尤其是流通特点。音乐、歌曲、电影、游戏、图片、计算机软件、电子邮件、新闻、评论、教学节目、医疗咨询、汇款等，都可以通过信息传递完成物流过程的商品最适合采用电子商务销售。因为，不仅商品信息查询、订货、支付等商流、信息流、资金流可以在网上进行，物流也可在网上完成，也就是说，这些品种可以实现商流、物流、信息流、资金流的完全统一。比如，消费者可以在网上选择流行音乐，点击音乐名称即完成订货和付款，收听音乐的过程就是物流的过程，音乐听完了这个音乐的物流过程也就完成了，所以无论是亚马逊网上书店，还是珠穆朗玛电子商城，都是从销售这些商品开始的。当然如果消费者除了需要满足视听需求外，还要拥有这些商品的载体本身，如发烧友要珍藏歌星的盒带以满足多次重放功能等，就需要完成单独的物流过程，将盒带或其他载体本身送到消费者手中。

从理论上讲，没有什么商品特别不适合于采用电子商务的销售方式，但从流通本身的规律来看,需要有商品定位。仅我国商品条码数据库中的国产商品注册数量就已经超过了7 000万,一个大型百货商店充其量经营几十万种商品,没有一个公司能够经营所有的商品,总是要确定最适合自己销售的商品,电子商务也一样,为了将某一商品的销售批量累积得更大,就需要筛选商品品种。同时,电子商务也要有一定的销售渠道配合,不同的商品进货和销售渠道可能不同。品种越多、进货渠道及销售渠道越复杂,组织物流的难度就越大,成本也就越高。因此,为了在物流环节不增加过多的费用,也需要将品种限制在一定的范围之内。一般而言,商品如果有明确的包装、质量、数量、价格、储存、保管、运输、验收、安装及使用标准,对储存、运输、装卸等作业等无特殊要求,就适合于采用电子商务的销售方式。

(三) 物流服务需求多功能化和社会化

与传统的把物流分割成包装、运输、仓储、装卸等若干个独立的环节,再由不同的企业单独完成的做法不同,电子商务要求物流企业提供全方位的服务,既包括仓储、运输服务,还包括配货、分发和各种客户需要的配套服务,使物流成为连接生产企业与用户的重要环节。电子商务的物流要求把物流的各个环节作为一个完整的系统进行统筹协调、合理规划,使物流服务的功能多样化,更好地满足客户的需求。

随着电子商务的发展,物流服务的社会化趋势也越来越明显。在传统的经营方式下,无论是实力雄厚的大企业,还是三五十人组成的小企业,一般都由企业自身承担物流职能,导致物流的高成本、低效率的结果。而在电子商务条件下,特别是对小企业来说,在网上订购、网上支付实现后,最关键的问题就是物流配送,如果完全依靠自己的力量来完成肯定是力不从心的,特别是面对跨地区、跨国界的用户时,将显得束手无策。因此,物流的社会化也将是电子商务发展的一个十分重要的趋势。

四、物流服务空间的拓展

电子商务需要的不是普通的运输和仓储服务,它需要的是物流服务,而物流与仓储运输存在比较大的差别,正是因为传统的储运经营者用传统物流服务的要求和标准为电子商务服务,才使得电子商务经营者在21世纪初的今天仍然抱怨物流服务不到位、跟不上等。电子商务经营者(也包括其他新型流通方式的经营者)需要的是增值性的物流服务(Value - added Logistics Services),而不仅仅是传统的物流服务。

增值性的物流服务包括以下几层含义和内容。

(一) 增加便利性的服务——使消费者受益的服务

一切能够简化手续、简化操作的服务都是增值性服务,简化是相对于消费者而言的,并不是说服务的内容简化了,而是指为了获得某种服务,以前需要消费者自己做的一些事情,现在由商品或服务提供商以各种方式代替消费者做了,从而使消费者获得这种服务变得简单,而且更加好用,这当然增加了商品或服务的价值。在提供电子商务的物流服务时,推行一条龙门到门服务，提供完备的操作或作业提示、免培训、免维护、省力化设计或安装、代办业务、24 小时营业、自动订货、传递信息和转账(利用 EOS、EDI、EFT)、物流全过程追踪等都是对电子商务销售有用的增值性服务。

（二）加快反应速度的服务——使流通过程变快的服务

快速反应已经成为物流发展的动力之一。传统观点和做法将加快反应速度变成单纯对快速运输的一种要求，而现代物流的观点却认为，可以通过两条途径使过程变快。第一种办法是提高运输基础设施和设备的效率，比如修建高速公路、铁路提速、制定新的交通管理办法、将汽车本身的行驶速度提高等，这是一种速度的保障，但在需求方绝对速度的要求越来越高的情况下，它也变成了一种约束，因此必须想其他的办法来提高速度。因此，第二种办法应运而生。它是具有重大推广价值的增值性物流服务方案，即优化电子商务系统的配送中心、物流中心网络，重新设计适合电子商务的流通渠道，以此来减少物流环节，简化物流过程，提高物流系统的快速反应能力。

（三）降低成本的服务——发掘第三利润源泉的服务

根据前面的分析，电子商务发展的初期，物流成本将会居高不下。有些企业可能会因为根本承受不了这种高成本而退出电子商务领域，后者是选择性地将电子商务的物流服务外包出去。这是很自然的事情，因此发展电子商务，一开始就应该寻找能够降低物流成本的物流方案。企业可以考虑的方案包括：采用第三方物流服务商、电子商务经营者之间或电子商务经营者与普通商务经营者联合，采取物流共同化计划，同时，如果具有一定的商务规模，比如苏宁和亚马逊这些具有一定的销售量的电子商务企业，可以通过采用比较适用但投资比较少的物流技术和设施设备，或推行物流管理技术，如运筹学中的管理技术、单品管理技术、条码技术和信息技术等，提高物流的效率和效益，降低物流成本。

（四）延伸服务——将供应链集成在一起的服务

向上可以延伸到市场调查与预测、采购及订单处理；向下可以延伸到配送、物流咨询、物流方案的选择与规划、库存控制决策建议、货款回收与结算、教育与培训、物流系统设计与规划方案的制作等。关于结算功能，物流的结算不仅仅只是物流费用的结算，在从事代理、配送的情况下，物流服务商还要替货主向收货人结算货款等。关于需求预测功能，物流服务商应该负责根据物流中心商品进货、出货信息来预测未来一段时间内的商品进出库量，进而预测市场对商品的需求，从而指导订货。关于物流系统设计咨询功能，第三方物流服务商要充当电子商务经营者的物流专家，因而必须为电子商务经营者设计物流系统，代替它选择和评价运输网、仓储网及其他物流服务供应商。关于物流教育与培训功能，物流系统的运作需要电子商务经营者的支持与理解，通过向电子商务经营者提供物流培训服务，可以培养它与物流中心经营管理者的认同感，可以提高电子商务经营者的物流管理水平，可以将物流中心经营管理者的要求传达给电子商务经营者，也便于确立物流作业标准。

以上这些延伸服务最具有增值性,同时也是最难提供的服务。能否提供此类增值服务现在已成为衡量一个物流企业是否真正具有竞争力的标准。

五、电子商务对物流时效性的要求

获取竞争优势的方法多种多样,如今,时间正成为新的竞争焦点。纵观近四十年制造业发展史,可以概括为七个字:“更便宜、更好、更快”。20 世纪 60 年代,重点是降低成本,提高劳动生产率,为顾客提供更便宜的产品,竞争焦点是成本。20 世纪 80 年代,竞争转移到质量,制造更好的产品,提供更好的服务,竞争焦点是质量。20 世纪 90 年代—21 世纪,成本、质量当然仍是重要的竞争手段,但是,在许多行业中,时间正成为新的竞争焦点,需求趋向多样化、个性化、社交化、场景化、国际化,快速反应市场需求是企业竞争的新定律。时间,代替质量,成为新的竞争焦点。

电子商务的优势之一就是能大大简化业务流程,降低企业运作成本。而电子商务下企业成本优势的建立和保持必须以可靠和高效的物流运作为保证。现代企业要在竞争中取胜,不仅需要生产适销对路的产品,采取正确的营销策略以及强有力的资金支持,更需要加强“品质经营”,即强调“时效性”,其核心在于服务的及时性、产品的及时性、信息的及时性和决策反馈的及时性。这些都必须以强有力的物流能力作为保证。

六、电子商务对物流环节的影响

首先,电子商务可使物流实现网络的实时控制。传统的物流活动在其运作过程中,不管其是以生产为中心,还是以成本或利润为中心,其实质都是以商流为中心,从属于商流活动,因而物流的运动方式是紧紧伴随着商流来运动的。而在电子商务下,物流的运作是以信息为中心的,信息不仅决定了物流的运动方向,而且也决定着物流的运作方式。在实际运作过程中,通过网络上的信息传递,可以有效地实现对物流的实施控制,实现物流的合理化。比如,在电子商务方案中,可以利用电子商务的信息网络,尽可能地通过信息沟通,将实物库存暂时用信息代替,即将信息作为虚拟库存(Virtual Inventory),办法是建立需求端数据收集系统(Automated Data Collection,ADC),在供应链的不同环节采用 EDI 交换数据,建立基于 Internet 的 Intranet,为用户提供 Web 服务器,便于数据实时更新和浏览查询,一些生产厂商和下游的经销商、物流服务商共用数据库,共享库存信息等,目的都是尽量减少实物库存水平,但并不降低供货服务水平。

其次,网络对物流的实时控制是以整体物流来进行的。在传统的物流活动中,虽然也有依据计算机对物流实时控制,但这种控制都是以单个的运作方式来进行的。比如,在实施计算机管理的物流中心或仓储企业中,所实施的计算机管理信息系统大都是以企业自身为中心来管理物流的。而在电子商务时代,网络全球化的特点可使物流在全球范围内实施整体的实时控制。

在电子商务及新的在线购物系统中，顾客通过供应链可获得更加快速而可靠的服务，而供应商也可减少成本。为了有效地实施拉动战略，企业必须与供应链中的所有成员建立电子联系。

七、电子商务促进物流技术水平提高

所谓物流技术，是指与物流要素活动有关的、实现物流目标的所有专业技术总称。传统的物流技术主要是指物资运输技术或者物资流通技术，也就是说物流技术是各种流通物资从生产者转移给消费者时，实现各种流通形态的停顿与流动功能所需要的材料、机械、设施等硬件环境和计划、运用、评价等软件技术。

现代的物流技术包括各种操作方法、管理技能等，如流通加工技术、物品包装技术、物品标识技术、物品实时跟踪技术等。物流技术也包括物流规划、物流评价、物流设计、物流策略等，在计算机网络技术得到应用并普及后，尤其随着电子商务的飞速发展，物流技术涉及许多现代技术，如 GIS（地理信息系统）、GPS（全球卫星定位）、EDI（电子数据交换）、BAR CODE（条码）等。

第二节　物流对电子商务的影响

一、物流是电子商务的支点

电子商务已经成为 21 世纪的商务工具，它将像杠杆一样撬起传统产业和新兴产业，在这一过程中，物流将成为这个杠杆的支点。

正是信息技术的进步，才使人们更加意识到物流体系的重要，现代物流业的发展也才被提上议事日程上来。

（一）物流能力是核心竞争力

物流系统的价值最早是在第二次世界大战中被认识的，至今共经历了七次价值发现。所谓第七次价值发现是在 1997 年东南亚爆发经济危机之后，人们在分析和总结东南亚各国和各地区的情况时发现，以物流产业为重要支柱产业的新加坡、中国香港有较强的抗御经济危机的能力。这个发现完善了现代物流的定义。从此，人们意识到，物流不仅对于微观企业有着特别的意义，对于国家的宏观经济发展也有非常重要的意义，物流发展水平已成为一个国家综合国力的重要体现。

第七次价值发现对于国家和企业来说都有着重要的启迪和借鉴作用。深圳市投资 1 600亿元规划 16 万平方公里土地，开发以综合物流中心基地为核心的新型产业开发区，从而在 21 世纪通过开发物流产业形成新的经济增长点。京东在获得第一笔——来自今日资本的 1 000 万美元融资后，把不雄厚的财力投入到几近无底洞的物流体系建设上，义无反顾地走上了自建物流的漫漫历程。在京东艰难完成第二笔 2 100 万美元融资后，刘强东又继续把钱投在了物流上。2017 年 4 月，“京东物流”宣布独立运营，并且不排除未来进一步分拆独立融资和上市。2017 年 9 月，京东第一次对媒体开放了上海的“亚洲一号”，这也可以视作一次向全行业展示实力的行为。此时的京东物流已经在 9 个核心城市建成了“亚洲一号”项目，并计划在 5 年内扩展到 30 个核心城市。

（二）现代物流应运而生

用“成也配送，败也配送”来形容电子商务与物流的关系再恰当不过了。相关人士表示：“信息技术的发展与普及，正在改变过去的生产、交易以及生活方式，流通体制也发生了重大的变化，电子商务、连锁经营、电视直销等新的流通方式的逐步发展，对物流产业发展提出了更高的要求。”

当我们庆幸终于可以实现网上订货、网上支付的同时，也无可奈何地抱怨网上订了货、货款也被划转，可是货却迟迟不来。为了送货，有的网站动用了快递公司，有的网站建立了自己的物流，有的网站甚至打起了居委会大妈的主意。而这只是电子商务在网上购物过程中遭遇的尴尬。

再看看电子商务在企业供应链上的表现。众所周知的世界直销大王——戴尔计算机公司目前面临的最大问题也是物流方面的难题，在收到顾客的订单后，如何及时采购到计算机的各种零配件，计算机组装好了以后如何及时配送到顾客手上，这些都需要一个完整的物流系统来支持，而迅速成长起来的戴尔计算机公司缺乏的也正是这个。正如海尔集团物流推进本部的人所说，电子商务是信息传送保证，物流是执行保证。没有物流，电子商务只能是一张空头支票。

都说电子商务将成为企业决胜未来市场的重要工具，但如果没有现代物流体系作电子商务的支点，恐怕电子商务什么事也干不了。

（三）物流市场争夺战已经打响

巨大的物流市场潜力和物流服务回报为中外企业提供了空前发展的机遇。中国企业面临资本雄厚、技术先进的外国公司和跨国公司的上门竞争。中国物流企业只有加快调整，才能增强实力，适应国际竞争的新形势。

工业及商业企业必须立刻调整战略，把物流管理作为降低企业总成本的主要手段，把物流能力作为企业的核心竞争力；物流企业必须加快改制、改组、整合资源的速度，提升服务能力，加速实现网络化、规模化与国际物流水平接轨。

二、物流是电子商务概念模型的基本要素

电子商务概念模型是对现实世界中电子商务活动的一般抽象描述。它由电子商务实

体、电子市场、交易事务和信息流、商流、资金流、物流等基本要素构成。

在电子商务概念模型中，电子商务实体是指能够从事电子商务活动的客观对象，它可以是企业、银行、商店、政府机构和个人等。电子市场是指电子商务实体从事商品和服务交换的场所，它由各种各样的商务活动参与者，利用各种通信装置，通过网络连接成一个统一的整体。交易事务是指电子商务实体之间所从事的具体的商务活动的内容，例如询价、报价、转账支付、广告宣传、商品运输等。

在电子商务概念模型的建立过程中，强调信息流、商流、资金流和物流的整合。其中，信息流最为重要，它在一个更高的位置上实现对流通过程的监控。

三、物流是电子商务的重要组成部分

电子商务是20世纪信息化、网络化的产物，由于其自身的特点已引起广泛关注，但是人们对电子商务所涵盖的范围却没有统一、规范的认识。

过去，人们对电子商务过程的认识往往只局限于信息流、商流和资金流的电子化、网络化，而忽视了物流的电子化过程，认为对于大多数商品和服务来说，物流仍然可以经由传统的经销渠道完成。但随着电子商务的进一步推广与应用，物流的重要性对电子商务活动的影响日益凸显。

在电子商务中，绝大多数商品要通过物流快递等方式完成从供应商到购买者的物流过程。以前，我国的许多网上商店由于解决不了物流问题，只好告诉购买者送货必须在一定的范围内，结果是电子商务的跨地域优势也就一点也没有了。今天，快递业的快速发展，将送货范围延伸到了千家万户。

关于电子商务（Electronic Commerce，EC）的定义，狭义上讲，电子商务是指：通过使用互联网等电子工具（这些工具包括电报、电话、广播、电视、传真、计算机、计算机网络、移动通信等）在全球范围内进行的商务贸易活动。广义上讲，电子商务一词源自于 Electronic Business，就是通过电子手段进行的商业事务活动。今天我们所称的电子商务，是指通过互联网等信息网络进行商品交易或者服务交易的经营活动。通过使用互联网等电子工具，使公司内部、供应商、客户和合作伙伴之间，利用电子业务共享信息，实现企业间业务流程的电子化，配合企业内部的电子化生产管理系统，提高企业的生产、库存、流通和资金等各个环节的效率。

可见，从根本上来说，物流电子化应是电子商务概念的组成部分，缺少了现代化的物流过程，电子商务过程就不完整。

四、物流信息化是电子商务的基础

电子商务通过快捷、高效的信息处理手段可以比较容易地解决信息流（信息交换）、商流（所有权转移）和资金流（支付）的问题，而将商品及时地配送到用户手中，完成商品的空间转移(物流)才标志着电子商务过程的结束,因此,物流系统的效率高低是电子商务成功与否的关键,而物流效率的高低很大一部分取决于物流现代化的水平。

电子商务中的任何一笔交易,都包含着几种基本的"流",即信息流、商流、资金流、物流。其中信息流既包括商品信息的提供、促销行销、技术支持、售后服务等内容,也包括诸如询价单、报价单、付款通知单、转账通知单等商业贸易单证,还包括交易方的支付能力、支付信誉等。商流是指商品在购、销之间进行交易和商品所有权转移的运动过程,具体是指商品交易的一系列活动。资金流主要是指资金的转移过程,包括付款、转账等过程。在电子商务下,以上三种流的处理都可以通过计算机和网络通信设备实现。物流作为四流中最为特殊的一种,是指物理实体(商品或服务)的流动过程,具体指运输、储存、配送、装卸、保管、物流信息管理等各种活动。对于少数商品和服务来说,可以直接通过网络传输的方式进行配送,如各种电子出版物、信息咨询服务、有价信息软件等。而对于大多数商品和服务来说,仍要经由物理方式传输,如果有了一系列机械化、自动化工具的应用,准确、及时的物流信息对物流过程的监控将使物流的流动速度加快、准确率提高,能有效地减少库存,缩短生产周期。

物流现代化中最重要的部分是物流信息化。物流信息化是电子商务物流的基本要求,是企业信息化的重要组成部分,表现为物流信息的商品化、物流信息收集的数据化和代码化、物流信息处理的电子化和计算机化、物流信息传递的标准化和实时化、物流信息储存的数字化等。物流信息化能更好地协调生产与销售、运输、储存等环节的联系,对优化供货程序、缩短物流时间及降低库存都具有十分重要的意义。

五、物流在实现电子商务过程中的作用

(一)物流保障生产

无论在传统的贸易方式下,还是在电子商务方式下,生产都是商品流通之本,而生产的顺利进行需要各类物流活动支持。生产的全过程从原材料的采购开始,便要求有相应的供应物流活动将所采购的材料到位,否则,生产就难以进行,即采购物流;在生产的各工艺流程之间,也需要原材料、半成品的物流过程,即生产物流,以实现生产的流动性;产品销售过程中的物流,即销售物流;部分余料、可重复利用的物资的回收,即回收物流;废弃物的处理则需要废弃物物流。可见,生产制造企业的整个生产过程,实际上就是集成了的系列化物流活动。

(二)物流服务于商流

在商流活动中,商品所有权在购销合同签订的那一刻起,便由供方转移到需方,而商品实体并没有因此而移动。在传统的交易过程中,除了非实物交割的期货交易,一般的商流都必须伴随相应的物流活动,即按照需方(购方)的要求将商品实体由供方(卖方)以适当

的方式、途径向需方(购方)转移。而在电子商务活动中,消费者通过上网点击购物,完成了商品所有权的交割过程,即商流过程。但电子商务的活动并未结束,只有商品和服务真正转移到消费者手中,商务活动才终结。

在整个电子商务的交易过程中,物流实际上是以商流的后续者和服务者的姿态出现的。

(三)物流是实现"以顾客为中心"理念的根本保证

电子商务的出现,最大限度地方便了最终消费者。他们不必再跑到拥挤的商业街,一家又一家地挑选自己所需的商品,而只要坐在家里,在互联网上搜索、查看、挑选,就可以完成他们的购物过程。但试想,他们所购的商品迟迟不能送到,或者商家所送并非自己所购,那消费者还会选择网上购物吗?可见,物流是电子商务中实现以"以顾客为中心"理念的最终保证,缺少了现代化的物流技术,电子商务给消费者带来的购物便捷将等于零,消费者必然会转向他们认为更为安全的传统购物方式。

六、物流、商流、资金流、信息流关系的演变发展

人类最早采取"以物易物"的交换方式,当时没有资金流,商品所有权的转换是紧紧地伴随物流的转换而发生的。随着货币的产生,人类的交易链上出现了第一层中介——货币,人们开始用钱来买东西,不过这时是"一手交钱,一手交货",商品所有权的转换仍然是紧随物流的(只不过是以货币为中介)。这个阶段由于生产力的发展和社会分工的出现,信息流开始表现出来,并开始发挥作用。再后来,随着社会分工的日益细化和商业信用的发展,专门为货币作中介服务的第二层中介出现了。它们是一些专门的机构,如银行,它们所从事的是货币中介服务和货币买卖。由于有了它们,物流和资金流开始分离,产生了多种交易方式:交易前的预先付款,交易中的托收、支票、汇票,交易后的付款如分期付款、延期付款。这就意味着商品所有权的转换和物流的转换分离开来,在这种情况下,信息流就显得特别重要。因为这种分离带来了风险,要规避这种风险就得依靠尽可能多的信息,比如对方的商品质量信息、价格信息、支付能力、支付信誉等。总之,在这一阶段,商流与资金流分离,信息流的作用日益重要起来。

随着网络技术和电子技术的发展,电子中介作为一种工具被引入生产、交换和消费中,人类进入电子商务时代。在这个时代,人们做贸易的顺序并没有改变,还是要有交易前、交易中和交易后几个阶段,但进行交流和联系的工具变了,如从以前的纸面单证变为现在的电子单证。这个阶段的一个重要特点就是信息流发生了变化(电子化),更多地表现为票据资料的流动。此时的信息流处于一个极为重要的地位,它贯穿商品交易过程的始终,在一个更高的位置对商品流通的整个过程进行控制,记录整个商务活动的流程,是分析物流、导向资金流、进行经营决策的重要依据。在电子商务时代,由于电子工具和网络通信技术

的应用,使交易各方的时空距离几乎为零,有力地促进了信息流、商流、资金流、物流四流的有机结合。对于某些可以通过网络传输的商品和服务,甚至可以做到四流的同步处理,例如通过上网浏览、查询、挑选、点击,用户可以完成对某一电子软件的整个购物过程。

第三节　电子商务物流信息服务平台

一、问题的提出

近些年来,我国的物流行业得到了快速的发展,这一方面是由于我国经济的持续高速增长而带动了整个行业的前进,另一方面也得益于越来越多的企业开始重视物流等相关领域的发展。随着电子技术和互联网的发展,信息技术作为工具被引入到商贸活动中,产生了电子商务。B2B 作为企业与企业之间的电子商务已经日益深入企业实际操作应用中,它也必然成为今后企业间商务发展的趋势。国内有很多的文章对于 B2B 电子商务物流进行了研究,不过它们的侧重点都在应该如何改善或提高电子商务中物流环节的效率。电子商务物流(Electronic Commerce Logistics)是为电子商务提供运输、存储、装卸、搬运、包装、流通加工、配送、代收货款、信息处理、退换货等服务的活动。

可以看出,国内现在对于电子商务物流的研究方向都是把物流放在从属地位,是配合电子商务发展的一个环节。这里我们提出一个新的视角,将物流放在电子商务中的主角地位,即在某一类的电子商务中,物流等相关方面信息是交易的主体。那么它又是怎样一种形式呢?这种形式的电子商务又有怎样的创新之处?它的趋势又是怎样呢?由此,提出了电子商务条件下的物流信息服务平台的概念。

二、相关概念

对于 B2B 电子商务条件下的物流信息服务平台这个概念,可以分析如下。

信息平台概念是在现代软件工程的概念上建立的,而物流信息平台则是近几年来出现频率比较高的一个词汇。在有些专家著作中曾提到"物流信息平台是通过对共用数据的采集,为物流企业的信息系统提供基础支撑信息,满足企业信息系统对公用信息的需求,支撑企业信息系统各种功能的实现;同时,通过共享信息支撑政府部门间行业管理与市场规范化管理方面协同工作机制的建立"。还有很多文献对于面向供应链的物流信息平台、公共物流信息平台、区域物流信息平台给出了相关的介绍。值得注意的是,以上这些平台都有一个共同点:要么是解决了某个大型企业自身与政府和其供应链上的相关企业之间的信息传递和交换,提高了企业的效率并且降低了成本,要么就是解决了政府和企业间的信息传递和交换,更方便和有利于政府的管理。基于商业营利性质的物流信息平台则很少有文献提及,这一方面可能是因为我国物流信息化起步较晚,而信息平台的开发是一项比较繁杂而庞大的工作，所以目前的大型物流信息平台都是由大型企业或者政府牵头来开发完成的；另一方面，我国对于物流信息平台的定位还比较模糊，平台的运作模式、运作方法都在探讨中，而基于商业营利性质的物流信息平台在我国也是刚刚起步阶段，仍然缺乏理论和实例的指导。

我们所要探讨的基于 B2B 电子商务的物流信息服务平台既包括了传统的电子商务平台的概念，即提供一个网上交易物流服务信息的场所，又对这种传统的电子平台进行提升，抽象出了一个面向各种企业、能够提供涉及供应链管理等各方面的物流信息的服务平台。后者更像是一种物流软件，但是它又与商业物流软件有明显的区别：商业物流软件的使用模式是一对多，即完成一个企业（软件购买者）和它有业务往来的相关企业的物流信息传递过程；而物流信息服务平台则是多对多，即这种平台能够支持多家企业和它们各自有业务往来的相关企业群的物流信息服务过程。

当今企业的发展主要依靠对于信息的处理和分析能力，因此这种以提供物流信息服务（包括基础服务和增值服务）为主要赢利方式的电子商务平台，应该是以后商务物流信息服务平台发展的一个热点。

三、电子商务物流信息服务平台的作用

（一）提供专业化的物流信息服务

商务物流信息服务平台能够帮助中小企业建设自己的物流信息系统（Logistics Information System，LIS），一些小企业甚至可以不建自己独立的 LIS，完全依靠平台实现 LIS 的功能，让物流信息服务商来代理。这样，服务商可以发挥规模优势，充分利用资源，为用户提供高质量的专业化信息服务。物流供应链成员间的信息化水平不一致，往往导致出现瓶颈，物流信息平台可以疏通这些瓶颈；尤其是整个供应链的 LIS 水平都比较低，甚至没有电子化的供应链时，可以将物流供应链中企业的物流信息化的业务外包给平台，利用平台搭建自己的电子供应链，使得供应链的调整有更大的灵活性，使核心企业不会因为要考虑合作企业的物流信息化水平而退避三舍或分散精力。

（二）促进物流信息资源的共享

物流信息共享可以分为 3 个层次：协作企业间物流共享、基础性物流信息共享、物流信息产品和设施设备的共享。第 1 层是企业间协调信息的共享；第 2 层是对公用信息的共享，提高决策的准确性；第 3 层是对平台外接的应用系统的共享，包括硬件信息设施设备（如 GPS 系统）和软件（如 GIS、物流软件、优化模型等）。商务物流信息服务平台提供了这 3 个层次的物流信息资源的共享，节约了企业的投资，增强了对于各个企业的信息支持。

（三）推进物流信息的标准化

物流信息标准化的问题是物流服务提供商所面临的一个很棘手的问题。由于各个系

统间接口和信息格式的不统一，大量的人力财力都耗费于此。因此，国外一些专业的物流信息服务提供商开始积极倡导并参与物流信息标准化的进程。可以看出，我国电子商务物流信息服务的开展必将进一步推动物流信息的标准化进程。

（四）推动物流企业信息化道路的发展

电子商务时代，由于企业的运作方式发生了一些变化，物流业也随之向集成化、电子化方向发展。而在这一发展中起到关键作用的将是那些提供专业化物流信息服务的服务商。他们提供的专业化、集成化、平台化的物流信息服务将给各种企业提供不同的解决方案，这也将最终促使各个企业走向物流信息化的道路。

四、电子商务物流信息服务平台现状

因为国内的商务物流信息服务平台建设还处于探索阶段，而且规模较小，所以我们介绍的都是国外比较成熟的物流信息服务平台。下面我们按照平台的形式依次进行介绍。

（一）网上市场（E－Market Place）

网上市场是传统意义上的电子商务平台，相关的物流服务需求信息在此平台公开，并在达成共识的基础上双方进行交易。此类交易平台通过拥有丰富的物流服务信息，来吸引那些在服务需求信息上存在局限的公司，平台可以通过自动匹配来促使双方交易的完成。一旦双方交易完成，平台的提供者可以收取适当的费用，这就类似于现实生活中的中介公司。

这种商务物流信息服务平台的核心业务是电子市场和相应的增值服务，因此进入门槛比较低。可以以中立服务商（Intermediaries）的身份提供此类信息服务，如 Logistics. com，提供运输能力与需求的自动匹配与优化，管理现场交易等各种运输交易形式，以便为参与者提供交易的灵活性，创造专门的和定向的交易市场；也可以是具有实力的第三方提供商来提供此类服务功能，如 Transplace. com，由 J. B. Hunt 等六个伙伴合并而成，拥有 38 000 台牵引车、91 000 台拖挂车和大约 48 000 名职业司机，为潜在的客户提供巨大的能力。

对于网上市场这类的信息服务平台，如果仅仅为客户提供一个电子交易市场，可以想象这种形式是毫无竞争力的，而且随着客户要求的提高，这种形式也不能够满足客户的需求。如何更好地使客户的需求得以满足，如何更好地促进客户的交易是此类平台需要花费精力思考的一个问题。因此，在设计此类平台的功能时，不仅要提供最基础的功能，更要在增值的信息服务功能上有所突破。

（二）专业化物流信息服务平台

专业化物流信息服务平台是指为众多企业提供涉及物流某一领域的专业化信息服务平台，如运输信息服务平台、仓储信息服务平台等。

目前来说，物流信息服务平台向两极分化：一极是综合性平台，适应范围更加广泛，功能更加强大;另一极是专业化、小规模物流信息服务平台。由于专业化、小规模的物流信息服务平台针对性较强,所提供专业领域的功能比较完备,因此得到了大多数公司的青睐,尤其是中小型公司。它也从一定意义上解决了中小型公司急需物流信息的支持,而又负担不起较大型软件平台的问题。另外,小型专业化的服务平台对于所经营领域的细节考虑得更为细腻。

这种专业化物流信息的服务平台,因为涉及很多具体的相关内容和细节,因此它的提供者一般是一些物流软件公司、在此领域经验比较丰富的物流信息服务中间商或者是规模比较大的第三方物流公司。

在这种平台功能的设计上,功能完备、对于细微之处的考虑都是很重要的方面。由于此种服务平台专业性强,除了基本功能和决策支持功能大类外,很难概括出相同的子功能。

(三) 集成供应链的物流信息服务平台

近些年来,供应链一体化的解决方案一直被大型企业所倡导和应用。随着全球市场的不断扩大、信息技术的不断发展和商业节奏的不断加快,在全球范围内对顾客的快速响应、效率的提高、成本的下降成为企业发展的几大挑战。为此,需要对全球性的从供应者到最终用户的整个供应链做出有效的计划,需要快速准确的决策支持系统以对市场和供应链的变化进行实时响应。一些大企业开始使用开放的系统技术结构以形成整个企业连续的物流过程,实现跨越多个地点、包括供应者和顾客、涵盖在库和在途库存的整个供应链的无缝一体化。这种供应链一体化的物流信息过程全面解决了企业在各方面所需要的服务,提高了整个过程的可视化程度,并且大大提高了企业运行的效率,进而从一定意义上降低了成本。但是,由于这种方案初期的投资巨大,所以只有在大型企业中才有所应用。而集成供应链的物流信息服务平台则通过网络平台可以对很多企业提供供应链集成化信息服务,这就降低了整体的使用成本,从而使得一些中小型企业在此方面的应用也成为了可能。

知识链接

推动电子商务与快递物流协同发展

近年来,我国电子商务与快递物流协同发展不断加深,推进了快递物流转型升级、提质增效,促进了电子商务快速发展。但是,电子商务与快递物流协同发展仍面临政策法规体系不完善、发展不协调、衔接不顺畅等问题。为全面贯彻党的十九大精神,深入贯彻落实习近平新时代中国特色社会主义思想,落实新发展理念,深入实施“互联网 + 流通”行动计划,提高电子商务与快递物流协同发展水平,2018 年 1 月 23 日,国务院办公厅发布了《关于推进电子商务与快递物流协同发展的意见》,从制度创新与政策法规环境、规划引领与物流基础设施、规范运营与配送通行管理、服务创新与快递末端服务能力、标准化智能化与协同运行效率、绿色理念与绿色供应链六个方面给出了指导意见。①

案例分析

有种网:开创互联网+现代农业和农业供应链服务

酒泉有种网网络技术有限公司成立于2015年2月,注册资本金1亿元,是中国农业互联网领军企业,在酒泉、兰州和北京设立三个运营中心,拥有分公司20余家。

有种网定位于"一站式农业供应链服务平台",独创供应链服务和渠道服务双重服务模式,建设线上农业互联网平台、全国性的县域综合服务体系和农业全产业链服务体系三大服务体系,联合产业链上下游优质企业,构建新型农资、农副产品流通渠道,解决农资下乡和农产品进城的买难、卖难问题,提高流通效率,降低流通成本。

一、种植农业供应链不畅,农业发展与腾飞急需清理跑道

我国农业正在经历土地变革、品种变革、渠道变革和组织变革,农业产业需要更专业的新型农业经营主体,更优质的农资产品和农副产品,更高效的农资和农副产品流通渠道,更有效的农业生产组织方式。通过四大变革,将诞生四大新型农业综合服务体系:新型智慧农业种植体系、互联网新型农业流通体系、新型农业技术服务体系和新型农业科技创新体系。

我国农业生产资料主要分为种子、肥料、农药、农机具四大品类,年交易量超过2万亿元;农副产品市场年交易量超过10万亿元。随着我国农业产业结构调整和农业供给侧改革不断深入,农业生产从保量增量向保质提质转变,农产品供求关系逐步从卖方市场向买方市场转变。中国农业互联网电商拥有广阔的市场前景,农业供应链服务拥有迫切的市场需求。

当前我国农业产业发展存在以下突出问题:

(1)我国农业互联网电商仍处在起步阶段,农资厂商、农资经销商缺乏互联网电商营销经验,农户在网上买农资的习惯尚未形成,农业电商、农村电商、农产品电商均发展滞后。

(2)土地分散,集中度不高。"60后种不动地,70后不爱种地,80后不愿种地,90后不会种地。"随着全国土地流转率的不断提高,种田大户、家庭农场、农业专业合作社等新型农业经营主体规模不断增长,需要产业化、集约化、科学化、信息化、现代化的农业供应链服务创新模式:传统农资销售渠道层级多,县、乡镇、村各级经销商、零售商层层加价,农户采购农资价格高;农业金融服务缺乏,农户融资渠道少,融资难;假种子、假化肥、假农药的事件

① 具体内容请扫描本章末拓展资源二维码阅读。

屡禁不止，需要建立和完善农资产品质量、农产品质量安全溯源体系，提供质量保障；与普通消费品相比，种子、化肥、农药等农资商品，其商品与服务无法分离，农资销售、物流、相关农业技术服务等线下服务必须同时提供，必须采用 O2O 线上线下相结合的方式。

(3) 农村物流基础设施薄弱、物流配送网络缺失。无论是农资下乡还是农产品进城，都受到严重制约，“最后一公里”成为农村物流发展的重大难题。

二、有种网开创“互联网 + 现代农业”和“农业供应链服务”的应用典范

针对中国巨大的农业市场，有种网建设线上农业互联网平台、全国性的县域综合服务体系和农业全产业链服务体系三大服务体系，形成集网上商城、农业供应链、农业供应链金融、智慧农业为一体的，全国范围、全产业链、品种全覆盖的“一站式农业供应链服务平台”，开创“互联网 + 现代农业”和“农业供应链服务”的应用典范。有种网“一站式农业供应链服务平台”，通过有种网、禾中味道两个电商平台，构建新型农资、农副产品流通渠道，解决农资生产资料下行和农副产品上行问题。平台已入驻种子、肥料、农药企业 1 万余家，销售商品 4 万余种。新模式将原来厂家→县→乡镇→村→农户 3 级分销渠道，缩短为厂家→有种网→农户 1 级渠道，缩短渠道链条，降低农户农资采购成本，为农户节省 10% ~ 30% 的成本，帮助农民增收致富，大大提高了农业供应链总体运行效率。有种网农业全产业链服务体系和县域综合服务体系，采用平台化管理，把工业供应链管理思想和工具引入农业，通过电商平台、供应链服务、仓储系统等，实现了对县、乡、村三级的精准管理；全国范围的订单、库存、货款的实时管理，做到了商流、物流、资金流的统一；将线上交易与线下服务相结合，逐步实现完整的现代农业生态体系，为农业的产前、产中、产后提供一站式全产业链服务。2018 年，有种网将在北京、天津、山东、甘肃、江苏、山西、河南、河北、辽宁、吉林、黑龙江、内蒙古、新疆 13 个省(市)区 100 余个农业大县建设县、乡、村三级县域综合服务体系，联结 500 万农户，覆盖 5 000 万亩土地。有种网农资、农产品质量安全追溯体系建设包括：有种网独立研发种子、农药标签二维码平台，为大中小型不同规模、各类种子、农药企业提供免费服务，可轻松实现对种子、农药标签二维码的制作和管理，实现种子、农药从生产到销售的全程可追溯。截至目前，有种网标签二维码平台已经生成二维码超过 2 亿个，服务国内种子企业超过 50%，有效地支持了种子、农药企业的生产和销售。

西安交通大学管理学院院长、中国物流学会副会长冯耕中认为，农村的发展、农民的生活稳定是中国经济社会发展的重要内容。在数字经济时代，构建农业电子商务与供应链信息平台，建立农业供应链体系，成为推进农村第一二三产业融合发展的重要方向。

有种网打造的一站式农业供应链综合服务平台，开创了“互联网 + 农业全产业链”应用典范，其充分运用跨界、融合、创新、共享的互联网思维，为我国实现精准扶贫、推进农业供给侧改革、解决农业发展问题提供了宝贵的经验。

案例分析题：

根据案例并结合所学知识试分析互联网与物流供应链的关系。

思考题

1. 为什么说物流是电子商务的重要组成部分？
2. 电子商务概念模型的基本要素有哪些？
3. 为什么说物流是实现电子商务的保证？
4. 电子商务条件下物流的特点是什么？
5. 电子商务条件下物流企业的发展方向是什么？
6. 简述中国物流行业的发展格局。

拓展阅读

请扫描二维码阅读拓展资源。

1. 电子商务与快递协同发展

2. 物流一体化的特点及意义

3. 论电子商务风险管理及改进建议

第二章 物流基础理论

物流对商务活动的影响日益明显，并越来越引起人们的注意。物流学科是当代最有影响的新学科之一。它以物的动态流转过程为主要研究对象，揭示了物流活动（运输、储存、包装、装卸搬运、流通加工、物流信息等）的内在联系，使物流系统在经济活动中从潜隐状态显现出来，成为独立的研究领域和学科范围。物流学科是管理工程与技术工程相结合的综合学科，应用了系统工程的科学成果，它的产生和应用提高了物流系统的效率，更好地实现了物流的时间效益和空间效益，给国民经济和企业的生产经营带来了经济效益。因此，它引起了学术界和企业界的重视并给予高度评价，从而得到了迅速的发展和普及。

本章着重介绍物流科学的基本理论和基本知识，包括物流的基本概念、物流科学的产生及发展、物流系统和物流要素等若干问题。

第一节 物流概述

一、物流概念及其渊源

物流（Physical Distribution）一词源于国外，最早出现于美国。1915 年阿奇·萧在《市场流通中的若干问题》一书中就提到物流一词，并指出“物流是与创造需求不同的一个问题”。1935 年，美国销售协会阐述了实物分配（Physical Distribution，PD）的概念，即实物分配是与销售有关的物质资料和服务从生产场所到消费场所的流动过程。德国人 R. 尤尼曼认为，“物流学是研究对系统（企业、地区、国家、国际）的物料流（Material Flow）及有关的信息流（Information Flow）进行规划与管理的科学理论”。日本学者林周二对物流的定义比较详细，他认为，“物流是包含物质资材的废弃与还原，连接供给主体与需求主体，克服空间与时间距离，并且创造一部分形质效果的物理性经济活动，具体包括运输、储存、包装、装卸搬运、流通加工等活动以及有关的信息活动”。

物流问题源于企业的实际。在 20 世纪初，西方一些国家已出现生产大量过剩、需求严重不足的经济危机，因此企业界提出了销售和物流的问题，不过此时的物流主要指的是销售过程中的物流。

第二次世界大战中，围绕战争供应，美国军队建立了“后勤”（Logistics）理论，并将其用于战争活动中。“后勤”是指将战时物资生产、采购、运输、配给等活动作为一个整体进行统一布置,以求战争物资补给的费用更低、速度更快、服务更好。后来“后勤”一词在企业中广泛应用,又有商业后勤、流通后勤的提法,这时的后勤包含了生产过程和流通过程的物流,因而是一个包含范围更广泛的物流概念。

第二次世界大战以后,西方经济进入大量生产、大量销售的时期,降低流通成本的矛盾引人注目,实物分配(PD)的概念更为系统化。日本的物流概念是 1956 年直接从英文的 Physical Distribution 翻译过去的,1956 年日本派团考察美国的流通技术,引进了物流的概念。20 世纪 50 年代,PD 的概念在日本被译为“物的流通”,日本著名学者、被称为物流之父的平原直就用“物流”这一更为简捷的表达方式代替“物的流通”,之后迅速地被广泛使用。实际上,我国许多文献中也是按 PD 的概念来阐述物流的。

因此,从 1915 年实物分配(Physical Distribution)被提出起,经过 70 多年,物流概念(Logistics)才有定论。现在欧美国家多把物流称做 Logistics。Logistics 逐渐取代 PD,成为物流的代名词。这是物流科学走向成熟的标志。Logistics 包含生产过程中的原材料采购、物料搬运、厂内物流,流通过程中的物流、实物分配,可见 Logistics 的外延更为广泛。

当然,我国还有些学者将 Logistics 一词译为后勤学,但多数学者将其译为物流或物流学。目前国内外关于物流的定义很多,较有代表性的有以下几个:

“物流是一个控制原材料、制成品、产成品和信息的系统。”

“物流是从供应开始经各种中间环节的转让及拥有而到达最终消费者手中的实物运动,以此实现组织的明确目标。”

“物流是物质资料从供给者到需求者的物理运动,是创造时间价值、场所价值和一定的加工价值的活动。”

“物流是指物质实体从供应者向需求者的物理移动。它由一系列创造时间价值和空间价值的经济活动组成,包括运输、保管、配送、包装、装卸、流通加工及物流信息处理等多项基本活动,是这些活动的统一。”

我国国家标准《物流术语》已经颁布实施。该国家标准将“物流”定义为:“物流(Logistics):物品从供应地向接收地的实体流动过程。根据实际需要,将运输、储存、装卸、搬运、包装、流通加工、配送、信息处理等基本功能实施有机结合。”

可以肯定,物流的概念包含以下要点:

(1) 物流的研究对象是贯穿流通领域和生产领域的一切物料流以及有关的信息流,研究目的是对其进行科学规划、管理与控制。

(2) 物流的作用是将物资由供给主体向需求主体转移(包含物资的废弃与还原),创造时间价值和空间价值,并且创造部分形质效果。

(3) 物流活动包括运输、保管、装卸搬运、包装、流通加工以及有关的信息活动等。

物流概念主要通过两条途径从国外传入我国。一条是在 20 世纪 80 年代初随“市场营销”理论的引入而从欧美国家传入。因为在欧美国家的所有市场营销教科书中,都毫无例外地要介绍“Physical Distribution”,这两个单词直译为中文即为“实体分配”或“实物流通”,我们普遍接受“实体分配”的译法。所谓“实体分配”指的就是商品实体从供给者向需求者进行的物理性移动。

另一条途径是20世纪80年代初,我国从日本直接引入“物流”这一概念至今。

在物流概念传入我国之前,我国实际上一直存在着物流活动,即运输、保管、包装、装卸、流通加工等物流活动,其中主要是存储运输即储运活动。国外的物流业基本上就是我国的储运业,但两者并不完全相同,主要差别在于:

(1)物流比储运所包含的内容更广泛,一般认为物流包括运输、保管、配送、包装、装卸、流通加工及相关信息活动,而储运仅指储存和运输两个环节,虽然其中也涉及包装、装卸、流通加工及信息活动,但这些活动并不包含在储运概念之中。

(2)物流强调上述活动的系统化,从而达到物流活动的整体最优化,储运概念则不涉及存储与运输及其他活动整体的系统化和最优化问题。

(3)物流是一个现代概念,在第二次世界大战后才在各国兴起,而在我国储运是一个十分古老、传统的概念。

二、物流与流通

(一)流通在社会经济生活中的地位

1. 流通是联结生产和消费的纽带

现代社会经济生活是一个极为庞大与复杂的系统。人类为了满足生活和生产的需要,不断地消费着各种各样的物质资料;同时也有无数的工厂或其他制造系统不停地生产和制造人类所需要的物质。消费者如果不能得到所需要的物资,社会经济生活将会发生紊乱。只有将生产者生产的产品转移到消费者手中,产品的使用价值才能实现,同时劳动者的各种劳动消耗才能得到补偿,才能有条件组织再生产。因此,在生产与消费之间必须建立通畅的渠道,这就是流通的任务,所以流通被称为联结生产和消费的纽带,见图2-1。

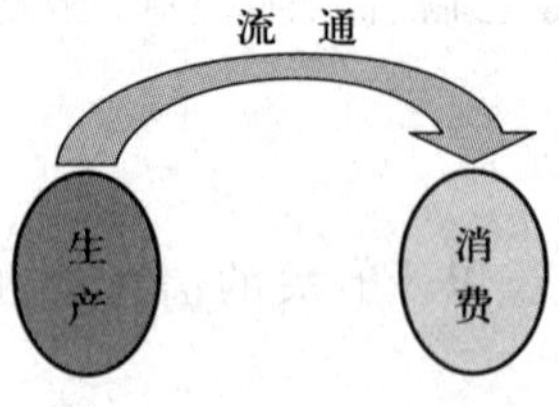

图2-1 流通的作用

流通作为一种经济形式而存在,伴随着商品生产和商品交换的历史而产生和发展。在商品经济的初级阶段,由于产品的品种、数量很少,生产者和消费者往往通过比较直接的渠道建立交换关系,流通的形态是初级的。随着生产水平的提高,专业化的工厂越来越多,规模也越来越大,产品的品种和数量都大大地增加了。由于生产地点和消费地点逐渐分离,生产者想要直接和消费者见面销售自己的产品是很困难的,往往要通过市场这个环节,即流通领域的过渡,才能将产品转移到消费者手中。

随着经济水平的提高，人类的物质生活需求趋于多样化，为了适应时代的需要，流通领域现代化已是必然的趋势。

2. 流通对生产的反作用

生产决定流通，生产是流通的物质基础，没有生产就没有源源不断地供给市场的商品，当然也就没有流通。但是，流通对生产也有反作用，流通的状况制约着生产的规模、范围和发展速度。一方面，生产者生产的产品要进入市场，只有通过流通领域到达消费者手中，产品才能实现其使用价值。另一方面，生产的原材料也要通过流通领域从市场获取，流通渠道不畅，不能及时得到原材料，生产也会陷入困境。或者在流通领域由于某种原因导致原材料价格上涨，将使产品成本随之上升，生产者也会在经营方面产生困难。

生产越发展，社会财富越丰富，流通的反作用也就越显著。例如，日本在 20 世纪 50 年代末期进入高速增长时期，但由于流通未及时发展，造成市场供应紧张，价格混乱，严重地阻碍生产的发展。后来经过十几年的努力，日本才扭转了流通落后的局面。具体而言，就是通过不断地加强物流管理，提高物流技术水平，降低物流成本，建立高效、通畅的物流体系，才使生产也得以稳步的发展。

我国在向社会主义市场经济体制的过渡中，流通对生产的制约作用日益显现。在计划经济体制下形成的以产量增长为唯一目标的生产模式已不再适用。企业走出困境一方面要依靠自身，适应市场的要求，增强产品的竞争能力；另一方面流通大系统也要进行改革，适应生产发展的需要，从而为企业创造一个良好的发展条件，使流通对生产的制约作用转化为促进作用。

（二）流通的内容

流通过程要解决两方面问题：一是对象物从生产者所有转变为用户所有，即解决所有权的转移问题；二是对象物从生产地转移到使用地，以实现其使用价值，即解决物的流转问题。前者称为商流，后者称为物流。

1. 商流

对象物所有权转移活动称为商流。在商流中的物资也称为商品。商流活动一般称为贸易或交易。商品通过交易活动由供给方转让给需求方，这种转让是按价值规律进行的。商流的研究内容是商品交换的全过程，具体包括市场需求预测，计划分配与供应，以及货源组织、订货、采购调拨、销售等。其中既包括贸易决策，也包括具体业务及财务处理。

2. 物流

物流是指实物从供给方向需求方的转移，这种转移既要通过运输或搬运来解决空间位置的变化，又要通过储存保管来调节双方在时间节奏方面的差别。物流中的“物”泛指一切物质资料，有物资、物体、物品的含义；而物流中的“流”泛指一切运动形态，有移动、运动、流动的含义，特别是把静止也作为运动的一种形态。物流系统中的“物”不改变其性质、尺寸、形状。也就是说物流活动和加工活动不同,不创造“物”的形质效用,但是它克服了供给方和需求方在空间维和时间维方面的距离,创造了空间价值和时间价值,是社会经济活动所不可缺少的。

例如,山西省的煤在埋藏在深山中时,和泥土、石块等自然物一样。只有经过采掘、输送到北京等地才能用来作为发电、取暖的燃料,成为重要的物资。它的使用价值是通过运输克服了空间距离才得以实现的,这就是物流的空间效应。

又如,大米的种植和收获是季节性的,多数地区每年收获一次。但是对消费者而言,大米作为食品,每天都要消耗,必须进行保管以保证经常性的需要,供人们食用以实现其使用价值。这种使用价值是通过保管克服了季节性生产和经常性消费的时间差后才得以实现的。这就是物流的时间效应。

3. 商流和物流的关系

商流和物流都是流通的组成部分,二者结合才能有效地实现商品由供方向需方的转移过程。商流和物流关系密切,相辅相成。

一般在商流发生之后,即所有权的转移达到交易之后,货物必然要根据新货主的需要进行转移,这就导致相应的物流活动出现。物流是产生商流的物质基础,商流是物流的先导。二者相辅相成,密切配合,缺一不可。只有在流通的局部环节,在特殊情况下,商流和物流可能独立发生,一般而言,从全局来看商流和物流总是相伴发生的。

(三) 商物分离

尽管商流和物流的关系非常密切,但是它们各自具有不同的活动内容和规律。在现实经济生活中,进行商品交易活动的地点,往往不是商品实物流通的最佳路径必经之处。如果商品的交易过程和实物的运动过程路径完全一致,往往会发生物流的迂回、倒流、重复等不合理现象,造成资源和运力的浪费。商流一般要经过一定的经营环节来进行业务活动;而物流则不受经营环节的限制,它可以根据商品的种类、数量、交货要求、运输条件等,使商品尽可能由产地通过最少的环节,以最短的物流路线,按时保质地送到用户手中,以达到降低物流费用、提高经济效益的目的。综上所述,在合理组织流通活动中,实行商物分离的原则是提高社会经济效益的客观需要,也是企业现代化发展的需要。

1. 商物分离的模式

对于商物分离的原则,以下通过图 2－2 进一步加以说明。图 2－2(a)表示商(流)物(流)合一的流通网络,而图 2－2(b)则表示商物分离的流通网络。在图 2－2 中,每一圆圈称为网络的节点,在节点处发生货物的发送、停止、存放或者信息的发生、终结、处理、加工等活动。节点之间的实线箭头表示实物的流动,虚线箭头表示信息流,这些节点、虚实线以及箭头就构成了网络。

图 2－2(a)的网络比较简单,总公司从工厂购得商品送至批发站,批发站再将商品分

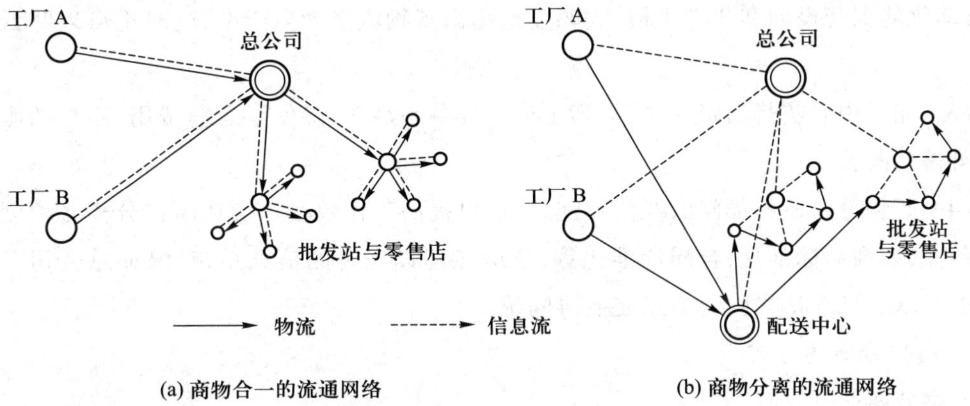

图 2－2 商物分离模式

别送到各零售店，信息流和物流完全一致。

图 2－2(b)的网络是商物分离的模式。其运作过程如下：

(1) 零售店采用电话订货或互联网订货的方式，订货信息通过电话回路或计算机网络传达给总公司的信息中心，信息中心确认库存商品可以满足订货需要时，向配送中心下达出库指示。

(2) 配送中心根据要求向零售店按计划回路配送的方式进行送货。同时配送中心将商品出入库的有关数据传达给总公司的信息中心，商品库存量的减少数据和在库状况记入信息中心的数据库。

(3) 在库量减少到一定水平时，总公司对工厂下达向配送中心补充货物的指令，或是发出订货的指令，以保证配送中心功能的实施。

2. 商物分离的特点和优点

商物分离模式的特点包括：

(1) 在保管上，取消总公司仓库和营业仓库分散保管方式，代之以配送中心集中保管。

(2) 在输送上，原先是从工厂仓库至总公司仓库，再到批发站仓库，最后到零售店，是商物一致的三段输送。而在商物分离模式下，是由工厂仓库至配送中心，然后直接送至零售店的两段输送。

(3) 在配送上，原是分别向各零售店送货，现改为回路配送。

(4) 在信息系统上，不再由总公司、批发站和工厂分头处理，而是由信息中心集中处理，通过现代化的通信系统对各环节进行控制。

商物分离的优点包括：

(1) 为了营业方便，公司批发站一般设在都市的繁华地区。而配送中心可以设在郊外，工厂之间的大批货物输送较为便利，可以缓解市内交通拥挤的情况。

(2) 配送中心的仓库规模大，物流作业集中，同一地点处理的物流量大，便于采用机械化、自动化的保管设施和装卸机械,大幅度地提高了物流活动生产率,同时也可以降低物流成本。

(3) 配送中心实行回路配送,提高了运输设备利用率,降低了运输费用,用户的服务质量也可得到改善。

(4) 商物分离使各部门的职能单纯化,可以提高工作效率。实现商物分离必须创造一定的条件,如商品标准化,合同标准化等,还应该建设完善的信息系统,保证总公司、工厂、配送中心以及批发站之间的信息交换协同统一。

3. 商物分离的方式

商物分离的方式有:

(1) 订货活动与配送活动相互分离,把自备卡车与委托运输或共同运输联系在一起,降低运输费用并压缩固定费用开支。

(2) 把在同一系统的负责一定范围的物流据点合并,加强物流管理一元化,压缩流通库存,减少交叉运输,便于工厂大批量运货,提高物流系统的效率。

(3) 减少物流中间环节,流通路线可以是从工厂经配送中心到顾客。甚至由工厂直接将货物送给顾客。如玻璃工厂流通中心,可以按各营业点的订货信息直接送货到用户并代为安装,从而大大提高效率。

三、物流的分类

社会经济领域中的物流活动无处不在,对于各个领域的物流,虽然其基本要素都存在且相同,但由于物流对象不同,物流目的不同,物流范围、范畴不同,物流类型也不同。这些类型的划分为我们开展物流研究提供了较大的方便,下面分别予以介绍。

(一) 按物流活动作用的层次和环节划分

1. 社会物流

社会物流是指超越一家一户而以一个社会为服务对象的物流。它是指流通领域所发生的物流,是全社会物流的整体,所以又称为大物流或宏观物流。这种物流往往是由专门的物流承担人承担的,社会物流的范畴属于社会经济大领域。社会物流研究再生产过程中随之发生的物流活动,研究国民经济中的物流活动,研究如何形成服务于社会、面向社会又在社会环境中运行的物流,研究社会中物流体系结构和运行,因此带有宏观性和广泛性。社会物流的一个标志是:它是伴随商业活动(贸易)发生的,也就是说物流过程和所有权的更迭是相关的。

就整体而言,可以认为物流科学主要的研究对象是社会物流。社会物流网络是国民经济的命脉,流通网络分布是否合理、渠道是否畅通至关重要。必须进行科学管理和有效控制,采用先进的技术手段,保证高效率、低成本运行,以期获得巨大的经济效益和社会效益。

物流科学对宏观国民经济的重大影响是物流科学受到高度重视的主要原因。

2. 行业物流

同一行业的企业是市场中的竞争对手,但是在物流领域中,它们常常互相协作,共同促进行业物流系统的合理化。例如,日本建设机械行业的行业物流系统合理化的具体内容有:使各种运输手段能有效利用;建设共同的零部件仓库,实行共同集中配送;建立信息及设备共享的共同流通中心;建立技术中心,共同培养操作人员和维修人员;统一建设机械的规格等。又如在零售业采用统一商品规格、统一法规政策、统一托盘规格、统一陈列柜等都是行业物流合理化的结果。行业物流合理化的结果使行业中的企业得到相应的利益,因此,各行业协会、行业学会应该把本行业的物流作为重要的研究课题之一。

3. 企业物流

企业是社会提供产品或某些服务的经济实体。一个工厂要购进原材料,经过若干工序的加工,形成产品销售出去。在企业经营范围内由生产或服务活动所形成的物流系统称为企业物流。从企业角度研究与之有关的物流活动,是具体的、微观的物流活动的典型领域。企业物流又可以分为以下五类。

(1) 企业生产物流。企业生产物流指企业在生产工艺中的物流活动。这种物流活动是与整个生产工艺过程伴生的,实际上已构成了生产工艺过程的一部分。企业生产过程的物流大体为:原料、零部件、燃料等辅助材料从企业仓库或企业的“门口”开始,进入到生产线的开始端,再进一步随生产加工过程一个一个环节地流,在流动的过程中,其本身被加工,同时产生一些废料、余料,直到生产加工终结,再流至产成品仓库,便终结了企业生产物流过程。

过去,人们在研究生产活动时,主要注重一个一个的生产加工过程,而忽视了将每一个生产加工过程串在一起,使得一个生产周期内,物流活动所用的时间远多于实际加工的时间。所以对企业生产物流的研究,可以大大缩减生产周期,节约劳动力。

(2) 企业供应物流。企业为保证本身生产的节奏,不断组织原材料、零部件、燃料、辅助材料供应的物流活动。这种物流活动对企业生产的正常、高效进行起着重大作用。企业供应物流不仅要保证供应目标得以实现,而且还要以成本最低为限定条件。因此,如何降低这一物流过程的成本,可以说是企业物流的最大难点。为此,企业供应物流就必须解决有效的供应网络问题、供应方式问题、零库存问题等。

(3) 企业销售物流。企业销售物流是企业为保证本身的经营效益,不断伴随销售活动,将产品所有权转给用户的物流活动。在现代社会中,销售物流活动带有极强的服务性,只有满足了消费者的需求,才能最终实现销售。在这种市场前提下,销售往往以送达用户并经过售后服务才算终止,因此,销售物流的空间范围很大,这便是销售物流的难度所在。在这种前提下,企业销售物流的特点,便是通过包装、送货、配送等一系列物流实现销售,这就需要研究送货方式、包装水平、运输路线等,并采取各种诸如少批量、多批次、定时、定量配送等特殊的物流方式以达到目的,因而,其研究领域是很宽的。

(4) 企业回收物流。企业在生产、供应、销售的活动中总会产生各种边角余料和废料,还有作为包装的纸箱、塑料筐、玻璃瓶等,这些东西回收是需要伴随物流活动的,而且,在一个企业中,回收物品处理不当,往往会影响整个生产环境,甚至影响产品质量,也会占用很大空间,造成浪费。回收物资品种多,流通渠道也不规则,而且变化多样,因此管理和控制回收物流的难度很大。

(5) 企业废弃物物流。企业废弃物物流是指对企业排放的无用物进行运输、装卸、处理等的物流活动。生产和流通系统中所产生的无用废弃物,如开采矿山时产生的土石、炼钢生产中的钢渣、工业废水以及其他一些无机垃圾等。这些废弃物如不妥善处理,不仅没有再利用的价值,而且会污染环境,有些还会妨碍生产的持续开展。正是对这类物资的处理才产生了废弃物物流。一般来说,废弃物物流不会产生经济效益,但若对其处理不当,负面的社会效益较大。为了减少资金消耗,提高效率,使生产正常进行、人民安居乐业,对废弃物资综合利用的研究很有必要。

(二) 按物流活动作用的空间范围划分

1. 区域物流

所谓区域物流,有不同的划分原则。首先,按行政区域划分,如云南地区物流、河北地区物流等;其次,按经济圈划分,如苏(州)(无)锡常(州)经济区物流、黑龙江边境贸易区物流等;最后,按地理位置划分,如长江三角洲地区物流、河套地区物流等。

区域物流系统对于提高该地区企业物流活动的效率以及保障当地居民的生活福利环境,具有不可缺少的作用。研究区域物流,应根据地区的特点,从本地区的利益出发,组织好物流活动。如某城市建设一个大型物流中心,显然对于提高当地物流效率、降低物流成本、稳定物价很有作用。但也会引起由于供应点集中、货车来往频繁而导致的废气噪声、交通事故等消极问题。因此,物流中心的建设不单是物流问题,还要从城市建设规划、地区开发计划出发,统一考虑,妥善安排。

2. 国内物流

国家或相当于国家的实体,是拥有自己的领土和领空的政治经济实体。它所制定的各项计划、法令政策都应该是为其自身的整体利益服务的。物流作为国民经济的一个重要方面,也应该纳入国家总体规划。我国的物流事业是社会主义现代化事业的重要组成部分,我国物流系统的发展必须从全局着眼,对于部门分割、地区分割所造成的物流障碍应该清除。在物流系统的建设投资方面也要从全局考虑,使一些大型物流项目能尽早建成,为社会主义经济服务。国家整体物流系统化的推进,必须发挥政府的行政作用,具体说有以下几方面:

(1) 物流基础设施的建设,如公路、高速公路、港口、机场、铁路的建设,以及大型物流基地的配置等。

(2)各种交通政策法规的制定,例如铁路运输、卡车运输、海运、空运的价格规定,以及税收标准等。

(3)与物流活动有关的各种设施、装置、机械的标准化,这是提高全国物流系统运行效率的必经之路。为了使标准化有所依据,于是提出“物流模数”的概念。物流模数的定义是:为了实现物流的合理化、标准化,在决定物流系统各个要素尺寸时,其数值应是某个基准尺寸的倍数(小数或整数倍)。这个基准尺寸称为物流模数。

另外,物流活动中各种票据的标准化、规格化也是重要的内容。

(4)物流新技术的开发、引进和物流技术专门人才的培养。

3. 国际物流

当前世界的发展主流是国家与国家之间的经济交流越来越频繁,任何国家不投身于国际经济大协作的交流之中,本国的经济技术就得不到良好的发展。随着经济全球化的深入,跨国公司越来越多。跨国公司的经济活动范畴可以遍布各大洲,国家之间、洲际的原材料与产品的流通越来越发达,因此,国际物流的研究已成为物流研究的一个重要分支。

四、传统物流与现代物流

传统物流,一般是指商品在空间与时间上的位移,以解决商品生产与消费的地点差异与时间差异,主要包括运输、包装、仓储、加工、配送等。传统物流可以分为两大类,即宏观物流与微观物流。宏观物流亦称社会物流,即社会再生产各过程之间、国民经济各部门之间以及国与国之间的实物流通。随着生产力的发展,生产专业化程度的提高,使得商品货物在国民经济各部门、各企业之间的交换关系越来越复杂,社会物流的规模也越来越大。宏观物流的状况直接影响国民经济的效益。微观物流亦称企业物流,具体讲,主要包括供应物流、生产物流、销售物流、回收物流、废弃物物流等。微观物流的状况如何,直接影响一个企业的经济效益。

我国一般工业品从产品出厂经过装卸、储存、运输等各个物流环节到消费者手中所花费的流通费用占商品价格的50%左右。而新鲜水果、易变质食品、某些化工产品的流通费用有的高达商品售价的70%。我国汽车零配件的生产,其加工装配时间仅占2%,而96%的时间是原材料、零配件的储存、装卸和搬运时间。自1979年以来,英国物料搬运中心多次进行的全国性的调查表明,物流费用占整个国民经济总支出的39%,在生产与流通领域,物流费用占总支出的63%。据美国《企业物流》报道,20世纪80年代以来美国企业年平均支付的物流费已超过总销售收入的25%。所以,一些发达国家把降低流通费用,特别是物流费用,作为利润的第三源泉,作为提高整个国民经济效益的重要措施和一种新的经济增长点。

进入20世纪90年代,传统物流已向现代物流转变。整体物流概念是一个较为现代化的流通领域概念，也就是通常所说的现代物流。现代物流包括运输合理化、仓储自动化、包装标准化、装卸机械化、加工配送一体化、信息管理网络化等。现代物流具有如下特征：

（1）物流反应快速化。物流服务提供者对上游、下游的物流、配送需求的反应速度越来越快，前置时间越来越短，配送间隔越来越短，物流配送速度越来越快，商品周转次数越来越多。

（2）物流功能集成化。现代物流着重于将物流与供应链的其他环节进行集成，包括：物流渠道与商流渠道的集成、物流渠道之间的集成、物流功能的集成、物流环节与制造环节的集成等。

（3）物流服务系列化。现代物流强调物流服务功能的恰当定位与完善、系列化。除了传统的储存、运输、包装、流通加工等服务外，现代物流服务在外延上向上扩展至市场调查与预测、采购及订单处理，向下延伸至配送、物流咨询、物流方案的选择与规划、库存控制策略建议、货款回收与结算、教育培训等增值服务；在内涵上则提高了以上服务对决策的支持作用。

（4）物流作业规范化。现代物流强调功能、作业流程、作业动作的标准化与程式化，使复杂的作业变成简单的易于推广与考核的动作。

（5）物流目标系统化。现代物流从系统的角度统筹规划一个公司整体的各种物流活动，处理好物流活动与公司目标之间、物流活动与物流活动之间的关系，不求单个活动的最优化，但求整体活动的最优化。

（6）物流手段现代化。现代物流企业使用先进的技术、设备与管理经验，计算机技术、通信技术、机电一体化技术、语音识别技术等得到普遍应用。世界上最先进的物流系统运用了全球定位系统（GPS）、卫星通信、射频识别装置（RF）、机器人，实现了自动化、机械化、无纸化和智能化。如20世纪90年代中期，美国国防部为执行维和行动的多国部队提供的军事物流后勤系统就采用了这些技术，其技术之复杂与精尖堪称世界之最。

（7）物流组织网络化。为了保证对产品促销提供快速、全方位的物流支持，现代物流需要有完善、健全的物流网络体系，网络上点与点之间的物流活动需要保持系统性、一致性，这样可以保证整个物流网络有最优的库存总水平及库存分布，运输与配送快速、机动，既能铺开，又能收拢。分散的物流单体只有形成网络才能满足现代化生产与流通的需要。

（8）物流经营市场化。现代物流的具体经营采用市场机制，无论是企业自己组织物流，还是委托社会化物流企业承担物流任务，都以“服务—成本”的最佳配合为总目标，谁能提供最佳的“服务－成本”组合，就找谁服务。国际上既有大量自办物流相当出色的“大而全”“小而全”的例子，也有大量利用第三方物流企业提供物流服务的例子，比较而言，物流的社会化、专业化已经占到主流，即使是非社会化、非专业化的物流组织也都实行了严格的经济核算。

（9）物流信息电子化。计算机信息技术的应用，使得现代物流过程的可见性（Visibility）明显增加，物流过程中库存积压、延期交货、送货不及时、库存与运输不可控等风险大大降低，从而可以加强供应商、物流商、批发商、零售商在组织物流过程中的协调和配合以及对物流过程的控制。

第二节　物流要素

一、运输

（一）运输的作用及意义

运输的任务是对物资进行较长距离的空间移动。物流部门通过运输解决物资在生产地点和需要地点之间的空间距离问题，从而创造商品的空间效益，实现其使用价值，以满足社会需要。运输是物流的中心环节之一，可以说是物流最重要的一个功能。运输在经济上的作用是扩大了经济作用范围和在一定的经济范围内促进物价的平均化。现代化大生产的发展，社会分工越来越细，产品种类越来越多，无论是原材料的需求，还是产品的输出量，都大幅度上升，区域之间的物资交换更加频繁，这就促进了运输业的发展和运输能力的提高，所以产业的发展促进了运输技术的革新和运输水平的提高。反之，运输手段的发达也是产业发展的重要支柱。比如，现代钢铁企业每日需万吨以上铁矿石原料，往往是从几千里甚至几万里之外用大型货车运来的；许多发达国家需要用数万吨乃至数十万吨级油轮从国外输入石油。没有这样强有力的输送手段，许多大工业企业就难以生存和发展。

（二）运输的方式及特点

陆地、海洋和天空都可以作为运输活动的空间，运输的主要方式有以下几种。

1. 铁路运输

它是陆地长距离运输的主要方式。由于其货车在固定轨道线路上行驶，铁道运输可以自成系统，不受其他运输条件的影响，按时刻表运行。还有轨道行驶阻力小、不需频繁地启动制动、可重载高速运行及运输单位大等优点，从而使运费和劳务费降低。但由于在专用线路上行驶，而且车站之间距离比较远，缺乏机动性，此外，运输的起点和终点常常需要汽车进行转运，增加了搬运次数。

铁路及其附属设施的建设需要国家投资。除了少数大型工厂和矿山有自己的支线外，一般企业只能利用公有铁路。

铁道运输车辆主要有机车和货车车厢两种。以煤炭为动力的蒸汽机车已属淘汰产品，目前正由内燃机车向电汽机车发展。货车车厢随用途而异，也有不同种类，如油罐车、集装箱车等。

2. 公路运输

它是最普及的一种运输方式。其最大优点是空间和时间方面具有充分的自由，不受路线和停车站的约束，只要没有特别的障碍（如壕沟、过窄的通道等），汽车都可以到达，因此，可以实行从发货人到收货人之间门对门的直达输送。由于减少了转运环节，货物包装可以简化，货物损伤、丢失和误送的可能性很小。

购置汽车的费用不算太高，一般企业都可以承受。自行运输和委托运输可以同时进行，由于自备车有充分的机动性，使用起来非常方便。

汽车的运输单位小，运输量和汽车台数与操作人员数成正比，产生不了大批量输送的效果。动力费和劳务费较高，特别是长距离输送中缺点较为显著。此外，由于在运行中司机自由意志起主要作用，容易发生交通事故，对人身、货物、汽车本身造成损失。由于汽车数量的增多，产生交通阻塞，使汽车运行困难，同时产生的废气、噪声也造成了环境污染。

高速公路和封闭式公路的建设为汽车的长途运输创造了有利条件。

运货汽车种类很多，有卡车、厢式货车、拖车、冷藏车等专用货车，虽然大型化是发展趋势，但是小型货车的适用范围很广，今后仍然会保持大型货车和小型货车相结合的汽车运输体系。

3. 水路运输

船舶运输有海运和内河航运两种。利用水路运送货物，在大批量和远距离的运输中价格便宜，可以运送超大型和超重物。运输线路主要利用自然的海洋与河流，不受道路的限制，在隔海的区域之间是代替陆地运输的必要方式。

水上航行的速度比较慢，航行周期长，海上运输有时以几个月为周期。此外，易受天气影响，航期不能保证，建设港湾也要花费高额费用。

船舶按用途分类，有专用船（如油轮、矿石船、冷冻船等）、混装船、集装箱船；按装卸货物的方式分类，有载货车辆可以直接开到船上的滚装船，还有无自行能力的船舶等。

4. 航空运输

航空运输的主要优点是速度快。因为时间短，货物损坏少，特别适合一些保鲜物品的输送。

但是航空运输的费用高，离机场距离比较远的地方利用价值不大。

客运飞机可以利用下部货仓运送少部分货物。但是随着空运货物的增加，出现了专用货运机，采用单元装载系统，缩短了装卸时间，保证了“快”的特色。

5. 管道运输

自来水和城市的煤气的输配送是和人们生活最为密切相关的管道运输。它的主要优点是：基本没有运动部件，维修费便宜。管道一旦建成，可以连续不断地输送大量物资，不费人力，运输成本低。管道铺设可以不占用土地或占地较少。此外，具有安全、事故少、公害少等优点。

管道运输的缺点是在输送地点和输送对象方面具有局限性。它一般适用于输送气体、液体,如天然气、石油等,目前也发展到粉粒体的近距离输送,如粮食、矿粉等。此外还可将轻便物体放在特定的密封容器内,在管道内利用空气压力进行输送,如书籍文件、实验样品的输送。随着技术的进步,输送对象的范围在不断扩大。

管道的铺设有地面、地下和架空安装等方式。必要时中途要采用保温、加热、加压的措施,以保证管道的畅通。

6. 多式联运

多式联运是指按照国际多式联运合同,以至少两种不同的运输方式,由多式联运经营人把货物从一国境内接管地点运至另一国境内指定交付地点的货物运输。其特点是:根据多式联运的合同进行操作,运输全程中至少使用两种运输方式,而且是不同方式的连续运输;多式联运的货物主要集装箱货物,具有集装箱运输的特点;多式联运是一票到底,实行单一运费率的运输;多式联运是不同方式的综合组织,全程运输均是由多式联运经营人组织完成的。多式联运构成要素有多式联运经营人、发货人、契约承运人和实际承运人、收货人、多式联运合同和多式联运单据(票据)。

多式联运具有责任统一,手续简单;减少中间环节,提高运输质量,降低事故率;降低运输成本,节约运输费用;提高运输组织水平,实现合理运输等优点。

(三) 运输合理化

运费成本,也称运输费用,在物流成本中所占的比重最大。日本通产省对六大类货物物流成本的调查结果表明,其中运输成本占40%左右,如果将产品出厂包装费计入制造成本,则运输成本占物流成本的50%以上,因此,运输合理化有重要意义。合理化的途径有以下几方面。

1. 运输网络的合理配置

应该区别储存型仓库和流通型仓库,合理配置各物流基地(或物流中心),基地的设置应有利于货物直送比率的提高。

2. 选择最佳的运输方式

要决定使用水运、铁路、汽车还是航空。如用汽车还要考虑车型(大型、轻小型、专用),用自有车还是委托运输公司。

图2-3表示公路、铁路和水运的运输成本比较,其中也包含终端的装卸费用。C_1、C_2、C_3表示不同运输方式的运输成本。由图2-3可知,当运距小于D_1时,公路运输成本最低;D_1至D_3距离内,铁路运输成本最低;长距离运输,即距离大于D_3时,则以水运成本最低。

3. 提高运输效率

运输过程中应努力提高车辆的运行率、装载率,减少空车行驶,缩短等待时间或装载时

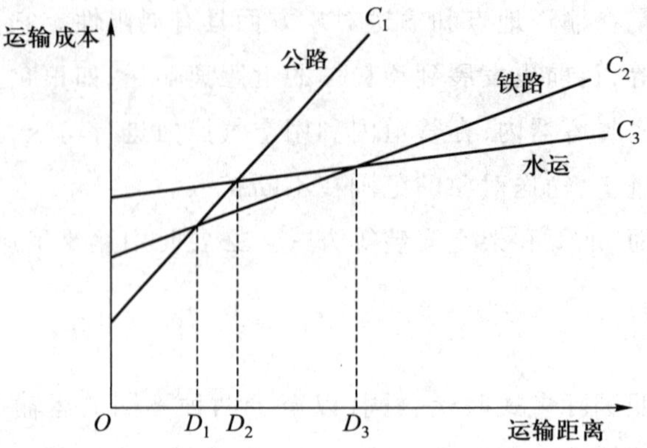

图 2-3 不同运输方式的成本比较

间,提高有效的工作时间,降低燃料消耗。

4. 推进协同运输

提倡部门、集团、行业间的合作和批发、零售、物流中心之间的配合,提高运输工作效率,降低运输成本。

当然,运输的合理化必须考虑包装、装卸等有关环节的配合及其制约因素。还必须依赖于有效的信息系统,才能实现合理化的目标。

运输合理化要考虑输送系统的基本特性。对城市之间、地区之间的长距离运输(干线输送),由于货物的批量大,对时间要求不很苛刻,因此,合理化的着眼点要考虑降低运输成本。对于地区内或城市内的短距离运输(端末输送),以向顾客配送为主要内容,批量小,应及时将货物运到,这种情况下的合理化目标应以提高物流的服务质量为主。

二、仓储

(一) 仓储的作用和意义

仓储在物流系统中起着缓冲、调节和平衡的作用,是物流的另一个中心环节。保管的目的是克服产品生产与消费在时间上的差异,使物资产生时间上的效果。它的内容包括保护、管理、储藏等活动。如粮食一年收获 1~2 次,必须用仓库进行储存以保证平时的需要。又如水果或者鱼虾等水产品在丰收时需要在冷藏库进行保管,以保证市场的正常需要并防止价格大幅度起落。所以产品从生产领域进入消费领域之前,往往要在流通领域停留一定时间,这就形成了商品储存。在生产过程中原材料、燃料、备品备件和半成品也需要在相应的生产环节之间有一定的储备,作为生产环节之间的缓冲,以保证生产的连续进行。

(二) 仓库的功能

自从人类社会生产有剩余产品以来,就有储存活动,而储存物品的建筑物或场所,一般称为仓库。随着社会生产水平的提高以及社会化生产方式的出现,产品空前丰富,商品经济占有重要地位,出现了为商品流通服务的仓库。社会化的大生产又需要有保证生产需要的原材料和零部件的仓库。仓库成为生产和消费领域中物资集散的中心环节,其功能已不单纯是保管、储存。从现代物流系统的观点来看,仓库应具有以下的功能。

1. 储存和保管的功能

这是仓库最基本的传统功能。因此,仓库应具有必要的空间用于容纳物品。库容量是仓库的基本参数之一。保管过程中应保证物品不丢失、不损坏、不变质。要有完善的保管制度,合理使用搬运机具,有正确的操作方法,在搬运和堆放时不能碰坏或压坏物品。

根据所储存货物的特性,仓库里应配有相应的设备,以保持储存物品的完好性。例如对水果、鱼肉类仓库要控制其温度,使之成为冷藏仓库及冷冻仓库;储存精密仪器的仓库应防潮防尘,保持温度恒定,需要空气调节及恒温设备;一些储存挥发性溶剂的仓库必须有通风设备,以防止空气中挥发性物质含量过高而引起爆炸。

2. 调节供需的功能

从生产和消费两方面来看,其连续性的规律都因产品的不同而各异。因此,生产和消费节奏不可能完全一致。有的产品生产是均衡的,而消费不是均衡的,如电风扇等季节性商品;相反,有的产品生产有间隔而消费则是连续的,如粮食。这两种情况都产生了供需不平衡,这就要有仓库作为平衡的手段加以调控,使生产和消费协调起来。这也体现出物流系统创造物资时间效用的基本职能。

3. 调节货物运输能力的功能

各种运输工具的运量相差很大,船舶的运量大,海运船一般是万吨以上,内河船也以百吨或千吨计。火车的运量较小,每节车皮能装 30 ~ 60 吨,一列火车的运量多达数千吨。汽车的运量最小,一般每车只有 4 ~ 10 吨。它们之间进行转运时,运输能力是很不匹配的,这种运力的差异也是通过仓库或货场进行调节和衔接的。

4. 流通配送中心的功能

现代仓库除以保管储存为主要任务之外,还向流通仓库的方向发展,仓库形成流通、销售、零部件供应的中心,其中一部分在所属物流系统中起着货物供应的组织协调作用,被称为物流中心。这一类仓库不仅具备储存、保管货物的设施,而且增加了分拣、配送、捆包、流通加工信息处理等设置,这样既扩大了仓库的经营范围,提高了物资综合利用率,又促进了物流合理化,方便了消费者,提高了服务质量。

(三) 仓储合理化

1. 实行 ABC 管理

由于在仓库中一般储存的物资品种非常繁多,在管理过程中必须根据具体情况实行重点管理,才能取得确实效果,一般采用 ABC 管理可以达到预期要求。ABC 管理就是把物品分为三类,一般把占总数 10% 左右的高价值的货物定为 A 类,占总数 70% 左右的价格低的物品定为 C 类,A、C 之间的 20% 则为 B 类。在库存管理中应区别对待各类物品,A 类物品应在不发生缺货条件下尽可能减少库存,实行小批量订货,每月盘点;C 类则可制定安全库存水平,进行一般管理,大批量订货,年终盘点;B 类则在两者之间,半年盘点一次。

除按价值分类外,还可以根据销售难易程度、缺货产生的后果(重要性)等因素进行 ABC 分类,或者综合几种因素进行分类。总之,要符合仓库管理的目标和仓库本身的具体情况。

有人说库存管理就是 ABC 管理,ABC 管理如能充分发挥其效果,可以说库存管理的问题就已解决了一半。

2. 应用预测技术

销售量和出库量等需要正确的预测,这是库存管理的关键。由于库存量和缺货率是相互制约的因素,所以要在预测的基础上,制定正确的库存方针,使库存量和缺货率协调,取得最好的效果。

但是对于预测的数据也不可过分依赖,因为预测总是以过去的数据为基础进行的,预测计算和实际情况有一定出入。为此,在预测时应尽可能依据最新的数据和信息。另外,订货周期和供货延迟期要尽量缩短,这样可以提高预测的可靠性。

3. 进行科学的库存管理控制

库存控制主要是对库存量进行控制的问题。众所周知,库存量过多将会招致许多问题,如:占压过多的流动资金,并为此付出相应的利息;存货过多则仓库的各种费用,如仓储费、保险金、劳务费也随之增加;此外,还会导致物资变质、过时、失效等损失。但是为了避免以上问题,降低库存又会出现缺货率上升的风险。因此,库存控制应综合考虑各种因素,满足以下三方面要求:

(1) 考虑降低采购费和购入价等综合成本;

(2) 减少流动资金,降低盘点资产;

(3) 提高服务水平,防止缺货。

三、搬运装卸

(一) 搬运装卸的意义

搬运装卸是指在同一地域范围内进行的、以改变物的存放状态和空间位置为主要内容和目的的活动,具体说,包括装上、卸下、移送、拣选、分类、堆垛、入库、出库等活动。搬运装卸是伴随输送和保管而产生的必要的物流活动,但是与运输产生空间效用和保管产生时间效用不同,它本身不产生任何价值。但这并不说明搬运装卸在物流过程中不占有重要地位,物流的主要环节,如运输和存储等是靠装卸、搬运活动联结起来的,物流活动其他各个阶段的转换也要通过装卸搬运联结起来。由此可见,在物流系统的合理化中,装卸和搬运环节占有重要地位。搬运装卸不仅发生次数频繁，而且其作业内容复杂，又是劳动密集型、耗费人力的作业，它所消耗的费用在物流费用中也占有相当大的比重。据统计，俄罗斯经铁路运输的货物少则有6次、多则有几十次搬运装卸，其费用占运输总费用的20%～30%。搬运装卸活动频繁发生，作业繁多，这也是产品损坏的重要原因之一。

（二）搬运装卸作业的构成

搬运装卸作业有对输送设备（如辊道、车辆）的装入、装上和取出、卸下作业，也有对固定设备（如保管货架等）的出库、入库作业。

1. 堆放、拆垛作业

堆放（或装上、装入）作业是指把货物移动或举升到装运设备或固定设备的指定位置，再按所要求的状态放置的作业。拆垛（卸下、卸出）作业则是其逆向作业。

2. 分拣、配货作业

分拣是在堆垛作业前后或配送作业之前把货物按品种、出入先后、货流进行分类，再放到指定地点的作业。配货则是把货物从指定的位置按品种、下一步作业种类、发货对象进行分类的作业。

3. 搬送、移送作业

它是为了进行装卸、分拣、配送活动而发生的移动物资的作业，包括水平、垂直、斜行搬送，以及几种形式组合的搬送。

（三）搬运装卸作业合理化的原则

1. 消除无效搬运

要提高搬运纯度，只搬运必要的物资。如有些物资要去除杂质之后再搬运比较合理；避免过度包装，减少无效负荷；提高装载效率，充分发挥搬运机器的能力和装载空间；中空的物件可以填装其他小物品再进行搬运；减少倒搬次数，作业次数增多不仅浪费人力、物力，还增加物品损坏的可能性。

2. 提高搬运灵活性

物品放置时要有利于下次搬运，如装于容器内并垫放的物品较散放于地面的物品易于搬运。在装上时要考虑便于卸下，在入库时要考虑便于出库，还要创造易于搬运的环境和使用易于搬运的包装。

3. 注意重力的影响和作用

应减少人体的上下运动，避免反复从地面搬起重物；要避免人力抬运或搬送物品；应设法利用重力移动物品，如使物品在倾斜的辊道运输机上，在重力作用下移动。

4. 合理利用机械

在初级阶段，搬运机械大多在以下情况使用：搬运超重物品时；搬运量大、耗费人力多、人力难以操作时；搬运粉体或液体的物料时；速度太快或距离太长，人力不能胜任时；装卸作业高度差太大,人力无法操作时。

今后的发展方向是,即使在人可以操作的场合,为了提高生产率、安全性、服务性和作业的适应性等,也应将人力操作转由机械来实现,而人可以在更高级的工作中发挥作用。

5. 保持物流的均衡顺畅

物流量波动大时会使搬运作业变得困难。但是搬运作业受运输等其他环节的制约,其节奏不能完全自主决定,必须综合各方面因素妥善安排,使物流量尽量均衡,避免忙闲不均的现象。

6. 集装单元化原则

将零散物体归整为统一格式的集装单元称为集装单元化。这对搬运作业的改善是至关重要的原则,可以达到以下目的:由于搬运单位变大,可以发挥机械的效能,提高作业效率,搬运方便,灵活性好;负载的大小均匀,有利于实行作业标准化;在作业过程中避免物品损伤,对保护被搬运的物品有利。

7. 提高综合效果

物流过程中运输、仓储、包装和装卸搬运各环节的改善,必须考虑综合效益,不能仅从单方面考虑。

四、包装

(一)包装的作用

无论是产品或是材料,在搬运输送以前都要加以某种程度的包装捆扎或装入适当的容器,以保证产品完好地运送到消费者手中。因此,包装被称为生产的终点,同时也是社会物流的起点。

包装的作用是保护物品,使物品的形状、性能、品质在物流过程中不受损坏。通过包装还使物品形成一定的单位,作业时便于处置。此外,由于包装使物品醒目、美观,还可以促进销售。

(二)包装的种类

1. 按产品性质划分包装的种类

按产品性质划分,包装可分为销售包装、储运包装和特殊包装三类。

(1)销售包装。销售包装又称商业包装,可分为内销包装、外销包装、礼品包装、经济包装等。销售包装是直接面向消费的,因此,在设计时,要有一个准确的定位(关于包装设计的定位,在后面有详细介绍),符合商品的诉求。一般力求简洁大方,方便实用,而又能体现商品性。

(2)储运包装。储运包装,也就是以商品的储存或运输为目的的包装。它主要在厂家与分销商、卖场之间流通,便于产品的搬运与计数。在设计时,储运包装并不是重点,只要注明产品的数量,发货与到货日期、时间与地点等,也就可以了。

(3) 特殊包装。特殊包装是为工艺品、美术品、文物、精密贵重仪器、军需品等所采用的包装,一般成本较高。

2. 按包装的形态划分包装的种类

按包装的形态划分,包装可分为个包装、中包装和大包装三类。

(1) 个包装。它也称为小包装,是物品送到使用者手中的最小单位,是用袋或其他容器对物体的一部分或全部包裹起来的状态,并且印有作为商品的标记或说明等信息资料。这种包装一般属于商业包装,应注意美观,能起到促进销售的作用。

(2) 中包装。中包装主要是为了增强对商品的保护、便于计数而对商品进行组装或套装。比如一箱啤酒是6瓶、一捆是10瓶,一条香烟是10包等。

(3) 大包装。大包装也称外包装、运输包装。它的主要作用也是增加商品在运输中的安全,且便于装卸与计数。因此,大包装的设计,相对个包装也要简单得多。一般在设计时,只是标明产品的型号、规格、尺寸、颜色、数量、出厂日期,再加上一些视觉符号,诸如小心轻放、防潮、防火、堆压极限、有毒等。

(三) 包装材料

包装材料有容器材料、内包装材料、包装用辅助材料等。具体而言,主要有以下几种。

1. 纸和纸板品

运输用大型纸袋可用3~6层牛皮纸多层叠合而成,也可用牛皮纸和塑料薄膜做成复合多层构造。纸箱的原料是各种规格的白纸板和瓦楞纸板,但要求其强度和耐压能力必须达到一定指标,在选材和尺寸设计时应加以注意。

2. 塑料制品

塑料包装制品的应用日益广泛,塑料袋及塑料编织袋已成为牛皮纸袋的代用品。塑料制品还用作酒、食油等液体运输容器,其方法是将塑料袋容器放入瓦楞纸箱中,以代替传统的玻璃瓶、金属罐、木桶等。塑料成型容器也得到广泛的应用,如聚乙烯容器,包括箱、罐等,特别是颜料和食品业等塑料通用箱发展很快。

3. 木制容器

木制容器包括木箱、胶合板箱及木桶。为了节省木材,常使用框架箱、栅栏箱或木条胶合板箱,为了增加强度也有加铁箍的。对于重物包装,常在底部加木制垫货板。

4. 金属容器

输送用的金属容器有罐和箱,材料有镀锌铁板等。罐用于装食品、化学药品、牛奶、油质类物品,而桶则主要用于装以石油为主的非腐蚀性的半流体及粉体、固体。

5. 包装用辅助材料

包装用的辅助材料主要有:

（1）黏合剂。它用于材料的制造、制袋、制箱及封口作业。黏合剂有水型、溶液型、热融型和压敏型几类。近年来由于普遍采用高速制箱及封口的自动包装机，所以大量使用短时间内能够黏结的热融黏合剂。

（2）黏合带。它有橡胶带、热敏带、黏结带三种。橡胶带遇水可直接溶解，结合力强，黏结后完全固化，封口很结实；热敏带一经加热活化便产生黏结力，一旦结合，不易揭开且不易老化；黏结带是在纸带、布带、玻璃纸带、乙烯树脂带等的一面涂上压敏性结合剂，也有两面涂胶的双面胶带，这种带子用手压便可黏合，十分方便。

（3）捆扎材料。捆扎的作用是打捆、压缩、缠绕、保持形状、提高强度、封口防盗、便于处置和防止破损等。现在已很少用天然捆扎材料，而多用聚乙烯绳、聚丙烯绳、纸带、聚丙烯带、钢带、尼龙布等。

（四）包装合理化

1. 包装的轻薄化

包装只是起保护作用，对产品使用价值没有任何意义。因此，在强度、寿命、成本相同的条件下，更轻、更薄、更短、更小的包装，可以提高装卸搬运的效率。而且轻、薄、短、小的包装一般价格比较便宜，如果是一次性包装也可以减少废弃包装材料的数量。

2. 包装的单纯化

为了提高包装作业的效率，包装材料及规格应力求单纯化，包装规格还应标准化，包装形状和种类也应单纯化。

3. 符合集装单元化和标准化的要求

包装的规格首先要和托盘、集装箱匹配，其次应考虑和运输车辆、搬运机械的匹配，从系统的观点制定包装的尺寸标准。

4. 包装的机械化

为了提高作业效率和包装现代化水平，各种包装机械的开发和应用是很重要的。

五、流通加工

（一）流通加工的概念

在流通过程中辅助性的加工活动称为流通加工。流通与加工的概念本属于不同范畴。加工是改变物质的形状和性质、形成一定产品的活动；而流通则是改变物质的空间状态与时间状态。流通加工则是为了弥补生产过程加工不足，更有效地满足用户或本企业的需要，使产需双方更好地衔接，将这些加工活动放在物流过程中完成，而成为物流的一个组成部分。流通加工是生产加工在流通领域的延伸，也可以看成流通领域在职能方面的扩大。

（二）流通加工的形式

流通加工这一环节的发展，使流通与加工总体过程更加合理化。流通加工的形式有以下几种。

1. 装配

铝制门窗框架、自行车、缝纫机等若在制造厂装配成完整的产品，在运输时将耗费很高的运输费用。为了节省运输费用并方便运输，一般都是把它们的零部件，如铝制门窗框架的杆材、自行车车架和车轮分别集中捆扎或装箱，到达销售地点或使用地点以后，再分别组装成成品。而作为加工活动的组装环节是在流通过程中完成的。

2. 裁剪

为了满足用户多样化的需要，有些商品必须在流通过程中按照顾客的要求进行加工。如平板玻璃以及铁丝等，需要在商店根据顾客所需要的尺寸临时裁剪。

3. 综合利用

为了综合利用，需在流通中将货物分解，分类处理。猪肉和牛肉等在食品中心进行加工，将肉、骨分离，其中肉只占65%左右，向零售店输送时就能大大提高输送效率。骨头则送往饲料加工厂，制成骨粉加以利用。

（三）流通加工的内容

流通加工的内容一般包括袋装、定量化小包装、挂牌子、贴标签、配货、拣选、分类、混装、刷标记等。生产的外延流通加工包括剪断、打孔、折弯、拉拔、挑扣、组装、改装、配套以及混凝土搅拌等。

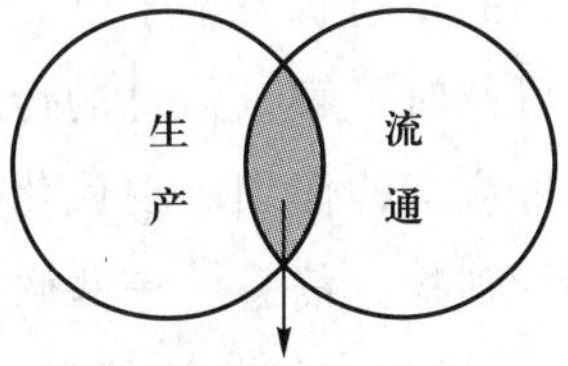

图 2－4　流通加工的属性

对流通加工的属性目前尚有不同看法。但是它既属于生产加工范畴，也属于物流活动的一部分，这一点是可以肯定的。它们的关系如图 2－4 所示。

六、物流信息

（一）物流信息的概念和作用

物流活动中必要的信息称为物流信息。所谓信息是指能够反映事物内涵的知识、资料、图像、数据、文件、语言、声音等。信息是事物的内容、形式及其发展变化的反映。因此，物流信息和运输、仓储等各个环节都有密切关系，在物流活动中起着神经系统的作用。只有加强对物流信息的研究，才能使物流成为一个有机系统，而不是各个孤立的活动。在一些物流技术发达的国家都把物流信息工作作为改善物流状况的关键而给予充分的注意。

在物流中对各项活动进行计划预测、动态分析时，还要及时提供物流费用、生产情况、市场动态等有关信息。只有及时收集和传输有关信息，才能使物流通畅化、定量化。

（二）信息流和物流的分离

物流信息已向系统化发展，信息流和物流分离是其发展的一个特征，如图 2－5 所示。

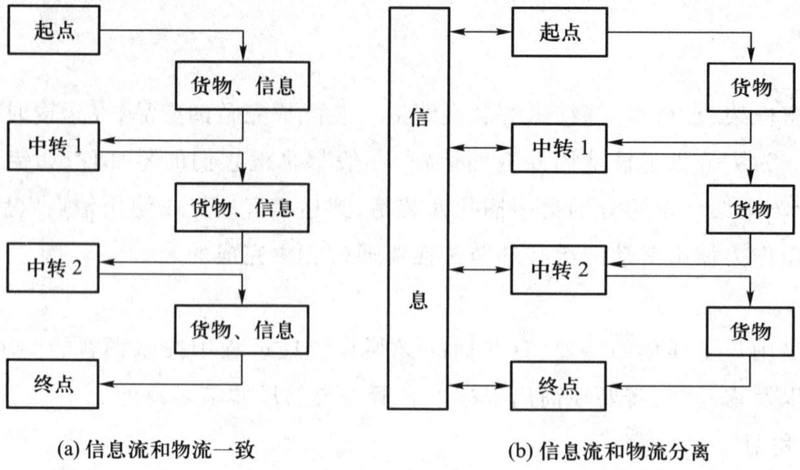

图 2－5　信息流和物流的分离

在图 2－12(a)中,发货票随货物发送,货物发出后无论发出单位或收货单位都可能对货物的中间状态不了解。而在图 2－12(b)中,通过统一的信息系统,货物的运送状况各站均可及时了解。信息的传递必须通过一定的载体,在此之后,还要经过处理、分析等,使其发挥应有的作用。现代化物流信息系统广泛利用电子计算机技术和电子计算机网络系统来管理物流信息。一些政府部门、企事业单位还设立了先进的物流信息中心,用以全面管理、传递和交换物流信息。

(三) 物流信息系统的结构

物流信息系统是指由人员、设备和程序组成的、为物流管理者执行计划、实施、控制等职能提供信息的交互系统,它与物流作业系统一样都是物流系统的子系统。

所谓物流信息系统,实际上是物流管理软件和信息网络结合的产物,小到一个具体的物流管理软件,大到利用覆盖全球的互联网将所有相关的合作伙伴、供应链成员连接在一起提供物流信息服务的系统,都叫做物流信息系统。对一个企业而言,物流信息系统不是独立存在的,而是企业信息系统的一部分,或者说是其中的子系统,即使对一个专门从事物流服务的企业也是如此。例如,一个企业的 ERP 系统,物流管理信息系统就是其中一个子系统。

物流信息系统作为企业信息系统中的一类,可以理解为对通过与物流相关信息的加工处理来达到对物流、资金流的有限控制和管理,并为企业提供信息分析和决策支持的人机系统。

按垂直方向划分,物流信息系统可以分为三个层次,即管理层、控制层和作业层;而从水平方面看,信息系统贯穿供应物流、生产物流、销售物流、回收及废弃物物流的运输、储存、搬运装卸、包装等各个环节,如图 2－6 所示,物流信息系统呈金字塔形结构。物流信息系统是物流领域的神经网络,遍布物流系统的各个层次、各个方面。

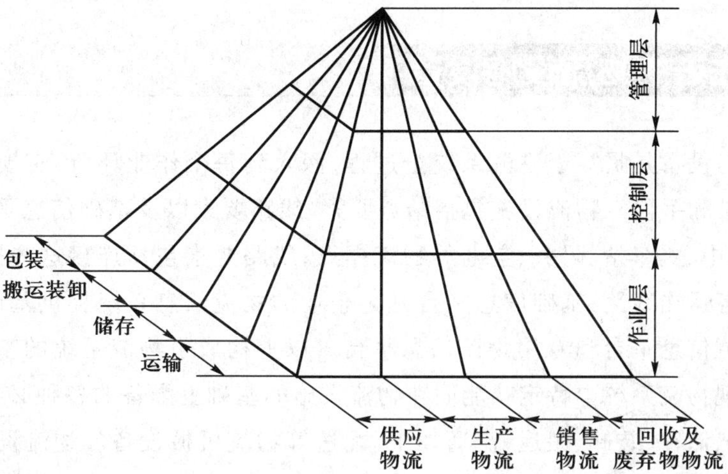

图 2－6　物流信息系统的结构

七、 配送

配送也是物流要素中的重要组成部分,由于在第三章第三节中将详细介绍配送的相关内容,此处不再详细叙述。

综上所述,物流系统是由运输、储存、搬运装卸、包装、流通加工、配送、物流信息等环节组成的。物流系统的效益并不是它们各个局部环节效益的简单相加,因为各环节的效益之间存在相互影响、相互制约的关系,也就是存在效益背反的关系。如过分强调包装材料的节约,则因其易于破损可能给装卸搬运作业带来麻烦;片面追求装卸作业均衡化,会使运输环节产生困难。各个环节都是物流系统链条中的一个环节,如图 2－7 所示。任何一个环节过分削弱都会影响到物流系统链的整体强度。重视系统观念,追求综合效益最佳,是物流学的最基本观点之一。

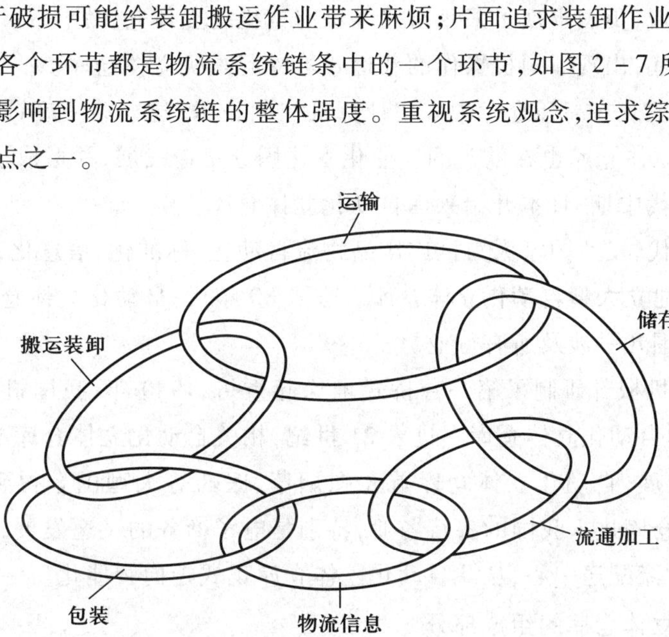

图 2－7　物流系统各要素的关系

第三节　先进的物流设施设备

物流设施与设备是贯穿于物流系统全过程、深入到每个作业环节、实现物流各项作业功能的物质基础和手段。物流设施包括结点要素、线路要素以及基础信息平台。结点要素包括仓库、物流中心、车站、码头、空港等物流据点；线路要素包括连接这些据点的公路、铁路、航线、管道等运输线路；基础信息平台是为企业的物流信息系统提供基础信息服务的，它包括公用物流信息平台和专用物流信息平台。以上构成了物流系统的基本要素。物流设备则是为实现物流系统中特定功能而在物流设施的基础上配备的各种必要的技术装备，包括包装、运输、储存、装卸、搬运、流通加工、配送等物流机械设备。物流设施与设备是进行物流活动的物质技术基础，也是生产力发展水平与现代化程度的重要标志。物流设施与设备作为生产力要素，对于发展现代物流，改善物流状况，促进现代化大生产、大流通，强化物流系统能力，具有十分重要的地位和作用。

现代物流系统中先进的物流设施设备主要有以下几种。

一、自动化立体仓库

（一）自动化立体仓库的发展历程

自动化立体仓库从产生到现在大致经历了五个阶段，即人工仓储阶段、机械仓储阶段、自动化仓储阶段、集成化仓储阶段和智能化仓储阶段。

20 世纪 50 年代，美国出现了采用桥式堆垛起重机的立体仓库。

20 世纪 60 年代，出现了司机操作的巷道式堆垛起重机立体仓库。

1963 年，美国率先在高架仓库中采用计算机控制技术，建立第一座计算机控制的立体仓库，此后自动化立体仓库也在欧盟的工业化发达国家迅速发展，并形成了专门的学科。

20 世纪 60 年代中期，日本开始兴建自动化立体仓库。

20 世纪 70 年代，发达国家大力推广产品物流自动化、标准化、信息化，发展城市商品集中配送中心，纷纷建立大型自动化立体仓库。进入 80 年代，自动化立体仓库在全世界范围迅速发展，使用范围几乎涉及所有行业。

1963 年，我国机械部研制了第一台桥式堆垛起重机，1980 年，我国机械部研制了第一座由计算机控制的自动化立体仓库。进入 21 世纪，相关自动化立体仓库配套叉车、货架等在我国得到迅速发展，自动化立体仓库首先在烟草、医药等大型国企得到广泛应用，2010 年后，自动化立体仓库进入我国的各行各业，特别是电子商务的飞速发展，促使各电商企业纷纷建立自己的物流配送中心，从此自动化立体仓库正式走向智能化。

（二）自动化立体仓库的组成部分

自动化立体仓库是机械和电气、强电控制和弱电控制相结合的产物。它主要由货物储存系统、货物存取和传送系统、管理和控制系统三大部分组成，还有与之配套的供电系统、空调系统、消防报警系统、称重计量系统、信息通信系统等。但是就具体结构而言，自动化立体仓库主要由以下几个部分组成。

1. 高层货架

通过高层货架实现货物存储功能，充分利用立体空间，并起到支撑堆垛机的作用。根据货物承载单元的不同，高层货架又分为托盘货架系统和周转箱货架系统。

2. 托盘

托盘是主要用于承载货物的设备，也被称为工位器具。自动化立体仓库使用的托盘采用高质量的不锈钢材制作，具有较强的承受能力，不管放置多重的货物，都能够放置，不会出现任何存储问题。

3. 巷道式堆垛机

巷道式堆垛机是自动化立体仓库的核心起重及运输设备，在高层货架的巷道内沿着轨道运行，实现取送货物的功能。巷道式堆垛机主要分为单立柱堆垛机和双立柱堆垛机。

4. 出入库输送系统

巷道式堆垛机只能在巷道内进行作业，而货物存储单元在巷道外的出入库需要通过出入库输送系统完成。常见的输送系统有传输带、穿梭车（RGV）、自动导引车（AGV）、叉车、拆码垛机器人等。输送系统与巷道式堆垛机对接，配合堆垛机完成货物的搬运、运输等作业。

5. 周边辅助设备

周边辅助设备包括自动识别系统、自动分拣设备等，其作用都是为了扩充自动化立体仓库的功能，如可以扩展到分类、计量、包装、分拣等功能。

6. 自动控制系统

自动控制系统是整个自动化立体仓库系统设备执行的控制核心，向上连接物流调度系统，接受物料的输送指令；向下连接输送设备，实现底层输送设备的驱动、输送物料的检测与识别；完成物料输送及过程控制信息的传递。

7. 仓储管理系统

仓库管理系统主要对订单、需求、出入库、货位、不合格品、库存状态等各类仓储管理信息的分析和管理。

（三）自动化立体仓库的分类

不同的立体仓库，高度、货架形式、通道宽度都是不同的，仓库内设备的配置应与仓库的类型相适应。

1. 按照立体仓库的高度分类

（1）低层立体仓库。低层立体仓库高度在 5 米以下，主要是在原来老仓库的基础上进行改建的，是提高原有仓库技术水平的手段。

（2）中层立体仓库。中层立体仓库的高度在 5～15 米之间，由于中层立体仓库对建筑以及仓储机械设备的要求不高，造价合理，是目前应用最多的一种仓库。

（3）高层立体仓库。高层立体仓库的高度在 15 米以上，由于对建筑以及仓储机械设备的要求太高，安装难度大，应用较少。

2. 按照货架结构分类

（1）货格式立体仓库。货格式立体仓库是应用较普遍的立体仓库，它的特点是每一层货架都由同一尺寸的货格组成，货格开口面向货架之间的通道，堆垛机械在货架之间的通道内行驶，以完成货物的存取。

（2）贯通式立体仓库。它又称为流动式货架仓库，这种仓库的货架之间没有间隔，不设通道，货架组合成一个整体。货架纵向贯通，贯通的通道具有一定的坡度，在每一层货架底部安装滑道、辊道等装置，使货物在自重的作用下，沿着滑道或辊道从高处向低处运动。

（3）自动化柜式立体仓库。自动化柜式立体仓库是小型的可以移动的封闭立体仓库，由柜外壳、控制装置、操作盘、储物箱和传动装置组成，主要特点是封闭性强，小型化和智能化，有很强的保密性。

（4）条形货架立体仓库。这是专门用于存放条形和筒形货物的立体仓库。

（四）自动化立体仓库的优缺点

1. 自动化立体仓库的主要优点

（1）仓库作业全部实现机械化和自动化。

（2）采用高层货架、立体储存，能有效地利用空间，减少占地面积，降低土地购置费用。

（3）采用托盘或货箱储存货物，货物的破损率显著降低。

（4）货位集中，便于控制与管理，特别是使用电子计算机，不但能够实现作业过程的自动控制，而且能够进行信息处理。

2. 自动化立体仓库的主要缺点

（1）结构复杂，配套设备多，需要的基建和设备投资高。

（2）货架安装精度要求高，施工比较困难，而且施工周期长。

（3）储存货物的品种受到一定限制，对长大笨重货物以及要求特殊保管条件的货物，必须单独设立储存系统。

（4）对仓库管理和技术人员要求较高，必须经过专门培训才能胜任。

二、机器人

机器人具有相当发达的“大脑”，中央处理器在大脑中起着关键作用，它可以按照编排的程序进行相应的反应。近年来，随着人工智能与机器学习的快速发展，机器人技术日趋成熟,在各行各业中广泛应用。

在当今物流技术日新月异的时代,机器人成为大型物流企业物流设施设备的重要组成部分。在物流效率和质量保障环节,机器人无疑能够有效地进行运作,而且对于保障人身安全、改善劳动环境、减轻劳动强度、提高劳动生产率、节约材料消耗以及降低生产成本都具有十分重要的意义。

(一) 机器人在码垛作业中的应用

码垛机器人主要有直角坐标式机器人、关节式机器人和极坐标式机器人。主要从事如下几种堆码跺作业。

1. 码垛作业

码垛作业是由码垛机器人将封箱机封装好的成品完成在托盘上的码垛作业。一台封装箱机对应一台码垛机器人,装封箱机出来的成品可直接进行码垛,无须进行品牌识别,但机器人利用率低;采用一台机器人码垛两种品牌的成品,同时对两种品牌的成品进行码垛作业,需要通过条码识别器辨认品牌后,机器人再把不同品牌的成品自动码垛到相应托盘上;此外在品种多流量小的情况下,一台机器人还可完成多种品牌的码垛作业,关键是在机器人作业范围内布置多个托盘用来码垛。

2. 成品拆码作业

成品拆码作业是将机器人码垛好的成品托盘,在发货时由机器人来拆码。拆码的技术难度要大于码垛,主要原因是原码垛好的托盘由于成品箱变形以及在输送过程中的振动,使成品托盘变形,造成每一个拆码成品托盘都会偏离理想位置,这就要求机器人的适应范围要大。另外,由于拆码托盘是成品箱紧靠成品箱,机器人的手爪无法插入两箱之间,使夹持成品箱成为问题。解决的办法是采用真空吸盘吸拿成品箱,因此对于成品箱的质量(如表面光滑程度、气密性、箱子的强度等)要求就提高了。

3. 拣选作业

拣选作业是由移动式机器人来进行品种拣选。如果品种多,形状各异,机器人需要带有图像识别系统和多功能机械手,机器人每到一种物品托盘前就可根据图像识别系统"看到"的物品形状,采用与之相应的机械手抓取,然后放到搭配托盘上。

(二) 机器人在装卸搬运中的应用

搬运机器人可安装不同的末端执行器来完成各种不同形状和状态的工件搬运工作,大大减轻了人类繁重的体力劳动,目前已被广泛应用到工厂内部工序间的搬运、制造系统和物流系统连续的运转以及国际化大型港口的集装箱自动搬运。搬运机器人的出现,不仅可以充分利用工作环境的空间,而且提高了物料的搬运能力,大大节约了装卸搬运过程中的作业时间,提高了装卸效率。部分发达国家已制定出人工搬运的最大限度,超过限度的搬运必须由搬运机器人来完成。目前搬运机器人的最大负载可以达到500kg。搬运机器人与其他机器人设备相比,在价格方面便宜很多,而且技术较为成熟,被越来越多的物流企业所接受。

无人搬运车(Automated Guided Vehicle,AGV),指装备有电磁或光学等自动导引装置,能够沿规定的导引路径行驶,具有安全保护以及各种移载功能的智能型、自动化的运输车,无人搬运车用蓄电池为其动力来源,通过计算机来控制其行进路线以及行为,或利用电磁轨道来设立其行进路线。作为一种无人驾驶工业搬运车辆,AGV 在 20 世纪 50 年代即得到了一般应用。随着现代信息技术的发展,近年来无人搬运车才获得巨大发展与应用,开始进入智能时代。

现代的 AGV 都是由计算机控制的,多数的 AGV 配有系统集中控制与管理计算机,用于对 AGV 的作业过程进行优化,发出搬运指令,跟踪传送中的构件以及控制 AGV 的路线。

(三) 机器人在物流其他方面的应用

目前,世界各国都在致力于机器人的研发,新型机器人不断涌现,并在冷链物流、医药物流及仓储作业中开始应用。德国 KUKA 公司专门为冷冻食品行业的物流开发了一款能在零下 30 摄氏度环境下工作的机器人,开创了机器人技术在冷链物流中应用的先河。另外,在医药物流方面,由德国 ROWA 公司研发的“机械手式自动化药房”是典型代表,这种自动化药房是由一个机械手进行药盒搬运,实现药品的进库与出库,并且能实现药盒的密集存储和数量管理。我国的自动化药房的研究还处在初级阶段,但为了适应中国医院的自动化药房的要求,实现药品的快速配送和高效率的管理,自动化药房的研究还要一直进行下去。一家名为 Kivasystem 的公司仿照计算机内存随机存取的原理,开发出一种能加快处理网上订单的机器人应用系统,商品仓库被安排成像内存芯片一样,由纵横交错的独立式货架组成网格,这些网格使得机器人可在任意时间接触到仓库中的任何物品,一个客户下完订单后,机器人在一分钟之内就可将订单上的货物交给工人进行包装,如果一个订单内包含多种物品,机器人能尽可能快地为工人整理好,以便工人进行包装。一旦货物包装完成,机器人能拿起这些箱子,将它们临时存放起来或交付给适当的送货车。

随着机器人技术的不断成熟和物流行业竞争的加剧,机器人在物流业的应用将不断开拓,机器人技术将会得到更好的应用。

三、智能快递柜

我国快递行业持续快速发展,预计到 2020 年,我国快递市场包裹总量达 200 亿件,这对配送而言是一个巨大的挑战。配送成本不断提高,人员配送意愿持续降低,快递员招聘难,在“最后一公里”的配送环节,智能快递柜取代人工配送成为不可逆转的趋势。

(一) 智能快递柜基本构架体系

智能快递柜由液晶显示屏、FRID 射频器、大小分割不同的盒子和后台网络通信系统构成。如图 2－8 所示，快递员扫描快递，相应的快递信息和取件密码通过后台通信系统发送到收货人的手机上，收件人将收到的取件密码输入到显示屏上，箱子会自动打开，就可以取走自己的快递了。快递柜操作简单，减少了快递员的等待时间，避免偷盗和天气原因对快递造成的损失。

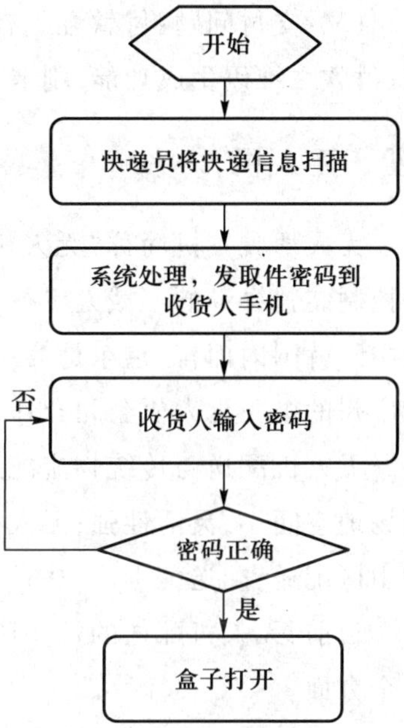

图 2－8　智能快递柜功能架构操作体系

（二）智能快递柜未来发展方向

智能快递柜不仅要解决快递终端问题，快递始端问题的解决也是智能科技生活的必然趋势。如图 2－9 所示，在快递柜未来的设计中要把包裹的揽收作为快递柜功能的重要组成部分。这就需要将称重、信息系统、支付方式加入到快递柜架构中去。

（1）称重。大部分快递的计费依据是重量和距离。这就需要在快递柜安装一个电子称重系统，将获取的重量信息转化为系统可识别的信息，并计算出所需要的费用。

（2）信息系统。快递柜内部信息系统必须包含快递的相关信息，例如全国地址信息、快递公司信息、价格信息等。首先，查询系统可以查询到各个快递公司的服务和价格；然后寄件人选择寄件公司，称重并填写快递相关信息；最后系统计算出价格信息。

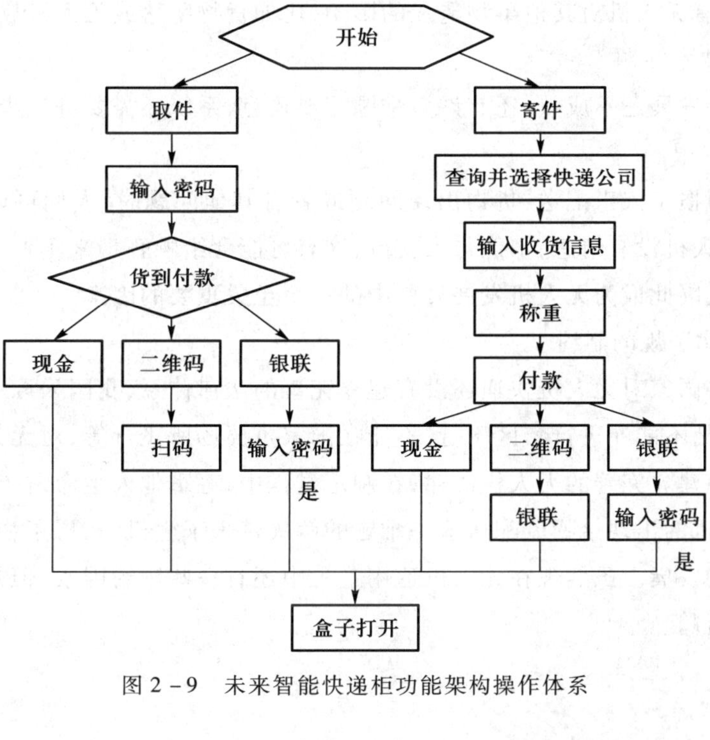

图 2－9　未来智能快递柜功能架构操作体系

（3）支付问题：付款方式有多种，现金、支付宝、微信、银联等。快递柜要有识钞找钱功能、付款二维码生成功能、刷卡支付功能。

四、无人机

无人驾驶飞机简称“无人机”，英文缩写为“UAV”，是利用无线电遥控设备和自备的程序控制装置操纵的不载人飞行器。2013 年 12 月，亚马逊公司尝试将无人机运用到物流配送中。就国内而言，京东是第一个实施无人机送货的企业，以争夺偏远地区物流市场，顺丰与广州的极飞无人机公司合作，开发了无人机配送项目。

无人机配送与传统物流配送相比具有更多的优势。无人机能够垂直起降，起飞着陆占用场地空间小，灵活性强；无人机能够完成人需要花费很长时间才能完成的高难度任务，比如山区配送；配送范围广；从长远来看，无人机配送成本较低。

目前，无人机配送的发展还有许多方面需要完善。影响无人机配送的因素主要有以下几个方面。

1. 运行过程中的安全隐患

无人机是在低空作业的，它距离地面的距离仅有 100 米左右，在飞行过程中可能会带来一些安全隐患问题，这给无人机物流配送的普及带来了很大困难。无人机在飞行过程中可能被人攻击或遭受其他伤害，例如弹弓、玩具枪、飞鸟都有可能对其造成破坏。如果天气不佳，大雾或者下雨、刮风天气也会严重威胁无人机的飞行安全。这些是无人机可能遭受的安全问题，还有无人机对其他事物造成的影响，比如货物坠落或无人机故障坠落事件。

2. 无人机技术问题

无人机技术发展还不成熟，还有许多难题需要攻克，系统还需要进一步优化。

3. 顾客偏好限制

由于人们习惯了人工配送，货物出现问题或者有其他问题时，人们可以直接与快递员进行沟通，而无人机没有情感，不能与人交流，这有可能会给顾客带来不便。顾客能否接受无人机进行配送因此成为无人机发展过程中的一个至关重要的因素。

4. 国家法律法规的制约

世界上很多国家对无人机快递还没有建立完善的法律体系，我国采取了一定措施管制航空飞行器，包括不能在飞行禁区飞行，不能在国家重要场所飞行等，对无人机进行了严格的把控。我国应建立完善的无人机法律，在制定过程中，尊重他人生命财产安全。

总之，无人机的出现给物流配送这一难题的解决带来了生机，拓展了物流的配送范围，推动了快递业的发展。虽然现在无人机运用过程中还有一些制约因素，但是无人机的广泛应用将是大势所趋。

第四节 物流系统

一、物流系统的作用

用系统的观点来研究物流活动是现代物流学的核心问题。物流系统分析是指在一定时间、空间里,对其所从事的物流实物和过程作为一个整体来处理,以系统的观点、系统工程的理论和方法进行分析研究,以实现其空间和时间的经济效应。物流系统是由运输、储存、包装、装卸、搬运、配送、流通加工、信息处理等各环节所组成的,这些环节也称为物流的子系统。作为系统的输入是运输、储存、搬运、装卸、包装、物流情报、流通加工等环节所消耗的劳务、设备、材料等资源,经过处理转化,变成全系统的输出,即物流服务。整体优化的目的就是要使输入最少,即物流成本最低,消耗的资源最少,而作为输出的物流服务效果最佳。作为物流系统服务性的衡量标准主要包括以下几个方面:

(1) 对用户的订货能很快地进行配送;

(2) 接受用户订货时商品的在库率高;

(3) 在运送中交通事故以及货物损伤、丢失和发送错误少;

(4) 保管中变质、丢失、破损现象少;

(5) 具有能很好地实现运送、保管功能的包装;

(6) 装卸搬运功能满足运送和保管的要求;

(7) 能提供保障物流活动流畅进行的物流信息系统,能够及时反馈信息;

(8) 合理的流通加工,以保证生产费、物流费之和最少。

物流系统的作用归纳起来有以下几点,即:将商品在适当的交货期内准确地向顾客配送;对顾客的订货要尽量满足,不能使商品脱销;适当地配置仓库、配送中心,维持商品适当的库存量;使运输、装卸、储存等作业自动化;维持适当的物流费用;使从订货到发货的信息流畅通无阻;把销售信息迅速地反馈给采购部门、生产部门和营业部门。

这里需要注意的是,物流的各项活动(运输、储存、搬运、包装、流通加工等)之间存在"效益背反"。所谓"效益背反"是指一种物流活动的高成本,会因另一种物流活动成本的降低或效益的提高而抵消的相互作用关系。具体包括以下三点:

(1) 减少库存据点并尽量减少库存,势必使库存补充变得频繁,必然增加运输次数。简化包装,则包装强度降低,仓库里的货物就不能堆放过高,这就降低了储存效率。而且在装卸和运输过程中容易出现破损,导致搬运效率下降,破损率增多。

(2) 将铁路运输改为航空运输,虽然运费增加了,而运输速度却大幅度提高了。不但减少了各地物流据点的库存,还大量减少了仓储费用。

(3) 由于各物流活动之间存在着"效益背反",物流系统就是要调整各个分系统之间的制约，把它们有机地联系起来，使之成为一个整体，使成本最小，以追求和实现最佳效益。这些制约关系主要包括：

（1）物流服务和物流成本的制约关系。要提高物流系统的服务水平，物流成本往往也要增加。比如采用小批量即时运货制，要增加费用。要提高供货率即降低缺货率，必须增加库存，则库存费用也随之增加。其相互制约关系如图 2－10 所示。

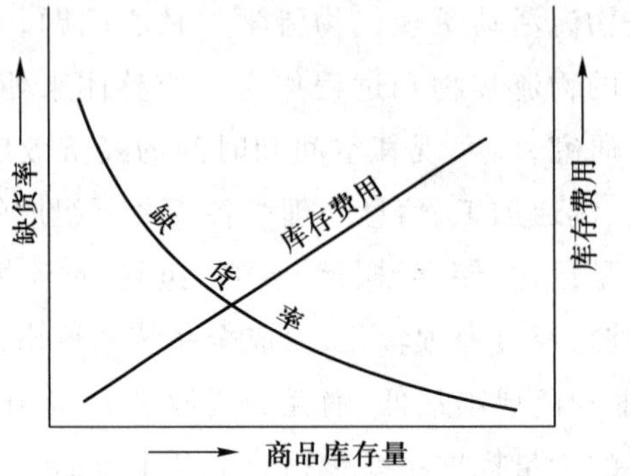

图 2－10　物流服务和物流成本的制约关系

（2）构成物流服务子系统功能之间的制约关系。各子系统的功能如果不均匀，物流系统的整体能力将受到影响。如搬运装卸能力很强，但运输力量不足，会产生设备和人力的浪费；反之如搬运装卸环节薄弱，车、船到达车站、港口后不能及时卸货，也会带来巨大的经济损失。

（3）构成物流成本的各个环节费用之间的制约关系。如为了降低库存，采取小批量订货，则因运输次数增加而导致费用上升，运费和保管费之间有制约关系。

（4）各子系统的功能和所耗费用的制约关系。任何子系统功能的增加和完善必须投入资金。如信息系统功能的增加，必须购置硬件和开发计算机软件。增加仓库的容量和提高进出库速度，就要建设更大的库房并实现机械化、自动化。在实际中必须考虑在财力许可的范围内改善物流系统的功能。

如上所述的制约关系不胜枚举。因此，在促使物流合理化过程中必须有系统观念，对这些相互制约的关系给予充分的关注。

二、物流系统的模式

系统是相对外部环境而言的，并且和外部环境的界限往往是模糊的，所以严格地说，系统是一个模糊集合。

外部环境向系统提供劳力、手段、资源、能量、信息，称为输入。系统以自身所具有的特定功能，将“输入”进行必要的转化处理活动，使之成为有用的产成品，供外部环境使用，称为输出。输入、处理、输出是系统的三要素。

如一个工厂输入原材料，经过加工处理，得到一定产品作为输出，这就成为生产系统。

外部环境因资源有限、需求波动、技术进步以及其他各种变化因素的影响，对系统加以约束或影响，称为环境对系统的限制或干扰。此外，输出的成果不一定是理想的，可能偏离预期目标，因此，要将输出结果的信息返回给输入，以便调整和修正系统的活动，这称为反馈。

根据以上关系，系统的模式可用图 2－11 表示。

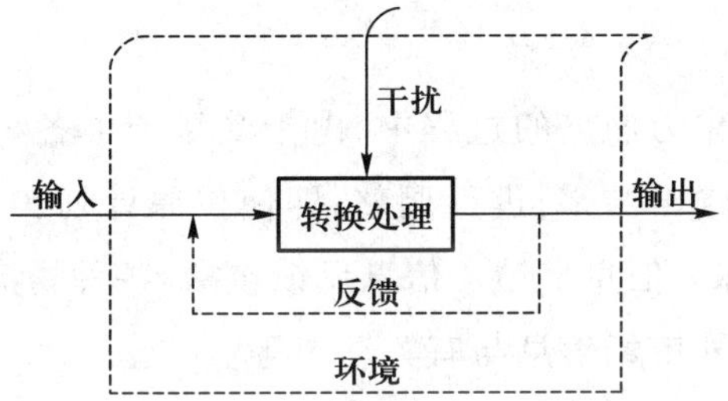

图 2－11　系统的一般模式

物流系统同样具备输入、处理（转化）、输出、限制（制约）、信息反馈等功能，见图 2－12。

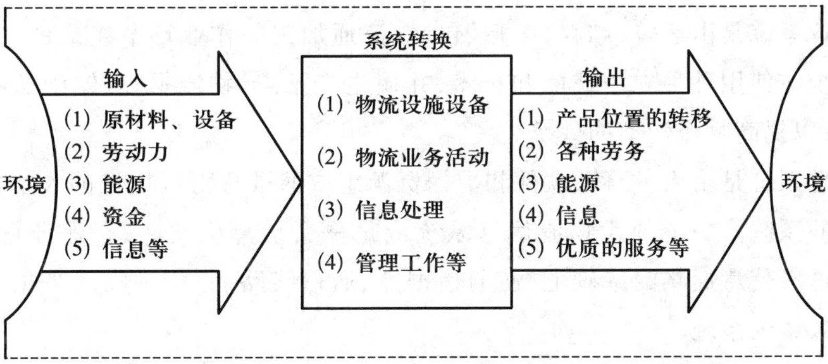

图 2－12　物流系统模式

（一）输入

通过提供资源、能源、设备、劳动力等手段对某一系统发生作用，统称为外部环境对物流系统的输入，包括原材料、设备、劳动力、能源、资金、信息等。

（二）处理（转化）

它是指物流本身的转化过程。从输入到输出之间所进行的生产、供应、销售、服务等物流业务活动称为物流系统的处理（转化）。具体内容有：物流设施设备的建设；物流业务活动，如运输、储存、包装、装卸、搬运等；信息处理；管理工作等。

（三）输出

物流系统以其本身所具有的各种手段和功能，对环境的输入进行各种处理后所提供的物流服务称为系统的输出。具体内容有:产品位置的转移;各种劳务,如合同的履行及其他服务等;能源;信息;优质的服务等。

（四）限制（制约）

外部环境对物流系统施加一定的约束称为外部环境对物流系统的限制和干扰,具体有:资源条件,能源限制,资金与生产能力的限制;价格影响,需求变化;仓库容量;装卸与运输的能力;政策的变化等。

（五）信息反馈

物流系统在把输入转化为输出的过程中,由于受系统中各种因素的限制,不能按原计划实现,需要返回到输入、输出结果,进行调整,即使按原计划实现,也要把信息返回,以对工作做出评价,这个过程称为信息反馈。信息反馈包括:各种物流活动分析报告;各种统计报告数据;典型调查;国内外市场信息与有关动态等。

三、物流系统的组成与物流系统化

（一）物流系统的组成

物流系统由物流作业系统和物流信息系统两个分系统组成。

物流作业系统是由运输、储存、搬运、包装、流通加工等作业环节组成的。一个优化的物流作业系统应使用种种先进技能和技术,并使生产据点、物流据点、输配送路线、运输手段等网络化,以提高物流活动的效率。

物流信息系统是由人、硬件、软件和数据资源组成的进行物流信息的收集、传递、存储、加工和提供的系统。一个现代物流信息系统应是一个计算机化的,在保证订货、进货、库存、出货、配送等信息通畅的基础上,使通信据点、通信线路、通信手段网络化,能提高物流作业系统的效率的系统。

（二）物流系统化

1. 物流系统是物流逻辑的产物

物流系统化的目的是追求部门效益最大化。道理十分简单,但在这个问题上由于认识不足往往引起了许多问题。尽可能优良的物流服务,正是物流系统化的前提条件。在物流服务水平决定之后,物流的方式就应随之改变。因此,一个企业在决定所希望达到的物流服务水平之后,为此目的而进行的物流系统化必须在整个公司取得共识,因此物流系统化的前提是确定物流服务水平。

2. 物流服务与物流成本之间的关系

不仅物流各部门和各功能之间存在“效益背反”,物流成本与物流服务之间也存在“效益背反”。一般来说,提高物流服务水平,物流成本就会上升,成本与服务之间受“收益递减法则”的支配。物流服务如处于低水平阶段,追加成本 X,物流服务水平即可上升 Y;如处于高水平阶段，同样追加成本 X，则服务水平只能上升 $Y'(Y'<Y)$。处于高水平的物流服务时，成本增加而物流服务水平不能按比例相应地提高。与处于竞争状态的其他企业相比，在处于相当高的服务水平的情况下，想要超过竞争对手、提出并维持更高的服务标准就需要有更多的投入，所以一个企业在做出这种决定时必须慎重。

1965 年至 1973 年，人们一般认为物流只是一种降低成本的手段。然而 1973 年石油危机以后，人们在认识上发生了变化，认识到作为经营管理一环的物流管理，必须首先设定作为物流目的的必要而充分的物流服务水平，然后再以较低的成本构筑物流系统进行运作。

决策层虽然可以提出降低物流成本的要求，但必须认真考虑物流成本与物流服务水平之间的关系。

一般说来，物流服务与物流成本的关系包括以下几点：

（1）在物流服务水平不变的前提下考虑降低物流成本。不改变物流服务水平，通过改变物流系统来降低物流成本，这是一种尽量降低成本来维持一定服务水平的办法，即追求效益的办法。

（2）为提高物流服务水平，不惜增加物流成本。这是许多企业提高物流服务水平的做法，是企业在特定顾客或其特定商品面临竞争时所采取的具有战略意义的做法。

（3）积极的物流成本对策，即在成本不变的前提下提高服务水平。这是一种追求效益的办法，也是一种有效地利用物流成本效能的办法。

（4）用较低的物流成本，实现较高的物流服务水平。这是增加销售、增加效益、具有战略意义的办法。

以上办法，企业究竟如何选择，应通盘考虑下述各方面的情况后再作决定：商品战略和地区销售战略、流通战略和竞争对手、物流成本、物流系统所处的环境以及物流系统负责人所采用的方针等。

3. 实现物流系统化的原则

（1）企业应充分考虑其经营方针、销售战略、生产战略、行业环境、商业范围、商品特性、流通渠道、竞争对手以及与全社会有关的保护环境、节约能源、劳动力状况等因素。

（2）企业应从企业所处的环境，企业的物流观念以及物流与采购、生产、销售等部门的关系等层面加以把握。企业应清楚地了解物流体制，特别是物流部门的现状、物流据点（库存据点、配送据点）的状况、信息的情况等。

（3）企业应明确物流在企业中的地位、作用以及经营决策层的方针。

为实现物流系统化，企业需要标准化、规模化、计划化、一体化、信息化、简单化，为彻底消除浪费，提高效率，特别要注意提高物流活动的软硬件两个方面的“标准化”程度，并使其螺旋式上升。企业容易把物流系统化看成是物流专业人员参加的物流改良运动，这其实是一种改良主义的观点，即“工业工程”的观点。事实上，为了实现物流系统化，应该从革新的角度建立一种有效的物流机制。

四、物流系统化的目标与内容

物流系统化就是把物流的各个环节(子系统)联系起来看成一个大系统,对其进行整体设计和管理,以最佳的结构、最好的配合,充分发挥其功能、效率,实现整体物流合理化。

(一) 物流系统化的目标

1. 服务性(Service)

在为用户服务方面要求做到无缺货、无货物损伤和丢失等现象,且费用便宜。

2. 快捷性(Speed)

要求把货物按照用户指定的地点和时间迅速送到。为此可以把物流设施建在供给地区附近,或者利用有效的运输工具和合理的配送计划等手段配送货物。

3. 有效地利用面积和空间(Space Saving)

我国土地费用不断上涨,特别是对城市市区面积的有效利用必须加以充分考虑。应逐步发展立体化设施和有关物流机械,有效地利用空间。

4. 规模适当化(Scale Optimization)

应该考虑物流设施集中与分散的适用问题、机械化与自动化的合理利用、信息系统的集中化所要求的电子计算机等设备的利用等。

5. 库存控制(Stock Control)

库存过多则需要更多的保管场所,而且会产生库存物资积压,造成浪费。因此,必须按照生产与流通的需求变化对库存进行控制。

上述物流系统化的目标简称为“5S”,要实现以上物流系统化的目标,就要进行研究,把从生产到消费过程的货物量作为一贯流动的物流量看待,缩短物流路线,使物流作业合理化、现代化,从而降低其总成本。

(二) 物流系统设计要素

在进行研究中需要关注以下几方面的基本数据:

(1) 商品(Products)的种类、品目等;

(2) 商品的数量(Quantity),目标规模、价格;

(3) 商品的流向(Route),生产者、配送中心、消费者等;

(4) 服务(Service)水平,速达性、商品质量的保持等;

(5) 时间(Time),不同的季度、月、周等时段业务量的波动及其特点;

(6) 物流成本(Cost)。

以上 P,Q,R,S,T,C 称为物流系统设计有关基本数据的六个要素,是物流系统设计中必须考虑的。

（三）物流系统化的特点

1. 规模化

随着消费的多样化和产品的多品种化，多数顾客往往频繁地小批量订货，并要求迅速交货。生产企业则尽可能地要求发货的批量大，采取最低限额订购制，以期降低成本。

为解决这种矛盾，物流企业应把向各店铺个别订购的商品由中间区域设置的配送中心集中起来，再大批量地订货和送往各店铺，并按照顾客的订货量，采用不同的订货价格。

2. 共同化

在同一地区或同一行业的企业中，谋求物流共同化的情况比较多，尤其在大城市，由于交通拥堵，运输效率大大降低，积极参加共同配送的企业越来越多，面向百货店、大型超市的共同配送的例子举不胜举。不少小规模的企业，也共同出资建立“共同配送中心”，在装卸、储存、运输、信息等方面全面协作。

3. 短路化

过去，很多企业的商品交易过程是按照制造厂→一次批发→二次批发→零售商→消费者的渠道进行的，商品经由的各个阶段都有仓库。现在，销售物流可以不经由中间阶段，而直接把商品从制造厂送至二次批发或零售商那里，甚至直接送到客户手里，使物流路线缩短，减少了商品的移动次数，压缩了库存量。

4. 自动化

企业在运输、装卸、配送、储存、包装等物流环节中，引进了各种机械化、自动化的技术。如在运输等方面，采用因运用托盘、集装箱而发展起来的单位载荷制，以及提高货物分拣机械化水平的技术；在保管方面，高层货架仓库发展为自动化仓库，大大提高了保管的效率。

5. 信息化

信息是物流作业系统的组成部分，因此，物流信息的系统化、效率化是物流系统化必不可少的条件。

近年来，由于计算机性能的提高、数据通信技术的进步、网络技术的发展，信息处理的速度大大提高了，贸易双方的信息交换变得容易起来，有力地推进了物流信息的系统化，实现了从订货到发货的信息化处理。

在我国，由于物流业起步较晚，观念滞后，加之硬件老化、体制落后，尚未形成信息化、规模化的现代物流模式。然而随着电子商务在我国的推广，传统的物流模式已难以满足新型商务活动的需求，如何将传统的物流模式转化为电子商务下的新型物流模式已成为我们面临的一个崭新课题。

五、物流系统分析

（一）物流系统分析的概念

物流系统是多种不同功能要素的集合。各要素相互联系、相互作用，形成众多的功能模块和各级子系统,使整个系统呈现多层次结构,体现出固有的系统特征。对物流系统进行系统分析,可以了解物流系统各部分的内在联系,把握物流系统行为的内在规律性。所以说,不论是设计新系统还是改造现有系统,系统分析都是非常重要的。

系统分析是从系统的最优出发,在选定系统目标和原则的基础上,分析构成系统的各级子系统的功能和相互关系,以及系统同环境的相互影响;运用科学的分析工具和方法,对系统的目的、功能、环境、费用和效益进行充分的调研、收集、比较、分析和数据处理,并建立若干替代方案和必要的模型,进行系统仿真试验;把试验、分析、计算的各种结果同早先制定的计划进行比较和评价,寻求使系统整体效益最佳和有限资源配置最佳的方案,为决策者的最后决策提供科学依据和信息。

系统分析的目的在于通过分析、比较各种替代方案的有关技术经济指标,得出决策者形成正确判断所必需的资料和信息,以便获得最优系统方案。系统分析的过程可以用图 2 - 13表示。

图 2 - 13　系统分析的过程

物流系统分析所涉及的问题范围很广,如搬运系统、系统布置、物流预测、生产—库存系统等。由于系统分析需要的信息量大,为了准确地收集、处理、分析、汇总、传递和储存各种信息,要应用多种数理方法和计算机技术,这样才能分析、比较实现不同系统目标和采用不同方案的效果,为系统评价和系统设计提供足够的信息和依据。

在说明系统分析在建立系统过程中的作用之前,先来看一下系统分析所处的位置是很有必要的。

由图 2 - 14 可知,整个系统的建立过程可以分为系统规划、系统设计和系统实施三个阶段。

第一阶段为系统规划阶段。在此阶段,主要的任务是定义系统的概念,明确建立系统的必要性,在此基础上明确目的和确定目标。同时,提出系统应具备的环境条件和约束条件。

第二阶段为系统设计阶段。在此阶段中,首先是对系统进行概略设计,其内容主要是制定各种替代方案。然后进行系统分析,分析的内容包括目的、替代方案、费用、效益、模型和评价标准等。在系统分析的基础上确定系统设

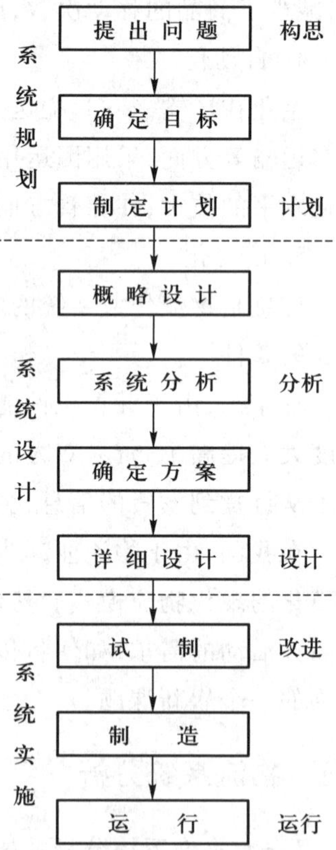

图 2 - 14　系统开发的程序图

计方案,据此对系统进行详细设计。

第三阶段为系统实施阶段。首先是对系统设计中一些与系统有关的关键项目进行试验和试制,在此基础上进行必要的改进,然后正式投入运行。

由此可见,系统分析在整体系统建立过程中处于非常重要的位置。它起到承上启下的作用,特别当系统中存在着不确定因素或相互矛盾的因素时更需要通过系统分析来保证,只有这样,才能避免技术上的大量返工和经济上的重大损失。

(二) 物流系统分析的特点和要素

系统分析以系统整体效益为目标,以寻求解决特定问题的最优策略为重点,运用定性和定量分析方法,给予决策者以价值判断,以求得有利的决策。

1. 物流系统分析的特点

(1) 以整体为目标。在一个系统中,处于各个层次的分系统都具有特定的功能及目标,彼此分工协作,才能实现系统整体的共同目标。比如,在物流系统布置设计中,既要考虑需求,又要考虑运输、储存、设备选型等;在选择厂(库)址时,既要考虑造价,又要考虑运输、能源消耗、环境污染、资源供给等因素。因此,如果只研究改善某些局部问题,而其他分系统被忽略或不健全,则系统整体效益将受到不利影响。所以,从事任何系统分析,都必须以发挥系统总体的最大效益为准,不可只局限于个别部分,以免顾此失彼。

(2) 以特定问题为对象。系统分析是一种处理问题的方法,有很强的针对性,其目的在于寻求解决特定问题的最佳策略。物流系统中的许多问题都含有不确定因素,而系统分析就是针对这些不确定的情况,研究解决问题的各种方案及其可能产生的结果。不同的系统解决不同的问题要进行不同的分析,即使对相同的系统所要解决的不同问题也要进行不同的分析,确定不同的求解方法。所以,系统分析必须以能求得解决特定问题的最佳方案为重点。

(3) 运用定量方法。解决问题不应单凭想象、臆断、经验和直觉。在许多复杂的情况下,需要有精确可靠的数字、资料,以作为科学决断的依据。有些情况下利用数学模型有困难,还要借助于结构模型解析法或计算机模型。

(4) 凭借价值判断。从事系统分析时,必须对某些事物作某种程度的预测,或者用过去发生的事实作样本,以推断未来可能出现的趋势或倾向。由于所提供的资料有许多是不确定的,而客观环境又会发生各种变化,因此在进行系统分析时,还要凭借各种价值观念进行判断和选优。

2. 物流系统分析的要素

从系统分析的概念和特点不难看出,为了进行系统分析,通常应考虑下列五个要素。

(1) 目标。目的和要求是系统分析的首要工作。为了做出最优的决策,要充分了解建立系统的目的和要求。系统的目的和要求既是建立系统的依据,也是系统分析的出发点。

(2) 替代方案。替代方案是选优的前提,没有足够数量的方案就没有最优。在分析阶段,可以制定若干能达到已经确定的目的和要求的系统替代方案。例如,建立一个车间物流搬运系统,可以采用辊道、输送机、叉车或无人搬运车等不同的替代方案。一般情况下,当多种方案各有利弊时,究竟选用何种方案为最优,这就需要对这些方案进行分析和比较。

(3) 模型。建立各种模型,可以在尚未建立系统之前就能预测系统的有关功能和相应的技术参数,作为系统设计的基础或依据。另外,根据需要建立的模型,可以用来预测各替代方案的性能、费用和效益,以利于方案的分析和比较。在物流系统中,多采用数字模型和逻辑模型,以确定各要素之间的定量关系和逻辑关系。图 2-15 是描述企业生产经营活动的逻辑模型,体现出从原材料转变为成品、从成品储存到销售过程,以及整个过程核算之间的逻辑关系。总之,建立在系统分析时各种必需的模型是整个系统分析过程的重要一环。

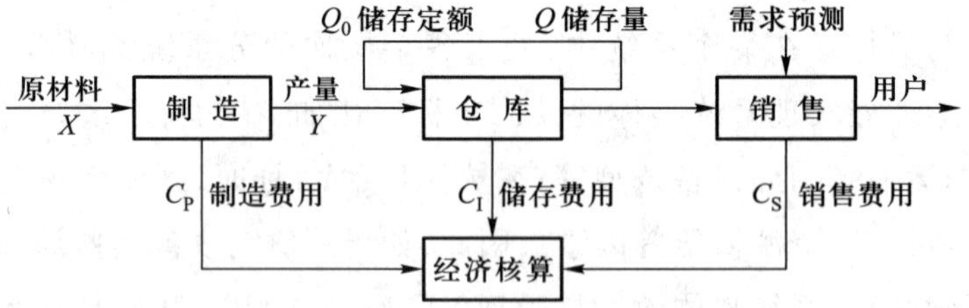

图 2-15 企业生产经营活动的逻辑模型

(4) 费用和效益。建立一个大系统,需要有大量的投资费用,而一旦系统建成后可以获得一定的效益。一般说来,效益大于费用的设计方案是可取的,反之则是不可取的。总之,在多数情况下,费用和效益的分析与比较是决定方案取舍的一个重要因素。

(5) 评价标准。所谓评价标准就是确定各种替代方案优先选用顺序的标准。评价标准一般根据系统的具体情况而定,但难以要求都具有明确性、可计量性和适当的灵敏度。

(三) 物流系统分析程序

系统分析大致可以按照下面的程序进行。

(1) 界定范围。进行系统分析,首先要明确问题的性质,划定问题的范围。通常,问题是在一定的外部环境作用和系统内部发展的需要中产生的,这不可避免地带有一定的本质属性并限定了其存在范围。只有明确了问题的性质范围后,系统分析才能有可靠的起点。其次,还要研究问题要素、要素间的相互关系以及同环境的关系等,把问题界限进一步划清。

(2) 确定目标。为了解决问题,要确定具体的目标。目标通过某些指标来表达,而标准则是衡量目标达到的尺度。系统分析是针对所提出的具体目标而展开的,由于实现系统功能的目标是靠多方面因素来保证的,因此系统目标也必然有若干个。如物流系统的目标包括物料费用、服务水平,即以低的物流费用获得好的服务水平,以确保物流系统整体效益最大。总目标是通过各子系统的功能活动来实现的。在多目标情况下,要考虑各项目标的协调,防止发生抵触或顾此失彼,同时还要注意目标的整体性、可行性和经济性。

(3) 收集资料,提出方案。建立模型或拟订方案都必须以资料作为依据,方案的可行性论证更需要有精确、可靠的数据,为系统分析做好准备。收集资料通常借助于调查、实验、观察、记录以及引用外国资料等方式。

(4) 建立模型。所谓建立模型就是找出说明系统功能的主要因素及其相互关系。由于表达方式和方法的不同,模型有图式模型、模拟模型、数字模型之分。通过模型的建立,可确认影响系统功能和目标的主要因素及其影响程度;确认这些因素的相关程度、总目标和分目标的达成途径及其约束条件。

(5) 系统最优化。系统的最优化是运用最优化的理论和方法,对若干替代方案的模型进行仿真和优化计算,求出几个替代解。

(6) 综合评价。根据最优化所得到的有关解答,在考虑前提条件、假定条件和约束条件后,在结合经验和知识的基础上决定最优解,从而为选择最优系统方案提供足够的信息。

对于复杂的系统,系统分析并非进行一次即可完成;为完善、修订方案中的问题,有时需要根据分析结果对提出的目标进行再探讨,甚至重新界定问题范围后再做系统分析。系统分析程序见图 2 – 16。

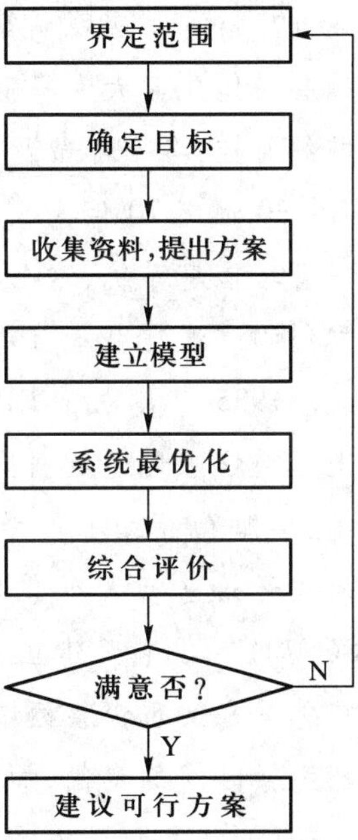

图 2 – 16　系统分析程序

案例分析

沃尔玛物流案例分析

一、沃尔玛背景介绍

沃尔玛(Wal – Mart Stores,Inc.)(NYSE:WMT)是一家美国的世界性连锁企业,总部设在阿肯色州本顿维尔。以营业额计算为全球最大的公司,其控股人为沃尔顿家族。沃尔玛主要涉足零售业,是世界上雇员最多的企业,连续三年在美国《财富》杂志世界 500 强企业中居首位。沃尔玛公司有 8 500 家门店,分布于全球 15 个国家。沃尔玛主要有沃尔玛购物广场、山姆会员店、沃尔玛商店、沃尔玛社区店四种营业态式。

沃尔玛在 2017 年年度运输商大会上不仅分享了绿色智能管理和移动技术在物流运输领域的应用成果,还与中国邮政、中外运、中海运、中集、招商局等全国物流巨头共同探讨如何借助科技手段,提升物流运输每一个环节的信息化管理,实现更安全、高效的移动物联网体系。

二、沃尔玛高效的物流运作模式

(一)建立物流系统

在物流方面,沃尔玛创建自己的物流系统,建立全球第一个物流数据的处理中心,沃尔玛在全球第一个实现了集团内部24小时计算机物流网络化监控,使采购库存、订货、配送和销售一体化。大大降低了成本,加速了存货周转,从而形成了沃尔玛的核心竞争力。通过网络监控,各个环节及时了解供需情况,从而减少了时间成本和精力成本,加快了物流的循环。20世纪70年代沃尔玛建立了物流的信息系统MIS(Management Information System),也叫管理信息系统,这个系统负责处理系统报表,加快了运作速度。80年代与休斯公司合作发射物流通信卫星,1983年的时候采用了POS机,全称Point of Sale,就是销售始点数据系统。1985年建立了EDI,即电子数据交换系统,是企业与企业、企业与管理机构之间,利用电子通信来传递数据信息,产生托运单、订单和发票;通过供应商、配送者和客户的信息系统,得知最新的订单、存货和配送状况,使得数据传输的准确性与速度大幅度提高,同时,沃尔玛开始进行无纸化作业,所有信息全部在计算机上运作,既节能环保又节约成本。1986年的时候它又建立了QR,称为快速反应机制,指通过共享信息资源,来建立一个快速供应体系来实现销售额增长。就是因为通过这些信息系统,使得在这个信息时代里,沃尔玛能跟紧时代的步伐,加速自己的发展。

(二)建立配送体系

沃尔玛在美国本土已建立62个配送中心,整个公司销售商品的85%是由这些配运中心供应,而其竞争对手只有50%~65%的商品集中配送。其配送中心的基本流程是,供应商将商品送到配送中心后,经过核对采购计划、进行商品检验等程序,分别送到货架的不同位置进行存放。销售商提出要货计划后,计算机系统将所需商品的存放位置查出并打印出有商店代号的标签。整包装的商品直接由货架送往传送带,零散的商品由工作台人员取出后也送到传送带,如图2-17所示。

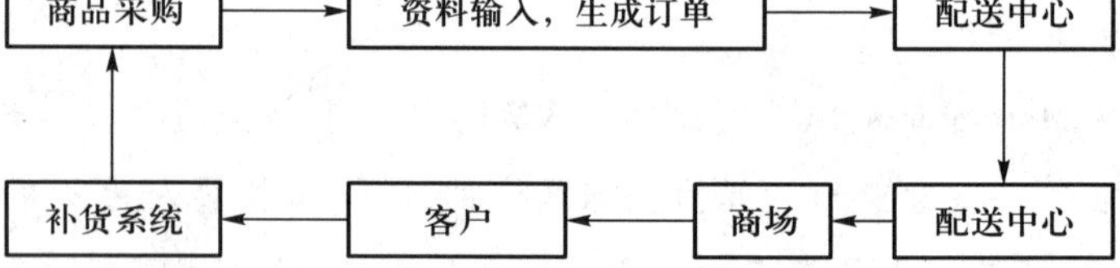

图2-17 沃尔玛配送中心基本流程

一般情况下,商店要货的当天配送中心就可以将商品送出。

沃尔玛要求其所购买的商品必须带有UPC条形码。从工厂运货回来卡车将停在配运中心收货处的数十个门口,把货箱放在高速运转的传送带上。在传送过程中经过一系列的激光扫描,读取通过激光辨别的条形码,把它们送到该送的地方去。传送带上一天输出的货物可达20万箱。对于零散的商品,传送带上有一些信号灯,员工可以根据信号灯的提示来确定商品应该被送往的商店。配送中心的一端是装货平台，可供130辆卡车同时装货，在另一端是卸货平台，可同时停放135辆卡车。配送中心24小时不停地运转，平均每天接待的装卸货物的卡车超过200辆。沃尔玛用一种尽可能大的卡车运送货物，车中的每立方米都被填得满满的，这样非常有助于节约成本。

案例分析题：

根据案例并结合所学知识试分析沃尔玛物流的特点及优缺点。

思考题

1. 物流的定义是什么？
2. 物流与传统储运的差异是什么？
3. 简述流通的作用。
4. 简述社会物流与企业物流的作用和内容。
5. 简述先进物流设施设备及其应用。
6. 简述物流系统的一般模式。
7. 简述物流要素的组成和具体内容。

拓展阅读

请扫描二维码阅读拓展资源。

智慧物流必备的十大先进技术

第三章　物流模式

第一节　第三方物流

在电子商务环境下，物流一体化的方向及专业的第三方物流的发展，已成为目前世界各国和大型跨国公司所关注、探讨和实践的热点。

一、第三方物流的概念

第一方物流是指生产者或供应方组织的物流活动。这些组织的主要业务是生产和供货商品，但为了自身生产和销售的需要而进行物流网络和设施设备的投资、经营与管理。供应商和生产者一般需要建设仓库、购买运输车辆等基础设施。

第二方物流是指买方，即销售者或流通企业组织的物流活动。这些组织的核心业务是采购并销售产品，为了销售业务需要而投资建设物流网络、物流设施和设备，并进行具体的物流业务组织和管理。

20 世纪 80 年代以来，伴随着社会分工的进一步细化，信息技术的快速发展，以及客户需求的差异性增强，使得市场竞争更加激烈。随着经济全球化步伐的加快，行业内和行业间竞争日趋激烈，市场经济的进一步发展和完善，亟须现代物流的支持与保障，大批生产、制造企业开始采用“外协物流”。企业经营管理表现出产品品种急剧增加、以客户为中心、供应链再造、组织扁平化等一系列新的特点，使企业纷纷实行“归核化”战略。第三方物流应运而生。

国家标准《物流术语》将第三方物流定义为“由供方与需方以外的物流企业提供物流服务的业务模式。”这是一个广义的行业定义，其业务功能包括运输、储存、装卸、搬运、包装、流通加工、配送、信息处理等方面。狭义的现代第三方物流企业，是指从事物流这一行业的经营实体。现代第三方物流业不是传统运输业的延续，而是一个新型的跨行业、跨部门、跨区域、渗透性强的复合性产业。

二、第三方物流的分类

第三方物流随着物流业的发展而发展，是物流专业化的重要形式。物流业发展到一定阶段必然会出现第三方物流，而且第三方物流的占有率与物流产业的水平之间有着非常规律的相关关系。西方国家的物流业实证分析证明，独立的第三方物流要占到社会的50%，物流产业才能形成。所以，第三方物流的发展程度反映和体现了一个国家物流业发展的整体水平。

物流企业是专业化、社会化的第三方物流的承担者。综观国内外物流业现状，物流企业种类繁多。以下介绍两种分类方法，相信对于认识和指导第三方物流是十分有益的。

按照物流企业完成的物流业务范围的大小和所承担的物流功能，可将物流企业分为综合性物流企业和功能性物流企业。功能性物流企业，也可叫单一物流企业，即它仅仅承担和完成某一项或几项物流功能。按照其主要从事的物流功能可将其进一步分为运输企业、仓储企业、流通加工企业等。而综合性物流企业能够完成和承担多项甚至所有的物流功能。综合性物流企业一般规模较大、资金雄厚，并且有着良好的物流服务信誉。

按照物流企业是自行完成和承担物流业务，还是委托他人进行操作，可将物流企业分为物流自理企业和物流代理企业。物流自理企业就是平常人们所说的物流企业，它可进一步按照业务范围进行划分。物流代理企业同样可以按照物流业务代理的范围，分成综合性物流代理企业和功能性物流代理企业。功能性物流代理企业，包括运输代理企业（即货代公司）、仓储代理企业（仓代公司）和流通加工代理企业等。

在西方发达国家第三方物流的实践中，有以下几点值得注意：第一，物流业务的范围不断扩大。一方面，商业机构和各大公司面对日趋激烈的竞争不得不将主要精力放在核心业务，将运输、储存等相关业务环节交由更专业的物流企业进行操作，以求节约和高效；另一方面，物流企业为提高服务质量，也在不断拓宽业务范围，提供配套服务。第二，很多成功的物流企业根据第一方、第二方的谈判条款，分析、比较自理的操作成本和代理费用，灵活运用自理和代理两种方式，提供客户定制的物流服务。第三，物流产业的发展潜力巨大，具有广阔的发展前景。

三、第三方物流与物流一体化

（一）概述

随着市场竞争不断深化和加剧，企业建立竞争优势的关键，已由节约原材料的“第一利润源泉”和提高劳动生产率的“第二利润源泉”，转向建立高效的物流系统的“第三利润源泉”。

早在20世纪80年代，西方发达国家如美国、法国和德国就提出了物流一体化的现代理论,指导其物流发展,取得了明显的效果,使其生产商、供应商和销售商均获得了显著的经济效益。美国近十几年的经济繁荣也与该国重视物流一体化的理论研究与实践、加强供应链管理、提高社会生产的物流效率和物流水平有关。

所谓物流一体化,就是利用物流管理,使产品在有效的供应链内迅速移动,使参与各方的企业都能获益,使整个社会获得明显的经济效益,即以物流系统为核心的包括生产企业、物流企业、销售企业、消费者在内的供应链的整体化和系统化,是物流业发展的高级和成熟阶段。

物流一体化的发展可进一步分为三个层次:物流自身一体化、微观物流一体化和宏观物流一体化。物流自身一体化是指物流系统的观念逐渐确立,运输、仓储和其他物流要素趋向完备,子系统协调运作、系统化发展。微观物流一体化是指市场主体企业将物流提高到企业的战略地位,并且出现了以物流战略作为纽带的企业联盟。宏观物流一体化是指物流业发展到这样的水平:物流业占到国家国民总产值的一定比例,处于社会经济生活的主导地位。它使跨国公司从内部职能专业化和国际分工程度的提高中获得规模经济效益。

物流一体化是物流产业化的发展形式,它必须以第三方物流充分发育和完善为基础。物流一体化的实质是一个物流管理的问题,即专业化物流管理人员和技术人员,充分利用专业化物流设备、设施,发挥专业化物流运作的管理经验,以求取得整体最优的效果。同时,物流一体化的趋势为第三方物流的发展提供了良好的发展环境和巨大的市场需求。

从物流业的发展看,第三方物流是在物流一体化发展到第一个层次时出现的,但是这时只有数量有限的功能性物流企业和物流代理企业。第三方物流在物流一体化的第二个层次得到迅速发展。专业化的功能性物流企业和综合性物流企业以及相应的物流代理公司出现,发展很快。这些企业发展到一定水平,物流一体化就进入了第三个层次。

西方发达国家在发展第三方物流、实现物流一体化方面积累了较为丰富的经验。德国、美国、日本等发达国家认为,实现物流一体化、发展第三方物流,关键是具备一支优秀的物流管理队伍。要求管理者必须具备较高的经济学和物流学专业知识和技能,精通物流供应链中的每一门学科,整体规划水平和现代管理能力都很强。

(二)物流一体化系统介绍

下面以畅想物流一体化管理系统为例介绍物流一体化系统的具体内容。

1. 系统介绍

由北京网路畅想科技发展有限公司自主研发的畅想物流一体化管理系统 CX－LIS 是畅想供应链管理系统的一个子系统,与供应链管理平台共同构成了畅想供应链管理系统的基础。在供应链管理平台的层面上,生产企业和商业企业的供需得到匹配,衍生出的物流需求则传递到物流一体化平台进行处理。畅想物流一体化管理系统 CX－LIS 在畅想供应链管理系统当中所处的位置及其与其他子系统之间的关系如图 3－1 所示。

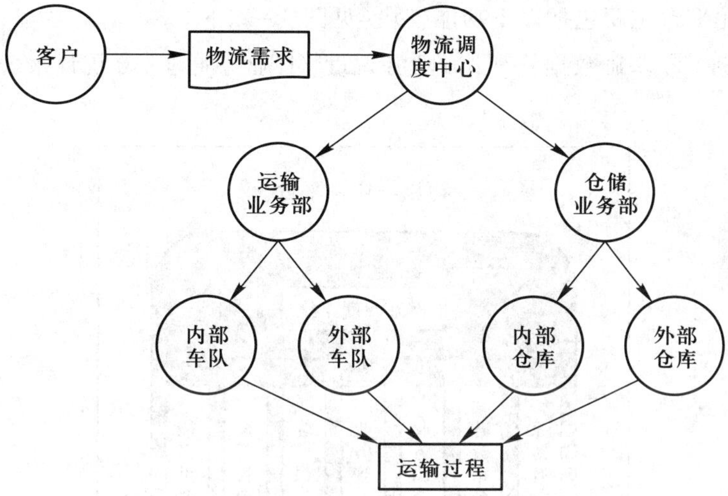

图 3－1　物流一体化的总体角色关系

畅想物流一体化管理系统 CX－LIS 在系统层面上实现了动态物流联盟的概念，能够支持物流企业的日常作业和跨部门、跨企业的物流资源整合。物流一体化平台以物流调度系统为核心，来自供应链管理平台的物流指令就是通过物流调度系统进行处理的。在物流调度系统当中设置了一系列的物流调度规则，包括仓储规则和运输调度规则。用户还可以根据实际情况创建新的业务调度规则，从而实现了智能化的物流业务调度，进一步优化了对物流资源的配置。

物流调度系统可以用于某企业内部的物流业务调度，也可以用于多个物流企业、企业物流部门之间的合作，对合作过程中发生的和物流相关的商流、信息流、资金流进行有效的组织、协调和控制。支持的物流业务类型包括：仓储业务、运输业务和配送业务，可以单独支持一种业务类型，也可以同时支持多种业务类型，适合于业务构成单一的物流企业，也适用于综合型物流企业。

另外，物流一体化管理系统 CX－LIS 未接入供应链管理平台的情况下，生产企业客户和商业企业客户仍然能够通过畅想物流一体化平台提供的用户服务界面向其发出物流业务指令、跟踪业务进程和查询相关信息，从而使畅想供应链管理系统的各个组成部分具有了较强的独立性。

畅想物流一体化管理系统 CX－LIS 提供丰富的功能模块，支持各种不同的企业组织架构和物流业务，可用于单独物流企业的物流作业管理，包括仓储管理、运输管理、配送管理以及包装、流通加工、装卸搬运等业务的管理；还可以用于实现跨部门、跨企业的物流资源整合。

物流一体化平台如图 3－2 所示。

2. 功能模块设计

物流一体化平台主要包括以下功能模块(见图3-2):

① 系统管理;② 基础数据管理;③ 业务调度;④ 业务管理;⑤ 统计报表;⑥ 费用管理;⑦ 接口设置。

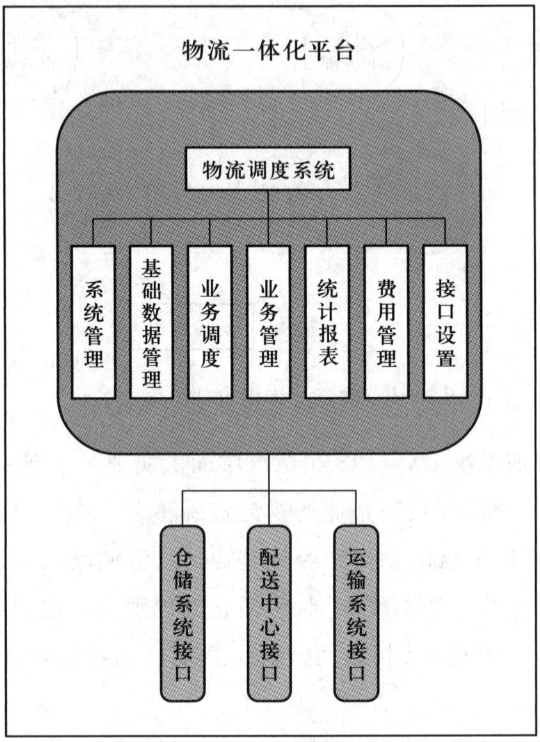

图3-2　物流一体化平台

3. 功能特点

(1) 系统管理。

① 高度模块化的系统管理,可以为客户量身订做最适合的系统;

② 灵活的权限分配策略,能够按照客户类型、客户角色自动分配相应的权限,也能够手动定义用户权限;

③ 数据权限分配,可以精确控制每一条数据的多种权限。

(2) 基础数据管理。

① 产品基本数据的增、改、删,支持产品类型、来源类型、用途类型等多种属性定义;

② 产品分类属性定义,支持定义物料的多种属性,实现按多种方式灵活查询、统计;

③ 计量单位定义;

④ 地区代码定义;

⑤ 各类单据类型、单据编号定义。

（3）业务调度。

① 调度中心会审核来自客户的物流作业指令，还会对物流企业的完成情况进行审核，确保客户的需求能够得到正确执行；

② 用户可以设置仓储调度规则和运输调度规则，系统会按照业务规则自动寻找最优的物流企业作为客户物流作业指令的执行者。

（4）客户业务管理。

① 为生产企业客户和商业企业客户提供用户界面，在物流一体化平台未与供应链管理平台相连接时，生产企业客户和商业企业客户仍然能够通过物流一体化平台直接发布物流作业指令；

② 客户能够通过系统查看单据的状态，跟踪物流作业的进程，物流作业完成之后，调度中心将会发送物流作业完成确认单据给客户；

③ 支持多种单据转入方式，包括 Excel 表、汉信码、数据库直接导入、手工录入，方便客户操作。

（5）统计报表。

① 灵活定制统计报表的内容和格式；

② 提供全方位的统计报表模版。

（6）费用管理。

① 按作业流程生成费用清单；

② 允许用户自定义收费项目和费率；

③ 全面的费用统计功能；

④ 分别对各方面的费用进行统计，并统一进行结算。

（7）接口设置。

① 提供多种对外接口，实现外部数据的一次性导入和正确性校核；

② 支持系统内数据以多种形式导出；

③ 接口具有可扩展性，可以根据客户的需要，灵活地配置接口。

四、适合中国国情的第三方物流

第三方物流和物流一体化的理论为中国的国有大中型企业带来一次难得的发展机遇，即探索适合中国国情的第三方物流运作模式、降低生产成本、提高经济效益、增强竞争力。

第三方物流在中国兴起的主要原因是：

第一，生产经营活动社会化程度的加剧。当今社会，企业的生产经营活动变得越来越复杂，要实现物流活动的合理化，必须建立企业间、跨行业的物流网络，将原材料生产企业、制成品生产企业、批发零售企业等上下游相关企业的物流活动有机结合起来。第三方物流企业具备强大的物流规划设计能力，能够实现供应链运作最优化。

第二,市场竞争加剧。面对日趋激烈的竞争,企业为降低总成本将主要精力放在核心业务上,同时将运输、仓储等环节交由更专业的物流企业进行操作。

值得一提的是,第三方物流是电子商务长期发展的必要条件,电子商务的发展推动第三方物流的发展。

(一) 第三方物流在中国的行业现状与分析

目前全国已有数万家物流企业,从成立背景来分,大致有五种:货代企业,仓储、运输企业,贸易企业,企业内物流部门,新兴物流企业。

总的来说,物流企业借助已有的资源与经验开展物流服务。目前大多数第三方物流企业主要为制成品提供服务。

依资产性质来分,中国专业化的第三方物流企业主要有三类:

第一类,外商独资企业、中外合资企业,如 UPS、DHL、TNT、FedEx、Maersk、Danzas 以及宅急送、新科安达等。

第二类,大型国有企业,如中国远洋运输(集团)总公司、中国外运长航集团有限公司、中国海运(集团)总公司、中铁物资集团有限公司、中国物资储运总公司等。

第三类,民营企业,如宝供储运、虹鑫物流等。

上述公司都在不同程度上提供第三方物流服务。至于中国的中小型物流企业,它们一般在数量上供大于求,但质量欠缺;物流网络利用率和管理水平低;缺乏有效的物流管理者。综合来看,目前第三方物流企业均在努力完备自己的物流信息技术(如宝供)与物流设施(如物资局建现代化立体仓库)。

目前第三方物流公司发展策略大致有二,一是网络化,一是区域化。总体来说,网络化在发展之初资金投入大,包括建立在网络上各个网点的设施设备,租用大规模的干线运输队伍或出资购买干线运输车辆等;区域化则有所不同,拥有或租用一定面积的库房、租用或购买一定数量的区域配送车辆、拥有适当面积的办公设施设备即可,相对来讲这种方式发展初期的投入小一些。

随着网上购物量不断扩大,快递公司和电子商务公司也加入电子商务物流业,如顺丰控股股份有限公司、圆通速递有限公司、申通快递股份有限公司、京东物流、菜鸟网络科技有限公司等。

(二) 第三方物流在中国的发展方向

1. 必须与电子商务紧密结合

从目前国际上比较成功的大型现代综合物流企业来看,它们都拥有铁路、公路、水运、空运和仓储等综合运输体系和网络,以及出色的物流管理人力和信息技术。只有建立适应综合物流发展的信息技术平台,实现资金流、物流、信息流的有机结合,才称得上第三方物流企业。

2. 发展综合物流代理业务

对于大多数从事第三方物流的外资企业来说,这是最佳发展方向。具体是指:不进行大的固定资产投入,低成本经营;将部分或全部物流作业委托他人处理,注重建立自己的销售队伍和管理网络;实行特许代理制,将协作单位纳入自己的经营轨道;公司经营的核心能力就是综合物流代理业务的销售、采购、协调管理和组织设计的方法与经验,并且注重业务流程创新和组织机制创新,使公司经营不断产生新的增长点。

3. 实现内部资源与社会资源配置的最优化

第三方物流企业的三要素具体指规模、现代化管理、IT 技术。但是企业资源的有限性与竞争优势的特异性决定了绝大多数企业仅重点发展其中 1 ~ 2 个要素,至于其余要素则通过结盟和收购/兼并的方式获得充分发展。目前各企业均认为核心竞争优势是管理模式与 IT 技术,故而预计这一发展方向会非常明确。

4. 为客户提供定制化服务

第三方物流业的竞争大有愈演愈烈之势,服务提供商必定将提供定制化服务作为制胜法宝之一。这其中包括物流技术(如物流配送规划、IT 规划等),也包括为客户提供辅助的营销服务等,相信物流服务的内涵将不断得以扩充。

5. 形式要多样化

为更好地控制物流信息、降低物流成本,中国的大公司(如海尔)可能不采取完全外包的形式,但是可能采取两种折中的方式:一是将某些环节交由第三方物流公司,与第三方物流共同参与物流管理;二是根据产品种类或销售区域的不同分别采取自给与外包的物流服务。例如,企业负责具有规模效益即能够有效节约成本部分的物流,而将缺乏规模效益的部分转交第三方物流公司。

第二节　物流联盟

一、物流联盟的定义

物流联盟是指两个或两个以上的经济组织为实现特定的物流目标而采取的长期联合与合作,其目的是实现联盟参与方的“共赢”。物流联盟是为了达到比单独从事物流活动更好的效果而使企业间形成相互信任、风险共担、收益共享的物流伙伴关系。企业之间不完全采取导致自身利益最大化的行为,也不完全采取导致共同利益最大化的行为,只是在物流方面通过契约形式形成优势互补、要素双向或多向流动的中间组织。联盟是动态的,只要合同结束双方又变成追求自身利益最大化的单独个体。

二、物流联盟产生的原因

第一,利益是物流联盟产生的最根本原因。企业之间有共享的利益是物流联盟形成的基础。物流市场及其利润空间是巨大的。在西方发达国家物流成本占 GDP 的 10% 左右,而我国占 15% ~20%,如此大的市场与我国物流产业的效率低下形成鲜明的对比,生产运输企业通过物流或供应链的方式形成联盟有利于提高企业的物流效率,实现物流效益的最大化。

第二,大型企业为了保持其核心竞争力,通过物流联盟方式把物流外包给一个或几个第三方物流公司。如英国的 Laura Ashley 是一家时装和家具零售商和批发商,从 1953 年的一个以家庭为基础的商业企业发展到在全球 28 个国家有 540 个专卖店的企业。从 20 世纪 80 年代开始,Laura Ashley 公司开始使用联邦快递的服务来经营北美地区业务,在 90 年代初,Laura Ashley 面临着一个物流问题:即陈旧和集中的存货系统使公司在正常的基础上很难提供充足数量的产品,Laura Ashley 公司的仓储和供应网络会延迟送货时间,尤其在英国以外的国家。为了提升竞争地位,增加核心竞争力,Laura Ashley 公司决定与联邦快递(Fedex)结盟,外包其关键性的物流功能,如,存货控制和全球物流配送。于是在 1992 年 3 月,公司外包其未来 10 年内的总计 2.25 亿美元的全球物流服务项目给联邦快递公司。Laura Ashley 公司减少了其一半的库存货物,减少了 10% ~12% 物流费用。补货控制在 48 小时内,提高了产品的供货质量。尤其重要的是,那些“易损”的产品现在能够更可靠、频繁和准时地配送。

第三,中小企业为了提高物流服务水平,通过联盟方式解决自身能力的不足。近年来,随着人们消费水平的提高,零售业得到了迅猛的发展,这给物流业带来了发展机遇,同时也带来了新的挑战。因物流发展水平的长期落后,如物流设备、技术落后,资金不足,按行政条块划分物流区域等,很多企业尤其是中小企业不能一下子适应新的需求,于是通过联盟的方式来解决这个矛盾。

第四,第四方物流为中心对物流服务的各个机构尤其是第三方物流公司进行整合,在数量上和质量上服务能力都大大提高,解决单独靠一家企业或第三方物流机构不能完成的问题,因此产生新的联盟方式。

第五,国际互联网技术的广泛应用使跨地区的物流企业联盟成为可能。由于信息高速公路的建成,使得世界距离大大缩短,异地物流企业利用网络也可以实现信息资源共享,为联盟提供了有利的条件。

第六,我国物流企业面临跨国物流公司的竞争压力,通过物流联盟形式来应对。世界最大的物流公司丹麦的马士基公司全面进军中国的物流业,并在上海建立全国配送中心。面对强劲的竞争对手,我国的物流企业只有结成联盟,通过各个行业和从事各环节业务的企业之间的联合,实现物流供应链全过程的有机融合,通过多家企业的共同努力来抵御国外大型物流企业的入侵，形成一个强大的力量，共进退、同荣辱，才有可能立于不败之地。

三、 物流联盟的特点

从物流联盟的发展状况看，物流联盟呈现出以下趋势和特点。

（一）关系契约化

物流联盟不仅通过契约规范物流关系，按照规定提供多功能全方位一体化物流服务，并以契约来管理所提供的物流服务过程，还通过契约明确联盟参与者的权利和责任。

（二）业务一体化

业务一体化的核心是物流需求计划，它将供应物流、生产物流、销售物流与商流、信息流和资金流进行整合，使现代物流在商品数量、质量、价格、种类、交货时间、地点、方式、包装及物流配送信息等方面都满足顾客的要求。一体化联盟关系强化各节点间的联系，使联盟成为企业核心竞争力。

（三）服务个性化

首先，第三方物流企业应根据不同物流需求者提供符合其企业形象、产品特征、顾客需求特征等要求的针对性强的个性化物流服务和增值服务；其次，第三方物流企业自身也要强化所提供物流服务的个性化和特色化，以增强其核心竞争力。因此，不同的联盟体将因提供服务的不同而各具特色。

（四）功能专业化

第三方物流所提供的物流设计、物流操作过程、物流技术工具、物流设施及物流管理，必须体现专门化和专业水平。物流联盟中各经济实体将会是各自提供专业化系统化服务的，对市场快速响应而缔结的稳定的联合体。

（五）信息网络化

信息化、网络化成为物流企业实现快速反应、准时化战略等先进物流管理方式必不可少的条件。企业通过互联网进行管理、降低流转、结算、库存等成本。物流信息系统增强了物流信息的透明度和共享性，使第三方物流企业与上下游节点企业或其他物流企业间形成紧密的物流联盟。

四、 物流联盟的方式

物流联盟的方式可分为以下几种方式。

（一）纵向一体化

即垂直一体化，这种联盟方式是基于供应链一体化管理的基础形成的，即从原材料到产品生产、销售、服务形成一条龙的合作关系。垂直一体化联盟能够按照最终客户的要求为其提供最大价值，同时也使联盟总利润最大化。但这种联盟一般不太稳固，主要是在整个供应链上,不可能每个环节都能同时达到利益最大化,因此打击了一些企业的积极性,使它们有随时退出联盟的可能。

(二) 横向一体化

即水平一体化,由处于平行位置的几个物流企业结成联盟,包括第三方物流。这种联盟能使分散物流获得规模经济和集约化运作,降低了成本,并且能够减少社会重复劳动。但它也有不足的地方,如必须有大量的商业企业加盟,并有大量的商品存在,才可发挥它的整合作用和集约化的处理优势。此外,这些商品的配送方式的集成化和标准化也不是一个可以简单解决的问题。

(三) 混合模式

混合模式联盟是指既有处于上下游位置的物流企业,也有处于平行位置的物流企业的加盟。

(四) 以项目为管理的联盟模式

利用项目为中心,由各个物流企业进行合作,形成一个联盟。这种联盟方式只限于一个具体的项目,因此联盟成员之间合作的范围不广泛,优势不太明显。

除上述形式外,还有基于 web 的动态联盟等。

五、 物流联盟的优势

(一) 大企业通过物流联盟迅速开拓全球市场

如 Laura Ashley,正是与联邦快递联盟,完成其全球物流配送,从而使业务在全球范围内展开。

(二) 长期供应链关系发展成为联盟形式,有助于降低企业的风险

单个企业的力量是有限的,它对一个领域的探索失败了损失会很大,如果几个企业联合起来,在不同的领域分头行动,就会减少风险。而且联盟企业在行动上也有一定协同性,因此对于突如其来的风险,能够共同分担,这样便减少了各个企业的风险,提高了抵抗风险的能力。

(三) 企业(尤其中小企业)通过物流联盟有效降低物流成本

企业(尤其是中小企业)通过物流服务提供商,结成联盟,能有效地降低物流成本(通过联盟整合,可节约成本 10% ~25%),提高企业竞争能力。由于我国物流业存在着诸多不利因素,让这些企业进行联盟能够在物流设备、技术、信息、管理、资金等各方面互通有无,优势互补,减少重复劳动,降低成本,达到共同提高、逐步完善的目的,从而使物流业朝着专业化、集约化方向发展,提高整个行业的竞争能力。此外,物流联盟有助于物流合作伙伴之间在交易过程中减少相关交易成本。物流合作伙伴之间经常沟通与合作,互通信息,建立起来相互信任和承诺,减少履约风险;即使在服务过程中产生冲突,也可通过协商加以

解决,从而避免无休止的讨价还价,甚至提出法律诉讼产生费用。

(四)第三方物流公司通过联盟有利于弥补在业务范围内服务能力的不足

如联邦快递公司发现自己在航空运输方面存在明显的不足,于是决定把一些不是自己核心竞争力的业务外包给 Fritz 公司,与 Fritz 公司联盟,作为它的第三方物流提供商。

六、如何建立强有力的物流联盟

(一)联盟要给成员带来实实在在的利益

联盟采取的每一项措施都要考虑每个成员的利益,使联盟的每个成员都是受益者,并能协调处理成员间的摩擦,提高客户服务能力,减少成本和获得持久的竞争优势。

(二)联盟战略目标与企业的物流战略一致或部分一致

联盟是一个独立的实体,是一个一体化的组织,联盟成员需采取共同目标和一致的努力,优化企业的外部行为,共同协调并实现联盟的目标。

(三)联盟成员的企业文化的精神实质基本一致

企业文化往往决定着企业的行为,只有企业文化大体相同的企业才有可能在行为上一致,从而结盟。

(四)联盟成员的领导层相对稳定

如果联盟成员经常更换领导层,后一任领导可能不认同前一任领导的决策,导致联盟不稳定性加大,因此领导层的相对稳定是联盟长期稳固发展的重要因素。

第三节 配送与配送中心

一、配送

(一)配送的概念

配送(Distribution)是指在经济合理区域范围内,根据客户要求,对物品进行拣选、加工、包装、分割、组配等作业,并按时送达指定地点的物流活动。

配送是物流中一种特殊的、综合的活动形式,是商流与物流的紧密结合。

从物流来讲,配送几乎包括了所有的物流功能要素,是物流的一个缩影或在某小范围中物流全部活动的体现。一般的配送集装卸、包装、保管、运输于一身,通过这一系列活动实现将货物送达的目的。特殊的配送则还要以加工活动为支撑,所以包括的方面更广。但是,配送的主体活动与一般物流却有不同。一般物流是运输及保管,而配送则是运输及分拣配货。分拣配货是配送的独特要求,也是配送中有特点的活动,以送货为目的的运输则是最后实现配送的主要手段,从这一主要手段出发,常常将配送简化地看成运输的一种。

从商流来讲,配送和物流的不同之处在于,物流是商物分离的产物,而配送则是商物合一的产物,配送本身就是一种商业形式。虽然配送具体实施时,也有以商物分离形式实现的,但从配送的发展趋势看,商流与物流的紧密结合是配送成功的重要保障。可以从两个方面认识配送的概念。

1. 从经济学资源配置的角度予以表述

配送是以现代送货形式实现资源的最终配置的经济活动。这个概念的内涵可概括为如下两点:

(1) 配送是资源配置中的"最终配置",即接近顾客的配置。美国兰德公司对《财富》杂志所列的500家大公司的调查表明,"经营战略和接近顾客至关重要",证明了这种配置方式的重要性。

(2) 配送的主要经济活动是现代送货。与旧式送货不同,现代送货是依靠现代化的科技,实现"配"和"送"的有机结合。

2. 从配送的实施形态角度予以表述

配送是按用户订货的要求,在配送中心或其他物流节点进行货物配备,并以最合理方式送至用户的经济活动。这个概念的内容概括为以下5点:

(1) 整个概念描述了接近用户资源配置的全过程。

(2) 配送的实质是送货。配送是一种送货,但和一般送货有区别:一般送货可以是一种偶然的行为,而配送却是一种固定的形态,甚至是一种有确定组织、确定渠道,有一套装备和管理力量、技术力量,有一套制度的体制形式。所以,配送是高水平的送货形式。

(3) 配送是一种"中转"形式。配送是从物流节点至用户的一种特殊送货形式。从送货功能看,其特殊性表现为:配送是由专职流通企业从事的"中转"型送货,而一般送货尤其从工厂至用户的送货往往是直达型。一般送货是生产什么送什么,配送则是企业需要什么送什么。所以,要想做到需要什么送什么,就必须在中转环节收集这种需求信息,从而使配送必然以中转形式出现。当然,广义上,许多人也将非中转型送货纳入配送范围,将配送外延从中转扩大到非中转,仅以"送"为标志来划分配送外延也是有一定道理的。

(4) 配送是"配"和"送"有机结合的形式。配送与一般送货的重要区别在于,配送利用有效的分拣、配货等理货工作,使送货达到一定的规模,以利用规模优势取得较低的送货成本。如果不进行分拣、配货,有一件运一件,需要一点送一点,这就会大大增加动力的消耗,使送货并不优于取货。所以,为追求整个配送的优势,分拣、配货等工作是必不可少的。

(5) 配送以用户要求为出发点。在定义中强调"按用户的订货要求"明确了用户的主导地位。配送是从用户利益出发、按用户要求进行的一种活动,因此,在观念上必须明确"用户第一""质量第一",配送企业的地位是服务地位而不是主导地位,因此不能从本企业利益出发而应从用户利益出发,在满足用户利益基础上取得本企业的利益。

概念中"以最合理方式"的提法是基于这样一种考虑:过分强调"按用户要求"是不妥

的,用户要求有时也有局限性,有时甚至会损害其自身利益。对于配送者来讲,必须以“要求”为据,但是不能盲目,应该追求合理性,进而指导用户实现双赢。这个问题近些年国外的研究著作也常提到。

(二)配送的意义

国内外实践证明,货物配送具有很多优点。它可促进商品流通的社会化、现代化与合理化,是一种很有生命力的流通方式。具体表现在以下几方面。

1. 货物配送是实现流通社会化的有效途径

流通社会化是指按照社会生产专业化的要求,使生产和流通相对分离,由流通企业面向全社会,组织与社会化大生产相适应的社会化大流通,形成专业化、集约化的流通产业,从而打破条块分割、一家一户搞流通的小生产格局,把分散的、互不联系的流通过程联结成以流通企业为枢纽的、集中的、相互联系的流通过程。而货物配送主要是流通企业组织的、面向社会的配送。货物配送不但能使流通企业更好地为生产企业服务,而且可以打破部门和地区界限,实现一定区域内的货物合理配送。由于接受最终资源配置的用户的广泛性与社会性,配送必定主要以社会化形态存在,而且承担社会责任。

2. 货物配送是实现流通现代化的重要途径

流通现代化包括流通设施、技术装备现代化和流通管理现代化。而货物配送作为一种综合性的物流活动,要求相应的生产手段,包括现代化的仓储、计量、分拣、加工、装卸搬运和运输等技术装备;同时要求高素质的配送人员运用先进的管理方法和手段,特别是利用电子计算机进行信息处理和辅助管理。因此配送是实现流通现代化的重要途径。

3. 货物配送是实现流通合理化的重要措施

流通合理化应包括商流合理化、物流合理化和信息流合理化。货物配送是供需之间通过契约的方式把双方责任固定下来,供需双方建立起一种可信赖的、较稳定的购销关系。一方面可简化用户的采购工作,节省采购人员和采购费用,解除物资供应的后顾之忧;另一方面增加了物资部门的销售渠道,扩大了物资经营范围,提高了市场占有率,促进了流通企业经济效益的提高。

实现货物配送后,可以大大压缩甚至取消生产企业的库存,尽管流通企业的库存会有所增加,但社会总库存量会降低。特别对生产企业来说,由于库存的压缩可减少资金占用,加速资金周转,缓解资金紧张的矛盾。实现货物配送,还可以最有效地组织运输,使物流路线最短、环节最少、运力最省、运费最低,而且有利于缓解城市交通拥挤现象,实现物流合理化。

(三)配送的特点

配送具有以下特点。

1. 严格性

配送是严格按照用户所要求的货物名称、品种、规格、数量、质量、时间、地点等进行的。

它具有一定的计划性和相对的稳定性,不同于购货后一次性的送货和推销式的送货。

2. 广泛性

货物的配备是在物流据点进行的。物流据点可理解为广义的货物集结点,它不但是指配送中心,而且还包括中转仓库、生产企业仓库、商业仓库、车站、港口等。

3. 综合性

它主要包括"配"和"送"两个环节。其中,"配"是一个广义的概念,它包含了集货、存货、分货、配货、配装、加工等内容。"送"则主要指送货。因此,配送是一种综合性的物流活动。

4. 合理性

货物配送中的送货是以最合理即最经济的方式进行的。物流企业根据科学的方法制订送货方案。

5. 合适性

货物配送中的送货是送到用户认为最合适的地点,不一定是送到用户的仓库,还可以送到车间、工地及其他用货现场。

(四) 配送的必要条件

货物配送是一种现代化的流通方式,其实施是一项比较复杂的工作。它要求在一定条件下进行,主要包括以下几个方面。

1. 稳定的资源保障

货物配送是根据配送协议按照用户的要求进行的,应做到用户需要什么就送什么,需要多少就送多少,并要及时送到。这就必须要有充足和稳定的货源作基础。特别是在我国一些物资供不应求的情况下,资源问题往往成为实施配送的先决条件。因为若货源得不到保障,就无货可配,也无货可送,这样会影响用户的生产,甚至会造成停工待料,给用户造成经济损失。如果出现这种情况,配送就无法再进行下去,所以承担货物配送的流通企业,必须多渠道取得稳定的资源,及时满足用户的需求。

2. 足够的资金

实施货物配送,资源固然重要,但资金也不能缺少。如果承担货物配送的流通企业资金短缺,即使市场上有资源也不能采购,同样不能满足用户的需要。另外,流通企业为保证配送的顺利进行,必须建立一定的物资储备,这部分储备资金也必须得到保障。因此,物资企业必须从多方面以多种途径筹措足够的资金,以保证配送活动的顺利进行。

3. 齐备的配送手段

货物配送作为一种综合物流活动,需要齐备、先进的物流设施和设备作为配送手段,这是保证配送得以顺利进行的物质技术条件。配送一般需要有配送中心或仓库,同时要配备计量、检验、保管、流通加工、分拣、装卸、搬运、运输、信息处理等设备。其中特别是对运输设备，在车型、载重量、载重总吨位等方面有更高的要求。

4. 高效的信息系统

货物配送活动离不开信息。配送中心必须随时掌握市场供求情况，进行物资资源和用户需求预测，编制配送计划，进行订货、进货、存货、配货等信息处理，对经济活动、配送计划执行情况进行分析，合理确定配送范围，合理选择配送路径等。以上信息的收集和处理，都应通过计算机信息系统来实现。

5. 一支高素质的职工队伍

实施货物配送，固然上述条件不可缺少，但最根本的因素还是人。资源要靠人去组织，资金要靠人去筹措，物流技术装备靠人去配备和使用，配送信息系统也要靠人去建立和开发。货物配送不但对配送人员在数量和构成上有一定的要求，而且对人员的思想品德素质、技术素质、管理素质、文化素质等都有较高的要求。如果没有一支结构合理、素质高、能打硬仗的职工队伍，货物配送就无法进行。

（五）配送的流程

1. 配送功能要素

（1）备货。备货是配送的准备工作或基础工作。备货工作包括筹集货源、订货或购货、集货、进货及有关的质量检查、结算、交接等。配送的优势之一，就是可以集中用户的需求进行一定规模的备货。备货是决定配送成败的初期工作，如果备货成本太高，会大大降低配送的效益。

（2）储存。配送中的储存有储备及暂存两种形态。

① 储备，是按一定时期的配送经营要求，形成对配送的资源保证。这种类型的储备数量较大，储备结构也较完善，视货源及到货情况，可以有计划地确定周转储备及保险储备结构及数量。配送的储备保证有时在配送中心附近单独设库解决。

② 暂存，是在具体执行日配送时，按分拣配货要求，在理货场地所做的少量储存准备。由于总体储存效益取决于储存总量，所以，这部分暂存数量只会对工作方便与否造成影响，而不会影响储存的总效益，因而在数量上控制并不严格。

还有另一种形式的暂存，即是分拣、配货之后，形成的发送货载的暂存，这个暂存主要是调节配货与送货的节奏，暂存时间不长。

（3）分拣及配货。它们是配送不同于其他物流形式的关键，也是决定配送成败的重要因素。它们是完善送货、支持送货准备性工作，是送货向高级形式发展的必然要求。有了分拣及配货就会大大提高送货的服务水平，所以，分拣及配货是决定整个配送系统水平的关键要素。

（4）配装。在单个用户配送数量不能达到车辆的有效载运负荷时，就存在如何集中不同用户的配送货物，进行搭配装载以充分利用运能、运力的问题，这就需要配装。

和一般送货不同之处在于,通过配装送货可以大大提高送货水平及降低送货成本,所以,配装也是配送系统中有现代特点的功能要素,也是现代配送不同于以往送货的重要区别之处。

(5) 配送运输。配送运输属于运输中的末端运输、支线运输。

它与一般运输形态主要区别在于:配送运输是较短距离、较小规模、运费较高的运输形式,一般使用汽车作为运输工具。

它与干线运输的区别是,配送运输的路线选择问题是一般干线运输所没有的,干线运输的干线是唯一的运输线,而配送运输由于配送用户多,一般城市交通路线又较复杂,所以,如何组合成最佳路线,如何使配装和路线有效搭配等,是其必须考虑的问题。

(6) 送达服务。配好的货物运输到用户还不算配送工作的完结,这是因为送达货和用户接货往往还会出现不协调,使配送前功尽弃。因此,要圆满地实现运到之货的移交,并有效地、方便地处理相关手续并完成结算,还应讲究卸货地点、卸货方式等。送达服务也是配送独具的特殊性。

(7) 配送加工。在配送中,配送加工这一功能要素不具有普遍性,但往往是有重要作用的功能要素。通过配送加工,可以大大提高用户的满意程度。

配送加工是流通加工的一种,但配送加工有它不同于一般流通加工的特点,即配送加工一般只取决于用户要求,其加工的目的较为单一。

2. 配送的一般流程

配送的一般流程比较规范,但并不是所有的配送都按下述流程进行。不同产品的配送可能有独特之处,如燃料油配送就不存在配货、分放、配装工序,水泥及木材配送又多出了一些流通加工的过程,而流通加工又可能在不同环节出现。配送流程如图 3－3 所示。

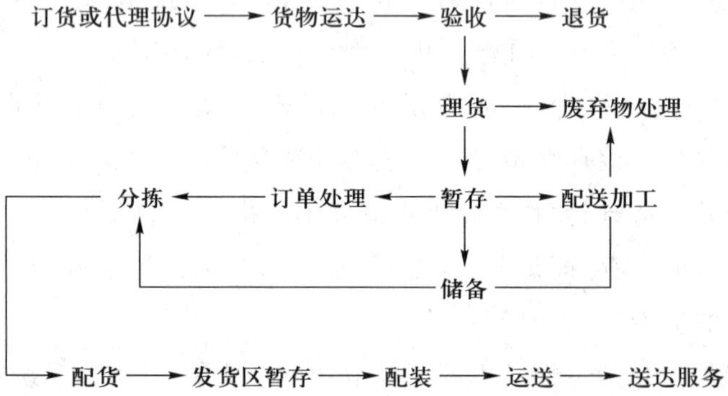

图 3－3　配送流程

二、电子商务环境下的物流配送

电子商务环境下的物流配送,是指配送企业采用网络化的计算机技术和现代化的硬件设备、软件系统及先进的管理手段,针对社会需求,严格守信地按用户的订货要求进行一系列分类、编配、整理、分工、配货等理货工作,定时、定点、定量地交给没有范围限度的各类用户,满足其对商品的需求。换言之,它是将配送定位在为电子商务的客户提供服务,根据电子商务的特点,对整个配送体系实行统一的信息管理和调度,按照用户订货要求,在物流基地进行理货工作,并将配好的货物送交收货人的一种物流方式。可以看出,这种新型的配送以一种全新的面貌成为流通流域革新的先锋,代表了现代市场营销的主方向。新型配送能使商品流通较传统的物流配送方式更容易实现信息化、自动化、现代化、社会化、智能化、合理化、简单化,既减少生产企业库存,加速资金周转,提高物流效率,降低物流成本,又刺激了社会需求,有利于整个社会的宏观调控,也提高了整个社会的经济效益,促进市场经济的健康发展。

(一) 电子商务环境下物流配送的特点

1. 配送信息化

配送信息化表现为配送信息的商品化、信息收集的数据库化和代码化、信息处理的电子化和计算机化、信息传递的标准化和实时化、信息存储的数字化等。条码技术(Bar Code)、数据库技术(Database)、电子订货系统(Electronic Ordering System,EOS)、电子数据交换(Electronic Data Interchange,EDI)、快速反应(Quick Response,QR)及有效的客户反应(Effective Customer Response,ECR)、企业资源计划(Enterprise Resource Planning,ERP)等在物流管理中得到广泛应用。没有物流的信息化,任何先进的技术设备都不可能应用于物流领域,信息技术在物流中的应用将会彻底改变世界物流的面貌。

2. 配送自动化

配送自动化的基础是信息化,核心是机电一体化,外在表现是无人化,效果是省力化。它可以扩大物流作业能力、提高劳动生产率、减少物流作业的差错等。物流自动化包括使用条码/语音/射频自动识别系统、自动分拣系统、自动存取系统、自动导向车、货物自动跟踪系统等。这些设施在发达国家已普遍用于物流作业流程中。但是在我国,由于物流业起步晚,发展水平低,自动化技术的普及还需相当长的时间。

3. 配送网络化

物流领域网络化的基础也是信息化。这里指的网络化有两层含义:一是配送系统的计算机通信网络,包括物流配送中心与供应商或制造商的联系要通过计算机网络,另外与下游顾客的联系也要通过计算机网络通信,比如配送中心向供应商提出订单这个过程,就可以使用计算机通信方式,借助于增值网(Value - Added Network,VAN)上的电子订货系统(EOS)和电子数据交换(EDI)技术来自动实现,配送中心通过计算机网络收集下游客户订货的过程也可以自动完成;二是组织网络化即所谓的企业内部网(Intranet)。如中国台湾的计算机业在 20 世纪 90 年代创造的“全球运筹式产销模式”。其基本点是按照客户订单组织生产，生产采取分散形式，将全世界的计算机资源都利用起来，采取外包的形式将一台计算机的所有零部件、元器件、芯片外包给世界各地的制造商去生产，然后通过全球的物流网络将这些零部件、元器件和芯片发往同一个配送中心进行组装，由该配送中心将组装的计算机迅速发给客户。

配送的网络化是物流信息化的必然，是电子商务下物流配送活动的主要特征之一。全球网络资源的可用性及网络技术的普及为物流的网络化提供了良好的外部环境，物流网络化不可阻挡。

4. 配送智能化

配送智能化是物流配送自动化、信息化的一种高层次应用。配送作业过程大量的运筹和决策，如库存水平的确定、运输搬运路径的选择、自动导向车的运行轨迹和作业控制、自动分拣机的运行、物流配送中心经营管理的决策支持等问题都需要借助于大量的知识来解决。在物流自动化的进程中，配送智能化是不可回避的技术难题。目前专家系统、机器人等相关技术在国际上已经有比较成熟的研究成果，配送智能化已经成为电子商务下物流发展的一个新趋势。

5. 配送柔性化

柔性化原是生产领域为实现"以客户为中心"而提出的，但要真正做到柔性化，即真正根据客户需求的变化来灵活调节生产工艺，没有配套的柔性化的配送系统是不可能实现的。20 世纪 90 年代以来，生产领域提出的 FMS、CIMS、MRP、ERP 等概念和技术的实质就是将生产、流通进行集成，根据客户的需求组织生产，安排物流活动。柔性化物流正是适应生产、流通与消费的需求而发展起来的新型物流模式。它要求配送中心根据消费需求"多品种、小批量、多批次、短周期"的特点，灵活组织和实施物流作业。

（二）电子商务环境下物流配送与传统配送的比较

传统的配送企业需要置备大面积的仓库，而电子商务系统网络化的虚拟企业将散置在各地的分属不同所有者的仓库通过网络系统连接起来，使之成为"虚拟仓库"，进行统一管理和调配使用，服务半径和货物集散空间放大了。这样的企业在组织资源的速度、规模、效率和资源的合理配置方面都是传统的配送所不可比拟的，相应的物流观念也必须是全新的。

传统的配送过程是由多个业务流程组成的，受人为因素影响和时间影响很大。网络的应用可以实现整个过程的实时监控和实时决策。

新型配送的业务流程都由网络系统连接。当系统的任何一个神经末端收到一个需求信息的时候，该系统都可以在极短的时间内作出反应，并可以拟定详细的配送计划，通知各环节开始工作。这一切工作都是由计算机根据人们事先设计好的程序自动完成的。配送的持续时间在网络环境下会大大缩短，对配送速度提出了更高的要求。在传统的配送管理中，由于信息交流的限制，完成一个配送过程的时间比较长，但这个时间随着网络系统的介入会变得越来越短，任何一个有关配送的信息和资源都会通过网络在几秒钟内传到有关环节。

总之，网络系统的介入简化了物流配送过程。在网络化的新型配送中心里可以大大缩短物流配送过程。

（三）同城配送

近年来，随着互联网和电子商务的快速发展以及人们对配送时效性的更高要求，涌现了一大批同城配送业务。例如外卖配送服务、生鲜产品配送、药品的同城配送、重要文件的及时配送等。同城配送以其较高的配送效率具有广阔的发展前景。

1. 定义与发展

同城配送，又被称为“最后一公里物流”、城市“轻物流”、本地派送。与全国联网的专业物流（快递）公司的业务侧重点不同，同城配送是指提供一个城市内 A 到 B 之间（尤其是市区范围内）的物流配送，讲求的是速度快。

我国大部分物流公司的业务都是将货物从一个城市送到另一个城市，还尚未真正延伸到末梢，而事实上，在国内外的不少城市，这些物流末梢服务都是由一些专门的同城配送物流公司来承担。同城配送物流服务涵盖了配送、仓储、搬运、安装、代收货款、采购物流等多方面，只能由专门的同城配送物流公司才做得起来。通过资源整合，它既可以承接本城市商家的送货业务，还可以承接其他物流公司的上门收货、送货上门的业务。

随着行业竞争的进一步加剧，送货上门、上门服务等将成为商家一项重要的服务内容。不仅家电、家具等大宗类商品需要同城配送服务，其他一些小件商品，包括送餐、送煤气、送矿泉水、送快件等也同样需要。与此同时，随着电子商务的深入发展，人们网上购物的数量将会大幅增加，在一般物流公司无法提供上门服务的情况下，同城配送将成为必不可少的一个物流环节。

2. 特点

同城配送是一种特殊的微观物流，它与单个企业的微观物流不同，它与国际物流或者跨区域物流等宏观物流、社会物流也不同，可以被看作是众多企业的微观物流到城市之间的宏观物流中间的一个节点。但是与我们平常提到的物流相比，同城配送多了一个城市属性的约束，需要在物流涉及的诸多方面加上地域的限制和城市的属性。

同城配送与企业内部的微观物流有着千丝万缕的联系。由于同城配送与微观物流客观上存在着密切的集散关系，企业输出的微观物流必须通过同城配送才能汇集成输出城市的宏观物流；而外部的宏观物流也只有通过同城配送这个节点的再分配，才能到达各个企业。可以说，企业是同城配送存在的条件，同城配送是连接企业与外部的纽带，是企业通向外界的通道，是促进企业发展和城市区域经济快速发展的有效手段，它们是相辅相成，紧密联系的。

由于同城配送受到了城市区域的限制,从而决定了这个系统不可能涉及长距离、大范围的物流配送业务,而只能以城市道路系统和近郊短途运输为主。

3. 模式

目前,同城配送主要有以下三种模式。

(1) 传统快递转型做同城配送。传统快递转型做同城业务肯定是在原有架构上搭建,而在不赚钱的末端拓展配送业务,对传统快递公司是一件十分纠结的事情。快递转型做同城难度很大,直营模式是必要条件。就目前的情形,在没找到明晰可行的商业模式之前,就算凑齐了资金、人力、物力和优秀的控制力、执行力,最终的结果还是难以预料。

就目前行业发展情况来看,快递企业发挥自身优势,从仓储切入专门做电商快件的仓配一体服务,不仅货源稳定,还能打通前后端,通过集成仓储、打包、配送、技术服务来获得电商客户买单,从而降低整体成本并增加配送端的盈利。

(2) 传统物流升级做同城配送。量小、业务类型单一的传统物流公司,没有分拣等中间流程,直接由业务员接单并派送,效率很低,生存不易。为满足电子商务物流配送的市场需求,一些传统物流公司转型升级,一些第三方物流公司,尝试和电商(天猫、当当、一号店等)、O2O 生活服务类平台(美团、本来生活等)或者电视购物(好易购)等平台合作,确保货源充足,跟传统快递抢活干,承接快递做不了的活,拼时效、拼服务。

(3) 自建平台专做同城配送。同城配送需要海量的用户、流量和数据,做不到就无法盈利。通过自建平台,导入用户。以外卖市场为例,多家平台都在做,那么多人做入口就分散了,用户面对那么多入口时如何选取,就要靠用户体验,就要拼服务。例如,若 A 平台拥有专门的派送队伍在帮餐厅派送,能比其他平台快半个小时,在外卖市场就可以占据主动。通过自建平台做同城派送,就是为了做好服务,抢用户,抢入口。

4. 我国同城配送发展过程中存在的问题

随着物流业的全面发展,同城配送业务取得了很大的成就。但是同城配送由于受经营管理、城市配送条件、小批量、多频次等特点的影响,在系统工程管理、物流资源整合以及标准化,特别是信息化建设等方面仍然存在不少问题。

(1) 信息化程度低下,成为影响同城配送企业发展的瓶颈。当今市场日益增长的个性化需求对同城配送物流企业提出了新的要求:准时交货、响应敏捷、信息及时、服务满意。很多同城配送企业虽然有自己的计算机网络,但很多方面仍未能做到内部的信息共享,更谈不上为用户提供随时随地全过程的跟踪查询等外部的信息处理共享,现代物流调度、库存、订单管理等应用系统更有待开发和完善,离现代物流信息化要求仍有较大的差距,成为影响同城配送企业发展的瓶颈。

(2) 城市配送设施建设取得初步发展,相关先进技术得到初步应用,但仍需进一步加强。我国物流基础设施建设这些年取得了长足进展,发展了不少以现代物流为核心的物流园区、物流中心。同时,经过多年发展,我国已经初步形成了以中心城市为依托的城乡一体的同城配送物流网络。但我国现代意义上的同城配送总体发展水平仍然比较低,经营分散,物流布局不合理,技术含量不高,信息化程度低,运作水平与物流效率不尽如人意。虽然我国信息技术、通信技术以及标准化技术在城市配送业务中已经逐步使用,但物流技术尤其是信息技术总体依然落后。

(3) 同城配送经营理念已经开始发生变化,但供应链上下游以及行业内部协同合作竞争的理念要加强。目前已经有些同城配送企业开始在配送业务中越来越注重服务质量的提升,经营理念发生了一些变化,开始接受和利用物流外包等运作形式。他们将自身有限的资源集中在自己擅长的核心业务上,强化自身的核心能力,但总体上还缺乏协同竞争的理念,同城配送企业之间、上下游企业与客户之间缺乏合作。例如出现"牛鞭效应"现象(即 Forrester(1961)发现供应链下游微小的市场波动会造成上游制造商制造计划的极大不确定性),这就是因为没有完善的大型的同城物流配送信息化平台,也难以共享渠道或者市场信息资源,上下游物流企业和客户没有充分共享信息资源难以结成相互依赖的伙伴关系,导致了极大的市场风险。

(4) 同城配送企业物流成本居高不下,运力资源严重浪费。目前,我国在同城配送这个领域,物流配送的效率和效益都不高。几十年来,我国企业实行的是第一方、第二方运输。就一个大城市来说,成千上万的大小企业,其原材料的运进和产成品的运出,除了有自用专线,使用铁路整车运输的方式外,其他完全是各自为政,使用自备的载重汽车。绝大部分的情况下,载重汽车的运输都是单程重车运行,空载浪费情况非常严重,久而久之,使城市的交通情况日益恶劣。

5. 解决措施

(1) 加大同城配送企业的信息化程度,推进信息技术的应用,建设企业的信息化系统。现代物流区别于传统物流的最大特点就是网络化、信息化,它要求建立多种高新技术支撑的现代物流信息化系统来支撑整个同城配送企业的运行。物流信息系统是发挥网络作用和实现集约化管理的必要的工具,凭借它可实现有效的仓储管理、运输调度管理、客户信息管理、货物跟踪查询等,保证同城配送企业在服务中能全面及时了解物流服务需求,达到对物流过程的合理有效控制。

(2) 创新同城配送企业的赢利模式,加大第三方物流模式的比例,改善企业的业务流程。我国同城配送业目前物流资源浪费的现象可通过整合城市中的物流资源,改组传统的储运企业,改善配送中心的网点布局,形成现代化城市配送网络,完善城市配送中心的功能,将集货、分货、仓储、运输、包装、咨询等服务功能结合起来。塑造多层次、多类型的物流配送格局,创新企业的赢利模式,形成新的利润来源。根据企业的实际情况,考虑市场需要和生产流通的发展趋势合理确定配送中心的建设规模和服务水平,为客户提供差异化的配送服务。根据市场需求,不断细分市场,拓展业务范围,发展增值物流服务,提供包括物流策略和流程解决方案、搭建信息平台等服务,用专业化服务满足个性化需求。结合现有资源建立起多功能化、信息化、优质服务的配送中心。既能改善业务流程,又能满足不同层次的客户需求。

(3)构建新合作模式,在信息化系统的支持下对配送的广度与深度上进行延伸。城市配送活动中要形成强的竞争力,必须在上下游企业之间建立新的合作模式,通过合作来实现双赢,构筑起牢固的供应链关系。通过协同合作,实现配送业务的快速响应,在配送数量与配送质量等方面建立起可靠的保障。通过那些既拥有大量物流设施、健全网络,又具有强大全程物流设计能力的混合型公司将信息技术和实施能力融为一体,提供"一站到位"的整体物流解决方案,全面延伸城市配送业务。通过提供全方位服务的方式,与广大客户加强业务联系,增强相互依赖性,发展战略伙伴关系,在配送的广度与深度上进行延伸。

三、配送中心

(一)配送中心的概念

中国国家标准《物流术语》(GB/T 18354－2006)中,将配送中心定义为从事配送业务且具有完善信息网络的场所或组织,应基本符合下列要求:

(1)主要为特定客户或末端客户提供服务;

(2)配送功能健全;

(3)辐射范围小;

(4)多品种、小批量、多批次、短周期。

(二)配送中心的类别

对配送中心的适当划分,是深化及细化认识配送中心的必然。下面主要阐述实际运转中的配送中心类别。

1. 专业配送中心

专业配送中心大体上有两个含义。一是配送对象、配送技术属于某一专业范畴,在某一专业范畴有一定的综合性,综合这一专业的多种物资进行配送,例如多数制造业的销售配送中心。二是以配送为专业化职能,基本不从事经营的服务型配送中心。

2. 柔性配送中心

柔性配送中心在某种程度上是和第二种专业配送中心对立的配送中心,这种配送中心不向固定化、专业化方向发展,而向能随时变化、对用户要求有很强适应性、不固定供需关系、不断发展配送用户和改变配送用户的方向发展。

3. 供应配送中心

供应配送中心是专门为某个或某些用户(例如连锁商店、联合公司)组织供应的配送中心。例如,为大型连锁超级市场组织供应的配送中心;代替零件加工厂送货、使零件加工厂对装配母厂的供应合理化的零件配送中心。

4. 销售配送中心

销售配送中心是以销售经营为目的、以配送为手段的配送中心。销售配送中心大体有三种类型:一种是生产企业设立的配送中心,在国外,这种类型的配送中心很多;一种是流通企业建立的配送中心,我国目前拟建和已建的配送中心大多属于这种类型,国外的例证也很多;第三种是流通企业和生产企业联合的协作性配送中心。

5. 城市配送中心

它是以城市为配送范围的配送中心。这种配送中心可直接将商品配送到最终用户,多采用汽车配送。所以,这种配送中心往往与零售经营相结合,由于运距短、反应能力强,因而从事多品种、少批量、多用户的配送较有优势。

6. 区域配送中心

它是以较强的辐射能力和库存能力、向特定地区的用户配送商品的配送中心。这种配送中心配送规模较大,一般而言,用户也较大,配送批量也较大,而且往往是配送给营业所、商店、批发商和企业用户,虽然也从事零星的配送,但不是主体形式。这种类型的配送中心在国外十分普遍。

7. 储存型配送中心

它是有很强储存功能的配送中心。一般来讲,在买方市场下,企业的产品销售需要有较大库存支持,其配送中心可能有较强储存功能;在卖方市场下,企业原材料、零部件供应有较大库存支持,这种配送中心也有较强的储存功能。配送范围大的配送中心需要有较大库存,也可能是储存型配送中心。

8. 流通型配送中心

它是基本上没有长期储存功能,仅以暂存或随进随出的方式进行配货、送货的配送中心。这种配送中心的典型方式是,大量货物整进并按一定批量零出,采用大型分货机,进货时直接进入分货机传送带,分送到各用户货位或直接分送到配送汽车上,货物在配送中心里不做停留。

9. 加工配送中心

它是具有加工职能的配送中心。

(三) 新型配送中心的特点

根据国内外配送业发展情况,在电子商务时代,信息化、现代化、社会化的新型配送中心具有如下特点:

1. 反应速度快

电子商务时代的新型配送服务提供者对上游、下游的配送需求的反应速度越来越快,前置时间越来越短,配送时间越来越短,配送速度越来越快,商品周转次数越来越多。

2. 功能集成化

新型物流配送着重于将物流与供应链的其他环节进行集成，包括：物流渠道与商流渠道的集成、物流渠道之间的集成、物流功能的集成、物流环节与制造环节的集成等。

3. 服务系列化

新型配送除强调物流配送服务功能的恰当定位与完善化、系列化，除提供传统的储存、运输、包装、流通加工等服务外，还在外延上扩展至市场调查与预测、采购及订单处理、配送咨询、配送方案的选择与规划、库存控制的建议、货款回收与结算、教育培训等增值服务；在内涵上提高了以上服务对决策的支持作用。

4. 作业规范化

新型配送强调功能作业流程、作业及运作的标准化和程序化，使复杂的作业变成简单的、易于推广与考核的运作。

5. 目标系统化

新型配送从系统角度统筹规划一个公司整体的各种配送活动，处理好配送活动与商流活动及公司目标之间、配送活动与配送活动之间的关系，不求单个活动的最优化，但求整体活动的最优化。

6. 手段现代化

新型配送使用现代化技术、设备与先进的管理经验。

7. 组织网络化

为了保证对产品促销提供快速、全方位的物流支持，新型配送要有完善、健全的配送网络体系，网络上点与点之间的配送活动保持系统性、一致性，这样可以保证整个配送网络有最优的库存总水平及库存分布，运输与配送快捷、机动，既能铺开，又能收拢。

8. 经营市场化

新型配送的具体经营采用市场机制，无论是企业自己组织配送，还是委托社会化配送企业承担配送任务，都以“服务 - 成本”的最佳配合为目标。

9. 流程自动化

配送流程自动化是指运送、仓储、货箱排列、装卸、搬运等按照自动化标准作业。

（四）新型配送中心应具备的条件

1. 高水平的企业管理

只有通过合理的科学管理制度、现代化的管理方法和手段，才能确保物流配送中心的基本功能和作用得以发挥，从而保障相关企业和用户整体效益的实现。管理科学的发展为流通管理的现代化、科学化提供了条件，促进流通产业的有序发展。总之，一切以市场为导向、以管理为保障、以服务为中心、加快科技进步是新型配送中心的根本出路。

2. 高素质的专业人员

新型配送中心能否充分发挥其各项功能，完成其应承担的任务，人才是关键。为此，必须有具备一定专业知识和较强组织能力、结构合理的决策人员、管理人员、技术人员和操作人员，以确保新型物流配送中心的高效运转。

新型配送中心的发展需要大量的专业技术人才，从事经营、管理、科研、储存、配送、流通加工、通信设备和计算机系统维护、贸易等业务。因此，必须加大人才培养与引进的投入，并给其施展才华的机会，在企业里引入竞争机制，形成能上能下的局面。要提高员工的科技创新意识，培养企业对知识的吸纳能力，促进物流产业的人力资源得到开发和利用，造就大批符合知识经济时代要求的物流配送人才，利用各种先进的科学技术和科学方法，促进物流配送产业向知识密集型方向发展。

3. 现代化的设备和应用管理系统

新型配送中心面对着成千上万的供应厂商和消费者以及瞬息万变的市场，承担着为众多用户的商品配送和及时满足他们不同需要的任务，这就要求必须配备现代化设备和应用管理系统，尤其是要重视计算机网络的运用。通过计算机网络可以广泛收集信息，及时进行分析比较，通过科学的决策模型，迅速做出正确的决定，这是解决系统化、复杂化和紧迫性问题最有效的工具和手段。同时采用现代化的配送设施和配送网络，将会逐渐形成社会化大流通的格局。专业化的生产和严密组织起来的大流通，对物流手段的现代化提出了更高要求，如对自动分拣输送系统、立体仓库、水平垂直、分层或分段旋转货架、AGV 自动导向系统、商品条码分类系统、悬挂式输送机这些新型物流配送机械系统有着广泛而迫切的需求。自动分拣输送系统能将不同方向、不同地点、不同渠道运送的不同物资，按照类型品种、尺寸重量及特殊要求分拣输送后集中在指定的主库或旋转货架上，其输送速度高（高达 150 米/秒），分拣能力强（可高达 30 000 件/小时），规模大（机长高达几十甚至数百米），卸货及分拣的通道多（最高达 200 个以上），适用的货物范围广，是 21 世纪配送网络的大型物流机器系统。自动分拣输送系统与立体仓库、旋转货架设备能为众多用户提供多品种、少批量、高频度、准确、迅速、灵活的服务。

具体来说，新型配送中心需要配置以下设备装置：

（1）硬件设备。

仓储设备：料架、栈板、电动堆高机、拣货台车、装卸省力设备、流通加工设备。

配运设备：厢式大小货车、手推车、通信设备。

咨询设备：网络连线设备、计算机系统设备、电子标签拣货设备、通信设备。

仓储设施：仓库库房及辅助设施。

（2）软件系统。

仓管系统：专业仓储管理和操作人员、合理的仓储流程规划、科学的储存安全管理和存货管理。

配运系统:专业配运人员、合理的配送路径规划、科学的配运安全管理。

信息系统:进货管理系统、储位管理系统、补货管理系统、出货检取系统、车辆排程系统、流通加工管理系统、签单核单系统、物流计费系统、EIQ、MIS、EIS、EDI、VAN、Internet、信息系统规划等。

第四节　物流中心与园区

一、物流中心

(一) 物流中心的概念

根据国家标准《物流术语》(GB/T 18354—2006),物流中心定义为:“从事物流活动的场所或组织,应基本符合以下要求:主要面向社会服务;物流功能健全;完善的信息网络;辐射范围大;少品种、大批量;存储吞吐能力强;物流业务统一经营管理。”

(二) 物流中心的类型

不同类型的物流据点在供应链管理中的主要功能或侧重点有所不同,例如集货、散货、中转、配送等,按照此分类方式将物流中心划分为集货中心、送货中心、转运中心、加工中心、配送中心、物资中心。

(1) 集货中心。集货中心是将分散生产的零件、生产品、物品集中成大批量货物的物流据点。这样的物流中心通常多分布在小企业群、农业区、果业区、牧业区等地域。集货中心的主要功能是:

① 集中货物,将分散的产品、物品集中成批量货物;

② 初级加工,进行分拣、分级、除杂、剪裁、冷藏、冷冻等作业;

③ 运输包装,包装适应大批量、高速度、高效率、低成本的运输要求;

④ 集装作业,采用托盘系列,集装箱等进行货物集装作业,提高物流过程的连贯性;

⑤ 货物仓储,进行季节性存储保管作业等。

(2) 送货中心。送货中心是将大批量运抵的货物换装成小批量货物并送到用户手中的物流据点。送货中心运进的多是集装的、散装的、大批量、大型包装的货物,运出的是经分装加工转换成小包装的货物。此类物流中心多分布在产品使用地、消费地或车站、码头、机场所在地。其主要功能是:

① 分装货物,大包装货物换装成小包装货物;

② 分送货物,送货至零售商、用户;

③ 货物仓储等。

(3) 转运中心。转运中心是实现不同运输方式或同种运输方式联合(接力)运输的物流设施,通常称为多式联运站、集装箱中转站、货运中转站等。转运中心多分布在综合运网的节点处、枢纽站等地域。这类物流中心的主要功能是:

① 货物中转,不同运输设备间货物装卸中转;

② 货物集散与配载,集零为整、化整为零,针对不同目的进行配载作业;

③ 货物仓储及其他服务等。

(4) 加工中心。加工中心是将运抵的货物经过流通加工后运送到用户或使用地点。这类物流据点侧重于对原料、材料、产品等的流通加工需要,配有专用设备和生产设施。尽管此类加工工艺并不复杂,但带有生产加工的基本特点,因而对流通加工的对象、种类均具有一定的限制与要求。物流过程的加工特点是将加工对象的仓储、加工、运输、配送等形成连贯的一体化作业。这类物流中心多分布在原料、产品产地或消费地。经过流通加工后的货物再通过使用专用车辆、专用设备(装置)以及相应的专用设施进行作业,如冷藏车、冷藏仓库,煤浆输送管道、煤浆加压设施,水泥散装车、预制现场等,可以提高物流质量、效率并降低物流成本。

(5) 配送中心。配送中心是将取货、集货、包装、仓库、装卸、分货、配货、加工、信息服务、送货等多种服务功能融为一体的物流据点,也称为配送中心(城市集配中心)。配送中心是物流功能较为完善的一类物流中心,分布于城市边缘且交通方便的地带。

(6) 物资中心。物资中心是依托于各类物资、商品交易市场,进行集货、储存、包装、装卸、配货、送货、信息咨询、货运代理等服务的物资商品集散场所。一些集团企业的物流中心,就是依托于各类物资交易市场而形成的。全国一些有影响的小商品市场、时装市场、布匹市场等也初步形成了为用户提供代购、代储、代销、代运及其他一条龙相关服务的场所和组织;有的已经成为全国性的小商品、布匹、时装等的专业性物流中心。目前,此类物流中心的电子信息技术应用水平还很低。众多不同类型的物流中心说明,社会经济背景不同,经济地理、交通区位特征不同,物流对象、性质不同,所形成的物流中心模式也不同,强求一律地用同一模式限定物流中心的功能和基础设施建设是不切合实际的。但是不同类型的物流中心应当充分履行其在物流系统化中的功能,既要满足各层次物流的需要,又要避免物流设施重复建设的浪费。

按照社会化程度,物流中心可分为公共型物流中心和自用型物流中心。

(1) 公共型物流中心(Public Logistics Center):面对广泛的客户,供应链上的任何一个环节都可以成为客户。物流设施规模较大。从功能设计上可以只提供一种或少数几种具有明显竞争优势的主要物流服务,也可以提供综合性的配套物流服务。

(2) 自用型物流中心(Private Logistics Center):客户范围窄,由供应链上某一个环节自行建立,只为企业内部提供物流服务。物流设施有一定规模。提供一种或少数几种具有明显竞争力的物流服务。

与自用型物流中心相比,公共型物流中心面对的客户更加广泛,供应链中的任何成员均可成为客户。而我们知道,不同的供应链成员的物流服务需求是很不相同的,并且无论从物流服务需求方来说还是从提供方来说,对提供的每一项物流服务都要用专业水准来衡量,这就决定了公共型物流中心经营管理的复杂性。

公共型物流中心需要的物流设施一般应有一定规模,从功能设计上可以只提供一种或少数几种具有明显竞争优势的主要物流服务,也可以提供综合性的配套物流服务,大型物流中心的功能必须具有综合性和配套性的特点。我国非常需要公共型的物流中心,它不仅可以提高物流服务的专业化水平,而且有利于提高物流行业的资源利用效率。

目前的实际情况是,原材料供应商、制造商、分销商、零售商纷纷建立自用型物流中心,造成了重复建设和资源浪费。另外需要承认的是,在我国,最好的物流中心并不是公共型的物流中心而是自用型的物流中心,这说明,在我国建设公共型物流中心具有广泛的市场潜力。

（三）物流中心的功能

1. 基础性功能

（1）运输功能。物流中心需要自己拥有或租赁一定规模的运输工具,具有竞争优势的物流中心不只是一个点,而是一个覆盖全国的网络。因此,物流中心首先应该负责为客户选择满足客户需要的运输方式,然后具体组织网络内部的运输作业,在规定的时间内将客户的商品运抵目的地。除了在交货点交货需要客户配合外,整个运输过程,包括最后的市内配送都应由物流中心负责组织,以尽可能方便客户。现代的运输需求就是这样。

（2）储存功能。物流中心需要有仓储设施,但客户需要的不是在物流中心储存商品,而是要通过仓储环节保证市场分销活动的开展,同时尽可能降低库存占压的资金,减少储存成本。因此,公共型物流中心需要配备高效率的分拣、传送、储存、拣选设备。

（3）装卸搬运功能。这是为了加快商品在物流中心的流通速度必须具备的功能。公共型的物流中心应该配备专业化的装载、卸载、提升、运送、码垛等装卸搬运机械,以提高装卸搬运作业效率,减少作业对商品造成的损毁。

（4）包装功能。物流中心的包装作业的目的不是要改变商品的销售包装,而在于通过对销售包装进行组合、拼配、加固,形成适于物流和配送的组合包装单元。

（5）流通加工功能。流通加工的主要目的是方便生产或销售。公共物流中心常常与固定的制造商或分销商进行长期合作,为制造商或分销商完成一定的加工作业。物流中心必须具备的基本加工职能有贴标签、制作并粘贴条形码等。

（6）物流信息处理功能。由于物流中心现在已经离不开计算机,因此将在各个物流环节的各种物流作业中产生的物流信息进行实时采集、分析、传递,并向货主提供各种作业明细信息及咨询信息,这对于现代物流中心来说是相当重要的。

2. 增值型功能

（1）结算功能。物流中心的结算功能是物流中心对物流功能的一种延伸。物流中心的结算不仅仅只是物流费用的结算，在从事代理、配送的情况下，物流中心还要替货主向收货人结算货款等。

（2）需求预测功能。自用型物流中心经常负责根据物流中心商品进货和出货信息来预测未来一段时间内的商品进出库量，进而预测市场对商品的需求。

（3）物流系统设计咨询功能。公共型物流中心要充当货主的物流专家，因而必须为货主设计物流系统，代替货主选择和评价运输商、仓储商及其他物流服务供应商。国内有些专业物流公司正在进行这项尝试，这是一项增加价值、增加公共物流中心的竞争力的服务。

（4）物流教育与培训功能。物流中心的运作需要货主的支持与理解，通过向货主提供物流培训服务，可以培养货主与物流中心经营管理者的认同感，可以提高货主的物流管理水平，可以将物流中心经营管理者的要求传达给货主，也便于确立物流作业标准。

二、物流园区

（一）物流园区的概念

物流园区（Distribution Park），是指符合相关条件的（进入标准或规则）一家或多家企业或单位（运营主体和投资主体）采用相关设施设备（物流设施）管理和从事具有特定功能物流活动（物流功能和服务），在一定区域空间上（土地规模）集中布局的场所，是具有一定规模和综合服务功能的物流集结点。

物流园区将众多物流企业聚集在一起，实行专业化和规模化经营，发挥整体优势，促进物流技术和服务水平的提高，共享相关设施，降低运营成本，提高规模效益。其内涵可归纳为以下三点。

第一，物流园区是由分布相对集中的多个物流组织设施和不同的专业化物流企业构成的具有产业组织、经济运行等物流组织功能的规模化、功能化的区域。这首先是一个空间概念，与工业园区、经济开发区、高新技术开发区等概念一样，具有产业一致性或相关性，拥有集中连片的物流用地空间。

第二，物流园区是对物流组织管理节点进行相对集中建设与发展的具有经济开发性质的城市物流功能区域。作为城市物流功能区，物流园区包括物流中心、配送中心、运输枢纽设施、运输组织及管理中心和物流信息管理中心等适应城市物流管理与运作需要的物流基础设施。

第三，物流园区也是依托相关物流服务设施，进行与降低物流成本、提高物流运作效率和改善企业服务有关的流通加工、原材料采购和便于与消费地直接联系的生产等活动的具有产业发展性质的经济功能区。作为经济功能区，其主要任务是开展满足城市居民消费、就近生产、区域生产组织所需要的企业生产、经营活动。

(二) 物流园区的特征

物流园区的基本特征可用“五多”来概括,具体如下。

1. 多模式运输手段的集合

多模式运输方式即多式联运,以海运-铁路、公路-铁路、海运-公路等多种方式联合运输为基本手段发展国际国内的中转物流。物流园区也因此呈现一体化枢纽功能。

2. 多状态作业方式的集约

物流园区的物流组织和服务功能不同于单一任务的配送中心或具有一定专业性的物流中心,其功能特性体现在多种作业方式的综合、集约等特点,包括仓储、配送、货物集散、集拼箱、包装、加工以及商品的交易和展示等诸多方面,同时也体现在技术、设备、规模管理等方面的集约。

3. 多方面运行系统的协调

运行系统的协调表现为在对线路和进出量调节上。物流园区的这一功能体现为其指挥、管理和信息中心功能,通过信息的传递、集中和调配,使多种运行系统协调,共同为园区各物流中心服务。

4. 多角度城市需求的选择

物流园区与城市发展呈现互动关系,物流园区如何协助城市理顺功能,满足城市需求是物流园区又一功能特征。物流园区的配置应着眼于其服务区域的辐射方向、中心城市的发展速度,从而保证物流园区的生命周期和城市发展协调统一。

5. 多体系服务手段的配套

物流园区应具备综合的服务性功能,如结算功能、需求预测功能、物流系统设计咨询功能、专业教育与培训功能、共同配送功能等。多种服务手段的配套是物流组织和物流服务的重要功能特征。

(三) 物流园区的分类

按照功能可把物流园区划分为自用型物流园区、生产服务型物流园区、交通枢纽型物流园区、商贸服务型物流园区、综合服务型物流园区五类。自用型物流园区此处不再赘述,下面主要介绍后四类物流园区。

1. 生产服务型物流园区

为工业园区、产业园、企业相对聚集区域或机场、海港等提供定向物流服务,其服务对象明确且固定。将这种物流园区作为一类单独划分出来是很必要的,这类物流园区主要以生产制造业为它们的主要服务对象,具有以下基本特征:

(1) 依托经济开发区、高新科学技术园区等制造型产业园区,由于这类物流园区主要是为生产制造业服务,所以应位于制造产业园区的附近或其内部。这类园区往往具有很强的行业性，如专门服务于化工、汽车、机械或电子等。

（2）为生产制造型企业提供一体化物流服务。生产服务型物流园区主要提供两个领域的物流服务，即企业的采购物流和销售物流。园区内的主要作业不是转运，也不是配送，而是仓储和流通加工，部分兼有商品展示和销售的功能，总体来说为制造型企业提供了从原材料采购、存储、简单加工，到产成品存储、包装、销售等一系列物流相关服务。

2. 交通枢纽型物流园区

截止到2017年，我国的亿吨港口已增至36个。另外，各空港、陆港的货运量也在快速增加，所以在这些港口附近建设物流园区是个很理想的选择，依附于港口，服务于港口。物流园区选址在货运枢纽附近，以实现不同的运输方式转换为主。物流园区应符合以下要求：

（1）依托空运或海运或陆运枢纽，至少有两种不同的运输方式衔接。

交通枢纽型物流园区在地理位置上必须位于港口、机场、铁路编组站、集装箱中心站等物流设施的附近，或者位于公路主枢纽城市的周边。附近是个模糊量，如洋山深水港物流园区与大小洋山港区相隔东海大桥，30多公里，但其仍然是货运服务型物流园区，关键是看园区是否主要为该货运枢纽服务，根据经验很容易判断。交通枢纽型物流园区的主要功能就是实现不同运输方式之间的转换，所以必须要有两种或两种以上的交通方式。

（2）提供大批量货物转运的配套设施，实现不同运输方式的有效衔接。交通枢纽型物流园区内最基本的作业应是货物的中转、货物的集疏运，应有与之相配套的设施，以实现不同运输方式之间的有效衔接。

（3）主要服务于国际性或区域性物流运输及运输方式的转换。依托货运枢纽决定了该类物流园区的服务范围为国际性或区域性的，因为货运枢纽就是国际性或区域性的，这也说明了该类物流园区的高层次，是我国所有物流园区中的领头军。

3. 商贸服务型物流园区

与生产服务型的物流园区不同，商贸服务型的物流园区位于供应链的后半部，是最终消费品聚集的地方。它依托各类大型商品贸易现货市场、专业市场，为商贸市场服务，提供商品的集散、运输、配送、仓储、信息处理、流通加工等物流服务，主要服务于商贸流通业商品集散。商贸服务型物流园区应符合以下要求：

（1）依托各类大型商品贸易现货市场、专业市场的商贸服务型物流园区，最有代表性的是义乌物流园区。该类型物流园区与传统的商贸市场最大的区别是商品的通关更加方便，物流效率更高。

（2）园区内作业。商贸服务型物流园区内，除了有货物集散、存储、配送等传统物流功能，还兼有商品交易功能。由于该类型物流园区所依托的现货市场、专业市场有很大的交易量，一部分交易就延伸到了园区内。

（3）主要服务于商贸流通业商品。商贸服务型物流园区的性质决定了其内部货物以产成品为主。

4. 综合服务型物流园区

综合服务型物流园区依托城市配送、生产制造业、商贸流通业等多元对象而规划，位于城市交通运输主要节点，提供综合物流功能服务，主要服务于城市配送与区域运输，物流服务业态多样化。综合服务型物流园区应符合以下要求：

（1）位于交通便利的交通节点或干道交叉口附近

（2）综合服务型物流园区不需要一定依托港口、工业基地或商品基地，但交通条件一定要优越。而且，位于港口、工业基地或商品基地的园区也不一定不是综合服务型物流园区。

（3）园区内部有多种业务形态，且具有相当的比例。综合物流园区具有多种服务功能，而且每一种功能不足以支撑整个园区，几种功能之间具有相当的比例，建议每种功能的作业量占总作业量的30%以上。如园区内既有一定规模的配送中心，又有一定规模的集装箱堆场；有城市配送功能，也有货物集散功能。

（四）物流园区的功能与作用

1. 宏观社会功能

（1）发挥集聚功能。物流园区的建立将过去分散各处的货站、货场以及货物集聚一处，采用规范化流程、现代化技术手段、规模化设施设备以及综合化信息平台对物流活动进行有效的组织和管理，充分发挥集聚功能，提高运作效率、降低运营成本。

（2）改善城市环境。通过空间的重新布局和功能的重新组合，减少了交通线路、货站以及相关物流设施在城市市区的占地，通过联合运输，减少车辆出行次数，提高装载率，集中进行车辆清洁、维修和处理，从而减少噪音、尾气、货物对城市环境的污染，改善城市环境。

（3）促进区域经济发展。物流园区通过一体化的管理和规模化运作，保证满足区域物流需求。同时，运作效率的提高和运营成本的降低，也减少对企业成本的压力，从而促进了区域经济的发展，提高了区域经济的竞争力。

（4）实现多种运输方式有有效衔接和多式联运。通常，物流园区的建设依托城市交通枢纽或港口，可以实现公路、铁路、港口等不同交通方式的有效衔接，从而实现多种运输形式的联运。同时，不同物流节点的运输形式不同，通过物流园区进行联合运输和有效衔接，可以将以往散杂、分散形式的货物纳入联合运输的模式。

（5）提升物流服务水平。物流园区的空间集聚和功能集聚效益，缩短了物流服务时间，提高了物流服务速度，减少了搬运、装卸、储存等运作环节，提高了准时服务水平，减少了货物损毁，降低了物流费用，极大地提升了物流服务水平，有利于实现规模化、综合化和现代化的物流服务。

2. 微观业务功能与配套功能

(1) 存储功能。要求配备一定的储存设施和设备。由于物流园区中所涉及的很多作业环节如运输、配送等都要与仓储活动相联系,所以存储的职能是必不可少的,它保证了物流活动的开展,具有支撑作用。

(2) 运输配送功能。对于城际间的货物运输,物流园区应能提供多式联运服务以达到最佳运输模式组合、最高效率、最短路径、最少时间、最低费用的要求。对于市内货物配送,主要是能满足生产商与销售商之间的配送、生产商或销售商与超市门店之间的配送、供应商与生产企业之间的配送、电子商务环境下的物流配送服务等,物流园区应能提供给客户不同的配送路线和价格服务,以满足不同层次客户的各自需求。

(3) 装卸搬运功能。物流园区应配备专业化的装卸、提升、运送、码垛等装卸搬运机械,提高装卸搬运作业效率,减少作业可能对商品造成的损毁。

(4) 包装功能。在物流园区内的包装作业不仅要负责商品的组合、拼装、加固,形成适于物流和配送的组合包装单元,必要时还要根据客户的需要对商品进行必要的商业包装。

(5) 流通加工功能。为了方便客户,物流园区应为战略合作伙伴如制造商和分销商提供必要的流通、加工服务。

(6) 配载功能。从提高作业效率和降低成本出发,应改进传统的无序、不安全、高费用和低效率的人工配载,逐步实现计算机优化配载。

(7) 拼箱、拆箱功能。实现集装箱的集零化整,提高集装箱的装载率;实现集装箱的化整为零,货物分拣后进行零担配送。

(8) 分拣功能。当供应商的货物以大包装、粗包装进库时,根据物流需要,在物流园区进行分拣和小包装加工,优化外包装,提高商品附加值。

(9) 配套服务功能。包括停车场、加油、检修、配件供应等车辆辅助服务功能;银行、保险、证券等金融配套服务功能;住宿、餐饮、娱乐、购物、旅游等生活配套服务功能;来自工商、税务、海关等部门的一条龙相关服务。

3. 物流增值服务功能

(1) 结算和物流金融服务功能。物流园区与银行等金融机构合作,为园区内的企业及其客户提供相关的物流金融服务,既包括存货质押融资等服务,也包括在从事代理、配送的情况下替货主向收货人结算货款等。

(2) 需求预测功能。物流园区应能根据园区商品进货、出货信息来预测未来一段时间内的商品进出库量,进而预测市场对商品的需求。

(3) 物流技术开发与系统设计。吸引相关物流高科技企业进驻园区,利用园区企业密集的资源优势,发展物流软件开发与物流设施设备的技术开发,形成利润增长点。

(4) 物流咨询与培训。利用物流园区运作的成功经验及相关的物流业务咨询优势,吸引物流咨询企业进驻发展,充分发挥高校、科研、企业、政府多方合作的优势,开展物流人才培训业务。

(5) 供应链物流管理。深层次介入生产流通商的供应链管理,从采购供应到生产流程中的零配件、半成品上下线、产成品的销售配送,提供基于供应链一体化的物流管理。

(6) 信息服务功能。搭建物流园区信息平台,实现区域公共物流信息系统共享。同时与全国物流大系统实现联网,提供实时信息服务。如供需信息发布、信息交换、车辆配载、配送服务、统计清算、全程物流运输监管服务(GPS、GIS、ITS)等。

(五) 物流园区与物流中心的区别

物流园区与物流中心的区别如表 3 - 1 所示。

表 3 - 1　物流园区与物流中心的区别

比较项目	物流园区	物流中心
功能	多式联运、综合运输、干线终端运输等大规模处理货物和提供服务的功能	分销功能,并且具有货物运输中转功能,且以配送业务为主
用地的要求	要求用地充裕且具有扩展性	没有像物流园区那么严格的要求
影响城市交通环境的程度	程度较大	程度较小
服务对象	向全社会提供服务	在局部领域进行经营服务
对市场的要求	多样化	专业化
经营、管理方式	资产入股、租赁、合作经营或联合开发	物流经营和管理的实体
政府给予的政策	优惠政策较多	优惠政策少

案例分析

物流园客户普洛斯的成功借鉴

普洛斯集团创立于 1993 年,现已发展成为世界领先的工业物流地产投资开发商,财富 1 000强及标准普尔 500 家指数公司之一。管理位于全球 20 个国家的 2 600 多个项目,约 4 490万平方米,价值 344 亿美元的物流资产,服务客户超过 4 700 多个,为众多世界知名企业提供物流设施及工业厂房租赁服务。2003 年 4 月进入中国,4 年后就在国内 19 个城市投资了近 50 个物流园。目前,公司运营设施达到 94. 9 万平方米,另有 53. 6 万平方米在建项目。在华物流地产面积占全球总数的 1. 7% ,公司认为中国市场是世界上潜力最大的物流地产市场,因此加速拓展在中国的投资范围,使中国成为普洛斯在美国本土以外最大的投资地,计划 5 ~ 10 年内将在华资产提高到占公司全球总量的 10% 。

一、业务模式

普洛斯专注于投资物流园,重点发展三种细分类型。一是临港物流园:上海洋山深水港、深圳盐田港、青岛前湾港、广州南沙港。二是空港物流园：北京首都机场、广州白云机场、南京禄口机场、青岛流亭国际机场。三是加工基地：苏州工业园、天津经济开发区、杭州经济开发区等。

二、战略布局

其布局集中在环渤海经济圈、长江三角洲和珠江三角洲东海沿海地区的一、二线城市设点布局。一线城市包括北京、天津、广州、上海等。二、三线城市包括青岛、大连、南京、苏州、无锡、杭州、宁波、嘉兴、深圳、佛山、武汉、长沙、成都、重庆和沈阳。每个枢纽城市开发3至4个物流园区，形成一个物流配送网络。

三、园区特点

物流园主要产品是双层、单层仓库，集装箱堆场，及办公室附属设施。除了建设普通物流园，还建设保税物流园，通过国家政策扶持，满足客户需求，获得丰厚回报。物流园一般规模都不大。在全球开发的物流园平均面积不到2万平方米。国内小型物流园占地约3万~5万平方米，中型物流园在10万~20万平方米占地面积，很少有上千亩的物流园。园区基本采用分期开发，每期开发3万~5万建筑平方米的仓储设施。

四、客户定位

客户分为三大类：一是物流业，如UPS、DHL、联邦快递、马士基。二是制造业，如通用汽车、大众、卡特彼勒、雀巢等。三是零售业，如沃尔玛和欧尚等。跨国企业都租用了普洛斯遍布全球的多项仓储设施，世界1 000强企业中近半数是其客户。

五、开发模式

开发选址的重点是临港、临空而建，基本上选择在城市周边临近机场、海港和高速公路等交通枢纽获取土地，开发建设物流中心。获取土地通过直接投资与间接投资相组合的方式。直接投资项目占35%，与其他机构合资的占65%。例如，与中国最大的仓储物流企业中国物资储运总公司合作成立合资公司，比例为双方各占50%，中储出资以土地使用权和仓储设施注入，普洛斯以现金注入。合资公司进行土地开发、物流仓储及综合设施方面合作，及新土地资源投资。合资建设的仓储中心出售给普洛斯旗下的产业基金，再由中储向该基金租赁仓储中心，进行经营运作；或者不出售给基金，而是直接由中储进行经营，客户将由普洛斯提供。

六、盈利模式

普洛斯只作房地产投资开发和物业管理，日常物流业务仍由客户操作，其本质是房地产开发商。盈利收益来自三大业务部门：地产开发部门、地产运营管理部门和地产基金管理部门。地产开发部门对土地进行一级开发，并把开发建成的物流园出售给普洛斯基金，或第三方获取溢价，或交付地产管理部门用于出租。该部门收入在主营业务收入中占60%左右，是公司收入最主要的来源，贡献30%的主营业务利润。地产运营管理部门将“物流地产开发业务”部门开发建成的“物流地产”出租，取得租赁收入。该部门收入在主营业务收入中虽占30%，但贡献50%以上收益。地产基金管理部门组织投资者募集资金，收购地产，设立基金，由普洛斯作为基金经理管理基金以及基金旗下的地产，获取基金管理费收入和基金分红收益。普洛斯地产基金主要通过向地产开发部门收购或是向第三方收购获取地产。该部门的收入在主营业务收入中占6%，但贡献14%的主营业务利润，是普洛斯盈利性最强的资产之一。截至2005年年底，普洛斯管理着14只地产基金。

七、招商推广

普洛斯所管理的全球客户网络与市场网络保证项目能快速找到好客户，把物业填满，以其认可的租金租出物业，并尽可能实现长期的租用。具体项目无须做太多招商推广工作。

案例分析题：

根据案例并结合所学知识谈谈物流园客户普洛斯的成功对物流园区的发展有哪些借鉴意义。

思考题

1. 什么是第三方物流？
2. 简述企业之间如何建立物流联盟。
3. 简述新型物流配送中心的特征及运作类型。
4. 比较第四方物流与第三方物流的差异，并分析其发展前景。
5. 分析比较物流园区、物流中心、配送中心的异同。

拓展阅读

请扫描二维码阅读拓展资源。

大数据带来的物流商业模式

第四章　新型物流

第一节　国际物流

一、国际物流概述

(一) 国际物流的含义、发展和特点

1. 国际物流的含义

国际物流是相对国内物流而言的,是指不同国家之间的物流。国际物流是国内物流的延伸和进一步扩展,是跨国界的、流通范围扩大了的物流,有时也称其为国际大流通或大物流。国际物流是国际贸易的一个必然组成部分,各国之间的相互贸易最终都将通过国际物流来实现。

随着世界范围的社会化大生产而引起不同的国际分工,任何国家都不能够包揽一切,因而必须要有国际间的合作与交流。随之而来的国际间的商品、物资的流动便形成了国际物流。只有国际物流工作做好了,才能将国外客户需要的商品适时、适地、按质、按量、低成本地送到,从而提高本国商品在国际市场上的竞争能力,扩大对外贸易。同时可将本国需要的设备、物资品及时、高效、便宜地进口到国内,满足国内人民生活、生产建设、科学技术与国民经济发展的需要。

国际物流(International Logistics,IL)的狭义理解是:当生产和消费分别在两个或两个以上的国家(或地区)独立进行的情况下,为了克服生产和消费之间的空间隔离和时间距离而对物资(商品)所进行的物理性移动的一项国际商品贸易或交流活动,完成国际商品交易的最终目的,即实现卖方交付单证、货物和收取货款,而买方接受单证、支付货款和收取货物的贸易对流条件。

在国际物流活动中,为实现物流合理化,必须按照国际商务交易活动的要求来开展国际物流活动。此外,不仅要降低物流费用,而且要考虑提高为顾客服务的水平(Service Level,SL),提高销售竞争能力,扩大销售效益,提高国际物流系统的整体效益,而不仅仅是局部效益。

国际物流过程离不开贸易中间人,即由专门从事商品使用价值转移活动的业务机构或代理人来完成,如国际货物的运输是通过国际货物运输服务公司(代理货物的出口运输),另外如报关行、出口商贸易公司、出口打包公司和进口经纪人等完成,它们主要是接受企业的委托,代理与货物有关的各项业务。这是由于在国际物流系统中,很少有企业单独依靠自身力量办理和完成这些复杂的进出口货物的各项业务工作。这正是国际物流与国内物流最重要的区别之一。

2. 国际物流的发展

国际物流在20世纪的发展经历以下几个阶段。

(1)第二次世界大战以前,国际上已有了不少的经济交往,但是无论从数量上讲还是从质量上讲,都没有将伴随国际交往的运输放在主要地位。

(2)第二次世界大战以后,国际的经济交往越来越活跃。尤其在20世纪70年代的石油危机以后,国际贸易量已非常大,交易水平和质量也越来越高。在这种新情况下,原有的仅为满足运送必要货物的运输观念已不能适应新的要求,系统物流就是在这个时期进入到国际领域。

20世纪60年代开始形成了国际间的大规模物流,在物流技术上出现了大型物流工具,如20万吨的油轮、10万吨的矿石船等。

20世纪70年代,由于石油危机的影响,国际物流不仅在数量上进一步发展,船舶大型化趋势进一步加强,而且有了提高国际物流服务水平的要求,大数量、高服务型物流从石油、矿石等物流领域向物流难度最大的中、小件杂货领域深入,其标志是国际集装箱及国际集装箱船的大发展,国际间各主要航线的定期班轮都投入了集装箱船,一下子把散杂货的物流水平提了上去,使物流服务水平获得很大提高。

20世纪70年代中后期,国际物流的质量要求和速度要求进一步提高,这个时期在国际物流领域出现了航空物流大幅度增加的新形势,同时出现了更高水平的国际联运。

20世纪80年代前中期国际物流的突出特点,是在物流量不继续扩大的情况下出现了"精细物流",物流的机械化、自动化水平提高。同时,伴随新时代人们需求观念的变化,国际物流着力于解决"小批量、高频度、多品种"的物流,出现了不少新技术和新方法,这就使现代物流不仅覆盖了大量货物、集装杂货,而且也覆盖了多品种的货物,基本覆盖了所有物流对象,解决了所有物流对象的现代物流问题。

20世纪80年代国际物流领域的另一大发展,是伴随国际物流,尤其是伴随国际多式联运物流出现的物流信息系统和电子数据交换(EDI)系统。

20世纪90年代以来,互联网、条码以及卫星定位系统在物流领域得到普遍应用,而且越来越受到人们的重视。这些新科技在国际物流中的应用,极大地提高了物流的信息化和物流服务水平,所以有人称"物流就是综合运输加高科技"。高科技的服务手段和高科技的信息技术成为物流企业保证自身竞争力的必备法宝。因此,近年来各大物流企业纷纷投入巨资建设物流信息系统。可以说,21 世纪是物流信息化高度发展的时代。

3. 国际物流的特点

(1) 国际物流环境存在差异。国际物流的一个非常重要的特点是,各国物流环境存在差异,尤其是物流软环境存在差异。不同国家的物流适用法律的不同,使国际物流的复杂性远高于国内物流;不同国家的不同经济和科技发展水平会造成国际物流处于不同科技条件的支撑下,甚至有些地区因根本无法应用某些技术而迫使国际物流全系统水平下降;不同国家的不同标准,也造成国际物流“接轨”的困难,从而使国际物流系统难以建立;不同国家的风俗人文也使国际物流受到很大局限。

由于物流环境的差异,迫使一个国际物流系统需要在多个不同法律、人文、习俗、语言、科技、设施的环境下运行,无疑会大大增加国际物流的难度和系统的复杂性。

(2) 国际物流涉及的范围广。物流系统本身的功能、要素已经很复杂,国际物流在这个复杂的系统中增加国别差异的要素,使其涉及的范围扩大。直接后果是使物流难度和复杂性增加,风险增大。正因如此,国际物流一旦融入现代化系统技术,其效果会更显著。例如,开通某个“大陆桥”之后,国际物流速度会成倍提高,效益显著增加。

(3) 国际物流必须有国际化的信息系统的支持。国际化信息系统是国际物流非常重要的支持手段。但是建立国际信息系统仍存在瓶颈。一是管理困难;二是投资额度巨大;三是由于世界上有些地区物流信息水平较高,有些地区较低,所以存在信息水平不均衡的问题。因此,国际物流信息系统的建立更为困难。

(4) 国际物流的标准化要求较高。要使国际物流畅通起来,统一标准是非常重要的。目前,美国、欧洲基本实现了物流工具、设施的统一标准,如托盘采用 1 000 ×1 200 mm 的规格,集装箱也有几种统一的规格及条码技术等,这大大降低了物流费用,降低了转运的难度,而不向这一标准靠拢的国家,必然在转运、换车底等许多方面要多耗费时间和费用,从而降低其国际竞争能力。

(二) 国际物流系统的组成

国际物流系统是由商品的包装、储存、运输、检验、外贸加工和其前后的整理、再包装以及国际配送等子系统构成。其中,储存和运输子系统是物流的两大支柱。国际物流通过商品的储存和运输实现其自身的时空效益,满足国际贸易的基本需要。

1. 国际货物运输子系统

运输的作用是将商品使用价值进行空间移动,物流系统依靠运输作业克服商品生产地和需要地之间的空间距离,创造商品的时空效益。国际货物运输是国际物流系统的核心,有时就用运输代表物流全体。在国际贸易中,通过国际货物运输作业使商品跨越国界由卖方转移给买方。在非贸易物流过程中,也通过运输作业将物品由发货人转移到收货人。这种国际货物运输具有路线长、环节多、涉及面广、手续繁杂、风险性大、时间性强、内外运两段性和联合运输等特点。

所谓外贸运输的两段性，是指外贸运输的国内（包括进口国、出口国国内）运输段和国际运输段。

（1）出口货物的国内运输段。出口货物的国内运输，是指出口商品由生产地或供货地运送到出运港（站、机场）的国内运输，是国际物流中不可缺少的重要环节。离开国内运输，出口货源就无法从产地或供货地集运到港口、车站或机场，也就不会有国际运输段。出口货物的国内运输工作涉及面广，环节多，要求各方面协同努力组织好运输工作，对货源、产品包装、加工、短途集运、国外到证、船期安排和铁路运输配车等各个环节的情况，都要做到心中有数，力求搞好车、船、货、港的有机衔接，确保出口货物运输任务的顺利完成，减少压港、压站等物流不畅的局面。国内运输段的主要工作有：发运前的准备工作、清车发运、装车和装车后的善后工作。

（2）国际货物运输段。国际（国外）货物运输段是整个国际货物运输的重要一环。它是国内运输的延伸和扩展，同时又是衔接出口国运输和进口国货物运输的桥梁与纽带，是保证国际物流畅通的重要环节。出口货物被集运到港（站、机场），办完出关手续后直接装船发运，便开始国际段运输。有的则需暂进港口仓库储存一段时间，等待有效泊位，或有船后再出仓装船外运。国际段运输可以采用由出口国装运港直接到进口国目的港卸货的方式，也可以采用中转经过国际转运点，再运给用户的方式。

国际货物运输业的发展伴随着科技革命的浪潮迅速发展。现代物流业的迅速发展无不与运输业的技术革命相关联。如在现代运输中，特别是联合运输和大陆桥运输中的重要媒体——集装箱的发展与进步令人震惊，集装箱化已成为运输业技术革命的重要标志。这种大规模国际货运业的发展又促进了国际物流业的发展，二者是相辅相成的。

与运输发展息息相关的运输设施的现代化发展对国际物流和国际贸易的发展起着重大的推进作用，是二者发展的前提，必须超前发展才能适应国际物流的发展。比如，港口建设方面，在发达国家普遍认为船等泊位是一种极大的浪费，泊位等船是运输业先导性的客观要求。一般认为港口泊位开工率达30%，码头经营者即可保本；开工率达50%，可获厚利；开工率达70%，则会驱使他们建新码头。

西方工业发达国家在国际贸易中处于有利和领先的地位，这与其实现了物流运输业的现代化是分不开的。

2. 外贸商品储存子系统

外贸商品的储存、保管使商品在其流通过程中处于一种或长或短的相对停滞状态，这种停滞是完全必要的。这是因为外贸商品流通是一个由分散到集中，再由集中到分散的源源不断的流通过程。例如，外贸商品从生产厂或供应部门被集中运送到装运出口港（站、机场），以备出口，有时须临时存放一段时间，再从装运港装运出口，是一个集和散的过程。为了保持不间断的商品往来，满足销售出口需要，必然有一定量的周转储存；有些出口商品需要在流通领域内进行出口商品贸易前的整理、组装、再加工、再包装或换装等，形成一定的贸易前的准备储存；有时，由于某些出口商品在产销时间上的背离，如季节性生产但常年消费的商品和常年生产但季节性消费的商品，则必须留有一定数量的季节储备。当然，有时也会出现一些临时到货，货主一时又运不走，更严重的是进口商品到了港口或边境车站，但通知不到货主或无人认领，这种特殊的临时存放保管也是有的，即所谓的压港、压站现象。在这种情况下，国际物流就被堵塞了，物流不畅了，给贸易双方或港方、船方等都带来损失。因此，国际货物的库存量往往高于内贸企业的货物库存量也是可以理解的。

由此可见，国际货物运输是克服外贸商品使用价值在空间上的距离，创造物流空间效益，使商品实体位置由卖方转移到买方；而储存保管是克服外贸商品使用价值在时间上的差异，物流部门依靠储存保管创造商品的时间价值。

外贸商品一般在生产厂家的仓库存放，或者在收购供应单位的仓库存放，必要时再运达港口仓库存放，在港口仓库存放的时间取决于港口装运与国际运输作业的有机衔接。此外，也有在国际转运站点存放的。

一般来讲，外贸商品不应太长时间停留在仓库内，要尽量减少储存时间、储存数量，加速物资和资金周转，实现国际贸易系统的良性循环。

3. 进出口商品装卸与搬运子系统

进出口商品的装卸与搬运作业，相对于商品运输来讲，是短距离的商品搬移，是仓库作业和运输作业的纽带和桥梁，实现的也是物流的空间效益。它是保证商品运输和保管连续性的一种物流活动。搞好商品的装船、卸船、进库、出库以及在库内的搬倒、清点、查库、转运、转装等，对加速国际物流十分重要，而且节省装搬费用也是物流成本降低的重要环节。有效地搞好装卸搬运作业，可以减少运输和保管之间的摩擦，充分发挥商品的储运效率。

4. 进出口商品的流通加工与检验子系统

流通加工与检验是随着科技进步，特别是物流业的发展而不断发展的。它是物流中具有一定特殊意义的物流形式。流通加工业与检验的兴起，是为了促进销售、提高物流效率和物资利用率以及为维护产品的质量而采取的，能使物资或商品发生一定的物理和化学以及形状变化的加工过程，保证进出口商品质量达到要求。出口商品的加工业，其重要作用是使商品更好地满足消费者的需要，不断地扩大出口；同时也是充分利用本国劳动力和部分加工能力，扩大就业机会的重要途径。

流通加工的具体内容包括：袋装、定量小包装（多用于超级市场）、贴标签、配装、挑选、混装、刷标记（刷唛）等为出口贸易商品服务；另一种是生产性外延加工，如剪断、平整、套裁、打孔、折弯、拉拔、组装、改装、服装的检验及烫熨等。这种出口加工或流通加工，不仅能最大限度地满足客户的多元化需求，同时，由于是比较集中的加工，它还能比没有加工的原材料出口赚取更多的外汇。

5. 商品包装子系统

美国杜邦化学公司提出的“杜邦定律”认为:63%的消费者是根据商品的包装装潢进行购买的。国际市场上的消费者是通过商品来认识企业的,而商品的商标和包装就是企业的面孔,也反映了一个国家的综合科技文化水平。

商标就是商品的标志。商标一般都需经过国家有关部门登记注册,是受法律保护的,以防假冒,保护企业和消费者的利益。顾客买商品往往只看重商标,因此,商标关系着一个企业乃至一个国家的信誉和命运。国际进出口商品商标的设计要求有标志力,要能表现一个企业(或一个国家)的特色产品的优点,简洁明晰并易看、易念、易听、易写、易记;要求有持久性和不违背目标国际市场和当地的风俗习惯;不得与国旗、国徽、军旗、勋章相同或相似;不得与国际政府组织的旗帜、徽记名称相同或相似;不得与“红十字”“红新月”的标志、名称相同或相似;出口商品商标的翻译要求传神、生动。

在考虑出口商品包装设计和具体作业过程时,应把包装、储存、装搬和运输有机联系起来统筹考虑,全面规划,实现现代国际物流系统所要求的“包、储、运一体化”。即从商品一开始包装,就要满足储存的方便、运输的快速、物流费用最小化等现代物流系统设计的各种要求。

6. 国际物流系统模式

系统的一般模式包括:系统的输入部分、系统的输出部分以及将系统的输入转换成输出的转换部分。在系统运行过程中或一个系统循环周期结束时,有外界信息反馈回来,为原系统的完善提供改进信息,使下一次的系统运行有所改进。如此循环往复,使系统逐渐达到有序的良性循环。国际物流系统遵循一般系统模式的原理,构成独特的物流系统模式。

下面介绍出口物流模式,见图4-1。输入部分的内容有:备货,即货源落实;到证,即接到买方开来的信用证;到船,即买方派来船舶;编制出口货物运输计划;其他物流信息。输出部分内容有:商品实体从卖方经由运输过程送达买方手中;交齐各项出口单证,结算、收汇;提供各种物流服务;经济活动分析及理赔、索赔。出口物流系统的转换部分包括:商品出口前的加工整理;包装、标签;储存;运输(国内段、国际段);商品进港、装船;制单、交单;报关、报验;现代管理方法和现代化物流设施的介入。

除了上述三项主要功能外,还经常有许多外界不可控因素的干扰,使系统运行偏离原计划内容。这些不可控因素可能是国际的、国内的、政治的、经济的、技术上的和政策法令、风俗习惯等的制约,这是很难预计控制的。它对物流系统的影响很大。如果物流系统具有很强的适应能力,遇到这种情况,马上能进行改进,变换策略,那么,这样的系统具有强的生命力。如1956—1967年苏伊士运河封闭,直接影响国际货物的外运。这是事先不可能预见的,是受到外界政治因素严重干扰的结果。当时日本的对外贸易商品运输正是因此而受到严重威胁,如果将货物绕道好望角或巴拿马运河运往欧洲,则会因航线增长、时间过长而

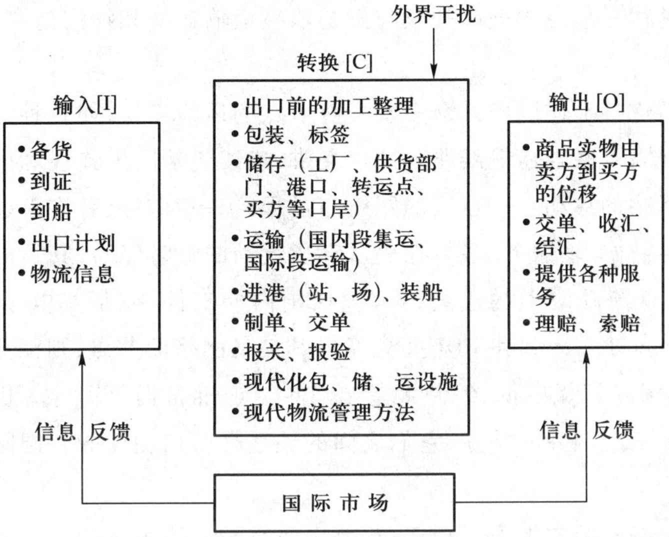

图 4－1　出口物流系统模式

导致经济效益太差。为此，日本利用横贯北美大陆的铁路线运输，取得良好的效果，大陆桥运输由此得名。日本在其国际物流系统面对外部环境的干扰时，采取了积极措施，使其国际物流系统具有新的生命力。

（三）国际物流网络系统

国际物流系统通过其子系统发挥其功能，包括运输功能、储存功能、装搬功能、包装功能、流通加工和配送功能、商品检验功能以及信息处理功能等。这些子系统共同协力实现国际物流系统要求达到的低的国际物流费用和高的顾客服务水平，从而最终达到国际物流系统整体效益最大的总体目标。为此，建立完善的国际物流网络系统十分重要。

国际物流系统以实现国际贸易、国际物资交流大系统总体目标为核心。国际商品交易的合同签订与履行过程，就是国际物流系统的实施过程。国际物流系统在国际信息流系统的支撑之下，借助于运输和储运等作业的参与，在进出口中间商、国际货代、承运人的通力协助下，借助国际物流设施，共同构成一个遍布国内外、纵横交错、四通八达的物流运输网络。

1. 国际物流网络系统的概念

所谓国际物流网络系统，是由多个收发货的“节点”和它们之间的“连线”所构成的物流抽象网络以及与之相伴随的信息流动网络的集合。

所谓收发货节点是指进口、出口过程中所涉及的国内外的各层仓库，如制造厂仓库、中间商仓库、货运代理人仓库、口岸仓库、国内外中转站仓库以及流通加工/配送中心和保税区仓库。国际贸易商品和交流物资，就是通过这些仓库的收进和发出，并在中间存放保管，实现国际物流系统的时间效益，克服生产时间和消费时间上的背离，促进国际贸易系统和国际交往的顺利进行。节点内商品的收与发是依靠运输连线和物流信息的沟通、输送来完成的。

所谓连线是指连接上述国内外众多收发货节点的运输连线，如各种海运航线、铁路线、飞机航线以及海、陆、空联合运输线路。从广义讲，连线包括国内连线和国际连线。这些网络连线代表库存货物的移动——运输的路线与过程；每一对节点有许多连线以表示不同的路线、不同产品的各种运输服务；各节点表示存货流动的暂时停滞，其目的是为了更有效地移动（收或发）；信息流动网上的连线通常包括国内外邮件，或某些电子媒介（如电话、电传、电报以及 Internet、E－mail 和 EDI 报文等），其信息网络的节点，则汇集及处理各种物流信息，如员工处理国际订货单据、编制大量出口单证或准备提单和计算机对最新库存量的记录。物流网络与信息网并非独立，它们之间的关系是密切相连的。国际物流系统网络如图 4－2 所示。

物流网与信息网从结构上看很相似，都是由节点和连线组成的。二者最主要的差别是流向不同。物流朝国外终端消费者方向移动；而信息流为双向流动，除与物流同向流动外，还有反向流动，即信息反馈。信息网在整个国际物流网络系统中的作用不容忽视，它起到沟通、主导物流活动的作用。信息流活动是一个非常复杂的过程，包括出口单证的编制、交寄、反馈过程等。

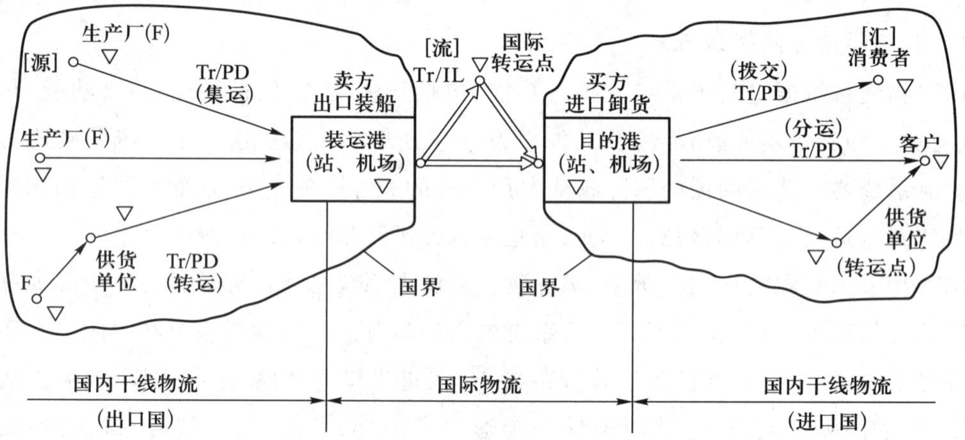

F 表示工厂；Tr 表示运输；PD 表示分销物流；IL 表示国际物流；

▽表示仓储；⇒表示国际段运输；→表示国内段运输

图 4－2 国际物流系统网络

2. 国际物流网络系统在国际贸易中的重要作用

国际物流网络系统研究的中心问题是确定进出口货源点（或货源基地）和消费者的位置，各层级仓库及中间商批发点（零售点）的位置、规模和数量，以使国际物流系统布局的合理化。

在合理布局国际物流网络系统的前提下，国际商品由卖方向买方流动的方向、规模、数量就确定下来了。即国际贸易的贸易量、贸易过程(流程)的重大战略问题,进出口货物的卖出和买进的流程、流向,物流费用、国际贸易经营效益等,都一一确定了。

布局合理的国际物流网络系统,为扩大国际贸易,广泛地与世界各国联系,尽早、尽快打入国际市场并占领国际市场,加速商品周转、资金流动,减少库存和资金占压,加速商品的国际流通,提供了有效的、切实可行的途径和保证。可以说,离开了国际物流网络系统的合理规划和设置,国际贸易活动与国际的物资交流将寸步难行。

3. 建立国际物流网络系统应注意的问题

在规划网络内建库数目、地点及规模时,都要紧密围绕着商品交易计划,乃至一个国家的宏观国际贸易总体规划进行。

要明确各级仓库的供应范围、分层关系及供应或收购数量,注意各级仓库间的有机衔接。诸如:生产厂家仓库与各中间商仓库、港(站、机场)区仓库以及出口装运能力的配合和协同,以保证国内外物流畅通,少出现或不出现某一级仓库储存量过多、储存时间过长的不均衡状态。

国际物流网点规划要考虑现代物流技术的发展,留有余地,以备将来的扩建。

4. 国际物流网络系统的合理化措施

(1) 合理选择和布局国内外物流网点,扩大国际贸易的范围、规模,以达到费用省、服务好、信誉高、效益高、创汇好的物流总体目标。

(2) 采用先进的运输方式、运输工具和运输设施,加速进出口货物的流转。充分利用海运、多式联运方式,不断扩大集装箱运输和大陆桥运输的规模,增加物流量,扩大进出口贸易量和贸易额。

(3) 缩短进出口商品的在途积压,它包括进货在途(如进货、到货的待验和待进等)、销售在途(如销售待运、进出口口岸待运)、结算在途(如托收承付中的拖延等),以便节省时间,加速商品和资金的周转。

(4) 改进运输路线,减少相向、迂回运输。

(5) 改进包装,增大技术装载量,多装载货物,减少损耗。

(6) 改进港口装卸作业,有条件时要扩建港口设施,合理利用泊位与船舶的停靠时间,尽力减少港口杂费,吸引更多的买卖双方入港。

(7) 改进海运配载,避免空仓或船货不相适应的状况。

(8) 国内物流运输段中,在出口时,有条件的要尽量实施就地就近收购、就地加工、就地包装、就地检验、直接出口等“四就一直”的物流策略。

(四) 国际物流中的信息流

随着世界经济的迅速发展,国际间商品交换活动日益频繁,商品交换数量日益增加,交易的品种及范围日益扩大,国际市场的竞争日趋激烈,这就迫使各国都从本国经济发展的需要出发，十分重视对国际物流这一“第三利润源泉”的挖掘与研究。信息流是国际物流的重要组成要素，对于国际物流正常运转及科学预测、决策提供了不可缺少的重要依据。众所周知，信息是对客观世界的反映，也是人们判断客观事物进而进行决策的依据。国际物流信息是国际物流活动的反映，也是组织、调控国际物流活动的依据。因此，世界各国日益加强了对国际物流系统中信息流的管理，把提高信息流水平作为降低国际物流成本、提高国际物流服务水平、提高国际物流效益和运行可靠度的重要途径。随着国际贸易的发展，就物流系统的内部构成而言，商流、物流、信息流是流通过程中密不可分的“三流”，这“三流”间是互相依存的。但是，从各自的性质、结构、作用以及约束条件等分析，“三流”又各有其特征及运动规律。在探讨国际物流时，信息流不能仅视为国际物流的伴随物，而是有其独特的重要作用。

1. 国际物流信息的特征

（1）国际物流中的物流信息分布广、数量大、种类多。其信息流覆盖面超过国家间地理边界，不仅涉及国际物流内部各层次、各方位、各环节，也与相关的各国经济政策、自然环境、发展战略等外部条件密切相关。

（2）国际物流中的信息流时效性很强。由于国际物流涉及范围十分广泛，不同于国内物流局限于国境内那样容易控制，所以其信息流时效性很强。过晚或者过早到来的不合时机的信息都容易造成国际物流成本的加大。因此，为运输、存储、配送、搬运及生产、销售各环节提供及时、准确的国际物流信息是十分重要的。

（3）国际物流中的信息流有双向、反馈作用。在极其复杂的、漫长的、广泛的国际物流流动过程中，如果没有信息流，国际物流系统将只会成为一个单向的难以调控的半封闭式的系统，而信息流的双向、反馈作用，可以使国际物流系统易于控制、协调，使其合理地、高效地运转，充分调动人力、物力、财力、设备及资源，以达到最大限度地降低国际物流总成本、提高经济效益的目的。

（4）国际物流中的信息流具有动态追踪特性。由于国际物流是国际物品流动的过程，不仅要研究国际物流系统内部的相互联系，还要研究横跨各国地域的整体物流合理化，取得各有关国之间的协助与配合，这就要时刻把握国际物流的脉搏，跟踪处理。信息流的动态跟踪作用解决了这一问题。以国际海运为例，在物品的载体——国际货船离港的次日，信息流便分别向发运国和到货国发送货物海运保险申请书并制作运费报告，当货物运送完毕时，信息流按港口类别的集装箱海运日程及时报告行踪，并预报到港地点、时间及各种服务，如发生障碍，信息流立刻发出警告信息。这种动态跟踪的信息流，不仅可以随时掌握国际物流的行踪，而且可以达到使损失减少到最小、获取最大效益的目标。

2. 信息流在国际物流中的地位与作用

（1）反馈与控制作用。要加强国际物流的控制，必须要有信息的反馈。反馈就是当控制系统把信息输送出去又把其作用的结果返送回来，并把调整后的决策指令信息再输出，从而起到控制作用,以达到预期目的。用信息流反馈进行控制时,一般产生两种不同的效果。如果信息的反馈使国际物流系统的运动得以发展,效益增加,称为正反馈;反之,当信息的反馈造成国际物流系统的运动收敛、减少,称为负反馈。不论是正反馈,还是负反馈,其目的在于调节和控制,防止失控,以求国际物流高效运转。因此,面对一个不断发展与变化的复杂的国际物流大系统,信息的迅速、正确、及时反馈是非常重要的,它如同人体的中枢神经一样。高效、灵敏的信息反馈,必然能指挥、协调国际物流系统,使其活跃和发达。反之,国际物流系统则可能混乱、瘫痪。

(2) 支持与保障作用。国际物流系统是一个复杂的、超越国界的大系统。信息流为该大系统的正常运转提供支持和保障。主要表现为:

其一,信息是国际物流活动的基础和保障。假如没有信息,国际物流这样一个由多环节、多层次、多因素构成的,各子系统相互制约的复杂大系统就无法正常运作。因为每一个子系统信息的输入与输出,都是下一个子系统运行的前提和基础,也是整个大系统相互沟通、调节、运转的支持与保障,信息是国际物流大系统能否有规律运行的关键。

其二,信息是国际物流系统经营决策的保障和支持。决策是企业最基本的管理职能,它对于复杂的、动态多变的国际物流系统尤为重要。国际物流企业经营的范围和目标是根据各种信息,经过分析、研究、论证之后确定和决策的。经营目标一般包括长期经营目标、中长期经营目标和短期经营目标,经营目标决定之后,在其决策执行运转过程中还要根据各种信息不断地调整和平衡。由于信息流通不畅会造成国际物流活动的失控和混乱,因而,信息的真实性和可靠度则决定着国际物流企业的生死存亡,根据虚假的信息做出的错误决策有可能造成全局性的失败和破产。所以,必须强调信息在国际物流系统决策中的支持与保障作用。

(3) 具有资源性作用。信息在国际物流系统中可以视为一种重要资源。它可以替代库存、储存和经营资金。从某种意义上讲,国际物流活动可以认为是物品资源在国际市场上的分配和竞争,进行这种活动的基本条件就是要掌握相关的各种信息,以求利用现有物品资源取得最大效益。然而,在实际操作中,很多不确定因素往往会导致预测和决策具有很大的风险性,这时,信息的资源替代作用十分明显,它可以替代库存物品、投资和经营资金。这就要求根据信息,及时权衡利弊,以适应不断变化的国际物流形势,减少风险,增加效益。这就是信息具有资源性作用的表现。

3. 国际物流信息管理

国际物流信息管理是紧密围绕着均匀、流畅、及时、准确的信息流进行的。这种信息流跟踪描述着超越国家地理边界的国际物流的全过程。由于国际物流信息的管理者被大量的物流数据、资料所包围,因此,往往难以识别、选择对决策有意义的信息。面对庞大的信息流的挑战,管理者必然要进行科学管理。今天,人类社会已进入计算机时代,那些从前靠手工操作难以处理的大量信息,依靠计算机建立和完善的国际物流信息管理系统,已经成为人类可自由驾驭的资源。

国际物流信息管理系统，是为了实现对国际物流信息的计算机化管理而开发的由人、硬件、软件和数据资源组成的系统。该系统的硬件由微机网络或中、小型机组成。它是管理信息系统的一种，能进行手工操作无法胜任的繁乱、复杂的信息处理，及时、准确地提供有关国际物流的各类动态信息资源，提供管理信息和决策信息。因此，国际物流管理信息系统的质量必将直接影响到国际物流运行的效益。国际物流管理信息系统开发的要求是：

（1）系统开发的周期要短，费用要低，便于用户使用，其软件应具有通用性、可移植性。

（2）系统的覆盖面要广泛，能适应国际物流系统内、外部各环节的要求。管理信息不是数据、资料、报表的简单组合和传递，应是经过分析、筛选、加工后的全新的、门类齐全的、具有智能特性的信息。通过该信息网人们能及时掌握国际物流运行的状态，例如，物品运行的经路、运送方式、运输数量、品种、规格以及销售网点库存状态和市场需求等，从而进行管理和控制。

（3）较强的信息处理功能。国际物流本身的特性决定了信息源具有不确定性、不完全性、不准确性等特征。这些特征必然使计算机程序对信息处理产生很大困难。因此，加强国际物流信息处理功能十分重要。一般来说，信息处理应包括三个基本环节：

第一，相关信息处理。首先，将庞大的信息进行分类识别，然后将无法分类的信息按其类别的相关度进行排序，称为信息的初级处理。

第二，信息的综合处理。在相关信息分类确定后，对信息进行筛选、剔除、去假存真的分析、合并等综合研究工作，经过综合分析后的信息，一般虽然呈现的是分散的、局部的信息，但它的输入和运行将反映国际物流整体的信息。

第三，评估信息。在信息综合分析的基础上，加强对信息的评估，增加信息的可信度，也是很重要的一环。因为，管理决策信息的确定和提出过程，将执行对国际物流运行的指导、控制功能。例如，信息的老化意味着对用户的作用随着时间增长而递减。其实，这不单纯是一个时间问题，主要是因为新数据的流入，它们带有修正、否定、澄清和增补原有数据的作用。由于国际物流信息更具有容易过时的特点，所以，评估信息是不可缺少的关键一环。

综上所述，由于国际物流市场瞬息万变，国际物流要求有高效率的信息系统。信息的作用在于使物流向更低成本、更高服务水平、更大量化、更精细化方向发展，许多重要的物流技术都是依靠信息才得以实现的。这个问题在国际物流中比在国内物流中表现更为突出。可以说，20 世纪八九十年代国际物流已进入了物流信息时代。近年来，各国在国际物流信息系统的发展建设方面均投入了大量的精力和资金，各种国际物流信息系统正处于蓬勃发展之中。

（五）国际物流标准化

1. 国际物流标准化概念

国际物流标准化指的是以国际物流为一个大系统，制定系统内部设施、机械装备、专用工具等各个分系统的技术标准；制定系统内各分领域如包装、装卸、运输等方面的工作标准；以系统为出发点，研究各分系统与分领域中技术标准与工作标准的配合性，按配合性要求，统一整个国际物流系统的标准；研究国际物流系统与其他相关系统的配合性，进一步谋求国际物流大系统的标准统一。

随着我国对外贸易和交流近几年有了大幅度上升，国际交往、对外贸易对我国的经济发展的作用越来越重要，而所有的国际贸易又最终靠国际物流来完成。各个国家都很重视本国物流与国际物流的衔接，在本国物流管理发展初期就力求使本国物流标准与国际物流标准化体系一致。若不如此，不但会加大国际交往的技术难度，更重要的是在本来就很高的关税及运费基础上又会增加因标准化系统不统一所造成的效益损失，使外贸成本增加。因此，物流标准化的国际性也是其不同于一般产品标准的重要特点。

2. 物流标准化方法

从世界范围来看，物流体系的标准化，各个国家都还处于初始阶段。在这初始阶段，标准化的重点在于通过制定标准规格尺寸来实现全物流系统的贯通，取得提高物流效率的初步成果。所以，这里介绍的物流标准化的一些方法，主要指初步的规格化的方法及做法。

（1）确定物流的基础模数尺寸。物流基础模数尺寸的作用和建筑模数尺寸的作用大体相同。基础模数一旦确定，设备的制造、设施的建设、物流系统中各环节的配合协调、物流系统与其他系统的配合就有了依据。目前 ISO 中央秘书处及欧洲各国基本认定 600 mm × 400 mm 为基础模数尺寸。

如何确定基础模数呢？为什么确定 600 mm × 400 mm 为基础模数尺寸呢？这是由于物流标准化系统较之其他标准系统建立较晚，所以确定基础模数尺寸主要考虑了目前对物流系统影响最大而又最难改变的事物，即输送设备。采取“逆推法”，由输送设备的尺寸来推算最佳的基础模数。当然，在确定基础模数尺寸时也考虑到了现在已通行的包装模数和已使用的集装设备，并从行为科学的角度研究了人及社会的影响。从其与人的关系看，基础模数尺寸是适合人体操作的最高限尺寸。

（2）确定物流模数。物流模数即集装基础模数尺寸。前面已提到，物流标准化的基点应建立在集装的基础之上，还要确定集装的基础模数尺寸（即最小的集装尺寸）。

集装基础模数尺寸可以从 600 mm × 400 mm 按倍数系列推导出来，也可以在满足 600 mm × 400 mm 的基础模数的前提下，从卡车或大型集装箱的分割系列推导出来。

日本在确定物流模数尺寸时，就是采用的后一种方法，以卡车（早已大量生产并实现了标准化）的车厢宽度为物流模数确定的起点，推导出集装基础模数尺寸，见图 4－3。

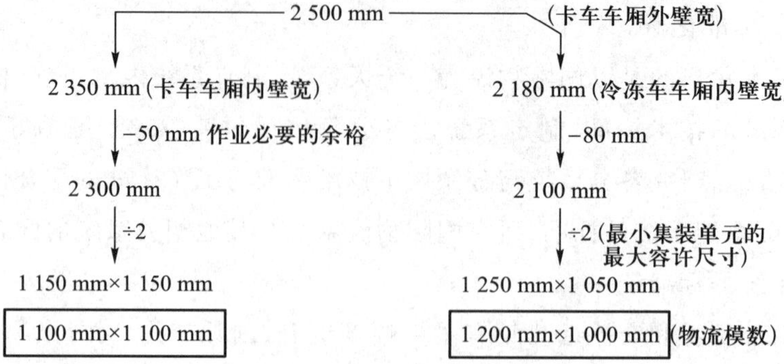

图 4－3　基础模数尺寸的形成

（3）以分割及组合的方法确定系列尺寸。物流模数作为物流系统各环节的标准化的核心，是形成系列化的基础。依据物流模数进一步确定有关系列的大小及尺寸，再从中选择全部或部分，确定为定型的生产制造尺寸，这就完成了某环节的标准系列。

由物流模数体系，可以确定各环节系列尺寸，见图 4－4。

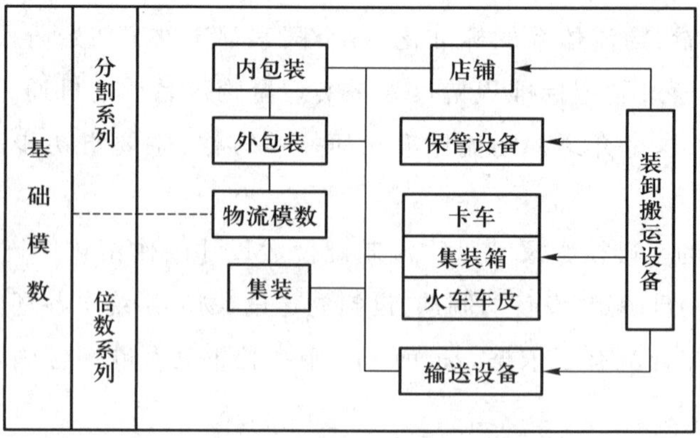

图 4－4　系列尺寸推导

目前，国际物流模数尺寸的标准化正在研究及制定中，但与物流有关的许多设施、设备的基础模数标准化大多早已发布，并由专门的专业委员会负责制定新的国际标准。国际标准化组织已建立与物流有关的技术委员会（TS）及技术处（TD）。

目前，ISO 对物流标准化的研究工作还在进行中，对于物流标准化的重要模数尺寸已大体取得了一致意见或拟订出了初步方案。

作为物流标准化的基础和物流标准化首先要拟定的数据，几个基础模数尺寸如下：

物流基础模数尺寸：600 mm × 400 mm。

物流模数尺寸（集装基础模数尺寸）：1 200 mm × 1 000 mm 为主，也允许 1 200 mm × 800 mm 及 1 100 mm × 1 100 mm。

物流基础模数尺寸与集装基础模数尺寸的配合关系，如图 4－5 所示（图中单位为 mm）。

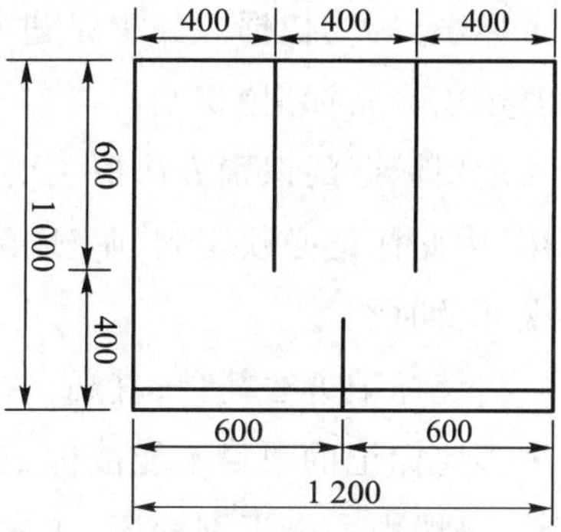

图 4－5　模数尺寸配合关系

虽然上述模数尺寸尚未正式颁布实施，但是目前许多国家都以此为基准修改本国物流的有关标准，以和国际的发展趋势吻合。例如，英国、美国、加拿大、日本等国都已打算放弃国内原来使用的模数尺寸，而改用国际的模数尺寸。日本等一些国家在使用 1 200mm×1 000 mm 模数尺寸系列的同时，还发展了 1 100 mm×1 100 mm 正方形的集装模数，已形成本国的物流模数系列。

日本是对物流标准化较重视的国家之一，标准化的速度也很快。日本政府工业技术院委托日本物流管理协会花了四年的时间对物流机械、设备的标准化进行调查研究。目前已提出日本工业标准（JIS）关于物流方面的若干草案。它们是：物流模数体系、集装的基本尺寸、物流用语、物流设施的设备基准、输送用包装的系列尺寸（包装模数）、包装用语、大型集装箱、塑料制通用箱、平托盘、卡车车厢内壁尺寸等。

我国虽然尚未从物流系统角度全面开展各环节标准化工作，也尚未研究物流系统的配合性等问题，但是，已经制定了一些分系统的标准，其中汽车、叉车、吊车等已全部实现了标准化，包装模数及包装尺寸、联运平托盘也制定了国家标准。参照国际标准，我国还制定了运输包装部位的标示方法国家标准。其中，联运平托盘外部尺寸系列规定为优先选用尺寸两种，各为：TP2－800 mm×1 200 mm，TP3－1 000 mm×1 200 mm；可选用一种尺寸为 TP1 800 mm×1 000 mm。托盘高度基本尺寸为 100 mm 与 70 mm 两种。

（4）识别与标志标准技术。

① 传统的识别标准方法：

在物流系统中，识别系统是必要的组成部分之一，同时，识别系统也是最早实现标准化的系统之一。在物流领域，识别标记主要用于货物的运输包装上。传统的标准化将包装标记分为三类，即识别标记、储运标记和危险货物标记。

识别标记，包括主要标记、批数与件数号码标记、目的地标记、体积重量标记、输出地标记、附加标记和运输号码标记。

储运标记，包括向上标记、防湿防水标记、小心轻放标记、由此起吊标记、由此开启标记、重心点标记、防热标记、防冻标记及其他诸如“切勿用钩”“勿近锅炉”“请勿斜放、倒置”标记等。

危险货物标记，包括爆炸品标记、氧化剂标记、无毒不燃压缩气体标记、易燃压缩气体标记、有毒压缩气体标记、易燃物品标记、自燃物品标记、遇水燃烧物品标记、有毒品标记、剧毒品标记、腐蚀性物品标记、放射性物品标记等。

在实际工作中遇到这类问题时，可以按我国国家标准《危险货物包装标志》《包装储运指示标志》等为依据。如果是进行进出口的国际海运,可依据国际标准化组织发布的《国际海运危险品标记》识别。

采用标记的识别方法最主要的是引起人们的注意,对人们的处理起着简明扼要的提示作用,因此标记必须牢固、明显、醒目、简要、正确、方便阅视,以便于使用者掌握要领,发现错误并及时纠正。

传统标记方法简单、直观,这是很大的优点,但是,正因为如此,就限制了标志的内容,有许多应标记的项目不能被标记上。标记过于简单也往往使人难以掌握得很清楚、透彻。此外,一般由人来识别标记,往往是出现识别错误、造成处置失当的原因。这是因为人的识别反应速度有限,所以难以对大量、快速、连续运动中的货物做出准确识别。

② 自动识别"+"条码标志:

自动识别"+"条码是人工识别标志的一大进步。这种技术使识别速度提高几十倍甚至上百倍,使识别的准确程度几乎百分之百。

自动识别"+"条码之所以能广泛实施,关键在于条码的标准化,使自动识别的电子数据可以成为共享的数据,这样使效率提高。

和一般的图记标志不同的是,条码有大得多的数据存储量,可以将与物流有关的所有信息都包含在内,这是图记标志所不可比拟的。条码的重大缺点是缺乏直观性,只能和自动识别系统配套使用,而无法人工识别,由此,条码的提示、警示作用则远不如图记的标志。

(5) 自动化仓库标准。自动化仓库标准主要内容有以下几部分:

① 名词术语的统一解释。这是自动化仓库的基础标准,统一使用词汇之后,避免设计、建造和使用时的混乱。一般而言,大体应由以下几部分语言组成:

• 自动化仓库的设施、建筑、设备的统一名称,包括种类、形式、构造、规格、尺寸、性能等。自动化仓库内部定位名称,例如,日本工业标准(JISB8940)用以下语言定位:

W 方向:与巷道机运行方向垂直的方向;

L 方向:与巷道机运行方向平行的方向;

排:沿 W 方向货位数量定位;

列:沿 L 方向货位数量定位;

层:沿货架高度方向货位数量定位。

• 操作、运行的指令、术语等。

② 立体自动化仓库设计通用规则,包括适用范围、用语含义解释、货架、堆垛起重机、安全装置、尺寸、性能计算、表示方法等。

③ 立体自动化仓库安全标准。这部分规定了安全设施、措施、表示符号等,例如,防护棚网标准、作业人员安全规则、操作室安全规则、设备自动停止装置、设备异常时的保险措施、紧急停止装置、禁止入内等表示符号等。

④ 立体自动仓库建设设计标准。它和一般建筑设计标准的区别在于,要根据物流器

具特点确定模数尺寸。标准还包括面积、高度、层数的确定，建筑安全、防火、防震规定，仓库门、窗尺寸及高度确定等。

二、国际物流中心与仓储包装

国际物流中心是指国际物流活动中商品、物资等集散的场所。大而言之，某些国家或地区可能成为物流中心，如新加坡、中国香港等就具有国际物流中心的地位。自由贸易区、保税区等也具有一般意义上的物流中心的功能。小而言之，港口码头、保税库、外贸仓库等都可以成为国际物流中心。当前人们所说的国际物流中心多指由政府部门和物流服务企业共同筹建的具有现代化仓库、先进的分拨管理系统和计算机信息处理系统的外向型物流集散地。

（一）外贸仓库概述

1. 外贸仓库的地位和作用

外贸仓储工作同外贸运输一样，都是对外贸易及国际物流不可缺少的环节。外贸仓库不仅负担着进出口商品保管存储的任务，而且还担负着出口的加工、挑选、整理、包装、刷唛、备货、组装和发运等一系列的任务。它是外贸运输的基地。在实践中，应做到储运结合，以路促运，力争外贸商品早出口、多出口、早结汇、多收汇。仓库还要根据库存商品货件变化和库存时间的长短、周转的快慢等资料，及时向有关单位提供信息，从而起到促进生产、促进收购、促进出口、促进外贸企业改善经营管理的能动作用。

2. 外贸仓库的分类

（1）按照仓库在商品流通中的主要职能划分：

① 口岸仓库。口岸仓库大都设在商品集中发运出口的沿海港口城市。其主要职能是售出口岸和内地对外贸易业务部门收购的代运出口商品和进口待分拨的商品，因此又叫周转仓库。

② 中转仓库。中转仓库大都设在商品生产集中的地区和出运港口之间。其主要职能是按照商品的合理流向，收储、转运经过口岸出口的商品。

③ 加工仓库（工厂）。其特点是将商品加工业务和仓储业务结合在一起。其主要职能是对某些出口商品进行必要的挑选、整理、分装、改装和适应流通需要的加工，以方便存储运输和国际市场的需要。

④ 存储仓库。其主要职能是用于储存代销的出口商品、援外的储备物资、进口待分拨和出口业务需要的物资等。

（2）按存储商品的性能及技术设备划分：

① 通用仓库。它是用以储存一般没有特殊要求的工业品或农用品的仓库。在各类对外贸易仓库中所占比重最大。

② 专用仓库。它是专门用于储存某一类商品的仓库。在保养技术设备方面相应地增加了密封、防虫、防霉、防火以及监测等设施,以确保特殊商品的质量安全。

③ 特种仓库。它用于存储具有特殊性质、要求使用特别保管设备的商品,一般指化学危险品、易腐蚀品、石油及部分医药商品等。这类仓库配备有专门的设备,如冷藏库、保温库、危险品仓库等。

(3) 按仓库管理体制划分:

① 自用仓库。自用仓库属于各进出口专业公司经营管理。

② 公用仓库。公用仓库由外贸运输公司经营管理,为各进出口专业公司的商品流通服务。

③ 保税仓库。保税仓库是根据有关法律和进出口贸易的规定,专门保管国外进口而暂未纳进口税的商品的仓库,由海关统一进行监督和管理。

(二) 国际货物包装

1. 国际货物包装的重要意义

国际货物包装是保护商品在国际物流过程中品质完好和数量完整的重要举措。具体而言,在国际贸易中,经过适当包装的商品,有利于储存、保管、运输、装卸、计数、销售和防止盗窃等工作的进行,有利于消费者的挑选和携带。包装良好的商品,还有利于吸引顾客、扩大销路、增加销售、多创外汇。此外,商品的包装还在一定程度上反映出一个国家的生产水平、科学技术和文化艺术水平。

2. 国际货物包装的基本要求

(1) 科学、牢固、安全。包装的用料和设计必须科学、牢固,既符合商品的特性,又适应对外贸易长途运输,适应各种不同的运输方式和沿途气候条件变化的要求,以保护商品的品质安全和数量完整。

(2) 适合国外市场的需要和规定。包装的用料和设计,应力求适应国外市场的销售习惯和消费习惯,适应进口国对于包装、装潢的合理规定,以利于扩大出口商品的销路,提高售价。

(3) 省工、省料、省运费。包装的用料和设计要符合节约的原则,在选用材料与改进包装等方面,都要从节约物料、降低成本及节省运费的角度考虑。

3. 国际货物包装的种类

国际贸易中的商品包装,按其在流通过程中作用的不同,可以分为销售包装和运输包装两种。销售包装是为了增强商品的视觉和宣传效果而设计的包装,其目的是促进商品的销售。运输包装,又称大包装或外包装。它的作用主要在于保护商品的品质和数量,便于运输、储存、检验、计数、分拨,有利于节省运输成本。与国际物流联系较密切的是运输包装。

运输包装的方式主要有两种:单件运输包装和集合运输包装。

单件运输包装是根据商品的形态或特性将一件或数件商品装入一个较小容器内的包装方式。制作单件运输包装时,要注意选用适当的材料,并要求结构造型科学、合理,同时还应考虑不同国家和地区的气温、湿度、港口设施和不同商品的性能、特点、形状等因素。

单件运输包装的种类很多:

(1) 按照包装外形来分,习惯上常用的有包、箱、桶、袋等。

(2) 按照包装的质地来分,有软性包装、半硬性包装和硬性包装。

(3) 按照制作包装所采用的材料来分,一般常用的有纸质包装,金属包装,木制品包装,塑料包装,棉麻制品包装,竹、柳、草制品包装,玻璃制品包装和陶瓷包装。

集合运输包装是将一定数量的单件商品组合成一件大的包装或装入一个大的包装容器内。

三、世界部分国家的物流发展

世界上一些发达国家,如日本、美国等,其生产资料市场经过充分发育,现在已形成了适合本国国情的现代化流通体系。研究其他国家物流的发展状况,可以借鉴其成功之经验、汲取失败之教训。因排外而失之交臂不可取,因崇外而盲目照搬亦不应该。正确的方法是:立足本国看国外,择其优而用之,博采众长,振兴我国物流事业。

(一) 日本物流

日本物流无论在管理水平还是现代技术方面,都属于先进行列。现代化的物流业促进了其国民经济的发展,成为日本重要的行业体系。

1. 日本物流的发展经历

由 20 世纪 50 年代开始,日本物流业经历了一个漫长的沿革过程,其经历大致可分为四个阶段。

(1) 1953—1963 年,初始阶段。日本经过第二次世界大战的失败,很快度过了经济恢复期,转入复兴阶段。本阶段日本可谓大量生产、大量流通。同时派团到美国各地考察,引入了“PD”这个概念,后经几年的实践,定译为“物的流通”。从此物流被企业界广泛采用。

(2) 1963—1973 年,流通为主的阶段。这是日本物流业大发展时期。商店大量增加,交通运输业发展很快,高速公路纷纷投建。集装箱船的出现以及汽车的普及,都极大地促进了物流业的发展。一般企业都设有物流部,并有物流部长,开展了物流教育工作和物流咨询工作。为加强物流理论研究,1970 年日本同时成立了两个最大的物流学术团体,即“日通协会”和“日本物流管理协会”。1964 年进行了全国性物流成本调查,承办了第一次东京国际包装展览(1966 年),并于 1970 年召开了全国物流会议,全面促进物流的现代化建设。

(3) 1973—1983年,消费为主的发展时期。这阶段的日本经济突飞猛进,并开始注意地区性开发,注意环境保护,特别提出了节省能源的问题。物流业开展了以方便居民生活为重点的新的服务项目。

(4) 1983年至今,物流现代化国际化阶段。面对新的形势挑战,日本物流理论在这阶段发展迅速,物流合理化、系统化和现代化的要求,已成为物流系统的普遍行动。日本物流界采用大量的新技术新方法,改善物流环境,提高物流效率,更好地为社会提供服务。

2. 日本的物流管理

日本的物流管理十分注重各个环节的现代化。主要有:

(1) 运输系统的现代化。日本政府十分重视交通运输业的现代化建设,仅1958—1968年10年间,交通运输的投资就增长了27.8%,并实现了运输装备的现代化。在2.7万公里的铁路中,有1.4万公里实现了电气化,约占全线总长度的41.5%,高速公路也日渐延伸,轮船、卡车的大型化和专用化,加速了公路运输与海运的现代化进程。铁路货运量由1960年的39.2%下降到1984年的5.3%,与此相反,公路货运量由1960年的14.9%上升至1984年的46.2%,汽车运输的优势在日本物流界是十分突出的。

(2) 仓储系统现代化。日本仓储一直作为物流的中心环节,被列为重点发展的项目之一。日本建有大型仓储群,担负着物流中心的任务;另建一批小型仓库;无论哪类仓库都实现了机械化、自动化,尤其是高架立体库的建设更为日本物流业增添了新的活力,叉车、托盘更是朝标准化、系列化方向发展。

(3) 装卸搬运系统的现代化。日本物流过程中,装卸搬运形成了一个有机系统,其装卸货物多数采用叉车,或用链条输送机传送。托盘小车的采用,加速了物流的速度。各类输送机在仓库搬运中大显威力,形成了系列产品。

(4) 包装标准化。为了统一包装的标准,日本政府在很早就颁布了《工业生产包装标准》,大多数包装都有统一的编号,采用条码识别货物。包装技术或产品包装手段都实现了高度现代化。在许多物流中心,对物资的再包装也都实现了自动化的捆扎作业。

(5) 信息处理现代化。日本的各个物流中心完全使用计算机自动控制系统,它是实现信息处理现代化的重要标志。计算机总控室设有总机,与各工厂、商店、批发商社、用户以及物流中心的各个分机系统都连成了网络,形成自动处理与传输的信息系统。

日本物流管理达到了合理化的水准,主要表现在下述几个方面:物流计划化;物流共同化;运输直达化;物流大量化;物流系统化。五化的内容十分丰富,综合显示在采集、运输、仓储、包装、装卸、搬运等物流环节中,各环节配套作业,环环相连,构成了一个有机的物流体系。

为了更进一步促进物流管理水平的提高,日本在物流管理方面主要采取了以下措施:一是健全物流管理体制。日本政府主要由通产省和运输省主管物流业,具体事务由各私人企业经营,如各个物流子公司、流通中心、运输社等。二是发展物流系统网络。物流网络遍布全国各地,1983年日本就有5万家物流企业,货运量达34亿吨,货物周转量达4 223亿吨公里。日本已形成了多层次、多渠道、多形式工商协办、大中小并举的现代化的物流网络。三是培养物流人才。除了大学专设物流专业外,各学术团体还采用办培训班等形式广泛培养物流人才。四是开展物流学术研究,力争攻占现代物流理论的前沿阵地。五是积极兴建物流设施,“工欲善其事,必先利其器”,日本动用大批资金兴建物流基础设施。以交通运输投资为例:1953—1958年交通运输投资占公共投资总额的19.2%;1959—1963年交通运输投资占公共投资总额的29.5%;1964—1968年交通运输投资占公共投资总额的47%。在仓库建设方面,无论生产企业还是流通企业,在考虑生产和商流的同时,都十分重视仓库及其他物流附属设施的建设。

3. 日本物流的五效果六要素说

日本物流理论界对物流系统化十分关注,提出了物流五效果六要素的理论观点。

所谓五效果(简称5S),主要指以下五项:服务性(Service),在为顾客服务方面,要做到无脱销、无损坏等事故,而且费用便宜;速送性(Speed),按顾客指定的地点、时间迅速送到;空间的有效利用(Space Saving),建设物流设施的地价昂贵,很难买到合适的建筑面积,近年来,为了有效地利用土地面积的立体化设施和物流系统现代化机械增加了;规格适当化(Scale Optimization),在规模适当方面,必须考虑到物流设施的集中与分散是否适当,尽量省力化,考虑计算机的应用等;库存调整(Stock Control),如果库存增加,则需增大保管场所,而且还增大库存投资费用,因而必须结合需求的变化,适当调整生产的功能。

所谓六要素,即进行物流设计时必须具备的六种数据:

其一:Products(对象商品的种类,品目);

其二:Quantity(商品数量,大小、价格);

其三:Route(商品流向);

其四:Service(服务水平标准);

其五:Time(不同的季度、月、周、日、时业务量的波动特点);

其六:Cost(物流成本)。

物流系统化的原则如图4-6所示。

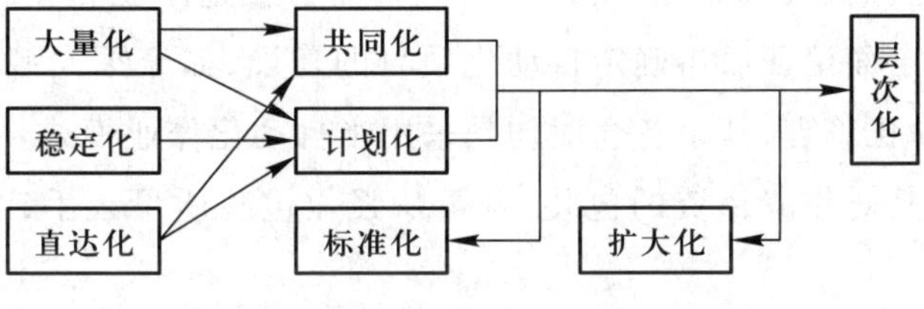

图4-6 日本物流系统化的原则

(二)美国物流

美国物流业较为发达,凭借雄厚的物资实力和科技优势,在仓储机械化自动化建设和运输、包装等方面都获得了惊人的进步。

早在第二次世界大战期间，美国军队为了卓有成效地调运军用物资，运用运筹学的理论方法，统筹安排人力运力，解决了一系列物资供应中出现的矛盾和问题，圆满完成了物资的调运和支援任务，被概括为“后勤供应”。第二次世界大战后，这种组织管理手段被应用于企业的生产管理，开拓了企业生产的崭新局面，取得了很好的经济效益。这实际上是美国物流业的初始阶段，也是世界范围内最初萌生的“物流”现象。

现在美国已在物流管理领域实现了高度的机械化、自动化和电算机化。美国建立有两个大型的物流学会，即“美国物流管理协会（NCPDM）”和“全美后勤工程师学会（SOLE）”，这都是全国乃至国际性的学术团体，汇集了一大批出色的物流专家和学者。其中美国物流管理协会成立于 1963 年，目的是发展并普及物流过程理论，促进物流管理系统科学和技术的发展，提高物流管理的水平，激励物流科学的学术交流等。该会对会员有较高要求，在美国享有盛名，为发展物流业做出了显著的贡献。

美国将物流管理的定义和服务范围概括如下：综合两个或两个以上的物流计划目标，完成并控制原材料的有效流动，在物资的周转库存以及物资从采集到消耗的全过程为顾客服务。包括对需求量的预测，存货控制、物料搬运、订货处理以及厂址、仓库地点的选择，物资的采购、包装、退货处理和储存运输等。可见，物流管理的范围相当广泛。

成立于 1966 年的全美后勤工程师学会，是为提高后勤管理技术而展开工作的学术团体，下有 60 多个分会，拥有一批知名学者，对国内物流乃至国际物流都作出了积极贡献。

美军在物流管理上颇有特色。例如，对仓库的管理实行双级管理制，即分为中央级和部队级两级仓库，全军在本土仅有 34 座大型后方仓库，而部队级仓库大都是简易的物资补给点，实行集中统一管理，为美军仓储业的发展创造了条件。对仓库的内部管理，则推行“企业基金制”和“库存物资基金制”，有效地调动了仓储人员的积极性和主动服务精神，创造了良好的仓储效益。美军物流十分重视推行目标管理制度和全面质量管理的方法，对各类军品进行了顺序等级划分，共划分为 15 类物资，明确定出物流业务的优先顺序，使军事物流逐步进入规范化的管理境界。

美军物流十分重视发展机械化和自动化，但并非盲目追求全自动化，而是根据任务大小及其他制约条件，全面论证后再确定自动化项目的建设，如全军大型仓库 34 座，仅有 16 个仓库实现了全自动化管理，其余各仓库均是采用半自动化作业模式。美军的物资包装也十分强调适用性，尤其对作战物资的包装，着重从强化包装质量入手，改进包装方法，方便物资的储存与运输。

（三）英国物流

1. 英国的物流管理

20 世纪 60 年代末期，英国组建了物流管理中心（CPDM），开始以工业企业高级顾问委员会形式出现，协助企业制订物流人才的培训计划，组织各类物流专业性的会议。到了70年代后期，形势发展迫切需要建立一种专职的管理机构，物流协会应运而生，日常事务仍由管理中心负责办理，并正式加入全英国管理协会。

英国物流协会会员多半是从事出口业务、物资流通、运输的管理人员。该协会积极筹办巡回讲座以提高物流管理的专业化程度，并为运输、装卸等部门管理者和其余对物资流通有兴趣的人员提供一个相互交流的中心场所。该协会创办发行的《物流管理研究》和《运输管理》，积极报道物流业的信息，交流物流学术研究成果，为英国物流管理的建设与发展作出了积极贡献。

2. 英国的物流业务建设

英国一直致力于发展综合性的物流体制，全面规划物资的流通业务，强调为用户提供综合性的服务。物流企业不仅向用户提供和联系铁路、公路、水运、空运等交通运输工具，而且向用户出租仓库并提供其他的配套服务。综合物流中心向社会提供以下几类服务：建立送物中心；办理海关手续；提供保税和非保税仓库；货物担保；医疗服务；消防设备；道路和建筑物的维护；铁路专用线；邮政电传系统；代办税收；就业登记；提供吃、住、购物等多种功能的服务等。

英国多功能综合物流中心的建立，对整个欧洲影响很大。当前面临的主要问题是：确立和建立为伦敦和中西部地区服务的物流网点布局。但不管困难多大，综合物流业务的展开为英国物流业的繁荣产生了积极的推动作用。

3. 英国的物流现代化

英国在物流行业大力推广计算机技术，从计算机应用于运输规划和库存控制算起，在英国已有多年历程了，如计算机辅助仓库设计、仓库业务的计算机处理等，为物流业务的现代化揭开了新的一页。

（四）国际物流服务商

1. 中国国际物流企业

（1）中国远洋海运集团有限公司（以下简称中国远洋海运集团或集团）由中国远洋运输（集团）总公司与中国海运（集团）总公司重组而成，总部设在上海，是特大型央企。

截至2017年12月31日，中国远洋海运集团经营船队综合运力达8 635万载重吨/1 123艘，排名世界第一。其中，集装箱船队规模189万TEU，居世界第四；干散货船队运力3 811万载重吨/422艘，油轮船队运力2 092万载重吨/155艘，杂货特种船队461万载重吨，均居世界第一。中国远洋海运集团完善的全球化服务筑就了网络服务优势与品牌优势。码头、物流、航运金融、修造船等上下游产业链形成了较为完整的产业结构体系。集团在全球集装箱码头超过52个，泊位数超过218个，集装箱年处理能力11 800万TEU，集装箱码头吞吐量居世界第一。全球船舶燃料销量超过2 500万吨，居世界第一。集装箱租赁规模超过 270 万 TEU，居世界第三。海洋工程装备制造接单规模以及船舶代理业务也稳居世界前列。

中国远洋海运集团发展愿景是，承载中国经济全球化使命，整合优势资源，打造以航运、综合物流及相关金融服务为支柱，多产业集群、全球领先的综合性物流供应链服务集团。

围绕“规模、盈利能力、抗周期性和全球公司”四个战略维度，中国远洋海运集团着力布局航运、物流、金融、装备制造、航运服务、社会化产业和基于商业模式创新的互联网 + 相关业务“6 + 1”产业集群，进一步促进航运要素的整合，全力打造全球领先的综合物流供应链服务商。

航运产业集群：集装箱运输、码头投资经营、油轮运输、液化天然气运输、干散货运输和客轮运输业务构成了集团的航运产业集群。作为核心产业集群，它将进一步巩固中国远洋海运集团全球第一大综合航运企业的地位。

物流产业集群：物流产业集群包括工程物流、货运代理、仓储网络、多式联运、船舶代理等业务。定位于全球领先的综合性第三方物流服务商，将成为中国企业走向海外市场优先选择的全球物流合作伙伴。

航运金融产业集群：金融产业集群包括船舶租赁、航运保险、供应链金融、物流园区投资、股权投资和以“一带一路”基础设施投资为主的资产投资。其发展目标是，成为中国第一的航运金融及物流金融产业集群，立足中国，逐步在全球范围内建立领先地位。

装备制造产业集群：装备制造产业集群包括船舶制造、海洋工程制造、船舶维修和集装箱制造等业务。作为集团的重要产业集群，将继续巩固在海洋工程装备和船舶制造及相关领域的核心技术、市场份额等方面的领先优势。

航运服务产业集群：航运服务产业集群主要包括船舶管理、船员管理、船舶备件采购、通导技术管理和燃料、物料供应等业务，将为航运主业提供坚实的保障。

社会化产业集群：社会化产业集群包括地产资源开发、酒店管理、医院、学校等社会化服务业务，是打造新产业的孵化器，也是培育专业人才的基地。

互联网 + 相关业务：基于商业模式创新的互联网 + 相关业务将以大数据的高品质服务新业态，推动各业务转型升级，实现互联网资源与航运要素的集成应用。

（2）中国外运长航集团有限公司（简称中国外运长航）由中国对外贸易运输（集团）总公司与中国长江航运（集团）总公司于 2008 年 12 月重组成立，总部设在北京。2015 年，经国务院批准，招商局集团有限公司（简称“招商局”）与中国外运长航实施战略重组，中国外运长航整体并入招商局。中国外运长航是以物流为核心主业、航运为重要支柱业务、船舶重工为相关配套业务的中国最大的综合物流服务供应商。

中国外运长航控股两家 A 股上市公司、两家香港上市公司，下属境内外企业 730 余家，网络范围覆盖了全国所有省、自治区、直辖市，以及韩国、日本、加拿大、美国、德国等 50 个贸易国家和地区,与400多家知名的境外运输与物流服务商建立了业务代理和战略合作伙伴关系。

在物流领域,中国外运长航是中国最大的国际货运代理公司、最大的航空货运和国际快件代理公司、第二大船务代理公司。通过世界各国的海外代理,搭建了在世界主要贸易地区的业务平台,形成遍布全球的货运代理网络。业务遍及国内各省市和口岸,年报关量、预录入量均超过100万票。通过世界各国的海外代理,拥有在世界主要贸易地区的业务平台,形成遍布全球的货运代理网络。

中国外运长航与40多家航空公司、100多家海外货运代理企业紧密合作,服务范围通达全球,为客户提供最优化的航空进出口货运服务。服务内容包括:进出口货物的运输代理服务及包机服务;进口全程的门到门服务:包括国外订舱,国内口岸转运,进口清关服务,将货物直接从国外工厂运到客户指定的仓库等环节;出口门到门服务:包括包装、集中托运、出口报关、国内中转、目的地清关派送等环节。

中国外运长航提供国际铁路联运及大陆桥运输。业务覆盖俄罗斯、中亚五国、蒙古、越南、欧洲等地区。

国际铁路联运:通过全程铁路运输方式,运送中国出口周边及欧洲国家的贸易货物。中国外运长航提供以铁路车皮或集装箱从中国运至目的国的运输代理服务。中国外运长航利用遍布全国的各级子公司和莫斯科、阿拉木图、乌兰巴托代表处,利用同周边及欧洲国家货运代理公司、铁路建立的长期良好业务合作关系,本着“安全、迅速、准确、节省、方便、满意”的原则,占据着30%的市场份额。

大陆桥运输:指日、韩、东南亚及北美、欧洲等国的货物经中国港口(如新港、连云港、青岛等)上岸,通过铁路过境中国运输至俄罗斯、中亚、蒙古、欧洲等国家和地区及其相反方向的运输服务。中国外运是大陆桥运输的先行者及主要经营人,长期经营天津至乌兰巴托以及天津、青岛、连云港至阿拉木图的集装箱班列运输产品,在件杂货及大宗物资的大陆桥过境运输上也积累了丰富经验。由于大陆桥运输相对缩短了运输距离、减少了运输时间、环保节能,深受客户的欢迎。

随着中国同欧盟国家贸易的不断增长,中国外运长航正在开展中国至欧盟的铁路运输通道。亚欧铁路运输通道将为中国非沿海地区至欧洲腹地的货物运输提供一种全新的选择。

在航运领域,中国外运长航是中国三大船公司之一,中国内河最大的骨干航运企业集团,中国唯一能实现远洋、沿海、长江、运河全程物流服务的航运企业。

中国外运长航拥有和控制集装箱船舶190余艘,箱位超过82 000TEU,在国内外主要制造和贸易地区建立了班轮和驳船业务,服务网络遍布长江沿线、国内沿海、东北亚及泛太平洋地区。中国外运长航在国内各大口岸班轮市场占有重要份额,在全球也以优质的集装箱运输服务而享有盛誉。

中国外运长航拥有和控制包括30万吨级、11万吨级、7万吨级和5万吨级在内的各类油轮240余艘、872万载重吨，业务领域覆盖长江、沿海、近洋和远洋的石油运输。

目前，中国外运长航是中国大陆最具实力的专业化油轮运输船队之一：其长江原油运输多年来一直是保证沿江各大炼厂原油进厂的唯一通道；沿海运输承运中国沿海包括海进江运输市场近1/3的运量；远洋运输辐射世界各大港口。

船舶工业形成以船舶建造和修理、港口机械、电机产品为核心的工业体系，在国内外享有知名声誉，年造船能力超过400万载重吨。

2. 海外国际物流企业

（1）日本日通公司。日本日通公司是世界最大的综合物流服务商之一。其服务范围包括空运服务和海运服务。其在空运服务领域的服务项目除传统的国际拼装货物运输外，还包括自由选择报关方法以及包括易坏货物的区分乃至交货后提供PC系统安装服务在内的全方位服务。1996年，日通公司被国际航空运输协会评为全球最大的货运代理公司，它的服务网连接世界500多个城市。日通海运服务通过全球服务系统为全球客户服务，其全球服务系统称为“全球客户服务”，将其独特的硬件、软件技术和网络功能融为一体，为全球范围小批量海运货物提供门对门服务。在日本国内，日通在遍及全国的27个港口建有战略性运输中心，其中任何一个港口都可以进行国际运输。此外，还建有大约15个内地仓库以简便进出口和报关手续。为了适应竞争的需要，日通公司通过提供即时信息（每分钟更新）建立了支持全球范围的战略性分拨信息系统。在美国、欧洲、亚洲和大洋洲的主要经营中心都已有高速数字通信线路连接，国内491个中心的任务就是促进高速信息传输。除以上服务外，日通还提供以下服务：卡车运输；搬家；小包装货物递送；铁路运输；国内海运；重物托运和建造；仓储；安全运输；艺术品运输等。

（2）美国总统轮船（APL）公司。美国总统轮船公司是世界第五大海运公司。美国总统轮船公司通过拥有高级信息技术的多式联运网络为客户提供世界范围的集装箱运输和物流服务。它拥有一只76只集装箱船的船队，有250 000多只各种尺寸的集装箱分布在世界各地，保证集装箱服务的正常进行，并且提供双层集装箱铁路运输服务，以配合北美地区的多式联运业务完成。美国总统轮船公司为许多生产者及商家提供包括有形物流在内的全球供应链管理。

（3）瑞士泛亚班拿（PANALPINA）集团。泛亚班拿是世界最主要的、最先进的物流集团之一。其核心业务是洲际航空货运及海洋货运，同时还处理传统的货物交托业务。该集团专长于为跨国集团提供物流服务，尤其是汽车、电子、电信、石油能源和医药等行业集团。泛亚班拿集团在62个国家有284家分支机构，在全球范围内有10 000名员工。

泛亚班拿集团的战略以“综合运送”的观念为基础，不向客户提供单独的标准化服务，而是提供综合的以用户为中心的、灵活的解决方案，以充分满足客户的各种需求。

（4）A. P. 穆勒－马士基有限公司。成立于1904年，总部位于丹麦哥本哈根，在130

多个国家/地区拥有88 000多名员工。2015年实现营业收入403亿美元。在集装箱运输、物流、码头运营、石油和天然气开采与生产,以及与航运和零售行业相关的其他活动中,为客户提供了一流的服务。

A. P. 穆勒－马士基有限公司旗下的马士基航运是全球最大的集装箱承运输公司,成立于1928年。现有员工33 000名。通过遍布114个国家/地区的306个办事处以及611艘船舶,往来于世界各地的343个港口。2014年,马士基集团位列世界500强第172名。提供通过海运和陆运实现全球各地的点对点运输。马士基航运公司一直在提供可靠、灵活、高效、节能、环保的运输和物流服务。

集装箱运输及相关业务还有:

丹马士物流(DAMCO Logistics)。整合了原马士基物流和德高物流形成的世界一流物流公司,可以为客户提供高效的供应链服务。

马士基集装箱码头公司(APM Terminals)。业务范围为集装箱码头建设和运营。

马士基集装箱工业公司(Maersk Container Industry)。生产冷藏集装箱及其他各种集装箱。

南非海运(Safmarine)。主要经营南北航线及非洲航线。

穆勒亚洲航运(MCC Transport)。A. P. 穆勒－马士基集团航运业务旗下专注经营亚洲区内集装箱航运的子公司。

SeaLand公司。专门为美洲地区的港口服务的区域性集装箱货运公司。

四、 海外仓与保税仓

(一) 海外仓

海外仓已经成为促进跨境电商发展的重要环节,对我国外贸产业的转型升级、提高竞争优势有积极作用。我国政府对企业设立海外仓给予大力支持,无论是卖家方还是平台方都感受到本土化体验和便捷,从而促进了中国品牌全球化。

1. 定义

海外仓是从事出口跨境电子商务的企业在国外自建或租用仓库,将货物批量发送至国外仓库,实现国外销售、配送的跨国物流形式。

海外仓的本质就是将跨境贸易实现本地化,提升消费者购物体验,从而提高跨境卖家在出口目的地市场的本地竞争力。

2. 海外仓的分类

根据运营主体的不同,海外仓分为自营海外仓和第三方公共服务海外仓。

自营海外仓模式是指由出口跨境电商企业建设并运营的海外仓库,仅为本企业销售的商品提供仓储、配送等物流服务的物流模式,也就是整个跨境电商物流体系是由出口跨境电商企业自身控制的。

第三方公共服务海外仓模式是指由第三方物流企业建设并运营的海外仓库,并且可以为众多的出口跨境电商企业提供清关、入库质检、接收订单、订单分拣、多渠道发货、后续运输等物流服务的物流模式,也就是整个跨境电商物流体系是由第三方物流企业控制的。

3. 海外仓的优势

(1) 交通便利,功能多样。海外仓选址一般在交通便利的地方,有些海外仓也靠近枢纽机场,适应直邮、直购、保税备货、一般贸易各种清关模式,既有进口备货功能,也有出口备货功能。对于跨境电商来讲,简直是如虎添翼。

(2) 降低物流成本。跨境卖家以一般贸易的方式将货物输出至海外仓,以批量的形式完成头程运输,比零散地用国际快递走货要节省成本。一些产品还能享受到出口退税的政策。

(3) 缩短配送时间,提升客户满意度。例如,同时用商业快递从国内发货给美国卖家,小包 7 ~ 15 天,快递 3 ~ 7 天,有时甚至更长。如果在本地使用海外仓进行发货,仅需要 2 天左右,相比国内发货的时间,缩短的不止一两倍。加快配送速度,缩短配送时间,也就缩短了整个订单交易的时间,让消费者享受到本土化的购物,更容易获得卖家的信任感,以及很好地提升客户满意度。

(4) 可以退换货,提高海外买家的购物体验。每个买家都是十分看重售后服务的。境外买家也不例外。如果境外买家购买了产品,因为各种因素需要进行退换货的话,而卖家如果让买家将货退到国内的话,会很不划算。如果是退到海外仓的话,就方便多了。海外仓能给买家提供退换货服务,也就能提高买家的购物体验,提高买家的重复购买率。

(5) 有助于卖家扩大产品 SKU,占领市场。使用海外仓能够卖出更多的产品,占领更大的市场。

(6) 能使卖家更严谨地对待选品问题。做海外仓库存的产品,一来需要保证质量,二来需要适合当地买家的需求,这样才能令卖家盈利。因此,卖家会更严谨对待选品问题。

(7) 卖家无需操心仓储与配送问题。将货物发往海外仓,相当于将仓储与配送业务外包给海外仓服务商。海外仓服务商因地制宜,拥有更专业的团队和丰富的仓储管理经验。只要卖家下达订单发货指令,他们就会为卖家处理订单。卖家不必再将时间花在产品仓储、库存盘点和打包配送这些环节之上。

(8) 能有效避免物流高峰 。以节日为例,每逢西方国家的节假日,如圣诞节、万圣节或“黑五”这种疯狂扫货日,国内卖家会集中在节后大量发货,势必会严重影响到国际物流商的运转速度,进而影响买家的收货时间。漫长的等待会让买家产生不满的情绪,甚至会取消订单,令卖家流失掉客户。这时,海外仓的优势就凸显出来了,卖家已经提前将货物批量发到海外仓了,只要下达指令进行本土配送就行了,不用受物流高峰的困扰。

4. 海外仓的劣势

(1) 卖家无法像管理自己的仓库一样管理海外仓。货发到海外仓后,卖家就再也无法接触到货物。这时卖家可以提前去实地考察,确认海外仓服务商提供的仓储环境和货物管理方法都符合要求,再将货物交给对方。

(2) 库存压力大,仓储成本高,资金周转不便。海外仓的仓储费用高。假如出现了销量不理想的情况,那么货物会一直压在仓中,就会继续增加仓储成本。鉴于此,卖家可以选择在店铺销售旺季时使用海外仓,在淡季则不用或减少使用。

5. 海外仓的运作

(1) 需要提前囤货。海外仓的产品都是批量出境的,在上架销售过程中,受市场多方面的影响,可能存在滞销的风险。所以卖家需要提前对自己产品的销量做出预测与判断。如果觉得市场不错的话,可以发多一些产品到海外仓;如果是无法预估未来的销售情况的,就先少发一些,等到日后销量好的时候再进行补货。

(2) 做好货物清关。卖家一般是以货物的形式通过海运或者空运发到海外仓储地点,需要挑选清关能力较强的货代公司或国际物流公司,保证货物顺利清关,到达海外仓。

(3) 对海外仓进行实时的库存管控。卖家选择了海外仓,相当于将仓库、配送、物流、库存管理等业务都外包给了海外仓储供应商。那么,海外仓服务商有义务把库存信息共享给卖家,让卖家实时掌握库存情况。

同时,在本地发货,买家会拉高对配送时间的要求。在发货过程中,作为卖家指定的第三方仓储服务商,需要按照卖家的指令对货物包装、配送、售后服务,如出现特殊情况,需要及时反馈卖家。

(4) 重视线上推广和多渠道营销。使用海外仓,因为产品一旦滞销的话,各方面的成本只会有增无减,所以卖家一定要集中精力做好产品销售。其实,在很多电商平台上,促销、打折、秒杀、拼团已是常规的销售手段,卖家除了积极参与之外,也可以进行站外营销,如邮件营销、社交媒体营销(社交媒体如 Facebook、Twitter、YouTube),也可以通过其他站外推广方式进行引流。除此外,卖家也可以在多个平台同时运营,也可以积极发展当地代理商。

(5) 及时补仓。根据需求进行定期补货,如果发现其中有些产品卖得比较不错的,也可以多补一些以保证不会出现断货。卖家可以根据销售情况做库存分析,及时采购以保证补货的时间。

(6) 适时清仓。卖家也要控制海外仓的库存量。对于滞销品,卖家可以低价促销,或者改变产品描述、放在比较好的位置重点展示,或者是重新搭配,价值不高的可作为赠品处理。

(二) 保税仓

1. 定义

保税仓库,是指经海关批准设立的专门存放保税货物及其他未办结海关手续货物的仓库。

2. 分类

保税仓库按照使用对象不同分为公用型保税仓库、自用型保税仓库。

公用型保税仓库由主营仓储业务的中国境内独立企业法人经营,专门向社会提供保税仓储服务。

自用型保税仓库由特定的中国境内独立企业法人经营,仅存储供本企业自用的保税货物。

保税仓库中专门用来存储具有特定用途或特殊种类商品的称为专用型保税仓库。

专用型保税仓库包括液体危险品保税仓库、备料保税仓库、寄售维修保税仓库和其他专用型保税仓库。

液体危险品保税仓库,是指符合国家关于危险化学品仓储规定的,专门提供石油、成品油或者其他散装液体危险化学品保税仓储服务的保税仓库。

备料保税仓库,是指加工贸易企业存储为加工复出口产品所进口的原材料、设备及其零部件的保税仓库,所存保税货物仅限于供应本企业。

寄售维修保税仓库,是指专门存储为维修外国产品所进口寄售零配件的保税仓库。

3. 特点和功能

(1) 替代香港存储暂进口货物、转口贸易货物和待售货物(免做商检、免证、免税)。

(2) 替代香港进行出口拼柜、进口拆柜和国际配送(免做商检、免证、免税)。

(3) 国际贸易退港返修保税加工维修业务(免做商检、免证、免税)。

(4) 保税简单加工,组装,改箱,贴标签业务(免做商检、免证、免税)。

(5) 替代香港"一日游",完成国货出口(退税)复进口物流业务(当天完成)出货—运输—报关—仓储—退税等一站式服务。

(6) 解决转厂贸易中编码不一致的问题。

(7) 具有一定的展示功能,国外货物进入保税区免关税,国内客户可到保税区看货,选货,然后再做进口,未被选中的,再返回国外,方便简单。

(8) 中转接驳功能,大型机器可以从香港进入保税区,然后转到大陆车上运往工厂,节省成本。

4. 监管要求

我国现行海关法令规定:

(1) 保税仓库对所存放的货物,应有专人负责,要求于每月的前五天内将上月所存货物的收、付、存等情况列表报送当地海关核查。

(2) 保税仓库中不得对所存货物进行加工,如需改变包装、加刷唛码,必须在海关监管下进行。

(3) 海关认为必要时,可以会同保税仓库的经理人,双方共同加锁,即实行联锁制度。海关可以随时派员进入仓库检查货物的储存情况和有关账册，必要时要派员驻库监管。

（4）保税货物在保税仓库所在地海关入境时，货主或其代理人（如货主委托保税仓库办理的即由保税仓库经理人）填写进口货物报关单一式三份，加盖“保税仓库货物”印章，并注明此货物系存入保税仓库，向海关申报，经海关查验放行后，一份由海关留存，二份随货带交保税仓库。保税仓库经理人应于货物入库后即在上述报关单上签收，其中一份留存保税仓库，作为入库的主要凭证，一份交回海关存查。

（5）货主在保税仓库所在地以外的其他口岸进口货物，应按海关对转口运输货物的规定办理转口手续。货物运抵后再按上述规定办理入库手续。

（6）保税货物复运出口时，货主或其代理人要填写出口货物报关单一式三份并交验进口时由海关签印的报关单，向当地海关办理复运出口手续，经海关核查与实货相符后签印，一份留存，一份发还，一份随货带交出境地海关凭以放行货物出境。

（7）存放在保税仓库的保税货物要转为国内市场销售，货主或其代理人必须事先向海关申报，递交进口货物许可证件、进口货物报关单和海关需要的其他单证，并交纳关税和产品（增值）税或工商统一税后，由海关核准并签印放行。保税仓库凭海关核准单证发货，并将原进口货物报关单注销。

（8）对用于中、外国际航行船舶的保税油料和零配件以及用于保税期限内免税维修有关外国产品的保税零配件，海关免征关税和产品（增值）税或工商统一税。

（9）对从事来料加工、进料加工备料保税仓库提取的货物，货主应事先将批准文件、合同等有关单证向海关办理备案登记手续，并填写来料加工、进料加工专用报关单和《保税仓库领料核准单》一式三份，一份由批准海关备存，一份由领料人留存，一份由海关签盖放行章后交货主。仓库经理人凭海关签印的领料核准单交付有关货物并凭以向海关办理核销手续。

第二节　城市物流

一、城市物流的内涵

城市物流（Urban Logistics）是指为城市服务的物流，它服务于城市经济发展的需要，指物品在城市内部的实体流动，城市与外部区域的货物集散以及城市废弃物清理的过程，并存在不同的模式、体系和存在形态，和其他形式的物流有一定区别。现在人们研究得比较多的主要是企业现代物流以及服务于社会的第三方物流，而对城市物流、物流与区域经济发展研究的比较少。

二、城市物流的特点

1. 城市物流涉及的领域广

从物流活动所涉及的领域来看，城市物流不仅包括生产领域、流通领域，而且包括消费领域，因此，它涉及社会再生产全过程的每一个环节。同时，相对一个国家来讲，可以认为城市物流是中观物流，属于区域物流；企业物流虽然涉及社会再生产的全过程，但主要的还是指生产领域的物流，在范围上也仅局限于一个企业，属于微观物流。

2. 城市物流的物流对象多

从物流的对象来看，城市物流流动的物质资料既有生产所需要的各种原材料、机器设备等生产资料，又有人们生活消费的各种消费品，还包括城市废弃物品的流动。在企业物流中，我们只考察企业生产经营过程中所发生的原材料和企业产成品的物流问题，而企业劳动者所需的生活资料的物流问题并未考虑在内。

3. 城市物流的规模大、流量多

从物流的规模或流量来看，城市物流的规模或流量要比企业物流大得多。城市物流的规模或流量不仅取决于城市自身经济的发展状况，而且要受其他城市或周围农村乃至其他国家经济发展的影响；而企业物流，就单个企业而言，物流的规模或流量仅由该企业生产经营的规模大小来决定。

4. 城市物流的形式多

从物流的形式来看，城市物流一般有三种形式：第一种为货物通过的形式，它是指这一城市外其他城市之间或地区之间货物移动时经过该城市的物流活动；第二种为货物的集、散，它是指城市本身是某些货物的发货点（本城市生产满足其他城市或地区需求的产品）或收货点（其他城市或地区满足本城市的需求），或者既是某些货物的发货点又是收货点；第三种为干线运输的物流，它是指伴随铁路、船舶、路线卡车等干线运输而产生的物流。

5. 城市物流管理涉及社会各方面

从物流管理上来看，城市物流管理所涉及的面广，既有城市内成千上万家企业、单位和家庭，又有其他城市和周围农村的企业、单位和家庭；所涉及的部门多，几乎包括了三次产业的所有部门；所涉及的因素广泛，包括影响经济社会发展的所有因素等。

6. 城市物流的节点多、分布广

如果将最终用户称为物流末端节点的话，则可以说城市物流的末端节点数量最多，分布最广。末端节点越多，相应需要的中转节点也越多。每个工厂、机关、学校、商店、货运站、配送中心都形成了物流的节点。不同层次的物流节点分布在城市的四面八方。城市的物流园区、物流中心、配送中心都是中转节点，这些大的、小的物流节点之间的联系，构成了城市物流网络。

三、城市物流对区域经济发展的影响

城市物流与区域经济是相互影响的，城市物流的各种功能的发挥需要依靠区域经济的支持，同时，城市物流作为区域物流的一种，在功能和性质上对区域经济的发展有着两个方面的影响，即消极影响和积极影响。

（一）积极影响

1. 降低交易成本，提升运作效率

当城市物流与区域经济的发展相协调时，城市物流的运作可以达到满负荷，经过物流管理的网络化安排，可以将物流运输多点联合，降低交易中的运输成本，即降低了物流的成本，从而可以在很大程度上提升区域经济内的各种产业的整体竞争力。

2. 优化城市环境

城市物流的一个最大负面影响就是对城市的各种污染。各种垃圾和汽车尾气的产生都会给城市环境造成极大的破坏，而相协调的城市物流与区域经济可以使物资的运送和物流的管理达到最大效率的运作状态，最大限度地降低资源的浪费，缓解城市中的交通压力，减少汽车尾气的污染和物流垃圾污染，系统的规划也必然会促使城市物流的进一步发展。

3. 扩大就业

物流业本身就是一个劳动力需求较大的行业，而随着物流业的发展，必然会促使其对劳动力的需求不断增长，这也就带动了就业人数的增加，为区域内的闲置人才就业提供了平台，因此降低了城市的就业压力，提升了区域内的整体经济发展。

4. 优化区域内的产业结构

从经济的发展角度来看，要达到区域经济的增长就需要对区域内的产业结构不断优化，完成第一、第二、第三产业结构的演变。物流产业虽然归属在第三产业中，但由于物流业是一个牵连范围广的特殊产业，几乎关联了所有产业，它的发展也必然会提升各种相关产业的发展。城市物流的发展必然会促进区域内产业结构的优化，促进整体区域经济的发展。

（二）消极影响

无论是城市物流的发展高于或者低于区域经济的发展，都会给区域经济的发展和环境带来一定的负面影响，而且，其带给区域经济的负面影响都会大于正面影响。当城市物流的发展低于区域经济的发展时，由于城市物流的正面作用不能全部发挥，就会表现出一定的弊端，如生产生活所需的物资不能通畅配送，物流库存量大，物流成本增加，物流时效性降低，这些物流上的运作阻碍，必然会导致物流工作的低效，不利于城市物资的流通，也会使得城市和区域之间的合作程度降低，最终严重制约区域经济的发展。同时，这种消极的影响还能辐射到城市中的各种企业，不利于整个社会生产的分工和专业化生产的进程。当城市物流的发展高于区域经济的发展时，同样也会产生很多的问题，如城市物流对经济的带动性不能达到最大的效应，与此同时，由于区域经济的落后，区域中的物资需求不能满足城市物流的运作，物流产业就会形成大量的资金和资源浪费，物流就会成为区域经济发展的一个包袱，更谈不上带动区域经济的发展了。

四、城市物流系统规划

（一）城市物流系统规划目标

城市物流规划的总体目标是构建与完善城市现代物流服务网络体系，形成布局合理的物流结点网络体系和多种运输方式相配套的综合运输体系，打造“货畅其流”的城市物流环境，提升整个城市的综合竞争力与城市居民的生活质量。具体目标为：

（1）为工商企业生产经营活动提供良好的物流环境，以提高工商企业的物流质量和市场竞争力；

（2）促进城市产业集群，降低城市物流成本，获得规模经济效益；

（3）增强本地区企业在商品流通领域的竞争优势，加大商品的辐射范围，提高商品流通效率，降低流通费用；

（4）将物流业作为城市经济发展的重要支柱产业，带动社会经济的持续发展；

（5）利用本地区优越的区位优势和交通条件，建设成为区域性的物流枢纽；

（6）优化企业的物流系统，提高企业物流管理水平和物流运作效率；

（7）缓解城市交通压力，改善城市投资环境，提高城市综合竞争力。

（二）城市物流系统规划原则

1. 一致性原则

每一个城市为了服务于城市整体利益和公共利益，为实现社会经济综合发展的长远目标，都要进行城市规划，而城市物流规划是城市规划的一部分。城市物流规划不能局限于物流系统内，还应该考虑城市的整个产业结构、空间布局要求等因素。从更宏观的角度来看，城市物流规划要在城市规划的前提下进行，必须与城市的总体规划保持一致，避免盲目的重复建设以及与城市规划的不协调。

2. 系统性原则

城市物流规划时既要充分考虑系统外部因素，如城市区域资源、经济发展水平、城市定位等，又要考虑物流系统内部各要素，如交通运输、物流设施等，不能顾此失彼。城市物流规划时要把物流活动的每一环节看作是物流系统的一个必不可少的要素，不可只考虑局部环节，而使整个物流系统的效率受到影响。

3. 前瞻性原则

城市物流规划不能仅局限于过去和当前的物流现状，还要根据城市未来的发展方向、产业特点及经济趋势对物流发展方向做科学预测，使物流规划具有适当超前性与连贯性，避免出现刚建好的物流设施就已不适应当前物流需要的情况。

4. 可行性原则

城市物流规划要具有很强的指导性和可操作性，除了对物流空间布局进行系统化、科学性的说明，还要对物流结点空间位置做出规划，便于政府相关部门根据规划进行具体实施，达到“规划落地”的效果。在具体项目实施的过程中，要对各个项目的实施时序做出详细规划，不同阶段的项目实施对城市物流系统所产生的影响要做出阶段性说明。

5. 市场化原则

城市物流系统的建设，既服务于城市经济的发展，又受制于城市的经济发展水平。同时，城市物流系统规划的合理化主要表现在使物流系统总体的经济运行取得最佳效益的分工与合作。必须强调城市物流系统规划的产业支持，没有产业化支持，仅仅停留在城市物流系统的规模扩张上，是不能实现城市物流系统规划的宗旨的。只有根据市场需求，坚持以市场为导向，尽量减少不必要的行政干预，努力营造一个公平有序的市场竞争环境，把比较优势转化为经济优势，根据不同条件发挥城市各物流子系统的最大潜能，进行合理的产业分工布局，使整体的城市物流系统走向合理化，才能达到优化资源配置、提高效益和全局经济增长的目的。

（三）城市物流系统规划内容

1. 城市物流战略确定

城市物流战略规划是通过对城市物流系统所处的宏观环境和微观环境、城市自身与竞争者之间的分析，找出自身的优势与劣势、机会与威胁，进而确定城市物流系统的战略定位和战略目标，并对阶段性目标给出量化指标，最终使城市物流系统目标具有很强的动态性和战略性。城市物流战略的基本内容包括战略定位、战略目标和框架体系。制定城市物流战略的具体步骤如下：

（1）城市物流环境分析与评价。环境分析要做到全面和深入。根据适当的评价标准，应用合适的方法，通过对城市物流所处的内外环境分析以及与竞争者比较，找出差别优势，突出制约城市物流发展中的瓶颈，从而为城市物流战略的制定打下基础。

（2）确定城市物流的战略定位。战略定位要给出城市物流在不同区域经济范围的战略定位。城市物流是以城市为依托的物流，从属于区域物流的范畴，也必须服从于区域经济的需要。城市物流不仅包括生产领域、流通领域，而且包括消费领域，涉及社会再生产的全过程的每一个环节。城市物流的规模、流量、服务水平等物流指标都受到服务区域经济范围的直接影响，因此，城市物流在不同区域经济范围的战略定位不同。

（3）制定阶段性战略目标。战略目标是指在一定时期内可以实现的量化成果或期望值，主要包括服务水平目标、物流成本目标（或者物流费用目标）、经济效益目标、社会责任目标和技术应用指标等内容。

2. 城市物流空间布局规划

城市物流空间布局规划是通过分析影响物流需求发展的影响因素,根据各因素的发展趋势预测未来城市物流发展的需求。在城市物流基础设施建设现状的基础上,定量预测和定性分析相结合,进行物流结点的规模预测、布局规划和通道规划,并根据城市的实际情况,提出物流结点项目选址、功能定位和发展策略。城市物流空间布局规划包括:物流空间布局模式规划、物流结点布局规划、通道布局规划和物流结点详细规划。具体步骤如下:

(1) 物流需求和流量预测。结合城市物流环境分析的成果,对城市物流需求总量做出预测,并对城市主要货运方向的物流流量做出预测。针对不同城市的区域经济特性,可以选择特定对象进行预测,如:针对城市特色产业和支柱产业的主要货种做出物流需求量预测。

(2) 物流空间模式规划。对城市物流空间现状做出分析和评价,并结合城市总体规划、交通路网规划、商业网点规划、铁路装卸站点规划等相关规划,依据城市物流战略定位以及物流需求量和流量预测结果,对城市物流空间模式做出规划。

(3) 物流结点空间布局。在城市总体规划的框架下,根据城市产业布局和区域经济发展,合理规划城市物流结点空间布局体系。作为城市物流空间规划的重要组成部分,物流结点空间布局的合理性将直接影响城市物流战略定位的实施。

(4) 通道布局规划。城市通道布局规划分为两个层次:物流通道规划和配送通道规划。主要解决不同范围区域内物流结点之间、结点与各种运输方式转运站之间安全、顺畅的连接问题,在城市都市圈内物流结点与消费者之间构建全面、快速、方便的配送网络。通道布局的结构将直接影响城市物流的服务范围和服务水平,并且对城市区域经济的发展起到制约和推动作用。

(5) 物流结点规划。物流结点规划遵从物流结点空间布局模式,将结点的具体方位进行细化,对结点的功能定位和发展策略做出详细规划,实现结点空间布局的总体战略定位,体现不同方向通道的物流功能和区域经济的支撑作用。

3. 城市物流信息平台

城市物流信息平台规划步骤如下:

(1) 制定规划目标。城市物流信息平台不同于企业内部物流信息系统,它不仅为各企业内部信息系统提供支撑,满足企业对公用信息的需求,实现企业物流信息系统各项功能的完善,而且通过公共信息平台逐步建立政府部门之间的行业管理与市场规范化管理等各方面的协同工作机制,实现政府和企业的即时交流。

(2) 分析影响因素。主要进行城市物流信息需求分析,包括:物流信息网络基础设施分析、物流信息交易市场分析、信息系统应用现状分析等。另外,信息平台的设计要与城市物流战略定位、物流结点功能定位、区域经济发展等相关因素结合分析。

（3）规划总体框架。根据城市物流信息平台的功能和服务对象，可设计为三层结构：公共信息服务层、政府职能部门管理层和企业物流管理应用层。

① 公共信息服务层。面向社会用户，提供基础信息的查询和发布功能。这一层是城市物流信息平台的门户层，主要是一种媒体宣传作用。

② 政府职能部门管理层。面向政府职能部门和会员用户部门，提供部门和企业间的数据交换和网上管理功能，这一层是物流信息平台的核心。

③ 企业物流管理应用层。针对申请服务的物流企业，为企业的经营管理提供应用服务，为企业自建物流信息系统提供标准接口，企业可以通过公共物流信息平台采集物流信息，并且可在共用系统的基础上进一步开发本企业的物流应用系统。这一层是城市物流信息平台的功能扩展层。

（4）规划信息平台各层子系统。根据不同城市物流信息平台的特性，对信息平台不同层次的子系统进行规划设计，实现城市物流信息平台的整体功能，为城市物流战略定位和物流空间布局规划的顺利实施提供保障。

4. 城市物流实施保障体系

城市物流实施保障体系是根据城市物流空间布局和信息平台建设规划的具体要求，同时考虑到各个物流结点在实际运作过程中所要面临的诸多问题，为城市物流规划的顺利实施提供运作主体培育体系规划和政策保障体系规划，营造良好的现代物流业发展软环境，构建行之有效的现代物流业政策平台，切实推动和保障现代物流业的发展。城市物流实施保障体系的主要内容包括城市物流运作主体培育策略和城市物流规划实施保障策略。

（1）城市物流运作主体培育策略。主要是物流供给和物流需求两方面的主体培育。通过企业组织创新，变传统物流为现代物流，变“物流自理”为“物流代理”，变“企业物流”为“物流企业”，优化物流供给，引导物流需求，培育物流市场。

（2）城市物流规划政策保障策略。物流政策主要归结为：物流基础设施发展政策、物流信息化推进政策、现代物流业协调机制、物流人才培养政策等相关政策。

第三节　冷链物流

一、冷链物流的含义

冷链物流泛指冷藏冷冻类食品在生产、贮藏、运输、销售等各个环节中始终处于规定的低温环境下，以保证食品质量，减少食品损耗的一项系统工程。它是随着科学技术的进步、制冷技术的发展而建立起来的，是以冷冻工艺学为基础、以制冷技术为手段的低温物流过程。

二、冷链物流的适用范围

初级农产品：部分蔬菜、水果、肉、禽、蛋、鱼、海鲜、花卉等产品。

经加工食品：经过加工的禽、肉、水产品；包装熟食、冰淇淋、奶制品、快餐原料等。

特殊商品：药品和疫苗。

部分产品最佳储藏温度：

（1）冷冻畜禽肉水产品、冷冻果汁、冷冻饮品、冰蛋、速冻蔬菜、冷冻调制食品≤－18℃；

（2）冰淇淋≤－23℃～－25℃；

（3）金枪鱼≤－50℃；

（4）运输温度≤－45℃；

（5）大白菜、土豆为0℃～15℃；

（6）番茄分前、中、后期适宜温度；

（7）苹果为－1℃～2℃。

三、冷链物流的特点

1. 协调性

易腐的生鲜产品不易储存，因此需要桥接，冷链物流的要求必须是高效运行的同时，每个环节必须在物流过程中有一个协调，以保证连接的稳定性。

2. 复杂性

冷链物流必须遵循3T原则，即冷链中贮藏和流通时间（Time）、温度（Temperature）和产品耐藏性（Tolerance）决定产品最终质量。温度变化和时间影响冷藏物品的质量。根据不同产品的保存温度，产品都有相应的温度控制和存储的时间。冷链物流的复杂性大大增强，因此说，冷链物流是一个庞大的系统工程。

3. 高成本性

高成本性主要体现在：易腐生鲜产品在流通各环节中始终处于规定的低温条件下，因此需要安装温控设备，或者使用冷藏车或低温仓库。为了进一步提高物流运作效率，必须采用先进的信息系统。以上这些都决定了冷链物流的成本要比其他物流成本偏高。

四、冷链物流相关设备与技术

（一）主要建筑结构形式

1. 土建式冷库

目前国内在建的数万吨级以上的大型冷库，基本采用的都是土建式冷库，其建筑一般是多楼层，钢筋混凝土结构，在结构内部再用PU夹芯冷库板组装冷库，或使用PU喷涂四周的方式建造。这种使用PU喷涂的建设方式在国内已使用了40年以上。

2. 装配式冷库

前几年，装配式冷库在国内一般用于小型拼装冷库，近几年随着钢结构在许多大型建筑中广泛使用，大型的钢结构装配式冷库也在陆续建设。大型钢结构冷库柱网跨度大、柱子较小、施工周期短，更适合内部物流设备设施的规划，如货架布局、码头设备规划、内部物流动线规划等。

3. 库架合一结构

随着货架在物流中心的广泛使用，国外一些大量存储的自动冷库、多层高位货架冷库在20~30年前已大量采用库架合一结构进行建设。同时，在非货架区域配合采用PU夹芯库板拼装在钢结构外侧的施工方式，整体建成室外型冷库。目前，由于其施工水平、工程细节及精准程度要求较高，我国在冷库建设方面此种结构方式建造较少。库架合一结构由于物流中心内部没有柱网，可以达到单位面积存量最大化及物流动线顺畅化。

（二）制冷系统

制冷系统在冷链物流的投资中占有较大比重。在冷媒的选择方面，国内主要使用的是氨系列或氟系列的冷媒。另外，在较高温层，如12℃作业区，还可规划使用二次冷媒，如冰水或乙二醇。

制冷系统是由一系列的设备依统筹组装、安装而来。一般可区分为：制冷主机（主要包括机头、压力容器、油分离器、阀件等）、制冷风机（由不同的布局方式及数量、除霜设计方式，进行不同的选择配置，比如电热除霜、水除霜、热气除霜）、控制系统（由一系列的阀件、感应装置、自控装置及控制等组成）、管路与阀件系统（一般依设计配置）。

与制冷系统配套的还有压力平衡装置、温度感应装置、温度记录装置、电器设备等。

（三）存储及相关设备

与常温物流中心相同，冷链物流中心内部存储同样需要各型货架或自动化立体系统（AS/KS）。在国外，食品类商品不允许直接堆叠在地面，必须使用塑料托盘，使用货架存储。各型货架，从自动仓库使用的20多米的高位货架，到拆零拣货使用的流利架，在冷链物流中心均大量使用。与常温货架不同的是，低温库内使用的货架对钢材的材质、荷重、货架的跨度设计均有特殊要求。

为配合存储，满足生鲜食品的特殊要求，冷链物流中心的仓储库内会配置臭氧发生器、加湿器、新风机、二氧化碳发生器、其他特殊气体发生器等配套设备。

（四）冷库用门组及库板工程

（1）各型门组在冷链物流中心起着至关重要的作用，对冷链物流中心的能耗影响较大。比如，冷冻库使用的电动平移门、封闭式低温月台区使用的滑升门、人员进出门等，都需要足够的保温性能与气密性。此类门组属于低温专业用门。

(2)与门组配套的各型防撞杆。

(3)冷冻、冷藏库建设使用的聚胺酯库板也是冷链物流建设的关键材料。

(五)冷链物流月台设备设施

主要包括月台各型门罩或门封、月台调节板(电动、手动)、月台防撞设施、月台车辆尾门机坑。

(六)搬运设备

冷链物流中心内部的搬运设备主要有各型叉车,如高位货架库内的前移式叉车、步行式叉车、电动托盘车、油压托盘车,以及自动仓库内的堆垛机等。一般情况下,这些搬运设备需要耐低温的专用型设备。

与自动仓库及物流动线配合的皮带式或滚轮式的流水线也属于冷链物流中心内部的搬运设备。

(七)物流容器

冷链物流的目标商品一般是食品类和药品类商品,托盘一般需要使用塑料托盘。

除塑料托盘外,冷链物流容器还有蓄冷箱、物流箱、笼车、物流筐、台车以及与商品特性需求配合的物流容器。

(八)分拣设备

包括自动分拣机、电子标签拣货系统、RF 拣选系统、自动台车等,常温物流中心使用的设备在低温中心同样需要,但对这些设备同样有低温环境的适用性方面的要求。

生鲜食品加工中心是全程冷链物流体系中的一个环节,在考虑全程冷链物流时,通常也会将生鲜食品加工中心一并纳入考虑范围。如肉类加工中心(包括猪肉、牛羊肉、禽肉类)、水产品加工中心、蔬果净配菜类加工中心、乳制品及冰品类加工中心、烘焙类产品加工中心(如面包厂等)、连锁餐饮的中央厨房等。

生鲜食品加工中心在建造技术与设备使用方面,除包括前述冷链物流中心的全部设备外,还有食品加工类设备及食品包装类设备、清洗类设备、灭菌消毒类设备、洁净类设备等。

此外,运输作为全程冷链中极为重要、不可或缺的一个关键环节,涉及各类型冷藏车的使用。冷藏车除保温车厢外,一般会配置制冷系统、温度追踪记录系统、GPS 定位系统等。

五、 冷链物流模式

中国的冷链物流模式大致可分为五种模式:第三方(3PL)冷链物流模式、以生产加工企业为主导的自营冷链物流模式、以大型连锁经营企业为主导的自营冷链物流模式、依托大型冷冻批发市场型冷链物流模式、国有战略储备型冷库。

（一）第三方（3PL）冷链物流模式

3PL 冷链物流企业能通过全程监控冷链物流，整合冷链产品供应链的方式，为冷链物流需求方提供高效完善的冷链方案。夏晖物流是典型的 3PL 冷链物流企业，拥有从美国进口的制冷设备及 5～10 吨温度控制车辆，可以实现全程温度控制和自动化管理。夏晖物流主要为麦当劳提供一站式综合冷链物流服务业务，主要包括运输、仓储、各环节的信息处理、存货控制、产品质量安全控制等。夏晖物流根据麦当劳店面网络的分布情况建立了分拨中心和配送中心。

（二）以生产加工企业为主导的自营冷链物流模式

以加工企业为主导的自营冷链物流企业整合自有物流资源，建立多家便利店以控制销售终端，进而建设物流配送中心，实现冷链物流向原料供应商的延伸，形成“产供销一体化”的自营冷链物流模式。光明冷链物流是真正意义上的以加工企业为主导的“产供销一体化”的冷链运作模式。2003 年，光明乳业整合集团下属物流部门成立上海领鲜物流有限公司，建成 5 个区域物流中心，21 个销区物流中心，6 个转运物流中心，在 18 个大中城市分布 1 200 多家专业便利店。截至 2015 年，领鲜物流已在上海为中心的华东地区建立起强大的现代冷链物流体系，目前在华东地区拥有配送中心 27 座，常温、冷藏和冷冻库面积 16.07 万多立方米，拥有冷藏车辆 260 辆，合作承运商冷藏车辆 314 辆，日配送终端网点近 16 000 家，形成了 24 小时内送达的高效物流网络。

（三）以大型连锁经营企业为主导的自营冷链物流模式

以大型连锁经营企业为主导的自营冷链物流企业通过小批量、多批次、多品种配送，确保生鲜食品的质量安全，形成了大型零售商独自兼营配送环节为主的冷链物流模式。联华超市股份有限公司于 2000 年建成联华生鲜食品加工配送中心，总投资 6 000 万元，建筑面积 35 000 平方米，年生产能力 20 000 吨，是国内目前设备最先进、规模最大的生鲜食品加工配送中心，为其下属的 3 609 家连锁经营店铺提供冷链物流服务。

（四）依托大型冷冻批发市场型冷链物流模式

这一模式比较典型的例子有武汉白沙洲冷链食品有限公司。武汉白沙洲冷链食品有限公司通过与农产品大市场联成一体，形成产品生产、收购、加工、储运、配送和提供市场信息服务等一体化的冷链物流运作模式。武汉白沙洲冷链食品有限公司将建成 20 万吨冷库和冷冻食品、海鲜、干鲜、板栗 4 大专业市场。无论从市场建设规模、市场交易量和市场辐射范围看，还是从设施设备、库容、管理等方面看，武汉白沙洲冷链食品有限公司都具有优势竞争地位。

（五）国有战略储备型冷库

国有战略储备型冷库因其国有或集体所有性质，及其承载的特殊战略性，较少参与市场竞争。

六、冷链物流业务流程

以下为中国冷链物流网上列举的冷链物流一般业务流程。

（一）接单

（1）公路运输主管从客户处接受（传真）运输发送计划。

（2）公路运输调度从客户处接出库提货单证。

（3）核对单证。

（二）登记

（1）运输调度在登记表上分送货目的地，分收货客户标定提货号码。

（2）司机（指定人员及车辆）到运输调度中心拿提货单，并在运输登统本上确认签收。

（三）调用安排

（1）填写运输计划。

（2）填写运输在途、送到情况，追踪反馈表。

（3）计算机输单。

（四）车队交接

（1）根据送货方向、重量、体积，统筹安排车辆。

（2）报运输计划给客户处，并确认到厂提货时间。

（五）提货发运

（1）按时到达客户提货仓库。

（2）检查车辆情况。

（3）办理提货手续。

（4）提货，盖好车棚，锁好箱门。

（5）办好出厂手续。

（6）电话通知收货客户预达时间。

（六）在途追踪

（1）建立收货客户档案。

（2）司机及时反馈途中信息。

（3）与收货客户电话联系送货情况。

（4）填写跟踪记录。

（5）有异常情况及时与客户联系。

（七）到达签收回单

（1）按时准确到达指定卸货地点。

（2）货物交接。

(3) 百分之百签收,保证运输产品的数量和质量与客户出库单一致。

(4) 将签收货物回执单用 EMS 或传真反馈至发货方。

(八) 运输结算

(1) 整理好收费票据。

(2) 做好收费汇总表交至客户,确认后交回结算中心。

(3) 结算中心开具发票,向客户收取运费。

七、 我国冷链物流发展中存在的问题

在改革开放之后,我国的冷链物流产业获得了很大发展,无论是从规模方面,还是从经济效益方面都取得了很大成绩。但是,同西方发达国家相比,我国的冷链物流发展还存在着很大的提升空间。具体表现在以下几个方面。

(一) 冷链物流总体发展落后

虽然冷链物流产业在一些地方已经成为龙头产业,在带动地方经济发展方面做出了巨大的贡献,但是,从整体上来看,冷链物流产业链条并不完善,冷链物流技术还有待提高,物流人才还比较缺乏,整个物流产业竞争力水平还不是很高。尤其是随着越来越多的外国冷链物流企业开始进入中国市场,对中国的冷链物流发展带来了很大的挑战。因此,全面提升冷链物流发展水平,已经成为一个主要的发展方向。例如,在发展与扶持农业经济中,各种农产品及时向市场供应是一个主要的发展思路。但是,这一点对于一些落后偏远的地区来讲就面临着很大的现实困难。由于道路基础设施不完善以及缺乏必要的冷链物流企业等方面原因,每年都会造成大量的农产品滞销。所以,全面提升冷链物流尤其是农村地区的冷链物流发展水平显得尤为重要。

(二) 冷链基础设施相对薄弱

冷链物流的发展,不仅仅需要技术层面的发展,还需要硬件方面的发展,如相关基础交通产业的发展、交通设施的发展等。从我国当前的发展现状来看,整体基础设施发展水平还需要进一步提升。基础设施发展的不完善已经严重影响了冷链物流的整体发展。当然,由于经济发展水平的差异,基础设施的完善存在诸多方面的原因。但是,未来冷链物流的发展,需要在今后的发展中不断地改善相关基础设施,不断地提升整个基础设施的保障水平,不断地加强对基础设施的投入力度。随着我国居民对海鲜、奶类、肉类等食品需求的不断提高,未来的冷链物流产业将面临巨大的挑战。应对这一挑战的一个基本思路就是从基础入手,不断地完善冷链物流基础设施。这不仅是促进冷链物流快速发展的主要路径,也是实现整个物流市场稳定发展的重要基础。

(三) 冷链物流体系不完整

冷链物流体系是一个完整体系,需要诸多层面的配合。但是,我国的整体冷链物流体

系并不是很完善,其中包括冷链物流风险的监测、冷链物流风险的防控、处置紧急事件等方面,冷链物流体系还有很多不足。各个冷链物流企业以及各个产业之间的链条还需要进一步巩固与提高。目前,冷链物流体系的不完善已经严重地影响了该行业健康发展。作为物流供应链的重要组成部分,冷链物流体系的不完整不仅制约着其自身的发展,也会影响着整体的物流行业的稳健与和谐。所以,如何从供应链层面,借助物联网等新兴技术平台来完善冷链物流体系是今后冷链物流发展中需要解决的一个主要问题。

(四)冷链物流标准化建设滞后

在进行冷链物流发展过程中,不同领域,不同行业,存在着各自的标准。这一点不利于整个行业的发展。冷链物流的发展,需要一个标准化建设。但是我国的冷链物流发展相对比较缓慢,尤其是在标准化建设方面和西方国家相比还有很大的不足。需要特别指出的是,标准的不完善在当前发展中,已经成为影响新发展的主要因子。当前,标准化建设逐渐贯穿到社会的各个行业与领域,冷链物流也不例外。很难想象,一个缺乏基本的统一行业标准的冷链物流能够做大做强。因此,国家、行业、企业等,在今后的冷链物流发展中应该最大限度地消除所谓的行业壁垒,来加快冷链物流的标准化建设,从而为今后的冷链物流整体繁荣与发展奠定一个良好的基础。

总之,冷链物流发展关系到国民经济的健康发展。在今后的发展中,如何提升整个物流发展水平,需要社会各个行业的共同努力。

八、我国冷链物流发展问题的对策

冷链物流的发展,需要各个方面的通力配合,最终形成一个发展的合力。本文在借鉴相关研究成果的基础上,尝试从以下几个方面探讨冷链物流的发展与提升对策。

(一)加大对冷链物流的扶持力度

冷链物流作为第三产业的代表,其发展水平在一定程度上关系到整个社会经济的发展。所以,相关政策的制订部门,应该从国情出发,从市场发展的战略高度出发,从整个物流产业出发,结合相关地方冷链物流发展经验,制订出符合中国特色的发展扶持体系。只有这样,未来的物流发展,特别是冷链物流的发展才会在科学的道路上走得更加稳健。需要特别强调是,当前,整个市场竞争程度越来越激烈,每个企业都面临着很大困难与挑战。政府行政部门应当为冷链物流企业减轻负担,做好后勤保障工作,切实完善相关政策保障,切实为它们的发展提供良好的政策支持。

(二)夯实冷链物流基础设施

物流业的发展,并不是孤立存在的,它需要诸多产业及部门的通力合作,才会发挥出应有的经济效应。在整个冷链物流体系中,最为重要的是物流基础设施。从整体来看,我国的冷链物流基础设施并不是很完善。特别是,在不同地区,不同领域,还存在着很大差异。

这种差异已经影响了冷链物流的发展。所以，在今后的冷链物流发展中，需要不断地落实基础设施建设，加大政府专项资金的投入，加大对相关人才的引进，从而促进整个冷链物流产业的发展。地方政府要避免地方保护主义，从本地的实际出发，加大政策扶持力度，促进整个冷链物流基础设施的完善。同时，在冷链物流基础设施发展过程中，应将基础设施的投入与未来的冷链物流发展趋势结合在一起。在基础设施的完善方面，要立足当下，放眼长远，注重基础设施的前瞻性，避免重复性建设。另外，要随着冷链物流产业的发展不断地进行升级与优化，做好保障工作。尤其是针对农产品的冷链物流的基础设施建设要放在重要地位。中国是一个农业大国，冷链物流中农产品占有很大的比重，通过加大落后及偏远农村地区冷链物流的基础设施建设投资力度，将会助力当地农民脱贫致富，建设新农村。

（三）完善冷链物流体系

冷链物流体系的完善，需要一个完整的产业链条。在这个产业链条中，相关的企业及市场的参与者要发挥出自己的积极性与主动性，为合作共赢局面的实现，做出自己的贡献。只有这样整个物流产业的发展才会更加健康与和谐。将整个冷链物流体系与其他物流体系进行有效对接，一方面，可以发挥出产业的集聚效应，更好地提升产业的市场竞争力。另一方面，也有助于行业的全覆盖，避免市场空间的遗漏。

（四）加快冷链物流标准化建设

冷链物流的发展，需要一个相对比较严格的标准化建设，其中，包括冷链物流的仓储管理、道路运输、信息服务等。在进行标准化建设的过程中，一方面，我们需要借鉴发达国家的相关标准建设经验。另一方面，我们要探讨中国的国情，尝试走出中国特色的冷链物流标准化发展道路。只有这样，今后的冷链物流发展才能够不断地满足市场的发展需要。另外，相关的专家和学者应该发挥出自己的专业理论优势，结合冷链物流标准化建设领域的典型问题，提供必要的理论支持。同时，标准化建设将为我国今后的冷链物流发展奠定一个良好的基础。所以，中国的冷链物流应该不断地进行锐意创新，在技术、物流服务等方面，推出更多具有中国特色的行业标准体系。只有不断尝试在冷链物流领域更大的创新与改革，中国冷链物流市场发展的活力与价值才会得到更大的提升。我们相信，伴随着中国经济发展的提速，冷链物流在标准化建设方面会取得更大的进步。

第四节 第四方物流

一、第四方物流的定义

关于第四方物流的概念，一种定义是“集成商们利用分包商来控制与管理客户公司的点到点式供应链运作”；另一种定义是“一个集中管理自身资源、能力和技术并提供互补服务的供应链综合解决办法的供应者”。而安盛公司将第四方物流定义为：“第四方物流是一个供应链集成商。它调集和管理组织自己的以及具有互补性的服务提供商的资源、能力和技术，以提供一个综合的供应链解决方案。”这一定义似乎更为贴切而被广泛采用。有的咨询公司则开始以“有领导力量的物流提供商”的名称提供类似服务。不管如何称呼，这种提供商可以通过整个供应链的影响力，提供综合的供应链解决方案，也为其客户带来更大的价值。不过第四方物流的概念在我国很少提及，即使在国外，物流业界对此也有不少异议，所以，第四方物流思想的发展前景如何，尚待理论完善与实践检验。

第四方物流不仅控制和管理特定的物流服务，而且对整个物流过程提出策划方案，并通过电子商务将这个过程集成起来。因此第四方物流成功的关键在于为客户提供最佳的增值服务，即迅速、高效、低成本和人性化服务等。发展第四方物流需平衡第三方物流的能力、技术以及贸易流畅等，为客户提供功能性一体化服务并扩大营运自主性。

二、 第四方物流产生的动力

第四方物流的出现不是偶然的，是多种因素共同作用的结果，包括需求的变化、市场环境的变化、信息技术的发展、第三方物流的缺陷、人才的进步等。

1. 需求的变化

随着企业业务的不断发展和深化，客户期望得到包括电子采购、订单处理、供应链可见性以及包括集成技术在内的各种服务，特别是跨地区的物流运作，人们越来越追求供应链一体化。客户不仅要求物流在操作层面进行，更注重与物流服务提供商建立战略合作伙伴关系，希望得到质优价廉的服务。现有的运输企业、仓储企业、第三方物流企业仅仅能够提供运输、仓储、配送管理等物流服务，不能满足消费者对客户管理、信息技术应用、集成管理、综合服务的需求，这时企业不得不寻求于第四方物流企业，为其提供专业化的物流集成服务。

2. 市场环境的变化

当今物流市场竞争日益激烈，企业仅仅依靠自己的力量很难在市场中长期处于不败之地，企业只有发展自己的核心竞争力并加强与其他企业合作，才有可能长期生存下去。第四方物流更加强调对社会资源的整合和合作意识，顺应了市场环境的变化，因而能够进一步发展。

3. 信息技术的发展

信息技术的发展加强了供应链各环节企业间的信息沟通。在第四方物流运作过程中，服务商可以通过信息服务平台实现全供应链的信息共享和整个供应链的系统化物流管理，信息技术的进步为第四方物流的出现和发展奠定了基础。

4. 第三方物流企业的缺陷

第三方物流企业不能整合社会所有的物流资源以解决物流瓶颈,实现最大的效益;第三方物流企业各自为政,难以实现运营结果最优化;第三方物流企业不能向客户提供整个供应链的物流服务,难以满足客户的综合服务要求;第三方物流企业难以与跨国企业相匹敌。第四方物流企业应运而生。

5. 人才的进步

近年来,涌现出了大量的现代物流人才,他们了解市场,了解物流运作,了解物流发展趋势,具有创新与创造能力,他们为物流的发展注入了新的活力,也是第四方物流产生和快速发展的催化剂。

三、 第四方物流的特点

第一,提供了一个综合性供应链解决方法,以有效地适应需方多样化和复杂的需求,集中所有资源为客户完美地解决问题。

(1) 供应链再建。通过供应链的参与者将供应链规划与实施同步进行,或利用独立的供应链参与者之间的合作提高规模和总量。供应链再建改变了供应链管理的传统模式,将商贸战略与供应链战略连成一线,创造性地重新设计了参与者之间的供应链,使之达到一体化标准。

(2) 功能转化。其功能主要有进行销售和操作规划、配送管理、物资采购、客户响应以及供应链管理等。通过战略调整、流程再造、整体性改变管理和技术,使客户间的供应链运作一体化。

(3) 业务流程再造。将客户与供应商信息和技术系统一体化,把人的因素和业务规范有机结合起来,使整个供应链规划和业务流程能够有效地贯彻实施。

(4) 开展多功能、多流程的供应链业务。其范围远远超出传统外包运输管理和仓储运作的物流服务。企业可以把整条供应链全权交给第四方物流运作,第四方物流可为企业提供完整的服务。

第二,通过影响整条供应链来获得价值,为整条供应链的客户带来利益。

(1) 利润增长幅度大。第四方物流的利润增长将取决于服务质量的提高、实用性的增加和物流成本的降低。由于第四方物流关注的是整条供应链,而非仓储或运输单方面的效益,因此其为客户及自身带来的利润会大幅度增长。

(2) 运营成本和产品销售成本降低。第四方物流可以利用企业运作效率的提高、流程的一体化和采购成本的降低,即通过发挥整条供应链的外包功能来降低运营和销售成本。

(3) 提高资产利用率。客户通过第四方物流减少了固定资产占用,提高了资产利用率。

四、第四方物流企业的运作模式

第四方物流组织有较大的柔性，根据成员组织的约定和目标，它能够适应不同的组织，反过来也能够被行业结构和行为所塑造，组成灵活的运作模式。第四方物流主要有以下几种运作模式。

（一）协同运作型

由第四方物流为第三方物流提供其缺少的资源，如信息技术、管理技术，制定供应链策略和战略规划方案等，并与第三方物流方共同开发市场，而具体的物流业务实施则由第三方物流在第四方物流的指导下来完成，它们之间的关系一般是商业合同的方式或者战略联盟的合作方式。

在这种模式中，第四方物流为实力雄厚的第三方物流服务商提供供应链战略方案、技术、专门项目管理等补充功能，并主要通过第四方物流为多个客户提供全面物流服务，其特点是：雄厚的物流配送实力＋最优的解决方案，业务范围多集中在物流配送管理方面，针对性强、灵活性大。如中远货运公司依托中远集运，在美国西海岸至上海之间为通用公司提供汽车零配件的集装箱陆运、海运、仓储、配送等一条龙服务。

（二）方案集成型

由第四方物流为客户提供运作和管理整个供应链的解决方案，并利用其成员的资源、能力和技术进行整合和管理，为客户提供全面的、集成的供应链管理服务。在这种方式中，通常由第四方物流和客户成立合资或合伙公司，客户在公司中占主要份额，第四方物流作为一个联盟的领导者和枢纽，集成多个服务供应商的资源，重点为一个主要客户服务。如中远货运公司在广州与科龙电器公司合资成立的安泰达物流公司。这种模式的运作一般是在同一行业范围内，供应商和加工制造商等成员处于供应链的上下游和相关的业务范围内，彼此间业务联系紧密，有一定的依赖性。以第四方物流服务主要客户为龙头，带动其他成员企业的发展。执行该模式的好处是服务对象及范围明确集中，客户的商业和技术秘密比较安全。第四方物流与客户的关系稳定、紧密而且具有长期性，但重要的前提条件是客户的业务量要足够大，使参与的服务商队所得到的收益较为满意，否则大多数服务商不愿把全部资源集中在一个客户上。

（三）行业创新型

第四方物流通过与具备资源、技术和能力的各个服务商进行协作，为多个行业的客户提供供应链解决方案。它以整合供应链的职能为重点，以各个行业的特殊性为依据，领导整个行业供应链实现创新，给整个行业带来改革和最大利益。

这种模式是以第四方物流为主导，联合第三方物流公司等其他服务商，提供运输、仓储、配送等全方位的高端服务，给多个行业客户制作供应链解决方案，如美国卡特彼勒物流公司从起初只负责总公司的货物运输，发展到后来为其他多个行业的客户如戴姆勒—克莱斯勒公司等大企业提供供应链解决方案。

（四）动态联盟型

动态联盟是一些相对独立的服务商（如第三方物流、咨询机构、供应商、制造商、分销商）和客户等由市场机会所驱动，通过信息技术相连接的、在某个时期内结成的供应链管理联盟。它的组成与解散主要取决于市场的机会存在与消失，以及企业可利用的价值。这些企业在设计、供应、制造、分销等领域里分别为该联盟贡献出自己的核心能力，以实现利润共享和风险分担。它们除了具有一般企业的特征外，还具有基于公共网络环境的全球化伙伴关系及企业合作特征，面向经营过程优化的组织特征，可再构、重组与可变的敏捷特征等，能以最快速度完成联盟的组织与建立，优势集成，抓住机遇，响应市场，赢得竞争。

五、我国发展第四方物流的举措

我国在物流业发展中进行了巨大的投入，但物流行业的整体发展状况仍不理想。我国物流业干线物流能力过剩、末端物流配送能力不足的矛盾非常突出，整个物流各环节的贯通存在严重的脱节现象，从而制约了电子商务在我国的发展。第四方物流在我国的发展可谓任重而道远。

（一）统筹规划，做好物流配送的基础建设

现代化物流配送是社会化大生产、国民经济发展的客观要求，它的发展状况对经济发展、商品流通和大众消费起着重要的促进或制约作用。政府加强统筹规划、注重物流设施的投资建设、打好物流配送基础，是第四方物流成长的基础所在。如做好物流配送基地的建设，在大中城市、港口、主要公路枢纽对物流设施用地进行规划，形成了大大小小的物流基地。这些物流基地可集中多个物流企业，这样便于对物流基地的发展进行统一规划、合理布局，有利于物流配送业的发展。在这方面，日本的做法值得借鉴。日本横滨港货物中心是日本最大、最新的综合物流中心。其仓储面积约为32万平方米，具有商品储存保管、分拣、包装、流通加工、商品展示、洽谈、销售、配送等多种功能，并有保税区、办公区、信息系统、食堂等配套服务系统，其优良的物流设施、完善的功能为物流配送的发展提供了良好的条件。在日本的物流配送企业物流作业中，铲车、叉车、货物升降机、传送带等机械应用程度较高，计算机管理系统应用比较普遍。许多物流企业已经开始应用了数码分拣系统，大大提高了工作效率和准确性。物流配送科技的应用与发展为提高物流配送水平提供了重要的手段和途径。良好的物流基础为第四方物流的服务奠定了坚实的基础。

（二）资源整合，从竞争走向合作

我国物流业市场很大，但传统意义上的物流各个环节（如仓储、运输、包装等）之间缺乏有效的整合，需要进行全程管理。上市公司华北高速通过资源整合进行了第四方物流的有益尝试,即将现代物流管理的理念运用到其开发的物流信息系统软件之中,借助于中国交通网这一网络平台,为国内物流企业提供切实的解决方案。目前,该公司主要以提供第四方物流为突破口,今后还将过渡到提供第三方物流。

国外在这一领域运作已比较成熟,单是在物流软件销售方面,一个大型企业所需的物流系统软件,售价甚至可以达到上百万美元。此外,为物流企业提供后期的持续服务(如业务的整合服务)的收入也很可观。整体而言,国外相关企业物流费用大致占到生产成本的10% ~15%。与国外相比,国内提供类似的服务,价格水平上大体少一个数量级,拥有比较大的价格优势。就目前国内的情况而言,物流成本大约占总成本的1/3左右,可压缩的空间很大,提供物流服务有相当好的市场前景。从交通运输行业来看,国内由大大小小百万多家运输企业组成的干线物流资源利用率还不高,电子商务配送能力及物流末段配送能力不足的矛盾十分突出,因此,整合现有物流资源及电子商务等,促使由竞争走向合作是加速我国第四方物流进程的捷径。

(三)有效贯通物流全程

目前中国在物流配送方面几乎没有一套专业的服务体系,而广大的中小企业物流能力不强、效率不高,使滞后的物流与网上商流的快速、低成本不相适应,制约了物流及电子商务的发展。许多中小物流企业仍按照传统的物流模式建立自身的物流体系,包揽了干线物流的全过程,最终导致失败。小有名气的从事城市间配送的阳光网达与从事物流末段投递到户的上海百大配送合并,以期通过优势互补建立一种贯通物流全程的新物流体系,努力形成第四方物流的理想模式。另一个通过此方式发展第四方物流的案例是亚洲物流科技宣布与中国铁道部直属公司中铁集装箱运输中心(中铁集运中心)签订合作备忘录,后者同意向前者提供铁路集装箱运输的数据及资料,即为亚洲物流科技之第四方物流服务提供即时在线的数据及资料,共同发展铁路集装箱运输信息技术。中铁集运中心提供的铁路集装箱运输的数据及资料包括行驶的线路、车次、运价、集装箱站点等。

(四)物流服务标准化、规范化

将中国物流重新组合,是现代物流的一个革命性转变,而物流整合的黏合剂就是标准化和规范化。行业规范和标准,就是要对有关细节作出明确的规定。这些事情虽然细小,但无论是对整个物流行业、物流企业还是消费者而言,其作用是不容低估的。对物流行业来说,需要用标准化来将物流环节有机地连接起来,尤其是在信息技术普遍应用于物流企业的今天,没有与物流接口相适应的标准,链接的难度相当大,成本也相当高;对物流企业来说,标准化是提高内部管理、降低成本、提高服务质量的有效措施;对于消费者而言,享受标准化的物流服务是消费者权益的体现。第四方物流最大的难点在于制造商凭什么能很信任地将其对物流的控制权交给物流服务商,而物流服务的标准化和规范化能增强前者对后者的信任。

（五）企业革新，适应现代物流发展新趋势

第四方物流对物流企业提出了更高的要求标准，因此，物流企业的革新势在必行。首先，观念的变革和对现代物流的正确理解是物流企业发展战略的出发点。其次，应注重研究开发物流配送技术和装备，降低物流成本，提高物流配送效率。过去，我国对物流发展重视不够，导致物流科技和装备方面的研究开发也相对薄弱，今后应当进一步重视物流配送科技研究开发，提高物流装备的现代化程度。最后，要重视物流理论的研究与交流，加快推动物流的合理化、现代化进程，降低商品的物流成本，注重提高效率。

第四方物流具有突破我国现行供应链模式的潜能，其不同于当代外包供应链的优势能提供一种可预测、可持续的利益。

第五节 电子物流

一、电子物流的定义和优点

电子物流就是利用电子化的手段，尤其是利用互联网技术来完成物流全过程的协调、控制和管理，实现从网络前端到最终客户端的所有中间过程服务。其最显著的特点是各种软件技术与物流服务的融合应用。

电子物流的功能十分强大，它能够实现系统之间、企业之间以及资金流、物流、信息流之间的无缝链接，而且这种链接同时还具备预测功能，可以帮助上下游企业最大限度地控制和管理库存。同时，由于全面应用了客户关系管理系统、商业智能系统、计算机电话集成系统、地理信息系统、全球定位系统、互联网等先进的信息技术手段，以及配送优化调度、动态监控、智能交通、仓储优化配置等物流管理技术，电子物流提供了一套先进的、集成化的物流管理系统，从而为企业建立敏捷的供应链系统提供了强大的技术支持。

电子物流业务使得客户可以运用外包服务力量来实现内部经营目标的增长，即客户能够得到量身定做的个性化服务，而整个过程则由第三方电子物流服务提供商来进行管理。当客户的支付信息被处理后，电子物流系统会为客户发送订单确认信息。在这一切工作就绪之后，电子物流系统会对客户的订单进行格式化，并将订单发送到离客户最近的仓储中心。

二、电子物流的内容

电子物流是前端服务与后端服务的集成。

为了实现后台服务以及与其平行的服务功能，电子物流的前端服务是至关重要的。前端服务包括咨询服务（确认客户需求）、网站设计/管理、客户集成方案实施等。这部分功能是用户经常接触的，在此不再赘述。而电子物流的后端服务则包括六类主要的业务：订单管理、仓储与分拣、运输与交付、退货管理、客户服务以及数据管理与分析等，见图 4－7。

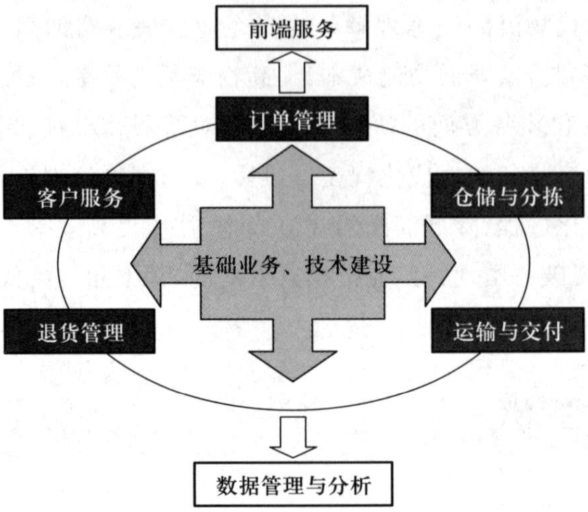

图 4－7　电子物流服务结构

（一）订单管理

此项业务包括接收订单、整理数据、订单确认、交易处理（包括信用卡结算以及赊欠业务处理）等。在电子物流的订单管理业务活动中需要通过复杂的软件应用来处理繁杂的业务环节。为了得到较高的效率，订单管理业务需要做好以下工作。

1. 确认订单来源

当电子物流服务提供商接收到一份订单时，电子物流系统会自动识别该订单的来源以及下订单的方式，统计客户是通过何种方式（电话、传真、电子邮件等）完成订单的。当这一切工作结束后，系统还会自动根据库存清单检索订单上的货物目前是否有存货。

2. 支付处理

在客户提交订单后，还需要输入有关的支付信息，电子物流系统会自动处理信用卡支付业务以及赊欠业务。如果客户填写的支付信息有误，系统将会及时通知客户进行更改，或者选择其他合适的支付方式。

3. 订单确认与处理

当客户的支付信息被处理后，电子物流系统会为客户发送订单确认信息。在这一切工作就绪之后，电子物流系统会对客户的订单进行格式化，并将订单发送到离客户最近的仓储中心。

（二）仓储与分拣

1. 分拣

当仓储中心接收到订单后，就会根据订单内容承担起分拣、包装以及运输的任务。在这个阶段，有的电子物流服务提供商还会提供一些增值服务，如根据客户的特殊需求对物品进行包装等。

2. 存货清单管理

仓储与分拣中心同时负责存货清单管理以及存货的补给工作，并由电子物流服务系统进行监测。这种服务将会为制造商提供有效的库存管理信息，使制造商或经销商保持合理的库存。

（三）运输与交付

这一步骤包括了对运输的全程管理，具体包括处理运输需求、设计运输路线、运输的实施等。

这个过程同时还包括向客户提供通过互联网对货物运输状态进行实时跟踪的服务。电子物流服务提供商在提供运输与交付业务时也会选择将该项业务向具有运输服务力量的第三方运输公司外包，诸如 UPS、FedEx 等。

（四）退货管理

退货管理业务承担货物的修复、重新包装等任务。这个过程需要进行处理退货授权认证、分拣可修复货物、处理受损货物等工作。

（五）客户服务

客户关系管理服务包括了售前和售后服务，同时还包括对客户的电话、传真、电子邮件的回复等工作。处理的内容包括存货信息、货物到达时间、退货信息以及客户意见。

客户关系管理不是一个孤立的业务步骤，这项工作与订单管理、仓储分拣、运输、退货管理等环节有密切联系，需要相互支持。目前许多电子物流服务提供商通过内部或者外部的呼叫中心向客户提供常年全天的客户关系管理服务。

（六）数据管理与分析

对于客户提交的订单，电子物流系统有能力对相关数据进行分析，产生一些深度分析报告。这些经过分析的信息可以帮助制造商以及经销商及时了解市场信息，以便随时调整目前的市场推广策略。这项服务同时也是电子物流服务提供商向客户提供的一项增值服务。

三、传统物流服务与电子物流服务的区别

客户在网上的购买行为与传统的购买行为有所不同。因此，电子物流的服务形式、手段具有特殊性。在网上购物的客户希望在网上商店寻觅到所需的特定物品，并且希望能够得到实时的信息反馈，诸如是否有存货、何时能够收到货物等实时的信息，同时他们也十分关注如果在网上选购的物品不甚理想或者物品在运输途中受损是否能够及时、便利地办理退货等。新兴的电子物流服务就是由具备实力的服务商来提供能最大限度地满足客户需

求的外包服务。

传统物流服务与电子物流服务的区别如表 4－1 所示。

表 4－1　传统物流服务与电子物流服务的区别

	传统物流服务	电子物流服务
业务推动力	物质财富	IT 技术
服务范围	单项物流服务（运输、仓储、包装、装卸、配送等）	综合性物流服务，同时提供更广泛的业务范围，如网上前端服务等
通信手段	传真、电话等	大量应用互联网、EDI 技术
仓储	集中分布	分散分布，分拣中心更接近顾客
包装	批量包装	个别包装，小包装
运输频率	低	高
交付速度	慢	快
IT 技术应用	少	多
订单	少	多

由于认识到电子物流将带来的市场机遇，传统的仓储分拣业务、运输业务的服务提供商纷纷寻找电子物流业务的解决方案，更有一些新进入该领域的服务提供商十分看好其发展潜力。

四、 电子物流的市场参与者

从目前的电子物流服务市场来看，主要有四类市场参与者，即传统的物流服务提供商、软件供应商、集成商以及物流服务解决方案供应商，见图 4－8。从表面看，这些市场参与者分别从事特定的服务，但是在电子物流服务市场领域，大多数市场参与者向客户提供的是一种综合性的物流服务。目前还没有任何一个电子物流服务供应商能够提供全部的电子物流服务，大部分厂商只是利用自身的力量或者寻找业务合作伙伴来向客户提供终端到终端的电子物流服务解决方案。

五、 电子物流服务市场的发展

2016 年，我国电子商务交易额达到 26.1 万亿元，同比增长 19.8%；网上零售额为 5.16 万亿元，增长 26.2%；实物商品网上零售额为 4.19 万亿元，增长 25.6%。2017 年 1—11 月，全国网上零售额达 6.43 万亿元，同比增长 32.4%。其中实物商品网上零售额 4.91 万亿元，增长 27.6%。电子商务市场的增长速度之快是令人感叹的，但是电子商务在快速的发展过程中在观念、经营、管理与服务方面尚存在着诸多问题，特别是目前电子商务企业与物流服务行业间的不协调状况，严重影响了网络经济的发展。但是从另一个角度来看，尽

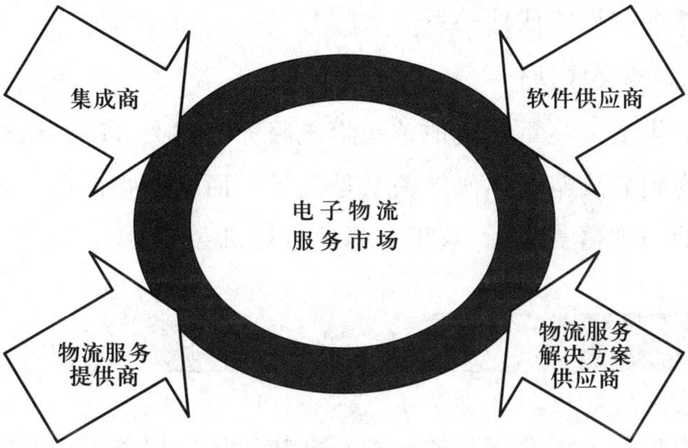

图 4-8 电子物流服务市场的参与者

管电子物流服务发展到现在已经取得了一定的市场业绩,并且对电子商务起到了很好的润滑作用,但是这个服务领域还有许多不成熟的地方,对于供需双方仍存在着一些市场运作的盲点。因此,解决电子商务配送环节的问题不仅是物流企业面临的巨大挑战,更需要电子商务企业的积极参与和协助,并由此来推动网络经济的健康发展。

六、电子物流服务提供商应采取的举措

(一)针对客户规模提供个性化解决方案

电子物流服务提供商应根据客户规模的大小提供不同的个性化解决方案,这种方式将有利于增强其服务的多样性,加强其在市场中的伸缩性。例如,针对目前日益紧张的物流信息化趋势,itc 华银作为致力于移动互联端和云的个性化综合方案提供商,一直走在国内领先行业方案提供的前沿。目前精心策划的物流行业解决方案,整合仓库/中转站监控、电子营业、i-car 等应用,能够帮助物流企业构建互联互通智能运营体系。

(二)加大市场投入力度

电子物流服务提供商要加大电子物流业务市场的宣传投入。在过去的几年里,一些电子物流服务提供商忙于招聘有关技术人员,但是现在它们却对销售人员有很大的需求。这表明电子物流服务提供商正计划在市场上树立自己的服务品牌。

(三)行业市场侧重

一些电子物流服务提供商已经开始认识到成为某个专门行业的物流服务提供商将会有很大的利润增长。向不同行业提供的物流服务会有很大的差别(虽然基本上都会涉及订单管理、仓储与分拣、运输与退货管理等业务),因此为了更好地在市场上发展,物流服务提供商需要深刻地分析某些行业的服务需求。当对某些行业有了深刻的理解后,这些物流服务提供商可以了解到该行业的现状以及未来的市场趋势,制订出满足该行业客户需求的物

流解决方案，提高行业的物流服务效率，同时有利于电子物流服务提供商与所服务的这些特定行业企业建立长期的战略伙伴关系。

（四）积极寻求业务合作伙伴

电子物流服务提供商要注重同其他单一物流服务提供商、IT技术提供商建立业务战略合作伙伴关系。因为建立战略合作伙伴关系是提供全面综合物流服务的最佳途径，同时也可以借此扩大服务的地理覆盖范围，获得更多的市场机会。

第六节 物流金融

物流金融是国内近年来逐渐兴起的一种新型物流增值服务，它运用金融工具促使物流业产生价值增值，在我国很多省市已经得到迅猛发展，越来越多的中小企业开始尝试通过物流金融产品，获得银行的贷款授信以改善资金流。国内许多物流企业包括中国外运、中储、中远、中铁现代物流、宝供等多家企业也积极抓住这一有利时机，努力拓展业务。物流金融的进一步发展，需要物流企业、顾客和金融机构加强相互合作，同时各方也需充分认识其中存在的风险，并加强对物流过程的有效监控，以做好物流金融风险的防范工作。

一、物流金融的概念

物流金融（Logistics Finance）是指在面向物流业的运营过程中，通过应用和开发各种金融产品，有效地组织和调剂物流领域中货币资金的运动。这些资金运动包括发生在物流过程中的各种存款、贷款、投资、信托、租赁、抵押、贴现、保险、有价证券发行与交易，以及金融机构所办理的各类涉及物流业的中间业务等。

二、物流金融的产生背景

（一）第三方物流服务的革命

金融物流，是物流与金融相结合的产品，其不仅能提高第三方物流企业的服务能力和经营利润，而且可以协助企业拓展融资渠道，降低融资成本，提高资本的使用效率。金融物流服务将开国内物流业界之先河，是第三方物流服务的一次革命。在国内，由于中小型企业存在着信用体系不健全的问题，所以融资渠道贫乏，生产运营的发展资金压力大。金融物流服务的出现，可以有效支持中小型企业的融资活动。另外，金融物流可以盘活企业暂时闲置的原材料和产成品的资金占用，优化企业资源。

（二）供应链“共赢”目标

对于现代第三方物流企业而言，金融物流可以提高企业一体化服务水平，提高企业的竞争能力,提高企业的业务规模,增加高附加值的服务功能,扩大企业的经营利润。对于供应链企业而言,金融物流可以降低企业的融资成本,拓宽企业的融资渠道;可以降低企业原材料、半成品和产品的资本占用率,提高企业资本利用率,实现资本优化配置;可以降低采购成本或扩大销售规模,提高企业的销售利润。对于金融机构而言,金融物流服务可以帮助金融机构扩大贷款规模,降低信贷风险,甚至可以协助金融机构处置部分不良资产。

(三)金融机构创新意识增强

当前金融机构面临的竞争越来越激烈。为在竞争中获得优势,金融机构不断地进行业务创新,这就促使了金融物流的诞生。金融物流可以帮助银行吸引和稳定客户,扩大银行的经营规模,增强银行的竞争能力;可以协助银行解决质押贷款业务中银行面临的“物流瓶颈”——质押物仓储与监管;可以协助银行解决质押贷款业务中银行面临的质押物评估、资产处理等问题。

三、物流金融的发展状况

物流金融发展起源于物资融资业务。金融和物流的结合可以追溯到公元前2400年,当时的美索不达米亚地区就出现了谷物仓单。而英国最早出现的流通纸币就是可兑付的银矿仓单。

(一)发达国家的业务

国际上,最全面的物流金融规范体系在美国、加拿大以及菲律宾等地。以美国为例,其物流金融的主要业务模式之一是面向农产品的仓单质押。仓单既可以作为向银行贷款的抵押,也可以在贸易中作为支付手段进行流通。美国的物流金融体系是以政府为基础的。早在1916年,美国就颁布了美国仓库存储法案(US Warehousing Act of 1916),并以此建立起一整套关于仓单质押的系统规则。这一体系的诞生,不仅成为家庭式农场融资的主要手段之一,同时也提高了整个农业营销系统的效率,降低了运作成本。

(二)发展中国家的服务

相对于发达国家,发展中国家的物流金融业务开始得较晚,业务制度也不够完善。非洲贸易的自由化很早就吸引了众多外国企业作为审查公司进入当地。这些公司以银行、借款人和质押经理为主体,设立三方质押管理协议(CMA),审查公司往往作为仓储运营商兼任质押经理的职位。通过该协议,存货人,即借款人在银行方面获得一定信用而得到融资机会。此类仓单直接开具给提供资金的银行而非借款人,并且这种仓单不能流通转移。

在非洲各国中较为成功的例子是赞比亚的物流金融体系。赞比亚没有采用北美以政府为基础的体系模式,而是在自然资源协会(Natural Resource Institute)的帮助下,创立了与政府保持一定距离、不受政府监管的自营机构——赞比亚农业产品代理公司（The Zambian Agricultural Commodity Agency Ltd）。该公司参照发达国家的体系担负物流金融系统的开发和管理，同时避免了政府的干预，从而更能适应非洲国家的政治经济环境。

（三）中国物流金融

国外物流金融服务的推动者更多是金融机构，而国内物流金融服务的推动者主要是第三方物流公司。物流金融服务是伴随着现代第三方物流企业而产生的，在物流金融服务中，现代第三方物流企业业务更加复杂，除了要提供现代物流服务外，还要跟金融机构合作一起提供部分金融服务。国内学者关于物流金融相关领域的研究主要是物资银行、融通仓等方面的探讨，然而这些研究主要是基于传统物流金融服务展开的，未能从供应链、物流发展的角度探讨相应的金融服务问题。如，罗齐和朱道立等（2002 年）提出物流企业融通仓服务的概念和运作模式，任文超（1998 年）探讨了引用物资银行概念解决企业三角债的问题。在国内实践中，中国储运集团从 1999 年开始从事物流金融部分业务，物流金融给中国储运集团带来了新的发展机遇。

四、物流金融的实施方式

物流金融的服务和实施方式不可能仅局限于货物质押，我国目前的物流金融服务已经突破了最初的模式，物流金融的实施方式主要有如下四种。

（一）仓单质押

仓单质押业务涉及仓储企业、货主和银行三方的利益，有一套严谨、完善的操作程序。

首先货主（借款人）与银行签订《银企合作协议》《账户监管协议》，仓储企业、货主和银行签订《仓储协议》，同时仓储企业与银行签订《不可撤销的协助行使质押权保证书》。

货主按照约定数量送货到指定的仓库，仓储企业接到通知后，经验货确认后开立专用仓单；货主当场对专用仓单作质押背书，由仓库签章后，货主交付银行提出仓单质押贷款申请。

银行审核后，签署贷款合同和仓单质押合同，按照仓单价值的一定比例放款至货主在银行开立的监管账户。

贷款期内实现正常销售时，货款全额划入监管账户，银行按约定根据到账金额开具分提单给货主，仓库按约定要求核实后发货；贷款到期归还后，余款可由货主（借款人）自行支配。

（二）动产质押

动产质押是指债务人或者第三人将其动产移交债权人占有，将该动产作为债权的担保。债务人不履行债务时，债权人有权依照本法规定以该动产折价或者以拍卖、变卖该动产的价款优先受偿。前款规定的债务人或者第三人为出质人，债权人为质权人，移交的动产为质物。

（三）保兑仓

保兑仓是指以银行信用为载体，以银行承兑汇票为结算工具，由银行控制货权，卖方（或仓储方）受托保管货物并对承兑汇票保证金以外的金额部分由卖方以货物回购作为担保措施，由银行向生产商（卖方）及其经销商（买方）提供的以银行承兑汇票的一种金融服务。

通俗一点讲企业向合作银行交纳一定的保证金后开出承兑汇票，且由合作银行承兑，收款人为企业的上游生产商，生产商在收到银行承兑汇票前开始向物流公司或仓储公司的仓库发货，货到仓库后转为仓单质押，若融资企业无法到期偿还银行敞口，则上游生产商负责回购质押货物。

（四）开证监管

开证监管是指银行为进口商开具立信，进口商利用信用证向国外的生产商或出口商购买货物，进口商会向银行缴纳一定比例的保证金，其余部分则以进口货物的货权提供质押担保，货物的承运、监管及保管作业由物流企业完成。

五、物流金融的作用

物流金融在宏观经济结构中的功能与作用主要表现为，它在国民经济核算体系中，对于提高流通服务质量，降低物资积压与消耗、加快宏观货币回笼周转起着不可取代的杠杆作用。

物流金融在微观经济结构中的功能突出表现在为物流金融服务方面，特别是在供应链中第三方物流企业提供的一种金融与物流集成式的创新服务，其主要服务内容包括物流、流通加工、融资、评估、监管、资产处理、金融咨询等。物流金融不仅能为客户提供高质量、高附加值的物流与加工服务，还为客户提供间接或直接的金融服务，以提高供应链整体绩效和客户的经营和资本运作效率等。物流金融也是供应链的金融服务创新产品，物流金融的提供商可以通过自身或自身与金融机构的紧密协作关系，为供应链的企业提供物流和金融的集成式服务。

在第四方物流出现后，物流金融才真正地进入“金融家族”的概念，在这里物流将被看成一种特殊的“货币”，伴随着物流的流转一起发生在金融交易活动之中，“物流金融”利用它特殊的身份将物流活动同时演化成一种金融交易的衍生活动，而“物流金融”这时变成一种特有的金融业务工具，一种特有的复合概念，一种特有的金融与物流的交叉学科。

物流与金融业务的相互需求与作用，在交易的过程中产生了互为前提、互为条件的物流金融圈。从供应链的角度看,厂商在发展的过程中面临的最大威胁是流动资金不足,而存货占用的大量资金使得厂商可能处于流动资金不足的困境。开展物流金融服务是各方互利的选择,但是,不可回避的是风险问题。实现风险管理的现代化,首先必须使物流金融业树立全面风险管理的理念。根据新巴塞尔资本协议,风险管理要覆盖信用风险、市场风险、操作风险三方面。

在传统的物流金融活动中,物流金融组织被视为是进行资金融通的组织和机构;现代物流金融理论则强调物流金融组织就是生产金融产品、提供金融服务、帮助客户分担风险,同时能够有效管理自身风险以获利的机构,物流金融组织盈利的来源就是承担风险的风险溢价。所以,物流金融风险的内涵应从利益价值与风险价值的精算逻辑去挖掘,不可因惧怕风险而丢了市场。

六、 物流金融风险及应对策略

(一) 风险

由于我国现行经济体制以及法律体系的限制(国有商业银行不能收购物流公司,非金融机构不能提供金融服务),物流金融在我国虽然有着很大的发展空间,但目前我国仅有中远、中海等大型物流企业在以“物流银行”的形式与各大商业银行合作开展物流金融业务,并且这项业务涉及众多市场主体,物流业务和金融业务自身的风险在物流金融业务中同时存在,目前在分担风险方面还尚未建立互惠、互利、互相制约的协议,金融机构、出质人、物流公司之间的风险划分关系不一致,各主体会片面强调、规避和转嫁风险,造成风险与收益之间不对等,一定程度可能会放大物流金融的风险。

我国的物流产业还处在粗放型的发展阶段,经营风险不容忽视。由于要深入产销供应链中提供多元化的服务,相对地扩大了运营范围,物流金融业务所面临的经营风险也就随之增加。

我国物流金融业务的可靠资金来源主要是银行贷款,这种单一的外部融资行为除了受到法律、政策的限制和影响,也给物流金融业务本身增加了诸多不确定性。

物流企业由于组织机构、管理体制和监督机制不健全,工作人员素质不高,管理层决策发生错误,运输、存储不当造成质押物损毁、灭失,由于监管企业资质差、监守自盗,以及对质物的定价评估不够公正、准确等,都会造成质物不足或落空的风险。金融机构由于介入物流金融业务的时间不长,在贷款工具设计、资金筹集、风险管理方法和内部监控方面经验不足,又受到各种制度、法律的瓶颈制约,操作疏漏和失误也难以避免。在我国,企业内部管理风险往往较大。

物流金融业务是通过对出质人的资金流和物流的全程控制来控制风险的,其业务流程较复杂,操作节点较多,因此来自操作过程的风险主要有质物风险和仓单风险。

物流金融业务从业人员不仅要熟悉相关金融业务，还要谙熟质押物及其所属的行业（如钢铁、汽车）情况，对市场走势要有准确的判断，并具备敏捷的思维判断能力和应变能力。实务中，由于各运作主体内的员工素质参差不齐，对工作岗位相关要求的理解有着不同程度的偏差，因而存在道德风险，出现内部、外部欺诈行为。

制度方面的缺陷也给物流金融业务带来风险。例如，由于尚未建立流动资产评估体系，各种评估方法和标准的不统一使得质物的价值难以和融资金额相一致，融资回收的隐性风险加大；质押制度也存在标准仓单设置难、质物处置难等问题；传统保险各环节的投保相对独立，未能提供包括包装、装卸搬运、流通加工、配送等诸多物流环节在内的全程保险服务；现代物流的制度设计在实际运行中与准时制和快速响应运行机制不相适应，等等。这些制度安排自身的缺陷会弱化信用制度、质押制度、担保保险制度和运行制度作为风险转移手段的效果，甚至可能增大风险。

目前，我国完整的信用体系尚未形成，金融机构无法利用自身的专业优势全面对企业的发展前景做出正确的判断；中小企业在采购数据、生产数据、销售数据等方面，也可能对金融机构采取虚假或不实信息的行为，使金融机构因无法获得真实数据，而不能采取相应的管理措施来降低资金的使用风险；物流企业作为第三方介入融资过程，一方面可能会为拉拢自己的客户而向金融机构提供虚假数据，这种粉饰可能会给金融机构造成误导；另一方面由于物流企业所搜集的信用风险管理数据信息只是原始数据，在制造企业和物流企业间存在信息不对称的情况下，信用风险管理决策的正确性就存在着很大的风险。

效率的降低就意味着风险的增加。物流金融业务利润的增长是低于业务量的增长的，业务量的增加并没有带来相应的利润，就是说，物流金融服务的效率是下降的。

（二）应对策略

金融机构（如商业银行）将经营管理和市场前景较好，但由于资本金不足而陷入困境的物流企业及第三方物流服务供应商超过一定年限的部分贷款转为对该类企业的授信额度，由物流企业根据客户的需求和条件进行质押融资和最终结算。物流企业向金融机构按企业信用担保管理的有关规定和要求开展信用担保，并直接利用这些信贷额度向相关企业提供灵活、便捷的质押融资业务，金融机构则基本上不参与融资项目的具体运作。

运用资本营销手段，以资产重组、参股控股、资产并购、产权置换、发行股票或债券、发起或借壳上市、票据性融资等多种方式扩大自身的规模，增强实力和扩大市场份额；开拓实物型、技术型融资业务，特别是在与物流经营相关的大型耐用设备租赁和关键技术领域展开合作；开发商业贷款以外的适合现代物流企业发展的其他金融授信业务（银行承兑汇票、支票、信用证、保函等）；拓展物流发展基金和风险基金（可以是已经上市的投资基金，也可以是未上市的投资基金，其资金来源主要由财政补贴和企业的多元化投资组成）；争取境外资金和政府财政的战略投资亦为可取之策。

利用大型物流公司集团的实力优势，通过购买股权，直接控股地区性股份制商业银行，将地区性股份制商业银行、生产企业以及多家经销商的资金流、物流、商品流、信息流有机结合，服务与融资捆绑，封闭运作，为整个供应链提供全程性、个性化的服务。建立符合物流金融业务实施要求的企业组织结构；控制信用风险；控制操作风险；加大物流金融人才培养的针对性和力度；完善现有法规体系，提高可操作性，加大执行力度，严查违法违规行为。

根据相关财税制度，计提一定比例的风险损失准备，在质物的市场价值低于融资额时，除通知融资企业增加质物外，以损失准备金抵补质物损失。

根据融资期限的长短及质押融资的比例，预交风险保证金，以承担质物市场价格波动的风险。当市场价格下跌到预警线时，按协议规定通知融资企业增加质物和保证金；如果出质人超过融资期间，则以风险保证金抵充融资额或质物变现的差额；如果出质人按期归还，则退还保证金。

建议保险公司整合相关险种，为物流金融业务提供一个能够涵盖供应链各个环节的、完整的保险解决方案。通过在综合责任险中对投保人、被保险人、保险责任、保险金额（赔偿限额）、保险期限、保险费等各项保险要素进行明确约定，保险公司在创新自身和增加利润的同时，也帮助物流公司防范金融风险。

物流企业面向出质人，对每笔融资业务按照合适的比例，收取“风险补偿金”，形成物流风险基金，对于物流业务中发生的风险损失，由物流风险基金承担赔偿责任。与由物流企业向保险公司投保相比，由物流企业自我保险，物流风险基金能更好地避免物流企业因投保而在物流作业中不负责任的道德风险。

第七节　绿色物流

一、绿色物流的概念

绿色物流（Environmental Logistics）指的是在物流过程中抑制物流对环境造成危害的同时，实现对物流环境的净化，使物流资源得到最充分的利用。

随着环境资源恶化程度的加深，人类生存和发展受到很大的威胁。因此，人们对资源的利用和环境的保护越来越重视。现代物流业的发展必须优先考虑在物流过程中减少环境污染。保护环境、可利用废弃物的回收利用已列入许多发达国家可持续发展战略。物流系统中的托盘、包装箱、货架等资源消耗大，要采取以下措施：

(1) 包装箱材料采用可降解材料。

(2) 托盘的标准化使得可重用率提高。

(3) 供应链管理的不断完善大大地降低了托盘和包装箱的使用。

需要指出的是绿色物流有别于绿色流通。绿色流通是指减少资源消耗、保护环境的商品流通活动。这里的商品流通,是指商品自离开生产领域至进入消费领域之前的整个所有权交易及实物流通的过程。

与绿色流通相联系的范畴有:绿色商流、绿色物流、绿色流通战略与政策、绿色消费等。

由于物流是与节约资源、保护环境相关的流通活动主要发生的领域,所以绿色物流也是绿色流通中的主要方面。

二、 绿色物流发展的起因

现代绿色物流的快速发展,除了为缓和日益严重的环境问题,协调制造业和环境建设之间的平衡外,主要还有以下几个方面的原因。

(一) 人类环境保护意识的觉醒

随着世界经济的不断发展,人类的生存环境也在不断恶化。人类的认识往往滞后于客观自然界的发展,当前生态环境保护的意义逐渐被人类所认识。自 20 世纪 60 年代以来,人类环境保护意识开始觉醒,十分关心和重视环境问题,认识到地球只有一个,不能破坏人类的家园。众多绿色和平运动在世界范围内展开,这对于激励人们的环保热情、推动绿色物流的发展,也起到了极其重要的作用。

(二) 现代物流业可持续发展的需要

物流业作为现代新兴产业,有赖于社会化大生产的专业分工和经济的高速发展。而物流要发展,一定要与绿色生产、绿色营销、绿色消费等绿色经济活动紧密衔接。此外,绿色物流还是企业最大限度降低经营成本的必由之路。显而易见,绿色物流不仅是一般物流所追求的降低成本,更重要的是物流的绿色化和节能高效少污染,绿色物流是对可持续发展的价值体现和贡献。

(三) 经济全球化潮流的推动

随着经济全球化的发展,一些传统的关税和非关税壁垒逐渐淡化,环境壁垒逐渐兴起。就我国物流企业而言,要想在国际市场上占一席之地,应对未来挑战和在竞争中占得先机的重要机遇,发展绿色物流是必然性选择。

(四) 各国政府和国际组织的倡导

绿色物流的发展与政府行为密切相关,凡是绿色物流发展较快的国家,都得益于政府的积极倡导。各国政府在推动绿色物流发展方面所起的作用主要表现在:一是追加投入以促进环保事业的发展；二是组织力量监督环保工作的开展；三是制定专门政策和法令来引导企业的环保行为。联合国环境署、世贸组织环境委员会等国际组织展开了许多环保方面的国际会议，签订了许多环保方面的国际公约与协定，也在一定程度上为绿色物流发展铺平了道路。

三、绿色物流的构成

绿色物流由绿色运输、绿色包装、绿色流通加工、绿色仓储以及废弃物物流五个子范畴组成。

（一）绿色运输

绿色运输是指各种运输工具采用节约资源、减少污染和保护环境的原料作为动力。当一些大城市的车辆已大大饱和的时候，专业物流企业的出现使得在大城市的运输车辆减少，减轻城市的烟气污染压力。专业物流企业的运输工具可以转换使用其他燃料，如改用液化气作为城市运输工具的动力等，也可以采用太阳能作为动力，这些还可以取得政府的政策支持。

（二）绿色包装

绿色包装是指采用节约资源、保护环境的包装。绿色包装的途径主要包括：促进生产部门采用尽量简化的以及由可降解材料制成的包装，商品流通过程中尽量采用可重复使用单元式包装，实现流通部门自身经营活动用包装的减量化，主动地协助生产部门进行包装材料的回收及再利用。

（三）绿色流通加工

流通加工指在流通过程中继续对流通中商品进行生产性加工，以使其成为更加适合消费者需求的最终产品。流通加工具有较强的生产性，也是流通部门对环境保护可以有大作为的领域。绿色流通加工的途径主要分两个方面：一方面变消费者分散加工为专业集中加工，以规模作业方式提高资源利用效率，以减少环境污染，如餐饮服务业对食品的集中加工，减少家庭分散烹调所造成的能源和空气污染；另一方面是集中处理消费品加工中产生的边角废料，以减少消费者分散加工所造成的废弃物污染，如流通部门对蔬菜的集中加工减少了居民分散丢放垃圾的问题及相应的环境治理问题。

（四）绿色仓储

绿色仓储是指以环境污染小、货物损失少、运输成本低等为特征的仓储。仓储本身对周围环境产生影响。例如，保管、操作不当引起货品损坏、变质、泄漏等；另外，仓库布局不合理也会导致运输次数的增加或运输迂回。所谓绿色仓储管理就是要求仓库布局合理，减少运输里程，节约运输成本。

（五）废弃物物流

废弃物物流是指在经济活动中失去原有价值的物品，根据实际需要对其进行收集、分类、加工、包装、搬运、储存等，然后分送到专门处理场所后形成的物品流动活动。

四、绿色物流发展意义

（一）绿色物流是物流企业获得核心竞争力的保证

在目前物流行业专业化程度不断提高的前提下，发展绿色物流不仅仅是一个新的领域，同时也会成为原有物流形式的一个有益补充。

（二）绿色物流适应了世界物流行业发展的潮流

加入 WTO 后，我国将不再限制外国物流企业进入我国市场。国外物流企业经营管理水平很高，会给国内物流企业带来巨大冲击。我国物流企业要想继续保持自己的竞争力，发展绿色物流将是最好的选择。

（三）绿色物流也是物流不断发展壮大的根本保障

物流要发展就一定要与社会的可持续发展相互配合，人类的经济活动绝不能因物流而过分地消耗资源，破坏环境，以至造成重复污染。

（四）绿色物流是响应生态建设的有效方案

绿色物流强调的是低投入大物流的方式，因此绿色物流不仅是一般物流的节约和降低成本，更重视的是绿色化和由此带来的节能高效少污染。

五、绿色物流实施战略

目前，我国的绿色物流发展还不太成熟，尤其跟国外物流企业相比还有不小差距。因此我国要想在物流企业上保持一定的竞争力，大力发展绿色物流是必然趋势。

（一）树立绿色物流观念

人们过去几十年过多地追求经济利益而忽视生态利益及社会利益，进而导致来自大自然的警告，于是循环经济或绿色经济应运而生。循环经济或绿色经济要求企业降低环境成本而采用绿色技术，进行绿色制造、绿色营销及绿色物流等经济活动。

（二）推行绿色物流经营

物流企业要从保护环境的角度制定其绿色经营管理策略，以推动绿色物流进一步发展，比如选择绿色运输、提倡绿色包装、启动绿色仓储、开展绿色流通加工、搜集和管理绿色信息等一系列绿色物流经营策略。

（三）开发绿色物流技术

绿色物流的关键所在，不仅依赖绿色物流观念的树立、绿色物流经营的推行，更离不开绿色物流技术的应用和开发，比如先进物流设备的制造，先进物流流程的设计等等。没有先进绿色物流技术的发展，就没有绿色物流的立身之地，要大力开发绿色物流技术，否则绿色物流就无从谈起。

（四）制定绿色物流法规

绿色物流是当今经济和生态可持续发展的一个重要组成部分，因此，绿色物流的实施不仅是企业的事情，而且还必须从政府约束的角度，对现有的物流体制强化管理。因此，政府应该制定诸如污染发生源、限制交通量、控制交通流等的相关政策和法规，进一步推动绿色物流的发展。

案例分析

电商物流绿色风起

8.5亿件！这是国家邮政局发布的2017年“双11”当天主要电商快递物流订单数据，而整个“双11”期间（11月11～16日），快递业务量超15亿件。统计数据显示，2016年快递行业共使用313亿件包装，其中包括120亿个塑料袋、144亿个包装箱、247亿米封箱胶带，产生二氧化碳数千万吨。毋庸置疑，在电商的快速发展下，物流单量和包裹量增速惊人，随之产生的天量耗材和随处可见的纸箱等废弃包装物，影响到每个人的生活环境，以及整个社会的生态环境，成为全行业面临的巨大考验，已经引起全行业乃至全社会的广泛关注。近年来，各大电商企业逐渐认识到自己的社会责任，开始积极采取行动，推进仓储、包装、运输与配送等各个物流环节的绿色化，并初见成效。

一、绿色专项行动

随着绿色物流重要性的不断凸显，以京东、菜鸟为首的企业积极做出表率，开展了绿色物流专项活动，这些活动的内容也成为绿色物流未来发展的重要方向。

1. 菜鸟“绿动计划”

从2016年开始，菜鸟联合全球32家物流合作伙伴开始了绿色物流的探索，并与环保部合作成立了首支物流业的环保基金。在2016全球智慧物流峰会上，菜鸟宣布联合32家中国及全球合作伙伴启动菜鸟绿色联盟——“绿动计划”，承诺到2020年替换50%的包装材料，填充物为100%可降解绿色包装材料，将行业总体碳排放量减少362万吨。

2017年“双11”，菜鸟还在全球启用了20个“绿仓”，这些绿色仓库使用的都是免胶带的快递箱和100%可降解的快递袋。

2. 京东“青流计划”

京东也是在2016年成立了电商行业首家物流包装实验室，一方面通过压缩包装耗材的尺寸和面积减少材料成本，从而减少社会资源的浪费；另一方面用更加环保的新材料替代旧材料，使包装物能够循环利用，进而实现节能环保。京东物流组建子集团后更是发起大规模环保活动“青流计划”，预计将在2020年以前，共计减少供应链中一次性包装纸箱使用量100亿个(2015年全年全国快递纸箱使用量)；实现从品牌商到电商企业供货端80%商品包装耗材的可回收，单位商品包装重量减轻25%；50%以上用户端塑料包装将使用生物降解材料，100%物流包装使用可再生或可回收材料，100%物流包装印刷采用环保印刷工艺。

2016年，京东率先在自营生鲜业务中使用全生物降解包装，包装材料在堆肥条件下3~6个月可分解为二氧化碳和水，不会对环境产生污染。

二、绿色包装

11月初，国家邮政局、国家发改委、科技部等十大部委联合发布《关于协同推进快递业绿色包装工作的指导意见》，要求进一步推进快递包装的绿色环保化。

每一个快递包裹都需要包装。包装的材料与形式，不仅影响着电商平台的运营效率与成本，也与商家的利益紧密相关，更关系到每一个消费者的服务体验。因此，快递包装绿色化最受关注，其实现方式也多种多样。

1. 纸箱回收再利用

随着电商订单的成功交付，每年有数百亿件包装物在完成使命后将难以避免地走向垃圾场，其中纸箱是最重要的耗材。据统计，电商行业每年消耗纸箱量超过100亿个，相当于数千万棵大树，由此造成的废水废气以及碳排放量自不待言。纸箱的丢弃既对环境造成极大负担，也是资源的极大浪费，因此如何实现纸箱的回收及再利用，也成为电商企业实施绿色物流的重要内容。

在纸箱回收再利用方面，中粮我买网等电商企业行动较早。近年来，苏宁物流也积极推进并取得了显著成效。截至2016年年底，苏宁物流共回收了200万个包裹进行循环使用，年节约包装成本约160万元。

2017年3月，京东开始在北京、上海、广州、深圳四大城市试点上线纸箱回收系统并在全国范围推广，方式是京东配送上门送货时回收用户闲置的纸箱，用户获得相应的京豆。据悉，这是在2016年京东针对月饼盒浪费展开纸箱回收行动成功之后的又一次环保创举。纸箱回收看似简单，其实涉及多个方面人员与作业流程，京东为此做了大量的前期筹备工作，主要包括针对纸箱回收对现有配送系统进行调整，对回收纸箱筛选标准和规范的制定，以及如何对回收纸箱进行分门别类的整理和再利用等，并对仓储作业人员与配送人员进行了相应培训。

而菜鸟的行动无疑更是声势浩大。2017年“双11”，菜鸟在北京、上海、广州、深圳、杭州等十个城市，数百个驿站，全面开展了快递纸箱回收行动，即“回箱计划”。这是菜鸟在绿色回收方面的最新尝试。与以往被动回收方式不同，此次菜鸟联合了中国造纸龙头企业山鹰国际共同行动。纸箱经过消毒、加工后，被制成包装箱再次用于快递行业，节省大量社会资源(图 4－9)。

菜鸟表示,2017 年“双 11”将有近 1 000 万个快递纸箱得到回收,相当于省出近 10 万棵树,回收率提升至 8 成以上,节省纸张成本近亿元。

2. 塑料共享快递盒

2017 年“4. 18”期间,苏宁首次推出可循环快递盒,之后逐渐放大共享和循环包装在绿色物流中的应用,即用可循环的塑料周转箱代替普通纸箱,用户取出商品后将其放回苏宁自提点或者交由快递员带回作循环使用。数据显示,截至 2017 年 10 月,苏宁共投放 5 万只共享快递盒,累计节约 650 万个快递纸箱(图 4－10)。

图 4－9　菜鸟驿站成为绿色回收线下宣传站

图 4－10　苏宁共享快递盒

据悉,这种快递盒的成本为 25 元,预计可使用 1 000 次,也就是说,单次使用成本仅 0. 025 元,如果平均每个箱子每天循环两次,相比同等大小、成本两元的纸箱而言,10 天左右就可收回成本。苏宁表示还将继续研发新型材质,并计划 2018 年将共享快递盒投放量扩大到 20 万只。如果这种快递盒能够在全行业普及,那么每天可节约 40 棵 10 年树龄的大树,一年可省下近 46. 3 个小兴安岭的树木。

3. 包装减量化

对于电商、快递等企业而言,如何减少每年数百亿个包裹的耗材使用量是重中之重。在这方面,以京东、菜鸟、苏宁等为代表的电商企业均展开了积极行动。

电子面单的使用就节省了大量纸张。如,2017 年“双 11”菜鸟电子面单使用量超过 7 亿张,仅此一项每年就可以减少纸张成本数十亿元。苏宁物流通过合并包装(同一用户订单),平均每天减少了 12 400 个包裹,每年降低成本 450 万元。

京东在各个作业环节进行绿色创新和改进,节省包装耗材,通过电子发票、作业无纸化、电子签收等每年可减少使用纸张 8 000 吨以上;通过将封箱环节中所用的胶带宽度由 53 毫米降至 45 毫米,2016 年减少至少 1 亿米的胶带使用;采用三层电子面单代替 A5 面单纸,每年节省纸张 5 000 吨以上;物流标签由 100 × 100 毫米降至 100 × 70 毫米,每年节省纸张上千万平方米以上。

4. 智能包装算法

由于电商商品大小形态各异，需要的包装类型也五花八门，这就使得打包环节常常出现“小商品大包装”的现象，不仅造成包装过度，耗费材料，而且不适合的包装更容易引起纸箱破损，影响商品质量。不过，这一问题正通过算法得以有效解决。消费者订单一来，智能打包算法系统会立刻对商品的属性、数量、重量、体积，甚至摆放的位置进行综合计算，并匹配相应规格的箱子和数量，以及商品的摆放位置。目前，这种智能打包算法已经在几大电商企业得到了普遍应用。据悉，未来的算法还将进一步升级，实现包装定制化，即根据仓库内商品特性、结合消费者购买组合习惯，定制最适合仓库使用的包装，快递包装耗材有望进一步降低 15% 以上。

根据菜鸟提供的数据，由于箱子空间和数量得到合理利用，可以减少 5% 的耗材使用，每个订单可节省 0.16 元耗材费和 0.12 元配送成本费。以一个日均 10 万单的仓库来说，一年至少可节省 1 000 万元。按照 2017 年天猫“双 11”当天产生的约 8.12 亿件包裹数来计算，一天便能节省 4 100 万个箱子，相当于省出 53 万棵桉树。

5.《电子商务绿色包装技术和管理规范》行业标准

《电子商务绿色包装技术和管理规范》是由商务部流通业发展司、电子商务和信息化司牵头，中国电商物流产业联盟组织承接的行业标准，于 2017 年 6 月 9 日商务部办公厅发布的《2017 年流通行业标准项目计划》（商办流通函［2017］232 号）正式立项。

《电子商务绿色包装技术和管理规范》行业标准是电商物流绿色包装领域第一个标准，规定了绿色包装材料技术要求、绿色包装产品要求、绿色包装管理要求，以理论联系实际，填补了国内空白。对推动电商物流行业绿色包装发展具有不可替代的重要性和必要性。标准的形成对电子商务绿色包装标准化工作的顺利推进，以及电子商务物流行业的可持续发展意义深远。

三、绿色运输与配送

在运输与配送环节，如何避免运输次数增加或运输迂回，减少运输里程，降低污染排放，是电商企业打造绿色物流的重要方面。借助全行业物流信息化水平的提升，以及“带板运输”“甩挂运输”等方式的日益普及，上述方面正逐步得到优化和完善。数据显示，通过菜鸟智能调度中枢系统实现全链路路径优化，可使空驶率降低 10%，单车行驶距离降低 30%。苏宁物流则通过搭建智能物流调度平台，根据订单动态优化配送路线，降低单车行驶距离和空驶率。

此外，更加环保节能的新能源汽车的使用得到了越来越多电商的关注。京东已经用了数年时间和国内外六家汽车厂商通力合作，持续研发电动货车，并取得重大突破。2017 年 10 月 31 日，京东物流正式宣布引进千辆新能源车，并在北京、上海、成都、西安、沈阳等 10 多个大中城市投入使用。目前，已经有超过 30 款不同车型在末端配送、市内转运等物流环节进行测试及投入运营。

在阿里的“全球智慧物流峰会”上，菜鸟正式发布了“ACE”未来绿色智慧物流汽车计划，让大数据助力绿色物流，通过数据帮助快递公司、配送员思考和决策，最终打造一张移动的绿色智慧物流骨干网。2017 年“双 11”期间，菜鸟数万辆新能源车辆在全国 30 多个城市运行。

四、绿色仓储

绿色仓储是一个庞大的系统，包括仓库建设、节能设备应用、仓库作业优化等多个方面内容，如仓库屋顶光伏发电技术的应用以及仓库 LED 节能照明系统的改造，新能源叉车以及密集存储系统的使用，标准托盘、周转箱的循环共用等，均属于绿色仓储的范畴。因此，电商企业在选择堆垛机、输送分拣设备、穿梭车、叉车等物流设备时，越来越关注节能指标；屋顶光伏发电、LED 照明系统成为越来越多仓库建设的选择。根据中国仓储与配送协会的测算，仓库屋顶光伏发电每平方米每年可发电 45 度，如果全国仓库屋顶实施光伏发电，每年可发电数百亿度。例如，京东“亚洲一号”通过广泛采用微波感应 LED 照明系统实现省电 72%；同时通过全面采用保温隔热材料，保证良好的通风和自然采光效果，降低了能耗。

五、结语

实际上，电商企业的绿色物流行动远不止于此，也超出了自身范畴。例如，菜鸟通过数据算法能力把消费者购买绿色包裹的行为与支付宝的蚂蚁森林连通，让人人都可以为物流环保出力，并承诺在西北沙漠化土地上种植出一片“双 11 绿色包裹专属生态林”，预计首期植树至少 10 万棵。未来菜鸟还将以“双 11”为场景，推动绿色物流在政府部门、物流行业、商家和消费者之间的互动，已获得踊跃响应。京东每年投入数亿元，致力于实现贯穿整个产业链的全链条绿色物流，力争全国年收入过万亿的企业碳排放量、能源消耗量都最低，污染趋向零排放，为社会创造更大价值。苏宁也表示未来还将着眼于全行业，上下游全供应链，在包装材料、节能环保、新能源等领域发展绿色包装、节能仓储、高效分拣、低耗运输，将绿色智慧物流进行到底。

除了几大电商在绿色物流方面的持续发力，快递行业作为物流的一大主体也在积极行动。近日，菜鸟联合圆通、中通、申通、韵达、百世、天天等中国主要快递公司发出联合倡议，希望物流行业全面投入绿色物流行动当中，通过新型材料研发和替换、资源回收和循环利用等方式，让绿色成为物流最美的风景线。

正如马云呼吁的那样：“‘快’保证不输，‘绿’才能赢”。

案例分析题：

根据案例并结合所学知识试分析如何更好地贯彻绿色物流理念。

思考题

1. 简述国际物流系统的组成。
2. 简述城市物流系统规划的内容。
3. 简述冷链物流业务流程。
4. 分析比较第四方物流与第三方物流的异同。
5. 我国物流金融业务有哪些？

拓展阅读

请扫描二维码阅读拓展资源。

电子商务物流金融的安全性需求

第五章 物流管理

第一节 企业物流管理

一、生产物流

（一）生产物流概述

1. 生产物流的概念

生产物流一般是指原材料、燃料、外购件投入生产后，经过下料、发料，运送到各加工点和存储点，以在制品的形态，从一个生产单位（仓库）流入另一个生产单位，按照规定的工艺过程进行加工、储存，借助一定的运输装置，在某个点内流转，又从该点流出，始终体现着物料实物形态的流转过程。可见，生产物流的边界起源于原材料、外购件的投入，止于成品仓库，贯穿生产全过程。物料随着时间进程不断改变自己的实物形态和场所位置，物料不是处于加工、装配状态，就是处于储存、搬运和等待状态。由此可见，工业企业物流不畅将会导致生产停顿。

物流过程要有物流信息服务，即物流信息要支持物流的各项业务活动。通过信息传递，把运输、储存、加工、装配、装卸、搬运等业务活动联系起来，协调一致，以提高物流整体作业效率。图 5－1 是生产物流中的物料流和信息流的示意图。

可见，生产物流研究的核心是如何对生产过程中的物料流（Material Flow）和信息流（Information Flow）进行科学的规划、管理与控制。

2. 影响生产物流的主要因素

不同的生产过程由不同的生产物流构成。生产物流的构成取决于下列因素。

（1）生产的类型。不同生产类型的产品品种、结构的复杂程度、精度等级、工艺要求以及原料准备等都不尽相同。这些特点影响着生产物流的构成以及相互间的比例关系。

（2）生产规模。生产规模是指单位时间内的产品产量，通常以年产量来表示。生产规模越大，生产过程的构成越齐全，物流量愈大。如大型企业铸造生产中有铸铁、铸钢、有色金属铸造之分。反之生产规模小，生产过程的构成就没有条件划分得很细，物流量也较小。

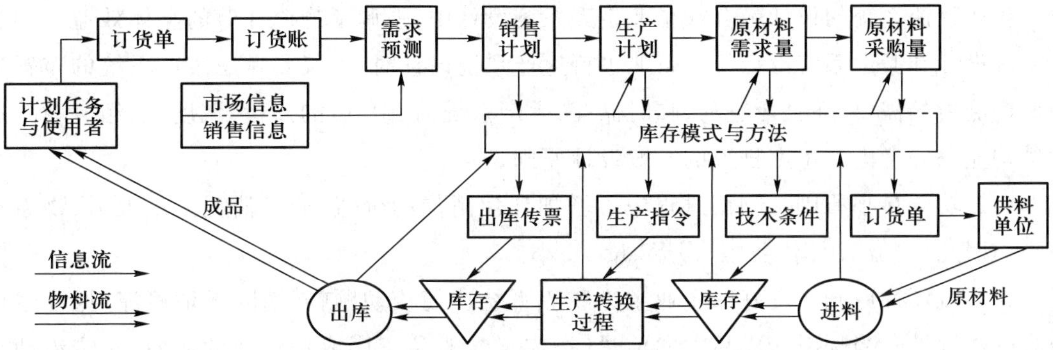

图 5-1 生产物流中的物料流和信息流的示意图

(3) 专业化与协作水平。社会专业化和协作水平越高,其内部生产过程就越趋于简化,物流流程就越短。某些基本的工艺阶段的半成品,如毛坯、零件、部件等,就可由厂外其他专业工厂提供。

3. 合理组织生产物流的基本要求

生产物流区别于其他物流系统最显著的特点是它和企业生产紧密联系在一起。只有合理组织生产物流过程,才有可能使生产过程始终处于最佳状态。如果物流过程的组织水平低,达不到基本要求,即使生产条件、设备再好,也不可能顺利完成生产过程,更谈不上取得较高的经济效益。

合理组织生产物流的基本要求包括:

(1) 物流过程的连续性。企业生产是一道工序一道工序地往下进行的,因此,要求物料能顺畅地,最快、最省地走完各个工序,直至成为产品。每个工序的不正常停工都会造成不同程度的物流阻塞,影响整个企业生产的进行。

(2) 物流过程的平行性。一个企业通常生产多种产品,每一种产品又包含着多种零部件,在组织生产时,将各个零件分配在各个车间的各个工序上生产,因此,要求各个支流平行流动,如果一个支流发生问题,整个物流都会受到影响。

(3) 物流过程的节奏性。物流过程的节奏性是指产品在生产过程的各个阶段,从投料到最后完成入库,都能保证按计划有节奏或均衡地进行,要求在相同的时间间隔内生产大致相同数量的产品,均衡地完成生产任务。

(4) 物流过程的比例性。组成产品的各个物流量是不同的,有一定比例,因此形成了物流过程的比例性。

(5) 物流过程的适应性。当企业产品改型换代或品种发生变化时,生产过程应具有较强的应变能力。也就是生产过程应具备在较短的时间内可以由一种产品迅速转移为另一种产品的生产能力。物流过程同时应具备相应的应变能力,与生产过程相适应。

4. 生产物流系统的设计原则

生产物流系统的设计融合在企业生产系统设计中,强调了物流环节的整体效益。如仓储系统设计和搬运系统设计等。企业进行生产系统设计时,不仅要考虑生产系统的布置适应生产能力的需要,而且像进料,临时储存,生产系统前、中、后的搬运、调度、装箱、库存、运送等均应一并考虑。生产物流的一般设计原则是:

(1) 功耗最小原则。物流过程中不增加任何附加的价值,徒然消耗大量人力、物力和财力。因此,物流“距离”要短,搬运“量”要小。

(2) 流动性原则。良好的企业生产物流系统应使流动顺畅,消除无谓停滞,保证生产流程的连续性。当物料向成品方向前进时,应尽量避免工序或作业间的逆向、交错流动或发生与其他物料混杂的情况。

(3) 高活性指数原则。生产物流系统应采用高活性指数的搬运系统,减少二次搬运和重复搬运量。

(二) 生产物流类型

1. 生产物流类型的概念

企业的生产类型是生产的产品产量、品种和专业化程度在企业技术、组织和经济上的综合反映和表现。它在很大程度上决定了企业和车间的生产结构、工艺流程和工艺装备的特点,生产过程的组织形式及生产管理方法,同时也决定了与之匹配的生产物流类型。通常情况下,企业生产的产品产量越大,产品的品种则越少,生产专业化程度也越高,而物流过程的稳定性和重复性也就越大。反之,企业生产的产品产量越小,产品的品种则越多,生产的专业化程度越低,而物流过程的稳定性和重复性亦越小。可见,物流类型与决定生产类型的产品产量、产品品种和专业化程度有着内在的联系,并对生产组织产生不同的影响和要求。

2. 工序类型

根据加工技术的性质,工序类型大致分为两类:单一工序和多道工序。单一工序是指无论任何规格的加工仅需一道就可以完成的工序。多道工序是指一项订货的加工须经过两道或两道以上才能完成的工序。多道工序按照物流类型又分为以下四类:

(1) 多道连续工序。这是指在最初工序中投入的材料或零部件,按直线型安排的工序依次前进和加工,在最后工序制成成品而构成的工序,见图 5-2。

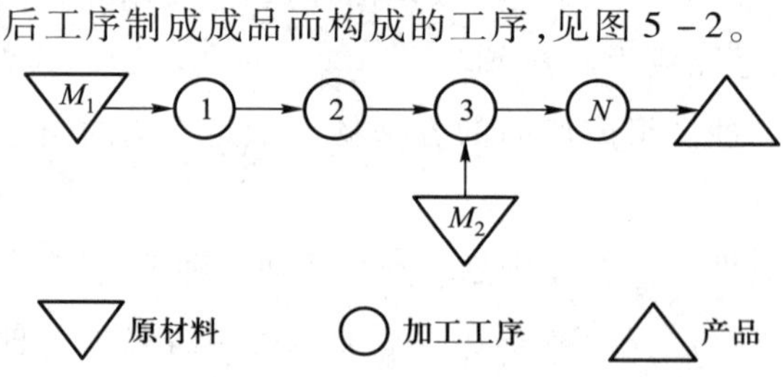

图 5-2　多道连续工序

（2）多道合流工序。产品是由多种原材料或者零部件组成，这些原材料或零部件分别在平行安排的单一或者多道连续的工序上边加工边流动，在适当的阶段一个接一个地进行合成，或者多道装配而制成最终成品，见图 5－3。

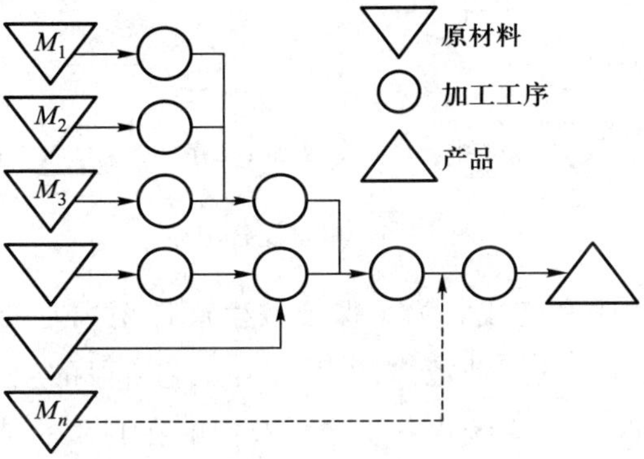

图 5－3 多道合流工序

（3）多道分支工序。一种或多种原材料在第一道工序加工结束后，制成多种产品或者中间产品，这些中间产品分别在后续工序中又成为多种产品或者中间制品，随着工序的进行分为许多工序而制成多种产品，见图 5－4。

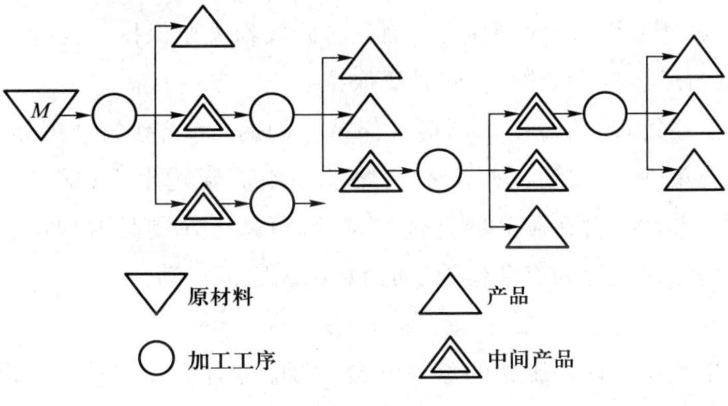

图 5－4 多道分支工序

（4）多道复合工序。从加工开始到成品制成为止经过许多道工序，但其间同时存在合流式和分支式的工序，见图 5－5。

（三）生产物流计划

1. 生产物流计划的作用

生产物流计划的核心是生产作业计划的编制工作，即根据计划期内规定的出产产品的品种、数量、期限，以及发展了的客观实际，具体安排产品及其零部件在各工艺阶段的生产进度。与此同时，为企业内部各生产环节安排短期的生产任务，协调前后衔接关系。生产物流计划的作用有以下几点。

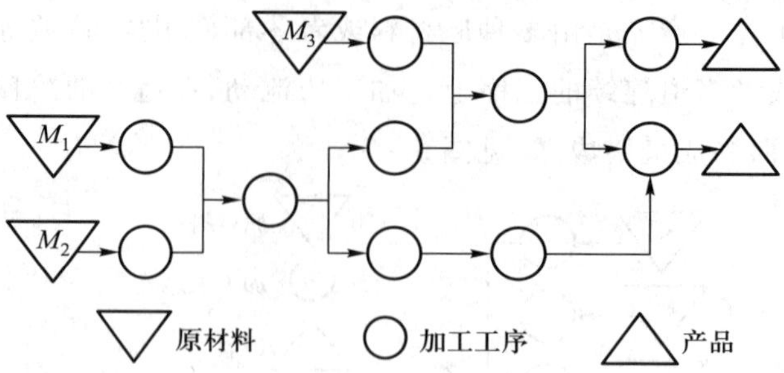

图 5－5　多道复合工序

（1）保证生产计划的顺利完成。为了保证按生产计划规定的时间和数量生产各种产品，要研究物料在生产过程中的运动规律，以及在各工艺阶段的生产周期，以此来安排经过各工艺阶段的时间和数量，并使系统内各生产环节内的在制品的结构、数量和时间相协调。总之，通过物流计划中的物流平衡以及计划执行过程中的调度、统计工作，来保证计划的完成。

（2）为均衡生产创造条件。均衡生产是指企业及企业内的车间、工段、工作地等生产环节，在相等的时间阶段内，完成等量或均增数量的产品。具体而言，均衡生产要求：

① 每个生产环节都要均衡地完成所承担的生产任务；

② 不仅要在数量上均衡生产和产出，而且各阶段物流要保持一定的比例性；

③ 要尽可能缩短物料流动周期，同时要保持一定的节奏性。

（3）加强在制品管理，缩短生产周期。保持在制品、半成品的合理储备是保证生产物流连续进行的必要条件。在制品过少，会使物流中断而影响生产；反之，又会造成物流不畅，加长生产周期。因此，对在制品的合理控制，既可减少在制品占用量，又能使各生产环节衔接、协调，按物流作业计划有节奏地、均衡地组织物流活动。

2. 期量标准

期量标准是生产物流计划工作的重要依据，因此，亦称为作业计划标准，是对加工对象在生产过程中的运动经过科学分析和计算，从而确定的时间和数量标准。期表示时间，如生产周期、提前期等；量表示数量，如一次同时投入生产的在制品数量、仓库应存储的在制品数量等。

期和量是构成生产作业计划的两个方面。为了合理地组织生产活动，有必要科学地规定生产过程中各个环节之间在生产时间和生产数量上的内在联系。合理地确定期量标准，为编制生产计划和生产作业计划提供科学的依据，从而提高了计划编制的质量，使它真正起到指导生产的作用。同时，按期量标准组织生产，有利于建立正常的生产秩序，实现均衡生产。

（四）生产物流控制

在实际的生产物流系统中，由于受系统内部和外部各种因素的影响，计划与实际之间会产生偏差,为了保证计划的完成,必须对物流活动进行有效的控制。

1. 控制系统的组成要素

一个控制系统必须由若干个要素组成,主要包括:

(1) 控制对象。控制对象可由人、设备组成一个基本系统单元,通过施加某种控制或指令,能完成某种变化。在生产物流中物流过程是主要的控制对象。

(2) 控制目标。控制本身并不是目的,系统必须有一个事先设定的目标。控制的系统随时或定期进行检查,发现偏差,然后进行调整,以利于目标的完成。

(3) 控制主体。在一个控制系统里,目标已定,收集控制信息的渠道也已畅通,需要一个机构来比较当前系统的状态与目标状态的差距,如差距超过允许的范围,则需制定纠正措施,下达控制指令。这样的机构称为控制主体。

2. 物流系统的控制方式

物流系统有两种基本的控制方式:反馈控制与前馈控制。

反馈控制是控制主体根据设立的目标,发布控制指令,控制对象根据下达的命令执行规定的动作,将系统状态信息传递到控制主体,经过与目标进行比较,确定调整量,通过控制对象来实施。反馈控制过程如图 5-6 所示。反馈控制的特点是根据当前状态决定下一步行动,由于从信息收集到调整实施有一定的时间滞后,在某些情况下可能会影响目标的达到。反馈控制的另一特点是稳定性,其总趋势是保持系统的平衡状态。

前馈控制着眼于对系统的未来状态的预测,事先采取措施应付即将发生的情况。这种控制带有主动性。前馈控制过程见图 5-7。从图 5-7 可以看出,前馈控制过程除了缺少信息收集外,几乎与反馈控制过程相同。但前馈控制主体有预测状态功能,它是靠系统长期运行以后加以总结得到的。实际上,对于一个较复杂的物流系统,预测不可能完全正确,还可能有事先无法预测到的随机干扰,所以在实际生产物流过程中很少存在单独的前馈控制过程,通常情况下,是由前馈控制和反馈控制两者结合构成的复合控制系统。

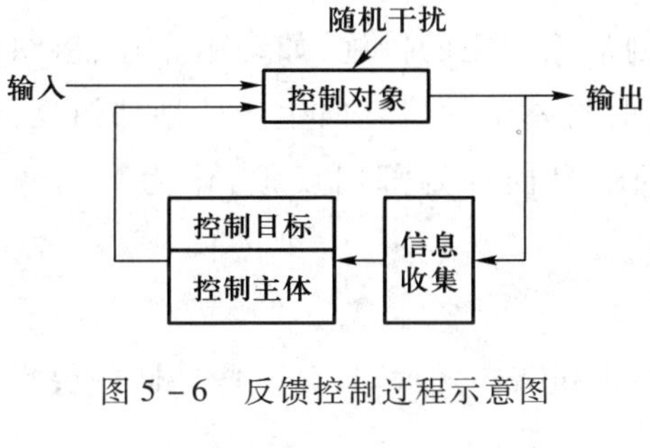

图 5-6　反馈控制过程示意图

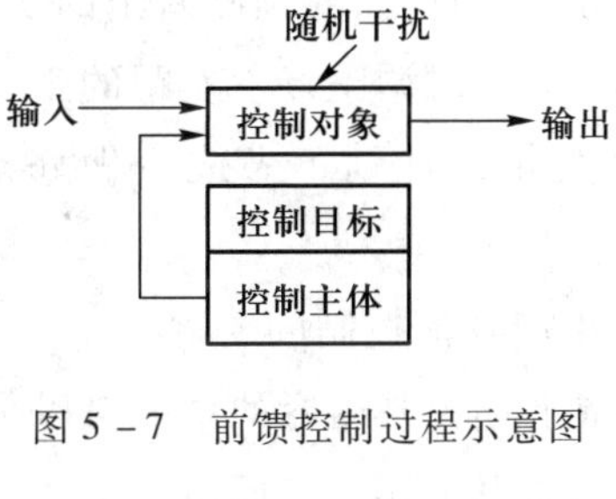

图 5-7　前馈控制过程示意图

3. 生产物流控制的特点

生产物流系统相对于工程技术系统而言,其内容和结构要复杂得多,系统各部分之间的联系极为密切,相互制约。生产物流系统的目标也往往不是单一的,如既要保证满足生

产要求,又要减少在制品库存。这些目标常常互相矛盾,所以,对生产物流系统的控制也比较复杂,这主要表现在以下几个方面:

(1) 生产物流信息采集难度大。为了及时对生产系统进行控制,必须掌握生产系统的各种信息。但生产物流系统涉及范围广,采集周期、衡量尺度等不一致,所以需建立统一、完善的数据采集系统。

(2) 生产物流系统对反馈信息响应速度慢。由于物流系统中的许多问题是非结构化的,控制决策复杂。在实际应用中主要依赖于管理人员的判断,这使生产物流系统对反馈信息的响应速度比工程技术系统要慢。

(3) 生产物流控制系统设计难度大。物流系统往往是大规模复杂系统;简单地直接使用反馈控制,不一定能取得预想的效果。在物流系统中,为了正确设置控制目标,要充分估计系统的当前以及潜在的能力,要充分考虑系统中的多目标问题。通常,将计划看做是控制的前提,即制定了计划以后,为了实施计划而采用控制手段。在这个控制过程中,收集计划的完成情况以及系统状态,经控制主体分析比较之后,采取调整措施,以便使计划完成。

(4) 整个过程发生在一个计划期之内。当一期计划完成后,对系统内在能力进行评估,以作为以后编制计划的参考,甚至可以作为修订或编制计划的依据。

4. 生产物流控制的内容

物流控制的具体内容有:

(1) 进度控制。生产物流控制的核心是进度控制,即物料在生产过程中的流入、流出控制,以及物流量的控制。

(2) 在制品管理。在生产过程中对在制品进行静态、动态控制以及占有量的控制。在制品控制包括在制品实物控制和信息控制。有效地控制在制品,对及时完成作业计划和减少在制品积压均有重要意义。

(3) 偏差的测定和处理。在进行作业过程中,应按预定时间及顺序检测执行计划的结果,掌握计划量与实际量的差距,根据发生差距的原因、差距的内容及严重程度,采取不同的处理方法。首先,要预测差距的发生,事先规划消除差距的措施,如动用库存、组织外协等;其次,为及时调整产生差距的生产计划,要及时将差距的信息向生产计划部门反馈;最后,为了使本期计划不做或少做修改,将差距的信息向计划部门反馈,作为下期调整的依据。

5. 生产物流控制的要素

完成上述控制内容的系统可以采用不同的形式和结构,但都具有一些共同的要素。这些要素包括以下几个方面:

(1) 强制控制和弹性控制的程度,即通过有关期量标准、严密监督等手段所进行的强制控制或自觉控制。

(2) 目标控制和程序控制,即控制系统的作用是核查生产实际结果并对生产程序、生产方式进行核查。

(3) 管理控制和作业控制。管理控制的对象是全局,是指为使系统整体达到最佳效益而按照总体计划来调节各个环节、各个部门的生产活动。作业控制是对某项作业进行控制,是局部的,其目的是保证其具体任务或目标的实现。有时不同作业控制的具体目标之间可能会出现脱节或矛盾的情况,需要管理控制对此进行协调,以使整体达到最优效果。

6. 生产物流控制的程序

物流控制的程序对不同类型的生产方式来说,基本上是一样的。与控制的内容相适应,物流控制的程序一般包括以下几个步骤:

(1) 制定期量标准。物流控制从制定期量标准开始,所制定的标准要保持先进与合理的水平,随着生产条件的变化,标准要定期和不定期地进行修订。

(2) 制定计划。依据生产计划制定相应的物流计划,并保持生产系统能够正常运转。

(3) 物流信息的收集、传送、处理。

(4) 短期调整。为了保证生产的正常进行,及时调整偏差,保证计划顺利完成。

(5) 长期调整及其有效性的评估。

7. 生产物流控制的方法

生产物流控制方法常用的有加权法、平推法、流动曲线分析法。

二、供应物流与销售物流

(一) 供应物流和销售物流的地位与作用

企业物流是由供应物流、生产物流、销售物流、回收与废弃物物流组成的。其中生产物流处于中心地位,它是和生产同步进行的,是企业内部能控制的,实现合理化的条件最成熟。而供应物流和销售物流是生产物流的外延部分(上伸和下延),它受企业外部环境影响较大,如政策与市场环境、仓储与运输环境和一些间接环境等。简单地说,原材料供应如不及时,将影响生产,而原材料的采购、运输都受外界制约;又如,产成品销售也受市场和运输等条件制约,如已销售的产品,交通运输若不配合则无法如期发送交货。对于外界制约条件,虽然企业不一定能控制,但是应该加以研究,制定合理对策,以求得企业的顺利发展。

原材料及零部件购入的费用在生产成本中具有最重要的地位,一般为销售额的30%左右,而其中直接运输费用为采购成本的30% ~50%,供应物流合理化为企业创造的效益相当可观。据资料介绍:日本某建材会社(生产与经营)年销售额折合人民币约为10亿元/年,改善后运输成本降低25%。又如韩国某家用电器综合会社的销售额折合人民币约为115亿元/年,在洗衣机和空调器两个分厂实施供应物流的改善,使采购成本减少了1.5%。

当前在我国,产成品的销售在买方市场条件下已成为一个生产企业能否发展的关键问题,市场营销中销售物流的组织及其合理化起着十分重要的作用。它不仅是企业盈利的直接环节,而且关系到企业的存亡。

企业物流是四通八达、纵横交错的社会物流网络中的一个节点,并以生产物流实现节点内的转换,以供应物流和销售物流实现节点之间的连接。供应物流和销售物流不通畅,企业生产就无法连续进行,社会物流网络也不能正常运转。

(二)供应物流

供应物流包括原材料等一切生产资料的采购、进货运输、仓储、库存管理、用料管理和供料运输。它是企业物流系统中独立性相对较强的一个子系统,并且和生产系统、搬运系统、财务系统等企业各部门以及企业外部的资源市场、运输条件等密切相关。

1. 供应物流系统的构成

图5-8是供应物流系统的功能结构图,主要包括以下几项功能。

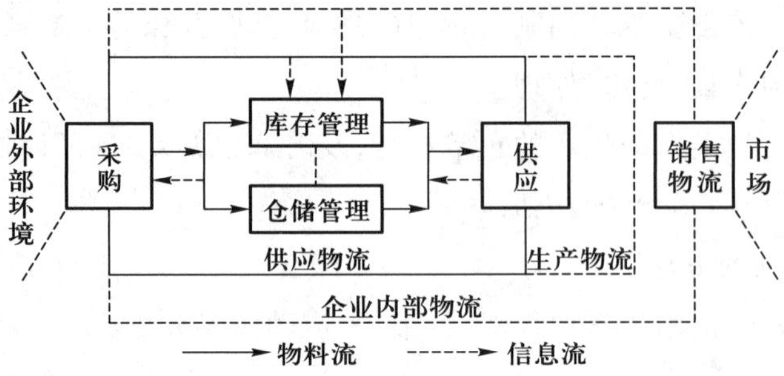

图5-8 供应物流系统功能结构图

(1)采购。它是供应物流与社会物流的衔接点。它是依据工厂企业生产计划所要求的供应计划制定采购计划并进行原材料外购的作业层,需要承担市场资源、供货厂家、市场变化等信息的采集和反馈任务。

(2)供应。它是供应物流与生产物流的衔接点。它是依据供应计划与消耗定额进行生产资料供给的作业层,负责原材料消耗的控制。厂内供应方式有两种基本形式,一种是用料单位到供应部门领料,另一种是供应部门按时按量送料(配送)。

(3)库存管理。它是供应物流的核心部分。它依据企业生产计划的要求和库存状况制定采购计划,并负责制定库存控制策略及计划的执行与反馈修改。

(4)仓储管理。它是供应物流的转折点。它负责购入生产资料的接货和生产供应的发货,以及物料保管工作。

2. 采购决策

采购决策的内容主要包括:市场资源调查、市场变化信息的采集和反馈、供货厂家选择和决定进货批量、进货时间间隔等。

企业采购决策者应对所需原材料的资源分布、数量、质量和市场供需要求等情况进行调查,作为制定较长远的采购规划的依据;同时,要及时掌握市场变化的信息,进行采购计划的调整、补充。

在选择供货厂家时，应考虑原材料供应的数量、质量、价格（包括运费）、供货时间保证、供货方式和运输方式等，根据本企业的生产需求进行比较，最后选定供货厂家。要建立供货商档案，其内容主要有企业概况（地点、规模、营业范围等），供应物品种类、运输条件及成本，包装材料及成本，保管费和管理费，包装箱和包装材料的回收率，交易执行状况等，完善的档案数据是选定供货商的重要依据。

采购批量在采购决策中是一个重要问题。一般情况下，每次采购的数量越大，在价格上得到的优惠越多，同时因采购次数减少，采购费用相对能节省一些，但一次进货数量大容易造成积压，从而占压资金，多支付银行利息和仓库管理费用。如果每次采购的数量过小，在价格上得不到优惠，因采购次数的增多而加大采购费用的支出，并且要承担因供应不及时而造成停产待料的风险。如何控制进货的批量和进货时间间隔，使企业生产不受影响同时费用最省，是采购决策应解决的问题。

3. 经济订购批量公式

经济订购批量公式，简称 EOQ 公式。它是由确定性存储模型推出的，进货间隔时间和进货数量是两个最主要的变量。运用这个公式，可以取得存储费用与进货费用之间的平衡，确定最佳进货数量和进货时间。图 5－9 是确定性存储模型的典型库存模型。

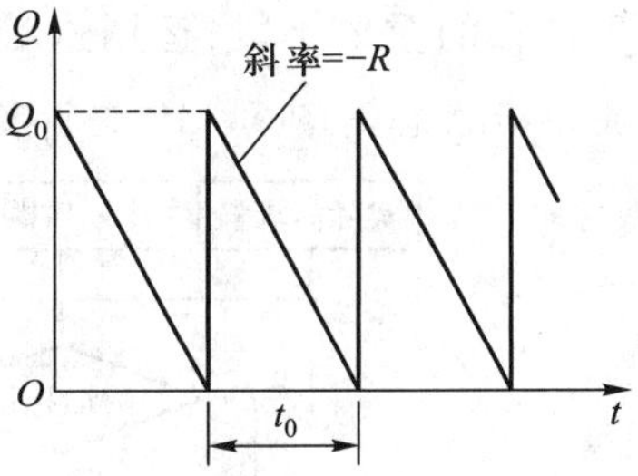

图 5－9 确定性存储模型的典型库存模型

假设：①缺货费用无限大；②当存储降至零时，可以得到补充；③需求是连续的、均衡的，设需求速度只为常数，则 t 时间的需求量为 R_t；④每次订货量不变，订货费不变；⑤单位存储费不变。

经过数学推导，最后得出公式 EOQ 公式的形式如下：

$$Q_0 = R \cdot t_0 = \sqrt{2C_3R/C_1}$$

式中，Q_0——订货批量；

R——需求速度；

C_1——单位存储费用；

C_3——订购费；

t_0——间隔时间。

进一步简化，可以得出最佳费用公式：

$$C_0 = \sqrt{2C_1C_3R}$$

式中，$C_0 = \min C(t)$，即最佳费用（包括存储费用和订购费用）。

4. 供应物流改善的方向

（1）准确预测需求。这里所指的需求，是以工厂生产计划对各类物资的需求为依据确定出的物资供应需求量。生产计划是根据市场对该产品的需求量来制定的,而供应计划则依据生产计划下达的产品品种、结构、数量的需求、各种材料的消耗定额和生产工艺时序来制定。供应计划要做到对各种原材料、购入件的需求量(包括品种、数量)和供货日期的准确预测,以保证生产正常进行,降低成本,加速资金周转,提高企业的经济效益。因此,制定切实可行的生产计划,确定合理的物资消耗定额,是做到准确预测需求的关键。

(2) 合理控制库存。供应物流中断将使生产陷于停顿,所以必须有一定数量的储备,以保证生产的正常进行。这种储备包括两方面:

① 正常库存。因采购是批量进行的,而生产是连续进行的,由于这种节奏的不一致,要保证生产,必须有正常的库存。

② 安全库存。为了防止发生意外事故和不可知因素的影响,供应活动受到阻碍时,需要有安全库存,以保证生产的正常进行。

库存控制的内容包括制定库存控制策略、库存计划和库存动态调整。库存控制是实现合理储存的重要手段,运用这种手段来解决物资供应计划中的合理储备数量问题,将改善物流供应状态。图 5-10 为计算机库存控制体系示意图。

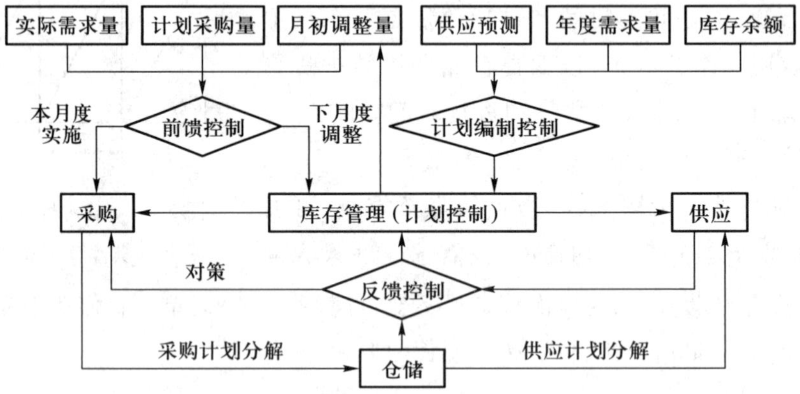

图 5-10　计算机库存控制体系示意图

(3) 科学地进行采购决策。采购决策的内容在前文已有介绍。由于影响因素的复杂性,特别是人为因素的介入,使决策的正确性受到很大影响,因此,开发计算机辅助采购决策系统是一种有效的解决途径。这一方面要有市场资源、价格、供货人以及交通运输的信息与档案,另一方面也要建立正确的决策模型。

计算机辅助采购决策系统所提供的结论可以作为采购业务人员决策的参考,也可以为有关领导提供检查和评价采购工作的依据。和其他辅助决策系统一样,信息、档案以至决策模型都要在运行过程中不断地修改、充实和完善。

5. 供应物流的保障

供应保障涉及运输、仓储管理、服务等方面。应采用合理的运输方案,使运输线路短、环节少、时间快、费用低、运输工具的选择合理。先进的仓储管理包括利用电子计算机进行物料进、存、耗的动态管理,机械化、自动化的仓储作业等。服务方面主要是方便生产和节约,如供应模式、供应手段的选择等。

在保障供应的基础上逐步提高供应物流的水平,可以分两个阶段。第一阶段,在各供货单位分别送货的情况下依靠调整送货批量、时间间隔及包装材料回收等措施降低物流费用。第二阶段,从更广泛的角度规划厂内在制品和产成品的输送、配送中心与营业所间的输送、国外购进的原材料的输送,建立综合供应物流体系。

(三) 销售物流

销售物流是企业物流系统的最后一个环节,是企业物流与社会物流的又一个衔接点。它与企业销售系统相配合,共同完成产成品的销售任务。

1. 销售系统的功能

销售系统的主要功能有:

(1) 市场调查和需求预测,即为企业的产品开发和生产技术系统提供准确的市场信息。调查和预测的对象包括国内外的传统市场、新市场和潜在市场。

(2) 开拓市场和制定销售产品的方针及策略,包括销售渠道、营销组合、产品定价等。

(3) 编制销售计划,即正确确定计划期产品销售量和销售收入两个指标,满足社会需要,保证产品衔接。

(4) 组织、管理订货合同,包括组织签订合同、检查执行合同和处理执行合同中的问题。

(5) 组织产品推销,包括产品的商标与装潢设计、广告宣传、试销试展、派员推销以及市场信息反馈等。

(6) 组织向客户提供服务的工作,包括产品安装调试,使用与维修指导,实行“三包”,提供配件以及售前、售后征求客户意见等。

(7) 成本分析,即对销售费用与销售成本进行分析,不断提高销售的经济效益和销售管理工作的水平。

2. 销售物流合理化

在生产产品达成交易后,企业应组织销售物流。销售物流涉及以下几个方面:

(1) 工业包装。包装可视为生产物流系统的终点,也是销售物流系统的起点。包装具有防护功能、仓储功能、运输功能、销售功能和使用功能,是物流系统中不可缺少的一个环节。因此,在包装材料、包装形式上,除了考虑物品的防护和销售外,还要考虑储存、运输等环节的方便。包装标准化、轻薄化以及包装器材的回收、利用等也是重要问题。

(2) 成品储存。企业要改善仓储作业,提高作业质量及作业生产率;使用科学的物品养护方法;成品库存控制应以市场需求为导向;应合理控制成品存储量,并以此指导生产。

（3）销售渠道。销售渠道的结构有：

① 生产者→消费者，销售渠道最短；

② 生产者→批发商→零售商→消费者，销售渠道最长；

③ 生产者→零售商或批发商→消费者，销售渠道介于以上两者之间。

影响销售渠道选择的因素有政策性因素、产品因素、市场因素和生产企业本身因素。生产企业对影响销售渠道选择的因素进行研究分析以后，结合本身的特点和要求，反复比较各种销售渠道的销售量、费用开支、服务质量，找出最佳销售渠道。

销售物流的组织与产品类型有关，如钢材、木材等商品，其销售渠道一般选用第一种结构渠道和第三种结构渠道（生产者→批发商→消费者）；而诸如日用百货、小五金等商品的销售渠道则较多地选用第二、三种结构渠道。正确运用销售渠道，可使企业迅速及时地将产品传送到用户手中，达到扩大商品销售、加速资金周转、降低流通费用的目的。

（4）产成品的发送。根据产成品的批量、运送距离、地理条件决定运输方式。对于第一种销售渠道，运输形式有两种，一是销售者直接取货，二是生产者直接发货给消费者。对于第二、三种销售渠道，除采用上述两种形式外，配送是一种较先进的形式，可以推广。由生产者直接发货时，应考虑发货批量大小问题，它将直接影响到物流成本费用，要使发货批量满足运输费用和仓储费用总和最小的原则。

（5）信息处理。完善销售系统和物流系统的信息网络，加强二者协作的深度和广度，并建立与社会物流沟通和联系的信息渠道，建立订货处理的计算机管理系统及顾客服务体系。

3. 市场测量和信息预测

市场测量和市场预测是从量的角度去分析、研究市场，估计目前和未来市场需求规模的大小。这是企业制定市场营销计划和市场营销决策的重要依据，也是销售物流的重要依据。

某个产品的市场需求是指一定数量的消费者在一定的地理区域、一定的时间、一定的市场营销环境和一定的市场营销方案下购买的商品总量。由此看出，市场需求不是一个固定数值，而是一个函数。因此，市场需求可表示为市场需求函数或市场反应函数，如图 5－11所示。

在图 5－11 中，市场最小量 Q_0 称为基本销售量，即没有任何需求刺激，也不开展任何市场营销活动时，市场对某种产品存在的需求量。

市场潜量 Q_1 指在市场营销支出超过一定数量后，即使市场营销支出进一步扩大，市场需求也不再随之增长的量。可见，它是市场需求的最高界限。市场最小量与市场潜量之间的距离表示需求的市场营销灵敏度，即表示行业市场营销对市场需求的影响力。市场需求函数并不是随时间变化而变化的需求曲线，即并不直接反映时间与市场需求的关系。市场需求曲线只是表示当前市场营销努力与当前需求的关系。市场预测量是估计的市场需求

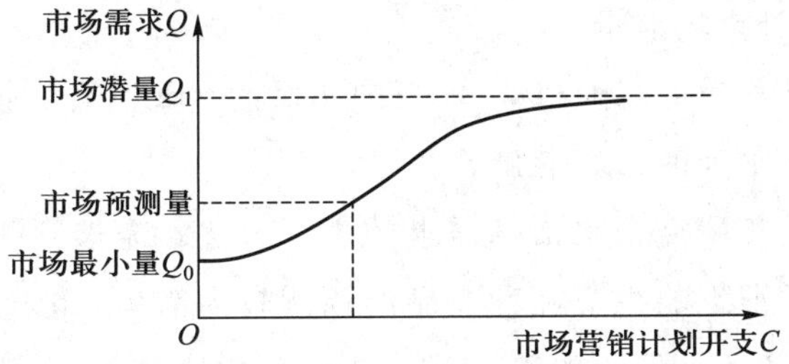

图 5－11　市场需求函数

量，销售者只能根据市场营销支出水平，确定其在函数曲线上的位置。

企业估计当前市场需求，就是要测量总市场潜量、区域市场潜量、实际销售额和市场占有率。

总市场潜量是指在一定期间内，在一定水平的行业市场营销努力下，在一定的环境条件下，一个行业中所有企业可能达到的最大销售量。可用下面公式计算：

$$\Omega = nqp$$

式中，Ω——总市场潜量；

n——在给定的条件下，特定的产品或市场中购买者的数量；

q——平均每个购买者购买的产品数量；

p——单位产品价格。

对于区域市场潜量的估算，目前较为普遍使用的方法有两种：市场累加法和多因素指数分析法。

市场累加法是先识别每个市场的所有潜在消费者，并估计每个潜在消费者的购买量，计算出每个市场的购买潜量，然后把每个市场的购买潜量加起来。生产工业产品企业一般使用这种方法。

在生产消费品的企业估计区域市场潜量时用多因素指数分析法。通常情况下，描述区域需求最重要的指数是购买力指数。它是一个多因素指数。各个因素的重要性一般是不同的，为了表现这种差异，就必须给每个因素以一定值的权数，这样多因素指数就容易计算。购买力指数反映了国家不同地区的相对消费者购买力。美国《销售与市场营销管理》杂志提出用下面公式计算购买力指数：

$$B_i = 0.5y_i + 0.3r_i + 0.2p_i$$

式中，B_i——i 地区的购买力占全国购买力的百分比；

y_i——i 地区的可支配个人收入占全国可支配个人收入的百分比；

r_i——i 地区的零售额占全国零售额的百分比；

p_i——i 地区的人口占全国人口的百分比。

y_i、r_i、p_i 前面的数字为权数，不同产品有不同的权数，企业可利用多元回归分析找出适合其产品的权数,以估计市场潜量。

区域市场潜量反映相对的行业机会,不反映相对的企业机会。企业要用上面公式中未包括在内的因素调整所估计的市场潜量。

市场需求预测是用于研究未来市场需求的主要方法。需求预测是一项十分复杂的工作。实际上只有特殊情况下的少数几种产品的预测较为简单,如未来需求趋势相当稳定,或没有竞争者存在,或竞争条件比较稳定等。在大多数情况下,企业经营的市场环境是在不断变化的,由于这种变化,总的市场需求也是变化的、不稳定的。需求愈不稳定,愈需要精确的预测。这时准确地预测市场需求就成为企业成功的关键,因为任何错误的预测都可能导致库存积压或存货不足,从而使销售额下降以至销售中断等不良后果。

企业从事销售预测,一般经过三个阶段,即环境预测、行业销售预测和企业销售预测。环境预测就是分析通货膨胀、失业、利率、消费者支出和储蓄、企业投资、政府开支、净出口以及其他一些重要因素,最后做出对国民生产总值的预测。以环境预测为基础,结合其他环境特征进行行业销售预测。最后,根据对企业未来市场占有率的估计,预测本企业的销售额。

由于产品种类不同,因而有许多不同的预测方法。但实际上预测的信息基础只有三种:

(1)人们所说的。这是指购买者及其亲友、推销人员、企业以外的专家的意见。在此基础上的预测方法有:购买者意向调查法、销售人员综合意见法、专家意见法。

(2)人们要做的。建立在此基础上的预测方法是市场试验法,即把产品投入市场进行试验,观察销售情况及消费者对产品的反应。

(3)人们已做到的。建立在此基础上的方法是用数理统计等工具分析、反映过去销售情况和购买行为的数据。这有两种预测方法:时间序列分析法、统计需求分析法。

三、回收物流与废弃物物流

(一)回收物流与废弃物物流概述

1. 物资循环过程

人类社会所需要的各种物资都来自自然界,无论是食品、服装、建筑材料、金属和塑料制品,最初都是从自然界取得原材料的。在人类社会中,从生产经过流通直至消费是物资流向的主渠道。但是在这一过程中有生产过程形成的边角余料、废渣、废水,有流通过程产生的废弃包装器材,也有大量由于变质、损坏、使用寿命终结而丧失了使用价值或者在生产过程中未能形成合格产品而不具有使用价值的物资,它们都要从物流主渠道中分离出来成为生产或流通中产生的排放物。这些排放物一部分可以回收并再生利用,称为再生资源,它们形成了回收物流;另一部分在循环利用过程中基本或完全失去了使用价值,形成无法再利用的最终排放物,即废弃物,废弃物经过处理后返回自然界,形成了废弃物物流。

如上所述,排放物的产生来自三个方面:

(1) 生产过程产生的排放物。

① 工艺性排放物。由于生产性质不同,其排放物有很大的差异。如造纸厂产生的废渣以及为了漂白等目的使用的化学药液随水排出后形成的废水,钢厂生产中产生的钢渣、切头切尾,机械厂切削加工形成的切屑等。此类排放物根据工艺流程和技术水平的条件,其排放时间、数量、种类有一定的规律性,能形成稳定的物流系统。

② 生产过程中的废品、废料。其产生的数量具有一定规律性,但产生的时间却有很大的偶然性,在工艺流程中往往就地回收,重新纳入生产流程中,而很少进入社会物流系统。

③ 装备、设施和劳动工具的报废。造成其报废的主要原因是:由于正常使用中寿命的终结或意外损坏而丧失了使用价值,或者由于设备更新而淘汰。这些排放物不是经济活动产生的,需要随机进行处理。

(2) 流通过程产生的排放物。流通中消耗燃料和物品会产生废弃物。流通部门最典型的废弃物是被捆包的物体解捆以后所产生的废弃捆包材料,如木箱、编织袋、纸箱、纸带、捆带、捆绳等。有的可以直接回收使用,有的要进入物资大循环再生利用。

(3) 消费后产生的排放物。这类排放物一般称为垃圾,是指由家庭垃圾、办公室垃圾等混合组成的城市垃圾,包括食物残渣,破旧衣物,已失去使用价值的家用电器、玻璃或塑料容器、废纸等。城市垃圾的成分很复杂。

生产过程和流通过程产生的废弃物称为工业废物,按照法律规定由产业部门自行处理,处理费用属于生产成本;消费后产生的废弃物称为一般废弃物或生活废弃物、垃圾,主要由政府财政支付其处理费用。

2. 回收物流与废弃物物流的概念

对排放物处理有两方面含义。一是将其中再利用价值的部分加以分拣、加工、分解,使其成为有用的物资重新进入生产和消费领域。例如,废纸被加工成纸浆,又成为造纸的原材料;废钢被分拣加工后又进入冶炼炉变成新的钢材;废水经净化后又被循环使用等。二是对已丧失再利用价值的排放物从环境保护的目的出发将其焚烧,或送到指定地点堆放、掩埋,对含有放射性物质或有毒物质的工业废物,还要采取特殊的处理方法。对于前者一般称为回收,后者称为废弃,这两类物质的流向形成了回收物流和废弃物物流。

3. 回收物流与废弃物物流的意义

(1) 回收物流是社会物资大循环的组成部分。自然界的物资不是无限的,森林的采伐、矿山的开采都是有一定限度的。在资源已日渐枯竭的今天,人类社会越来越重视通过回收物流将可以利用的排放物收集、加工,重新补充到生产、消费的系统中去。据统计,钢铁产量有近 1/3 来自回收的废钢。在日本,每年报废的汽车达 600 万辆,其中半数以上被分解成废钢、橡胶和玻璃而回收利用。一些城市垃圾也可以加工成肥料或燃料,有些垃圾经过适当加工,甚至可以直接成为商品进入消费领域。

(2) 回收物流与废弃物物流合理化的经济意义。废弃物资是一种资源,但和自然资源不同,它们曾有过若干次加工,本身凝聚着能量和劳动力的价值,因而常被称为载能资源。回收物资重新进入生产领域作为原材料会带来很高的经济效益。

北京、上海等大城市产生的垃圾数量很大,必须要耗费巨额资金进行收集、搬运和处理。据日本资料介绍,东京每年的垃圾处理费用高过 1 521.85 亿日元,其中物流费用占总费用的 69.5%。回收物流的合理组织对降低垃圾处理成本有显著效果。

(3) 回收物流与废弃物物流合理化的社会意义。由于废弃物的大量产生严重地影响人类赖以生存的环境,必须有效地组织回收物流与废弃物物流,使废弃物得以重新进入生产、生活循环或得到妥善处理。

当前社会最关切的问题之一就是环境问题,而环境污染的根本问题是废弃物(含废水、废气)造成的。良好的垃圾处理系统是文明的标志之一,城市垃圾如果没有环卫系统的运行,数日之间将变得又脏又臭,良好的生活环境和工作环境将受到破坏。如果任凭造纸厂和化工厂的废水流入自然界的水源中,将污染河流、海洋,不仅危害人类,水生动植物也将会受到致命打击。核废料的处理已成为国际公害,受到世界舆论的密切关注。因此,回收物流和废弃物物流的管理不能完全从经济效益考虑,也要从社会效益考虑。

(二) 回收物流与废弃物物流技术

1. 回收物流与废弃物物流技术的特点

回收物流与废弃物物流仍然是由运输、储存、装卸、包装、流通加工和物流信息等环节组成,其物流技术也是围绕这些环节发展的,但因系统性质不同,所以技术特点也有差异。

(1) 小型化、专用化的装运设备。回收物流与废弃物物流的第一阶段任务是集中。废弃物来源于每一个企业和家庭,由于分布广泛,因此采用多阶段收集、逐段集中的方式,广泛使用各种小型的机动车和非机动车。

许多废弃物具有脏、臭、污染环境的特点,在装运过程中需要使用专用运输车辆,例如,城市生活垃圾的运输是由环卫系统专用车承担的。因其任务的一致性,在车辆构造方面也可以针对作业特点进行专门设计。

废弃物的运输路线一般不长,因此,广泛使用汽车运输,有些回收物资是工业的重要原材料,如废钢铁、废纸等,也有利用火车进行长距离运输的情况,有时还会进入国际物流的渠道进行长距离输送。

(2) 简易的储存、包装要求。这些物资是以废弃物的形成出现的,一般只需要有露天堆放场所即可,但也有一部分回收物资如废纸等,在堆放时需要有防雨措施,或放置在简易库存房中。

废弃物一般也不需要包装,但是为了装卸、搬运方便,可以捆扎或打包。在需要防止废弃物污染环境的特殊情况下，也应有必要的包装。如具有放射性的核废料，在运输过程中其包装要求是极为严格的，但包装的目的不是为了保护被包装物资，而是为了防止对环境造成危害。

（3）多样化的流通加工。由于废弃物种类繁多、性质各异，故流通加工的方式也很多，但此种加工的目的是为流通服务的，如利用回收物资作为原材料制造某种产品则应视为生产加工。

流通加工的类别有：

① 分拣、分解、分类。在初期收集阶段，各种废弃物往往是混杂在一起的，但是它们按照本身可使用的价值，其去向是各不相同的。如城市垃圾中有无机物质和有机物质之分。其中玻璃、纤维物质（含废纸）分别是玻璃厂和造纸厂的回收对象；一部分有机物质可以作为肥料厂的原料，而有一部分则送往指定地点掩埋或焚烧。为了适应物流的需要，必须进行分拣分类。分拣分类的方法有：磁力分拣，适用于废钢铁等磁性物质的拣选；重力拣选，利用振动或离心力抛射的方法将比重不同的物质区别出来；浮力拣选，利用液体的浮力将轻质物和重质物分离；人力拣选，适应面很广，常常是其他拣选方法的补充；加热分解，对于钢铁和有色金属的复合材料，可以利用较高温度将低熔点金属熔化分离。

② 压块和捆扎。其目的是提高对象物的刻度、减小体积并形成作业单元便于装卸和运输。

③ 切断和破碎。切断的目的也是为了装卸搬运作业的方便，而破碎则往往是为了分拣。例如，废汽车含有钢铁、有色金属、橡胶、玻璃等材料，破碎以后可以进行拣选、分类收集。

（4）低成本的要求。回收物流与废弃物物流由于所处理的对象物价值不高，因此，物流费用必须保持在低水平。对废弃物处理费用过高，将加大企业的开支，或增加社会福利基金开支。回收物资成本过高，将导致以回收物资为原材料的生产企业陷入困境，甚至转而寻求其他途径解决原材料问题。

2. 回收物流技术分类

废旧物资回收的目的是将其经过修复、处理、加工后再次反复使用。因此，物品复用的技术是回收物流的基础和前提。

一般来说，回收物流技术可概括为以下几种：

（1）原厂复用技术流程。原厂产生废旧物品→原厂回收→原厂分类→原厂复用。例如钢铁厂的废钢铁回收再利用就是一个典型的例子。

（2）通用回收复用技术流程。通用化、标准化的同类废旧物品→统一回收→按品种、规格、型号分类→复用标准达到后进行通用。

（3）外厂代用复用技术流程。本厂过时性、生产转型及规格不符的废旧物品→外厂统一回收→按降低规格、型号、等级分类或按代用品分类→外厂验收→外厂复用。

（4）加工改制复用技术流程。需改制的废旧物品→统一回收→按规格、尺寸、品种分类→拼接→验收→复用。

（5）综合利用技术流程。工业生产的边角余料、废旧纸、木材包装容器→统一回收→综合利用技术→验收→复用。

（6）回炉复用技术流程。需回炉加工的破旧物品→统一回收→由各专业生产厂进行再生产性的工艺加工→重新制造原物品→验收→复用。例如废玻璃、废布、废锡箔纸等属于这一类。

第二节　物流企业管理

一、物流企业概述

物流企业是相对于生产企业而言的，它专业从事实体商品的流通工作，对国民经济的正常运行有着极为重要的作用。下面将对物流企业的职能和任务、经营形式及组织结构等内容进行说明。

（一）物流企业的概念和职能

1. 物流企业的概念及特征

物流企业是独立于生产企业之外，专门从事商品（包括生产资料、生活资料）和服务流通（交换）活动的经营实体。它在商品市场上依法进行自主经营、自负盈亏、自我发展、自我约束，是具有法人资格的商品经营者。具体来讲，物流企业以物流为主体功能，同时伴随有商流和信息流，它包括仓储业、运输业、批发业、连锁商业和代理业等。

从物流企业的概念中，可以知道其内涵和特征：物流企业是国民经济流通产业机体的细胞，是具有健全的机能和旺盛的生命力的有机体；物流企业在市场经济的运行和发展过程中，是专门从事实体商品交换活动的经济组织；物流企业为能维系生存和发展，具有自身的利益驱动机制；物流企业是具有执行职能、平等参与竞争、享有合法权益的法人。

2. 物流企业的基本职能

在社会市场经济条件下，社会生产总过程是由生产、分配、交换、消费四个基本环节构成的。商品的流通是连续的交换，或者从总体上看是交换。可见，商品的流通是社会生产总过程中相对独立的环节，是连接生产和消费的中间环节。生产企业只有相互交换各自的物质产品，才能使各自的生产过程不间断地连续进行。因此，社会物质产品的生产能力同社会物质产品的流通能力是彼此制约、互相作用的。物流企业基本的职能是以商品的买者和卖者的双重身份交替出现在市场中，解决社会生产与消费之间存在着的数量、质量、时间和空间上的矛盾，实现生产和消费的供求结合，保证社会再生产的良性循环。这一基本职能称为物流企业的宏观职能。商品流通全过程一般分为购、销、存、运四个相对独立的环节。物流企业的宏观职能是通过其微观职能来实现的。其微观职能表现为:

(1) 物流企业购买商品的职能,亦称为组织社会物质资源的职能。

(2) 物流企业销售商品的职能,亦称为商品供应职能。

(3) 物流企业储存商品的职能,即"蓄水池"职能。商品储存是指物质产品离开生产领域,但还没有进入消费而在流通领域内的暂时停止。

(4) 物流企业运送物质实体的职能。

(5) 物流企业的信息流通职能。

综上所述,物流企业的宏观职能是靠其微观职能的具体实施完成的。宏观职能为微观职能指明方向,微观职能又是实现宏观职能的具体体现,二者互为条件,彼此制约,上述职能都是通过物流企业自主经营完成的。

(二) 物流企业的经营形式

任何一个经济实体从事生产经营活动时,都离不开相应的组织活动形式。物流企业经营也同样需要与其社会经济体制和经营管理水平相适应的合理的经营形式。企业经营形式实际上是企业制度及其表现形式的统一体。一定的社会经济体制决定着企业制度,同时也决定着体现企业制度的形式。由于物流企业的规模、经营范围和经营管理工作的复杂程度,以及在国民经济和社会发展中的影响程度都存在着差异,所以,物流企业的两权(所有权与经营权)分离程度也必然有差异,这样,就在客观上提出了物流企业经营形式多种类的要求。与客观要求相适应,实践中产生并形成了物流企业使用的几种经营形式。它们是:股份制经营、企业群松散联营和综合商社式企业集团化经营等形式。

1. 股份制经营

随着市场经济的深入发展,物流行业需要兴办技术先进、设备先进、工艺先进、产品畅销的现代化新型企业。这样的企业的资本有机构成高,需要投入的资金额大,最适合实行股份制。

2. 企业群松散联营

为了在条块分割、部门分割、地区分割等情况下发展跨地区、跨部门、跨行业以及不同所有制的企业群的联合经营,提高不同隶属关系、不同所有制和不同税利上缴渠道的企业及其所在地方政府的积极性,我国的企业家们在实践中探索出了在上述客观条件下仍能联合经营的有效形式,这就是企业群松散联营。企业群松散联营的具体形式有许多种,而在我国物流行业较为常见又较为实用的有以下两种:

(1) 联销同盟。它是类似卡特尔的松散联营型经济联合体。它既可以是物流业的各个不同专业公司之间的联合销售组织,又可以是物工联营、物贸联营等跨行业的联合销售组织。建立这种松散联营体能够使物流企业在不增加投资和人力基础上扩大或增多商品推销网。与个别物流企业单独经营相比,这种联合体数倍、数十倍地增强了企业的市场营销能力。它能够在组织配套承包供应业务的同时,保留并尊重各加盟企事业单位的经营管理自主权,从而保护各加盟单位的积极性而使联营长期存在和发展。但是,它不便于组织对各加盟单位的统一经营,经营资源的优化配置与合理组织都受到明显的限制,规模经济效益不明显。而且,个别企业也很可能违背联营协议,使其他加盟企业的业务受到一定程度的影响。

(2) 购销组合体。它是比联销同盟稍紧密一些的联营形式。它通过各加盟企业间的联购联销协议书,使各加盟者的商品经营业务在规模、范围、网点市场面和资源基地等各个方面都明显地增强了实力。这对于发展或促进社会化大流通是有明显作用的。这种购销组合体既适合于物流行业内部各地各级不同专业公司之间发展经营业务,又适合于跨行业、跨部门、跨地区(甚至跨国)的物工联营体,或物贸联合体的发展。特别是对于发展物工联营体购销组合这种联合经营形式更具有深远意义。它将在物工联营体中统一筹划并组织各个工业生产企业的原材料供应和产品销售业务,把这种处于商品生产过程两端的流通活动统一由物流企业办理,而各个生产企业将集中尽可能多的各种经营要素于产品生产过程。这样,无疑将大大节省生产资金在流通环节的占压,必将形成较明显的规模经济效益。在这种情况下,物流企业就在实质上成了购销组合体的供销部门,而各个加盟的工业企业就相当于是该购销组合体承担不同生产作业任务的车间。显然,发展购销组合体比联销同盟更有利于社会化大生产和大流通的发展。

3. 综合商社式企业集团化经营

综合商社式企业集团是由若干保持法人地位的企业组成的融生产、流通、金融、技术为一体的为共同的市场经营战略而实行统一经营管理的巨大经济实体。它一般由一个紧密核心团以及围绕紧密核心团的半紧密层、松散层和关联层构成。紧密核心团是几个实力雄厚的大型企业相互持股在资金、资产上结成利益与共的经济联合体。半紧密层是由构成核心团的各大企业分别控股的子公司或分公司组成的。松散层是由核心团成员控股各子公司(或分厂、分公司)参股的许多中小型企业形成的。关联层是由集团核心团、半紧密层和松散层的各个企业的协作单位形成的。

综合商社式企业集团是打破条块分割、部门分割、地区分割的落后经济体制,广泛开展资源优化配置,实现规模经济效益,适合现代化大生产、大流通的科学、有效的经济组织形式。它有利于低成本、高质量地提供商品和服务;有利于保证国家重点项目和重点产品对物资的全面需求;有利于商品进出口业务而调控物资市场供求。

(三) 物流企业的组织机构

物流企业为了进行经营管理活动、实现企业目标,必须建立相应的组织机构,形成合理的企业组织机构。所谓企业组织机构,是指企业内部组织机构按分工协作关系和领导隶属关系有序结合的总体。企业组织机构是流通生产力发展的产物,是与流通生产力相适应的生产关系形式。它的基本内容包括组织机构的部门划分和层次划分,以及各个机构的职责、权限和相互关系,并由此形成一个有机整体。不同部门及其责权的划分,反映组织机构之间的分工协作关系,称为部门机构;不同层次及其责权的划分,反映组织机构之间的上下级或领导隶属关系,称为层次机构。

1. 确定企业组织机构的原则

确定物流企业组织机构的基本原则是:精简、统一、自主、高效。

精简,是指企业经营管理的各类机构的组建应同企业的经营规模和经营的任务相适应,它要求机构设置精简管理层次、压缩管理人员的编制。

统一,是指企业的各部门、各环节的组织机构必须是一个有机结合的统一的组织体系。

自主,是指企业等级链上的各部门、环节机构都在各自的职责和权限范围内独立自主地履行职能,充分发挥各级组织机构的主动性和积极性,提高管理工作效率。

高效,是建立组织机构都必须遵循的根本原则,它是验证组织机构合理与否的准绳。

2. 物流企业组织机构的部门划分

物流企业内部的组织机构,从横向看可划分为若干不同部门。组织机构应该服从各自经营管理活动的需要,根据各自经营分工的专业、经营对象的技术复杂程度及其品种机构、经营操作的物质技术装配先进程度、经营的规模等具体因素加以权衡,从经营管理的水平加以确定。一般地说,从物流企业担负媒介商品流通职能的共性出发,物流企业内部的组织机构基本上可划分为业务经营部门、职能管理部门和行政事务部门,而各部门组织机构的进一步划分则因企业的具体情况不同而有所不同。

(1) 业务经营部门是指直接参加和负责组织商品流通经营业务活动的机构。它包括从事这些活动的各个业务经营机构,担负着从组织商品购进到商品销售的全部业务工作。例如直接从事商品的购销、储运、整理加工、品质检验、配送服务等的部门。物流企业的业务经营部门是组织机构的主体,它们的主要任务、职责、权限是直接从事商品流通的经营,对外建立经济联系,并负责处理经营业务纠纷等,是企业组织机构的主体,其机构的规模和分工程度直接影响着其他部门的机构设置。

业务经营部门组织机构的划分和设置,主要有四种分工形式:

① 按经营的商品类别分设业务经营机构,即设置若干个机构分别负责一类或几类商品从进到销的全部业务。

② 按经营过程的环节分设业务经营机构,即按购、销、运、存的经营环节设置机构,各个机构分别负责所有各类商品的购进、销售、运输和储运业务。

③ 按商品种类分工和按商品流转环节相结合设置经营业务机构,即在商品种类分工的基础上,再把该类商品流转的诸环节的经营业务统一由一个经营业务机构来办理。

④ 按地区分设业务经营机构,即按地区设置业务经营机构。

(2) 职能管理部门是指与经营业务机构的活动有着直接的联系、专为经营业务活动服务的管理工作机构。它直接担负计划、指导、监督和调节职能，包括计划统计、财务统计、劳动工资、价格、信息等的管理，以及在专业技术上给予帮助，按经理的委托向经营业务机构布置工作，负责收集、整理经营业务的信息。它是各级领导的参谋机构，不直接从事企业的经营活动。物流企业的职能管理部门是依据管理职能及管理工作的复杂及其分工的需要而设置的。一般地，物流企业都要设置计划与统计、财务与会计、劳动与工资、物价与市场等专门职能管理部门。

（3）行政事务管理部门是指既不直接从事商品流通经营业务活动，又不直接对经营业务进行指导和监督，而是间接向业务经营部门和职能管理部门提供服务的行政事务部门，包括秘书、总务、教育、保卫等部门。它们的主要任务和职责权限是为经营和管理工作提供事务性服务、人事管理、安全保卫和法律咨询等。

上述只是物流企业组织机构设置的一般模式。它并不是永久不变的，应当随着企业自身条件和内外部经济条件的变动加以必要的调整和充实，保证企业目标的顺利实现。

3. 物流企业组织机构的层次划分

物流企业组织机构，从纵向看又划分为若干层次，即管理层次。所谓管理层次，就是指从企业经理到基层工作人员之间体现领导隶属关系的管理环节，即经营管理工作分为几级管理。

物流企业组织机构的管理层次，一般分为三个层次，如图 5 – 12 所示，组成金字塔形的层次机构。一般地，大中型的物流企业为三级管理，即分为三个层次；小型物流企业适宜两级管理，即分为两个层次。

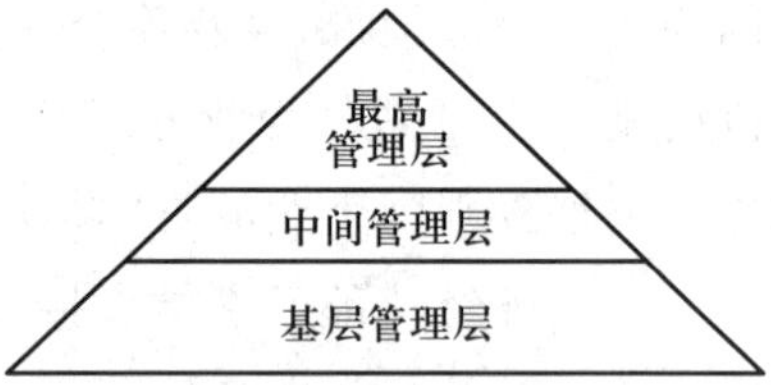

图 5 – 12　物流企业组织机构的管理层次

最高管理层，即以经理为首的领导班子，统一领导各个层次的经营管理等活动。其主要职能是制定经营目标、方针、战略；制定利润的使用、分配方案；决定重大规章的制定、修改和废止；指挥和协调各组织机构的工作和相互关系，确定它们的职责和权限等。

中间管理层，是指根据经营管理工作的需要设置的承上启下的中间层次的机构，主要是经营业务、职能管理和行政办事机构。它们的主要任务和职责权限是依据最高层次下达的指令和任务制定本部门的执行目标，直接从事商品流通的经营活动或管理活动，保证实现企业的经营和管理目标，以及向决策层提出建议和直接领导最基层机构的各项具体的经营管理工作。

基层管理层，是指经营管理工作的执行操作机构，是直接领导基层工作人员的管理机构，是企业中最低的管理层。例如，直接从事商品购销活动的门市部，商品储存保管部门等。它们的主要任务和职责权限是依据上一层机构下达的任务优化组织实施的具体方案，采取多种经营方式，实施优质服务，保证完成各自的经营目标，向上层的领导机构报告工作或提出建议。

物流企业不论是三级管理还是两级管理，只要是设两个以上的层次，就有授权问题。企业应根据集权和分权、统一领导和分级管理相结合的组织原则，方能保证集中统一指挥，充分调动和发挥中层及基层的主动性和积极性，增强物流企业经营管理中的向心力和创造力，达到既有经营的高效益，又有管理的高效率。

4. 物流企业组织机构的管理形式

物流企业组织机构的管理形式，是指企业的整个组织机构按部门划分和按层次划分组成纵横交错关系的组织管理形式。它取决于企业规模、经营内容、企业人员素质、经营管理水平和企业内外部环境等多种因素。此外，企业的所有制不同，它的组织管理形式也会有所不同。而且企业组织机构的管理形式，是随着企业发展和管理科学化、现代化的发展而发生变化的。从其发展过程来看，主要有以下几种：

（1）直线制形式。这是早期的，也是最简单的管理形式。它的特点是企业各级行政领导按照直线从上到下进行垂直领导，不另设置专业职能机构。这种组织管理形式的优点是机构层次少，权力集中，命令统一，决策和执行迅速，工作效率高。缺点是领导需要处理的事物太多，精力受牵制，不利于提高企业的经营管理水平。直线制形式适用于经营规模小、经营对象简单的小型物流企业。直线制形式如图 5－13 所示。

（2）职能制形式。它的特点是最高层的领导者把专业管理的职责和权限交给相应的职能管理机构，由它们在专业管理活动中直接经营指挥业务机构的活动。这种组织管理形式的优点是能够充分发挥职能机构专业管理的作用和专业管理人员的专长，加强管理工作的专业化分工，提倡内行领导，达到管理工作的正确性和高效率。缺点是各职能机构都有指挥权，形成多头领导，相互协调比较困难。所以，它在实践中没能被多数企业采用。职能制形式如图 4－14 所示。

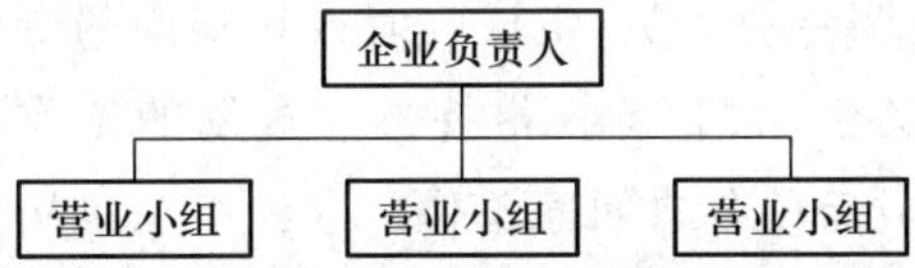

图 5－13　直线制管理示意图

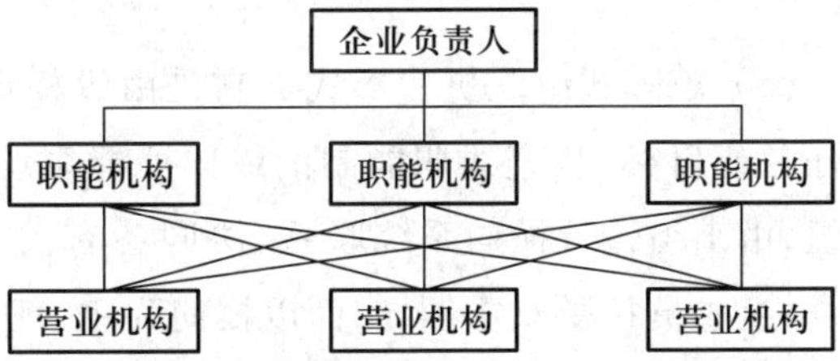

图 5－14　职能制管理示意图

（3）直线职能制形式。它是以直线制形式为基础将职能制形式结合在一起的一种组织管理形式。它的特点是各管理层的负责人自上而下进行垂直领导，并设职能机构或职能人员协助负责人工作，但职能机构或人员对下级单位不能下达指示命令，只能在业务上进行指导监督，下级负责人只接受上一级负责人的领导。这种形式的优点是取直线制和职能制两种形式之长，舍二者之短，是一种较好的形式，在实践中得到比较广泛的应用。我国大中型物流企业大都采用这种形式。直线职能制形式如图4-15所示。

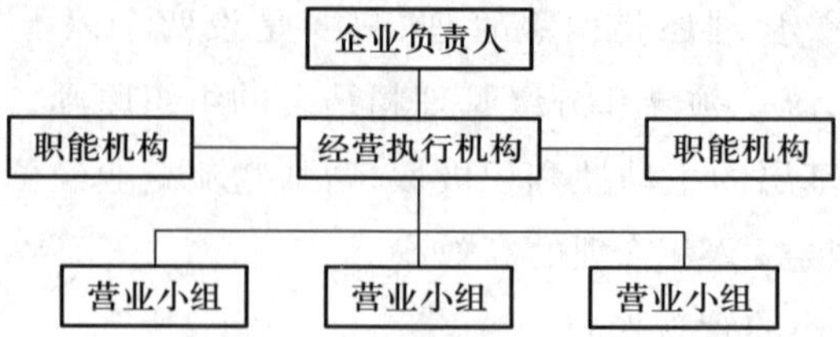

图5-15　直线职能制管理示意图

(4) 事业部式组织机构形式。事业部式是国外大型企业普遍采用的一种组织机构模式。它的特点是企业按产品类别、经营业务或地区设若干个事业部,实行集中决策下的分散经营和分权管理。事业部是实现企业目标的基本经营单位,实行独立经营、独立核算,具体管理经营活动。这种组织机构的优点是:有利于总公司摆脱日常的行政事务,集中进行决策;有利于事业部根据市场变化做出相应的经营决策;有利于组织专业化生产,提高效率。缺点是:由于事业部是一个利益中心,往往只考虑自己的利益而影响相互协作。它适宜于规模大、产品种类多、分布面广的企业。事业部式组织机构如图5-16所示。

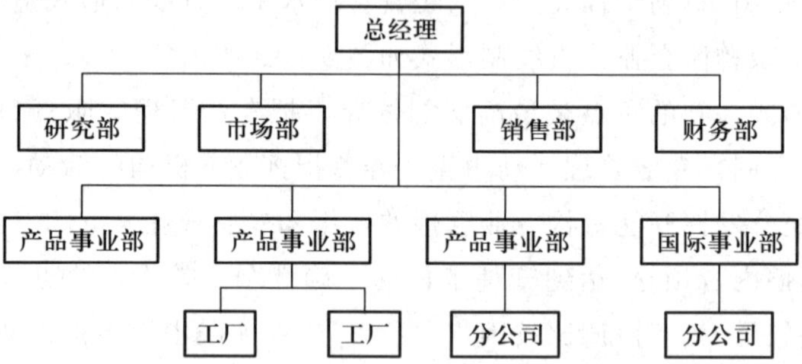

图5-16　事业部式组织结构示意图

(5) 矩阵式组织机构形式。它是由纵横两套管理系统组成的机构。企业为了完成某项任务或目标,从直线职能制的纵向职能系统中抽调专业人员,组成临时或较长期的专门小组,由小组进行横向系统联系,协同各有关部门的活动,并有权指挥参与规划的工作人员,小组成员接受双重领导,而以横向为主,任务完成后便各自回原单位。这种组织机构的优点是:有利于优化组合,充分发挥各部门、各专业人员的优势;有利于纵向集中指挥与横向协调结合。缺点是小组成员容易产生临时观点,出现问题难以解决,往往给工作带来困难。所以,矩阵式组织机构形式还需要进一步发展和完善。

二、物流企业管理的基本原理

(一) 物流企业管理的基本含义

物流企业是从事商品实体流通活动的经济组织。其基本的经济活动可以分为两个方面：一是经营，即通过经营（购、销、储、运）实现商品的价值转移和实体运动，这是物流企业经济活动的中心。二是管理，即管理物流企业的经营活动。这里所说的管，是指企业的行为要受约束。这里所说的理，是指企业的行为要符合客观规律。因此管理可定义为，在一定的约束条件下，使企业行为与客观规律的要求保持相互适应，从而求得实效。

物流企业管理的基本含义则是指根据商品流通的客观规律要求，应用管理的基本原则和科学管理方法，计划、组织、指挥、监督、调节经营过程中企业的人力、物力和财力的合理运动，以求用最少的消耗，实现既定的经营目标，取得最好的经济效益。

（二）物流企业管理的职能

人们在长期的管理实践活动中，根据管理对象的具体内容从理论上概括，提出了以下几种职能。

1. 计划职能

这个职能是指通过调研、预测，对企业的经营目标、经营方针做出决策，制定长期和短期计划，确定实现计划的措施和方法，并将计划指标层层分解到各个部门、各个环节。

2. 组织职能

这个职能是指要把企业经营活动的各个要素、各个环节和各个方面，从劳动的分工和协作上，从纵横交错的相互关系上，从时间和空间的相互衔接上，合理地组织起来，以形成一个有机整体，从而有效地进行生产经营活动。

3. 指挥职能

这个职能是指对企业各层次、各类人员的领导或指导，保证企业生产经营活动的正常进行和既定目标的实现。

4. 协调职能

这个职能也称调节职能，它是指协调企业内部各层次、各职能部门的工作，协调各项生产经营活动，使它们能建立良好的协作关系，消除工作中的脱节现象和存在的矛盾，以有效地实现企业的目标。协调可分为上下级领导人员和上下职能部门之间活动的纵向协调和同层次各职能部门之间活动的横向协调。

5. 控制职能

这个职能也称为监督职能。它是指按预定计划或目标、标准进行检查，考察实际完成情况同原定计划标准的差异，分析原因、采取对策、及时纠正偏差，保证计划目标的实现。

物流企业管理的上述五项职能是统一的，又是相对独立的。运用这些管理职能时，即要全面考虑，又要有所侧重。物流企业的经理通常用于计划和组织职能的时间要多一些，而基层管理干部的大部分时间用于组织和控制职能，只有根据实际情况灵活运用，才能把物流企业的经营活动管理好，提高工作效率，达到向管理要效率的目的。应当指出，对于企业管理职能，随着物流企业经营规模的扩大和结构的变化，管理活动的内容也更加复杂。

物流企业管理职能说又有发展，相继提出了新的管理职能，如物流企业管理的激励职能、创新职能等，这些应在管理实践中去应用和验证。

（三）物流企业管理原理

在物流企业的实践中，可应用的有许多原理，每一种专业活动都有它的特点。本节仅论述具有共性的基本原理。

1. 物流企业管理的二重性

同其他企业的经营管理一样，物流企业的经营管理是在一定生产力水平下和一定生产关系中进行的共同劳动。它既反映共同劳动的客观要求和生产力性质，又关系到企业所有者、经营者和劳动者的利益要求，反映一定生产关系的性质，因而具有二重性。此外，二重性还表现在物流企业的经营管理，一方面同流通生产力相联系，表现为劳动者同一定的物质技术条件相结合，为组织社会商品流通进行共同劳动，由此产生自然属性；另一方面同商品流通中一定的生产关系相联系，表现为企业内部人与人之间、部门与部门之间、企业与其他企业之间、企业与国家之间的经济关系，由此产生社会属性。

2. 全面计划管理

物流企业的全面计划管理是一项综合性的全面管理工作，它是通过计划把企业的各项工作全面地组织与协调起来。具体地讲，全面计划管理是在国家计划指导下，根据国家对企业的要求和市场的需要，在科学的调查、预测、决策等基础上通过系统分析、精确计算和综合平衡，为企业制定生产经营的长短期计划，并细分到各个部门、各个环节和每个人，用计划来指导企业生产经营的全部活动，并把它纳入计划轨道，组织与动员全体职工更有效地保证计划的实现，以提高物流企业的经济效益。物流企业全面计划管理的内容有许多方面，其中基本的是商品供求调查、产需预测与经营决策、计划体系与计划指标体系的确立、制定计划和主要方法、计划管理的基础工作等五大方面。

3. 目标管理

目标管理就是指围绕确定目标和实现目标而开展一系列的管理活动，是企业运用"激励理论"和系统工程原理，充分调动和依靠全体职工的积极性和智慧，对确定和实现企业目标的计划、实施、检查和处理四个阶段的全部活动的管理。企业进行目标管理的过程就是开展目标管理活动的步骤和工作内容，是一个围绕着确定目标和实现目标进行管理活动的系统过程。这个过程大致可以概括为一个中心、四个环节、八项工作。

一个中心就是以目标为中心统筹安排和考虑系统的全部工作。为此必须通过目标管理教育，加强目标意识和全局观念，使全体职工拧成一股绳，为完成目标通力协作，以保证目标的顺利完成。四个环节是指目标制定、目标开展、目标实施和目标考评。其中，目标制定、目标开展是计划阶段的两个环节。目标开展是为了建立目标体系，使目标成为上下左右关联的网络（目标系统），以利于进行系统整体管理。对于目标实施结果的考评，主要在

企业的决策层进行。八项工作包括:

(1) 制定目标。内容包括:决策论证,提出目标;选定主体,确定目标领域;进行科学分析和计算,确定目标值。

(2) 进行目标展开。围绕物流企业的总目标,其内部各基层次都要设置自己的目标,即物流企业目标确定之后,还需设置部门目标、单位目标或个体目标。各级工作目标都是整体目标的一个组成部分,由若干个部门目标支撑总目标,由数个单位目标或个体目标来支撑部门目标。这样,目标与目标间左右关联,上下一贯,彼此呼应,形成一个有机的整体,即一个以物流企业整体目标为中心的目标网。

(3) 制定保证物流企业目标实现的措施,亦称保证措施。在目标展开过程中,各基层次都要制定措施,形成保证总目标实现的措施体系。

(4) 在实施过程中进行目标追踪,不断优化措施。

(5) 对方针目标实施结果进行定期考核与评价。

(6) 进行定期与不定期的目标管理诊断。

(7) 制定并提高激励措施以及对激励效果进行评价。

(8) 总结提高。

4. 全面质量管理

全面质量管理是企业为保证最经济地生产用户满意的产品而做的全部组织管理工作。全面质量管理的特点是全面性和科学性相结合,其全面性体现在对全面质量、全过程和全员参加的管理,其科学性体现在以科学的思想为指导,综合和灵活运用了科学方法。

全面质量管理的基本内容可以概括为四句话十八个字,即一个过程,四个阶段,八个步骤,数理统计方法。一个过程,即企业管理是一个过程,企业在不同时间内应完成不同的工作任务。企业的每项生产经营活动,都有一个产生、形成、实施和验证的过程。四个阶段,即根据管理是个过程的理论,美国戴明博士把它运用到质量管理中来,总结出“计划(Plan)—执行(Do)—检查(Check)—处理(Action)”四个阶段的循环方式,简称 PDCA 循环,又称“戴明循环”。八个步骤,即为了解决和改进质量问题,PDCA 循环中的四个阶段还可以具体化为八个步骤:分析现状,找出存在的质量问题;分析产生质量问题的各种原因或影响因素;找出影响质量的主要因素;针对影响质量的主要因素,提出计划,制定措施;执行计划,落实措施;检查计划的实施情况;总结经验,巩固成绩,工作结果标准化;提出尚未解决的问题,转入下一循环。数理统计方法,即全面质量管理所使用的基本方法是数理统计方法。

(四) 物流企业战略管理

物流企业作为社会经济的基本单位,其发展状况对国民经济和社会的平衡运作起到了极为重要的作用。在知识经济时代,科技进步的速度越来越快,推动了整个社会生活的大变革。另一方面,社会的变革又使物流企业面临了前所未有的挑战:国际经济一体化的趋势愈发明显,每个物流企业面临着国内外同业的和上、下游产业的竞争;从世界范围内看,剩余经济已取代短缺经济,成为当今国际社会的主流,这使得物流企业的流通和服务的价值实现愈发困难。面临如此错综复杂的内外环境,物流企业急需采用适合本企业发展的企业战略。

物流企业战略若包括物流企业的目标,即为广义的物流企业战略;物流企业战略若不包括这一部分内容,即为狭义的战略管理。而由于物流企业战略管理理论是以企业管理理论、流通理论、经济理论、系统理论和权变理论为基础而形成的,它的构成要素包括:时间、地点、目标、发展方向、经营主体、采取的方式和组织结构等,因此,物流企业战略管理的一般描述为:为达到某个目标,物流企业(或部门)在特定的时期,在特定的市场范围内,根据某种组织结构,利用某种方式,向某个方向发展的全过程的管理。战略本身无好坏,只有当物流企业选择了非最佳的战略时,才表现出战略的好坏之分。物流企业战略管理是一个正在迅速发展的研究领域,它从总体上把握物流企业,在不断变化的环境中考查物流企业总体的发展情况,探明为什么面对同样的环境有些物流企业繁荣发展而有些物流企业却停滞不前的深层次原因。

物流企业发展战略管理的思想,可以帮助物流企业高层领导更加深刻地了解物流企业战略的制定、实施、评价的活动之间的内在联系,在创造物流企业未来的过程中采取主动出击的做法,而不简单、被动地应付物流企业环境的变化。只有这样物流企业才能更有效地决定自身的发展方向,开发能够适应物流企业内外环境条件要求的、以有助于实现其业绩目标的战略,从而确保物流企业能够在激烈的竞争中立于不败之地。

物流企业的战略选择如图 5-17 所示。

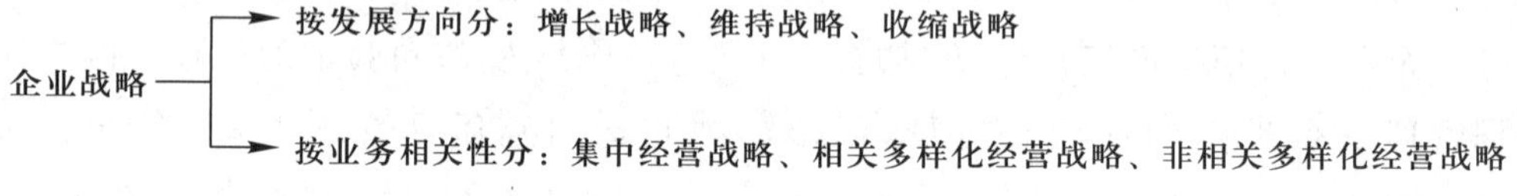

图 5-17　物流企业的战略选择

下面重点介绍集中经营战略和多样化经营战略

1. 集中经营战略

物流企业集中经营战略是指物流企业将全部资源集中使用在某一特定的市场、产品或技术上。物流企业在创立初期由于融资能力弱、管理经验不足以及营销渠道少等原因,大都采取了区域市场内的集中经营战略。在此期间,物流企业力求改变实力弱小、竞争地位低下的局面,其战略是增加销量、扩大市场份额以及建立信誉等。初创物流企业的集中经营战略可使物流企业有明确的发展目标,组织结构简明,易于管理。只要有技术或市场优势,就能集中力量,伴随着品牌形象的形成而迅速成长。因此,只要物流企业能及时捕捉到市场的有利时机，就有可能通过集中经营在短时期内获取较大的发展。

物流企业的集中经营战略也存在一定的风险，最主要的就是物流企业完全被行业兴衰所左右。当本行业由于需求变化等原因出现衰退时，集中经营的物流企业必然受到相当大的冲击。因此，对于已经成熟的物流企业来说，集中经营战略适合于未完全饱和市场中占相对竞争优势的物流企业。在一些资源独占型的行业，如铁路等，物流企业客观地形成了资源垄断，排斥了竞争对手，只要有市场，就可以选择集中经营战略。

2. 多样化经营战略

多样化经营战略（又称多角化经营战略或多元化经营战略）按业务相关程度可分为：相关多样化经营战略和非相关多样化经营战略。此战略的好处有：分享技术和资源（共享进货和销售渠道、研究成果和基建设施，调节资金运用周期等）；分享组织结构和系统（可用优势组织结构来同化或改进弱势组织结构）；分享文化与价值观（通过输入新的文化与原有文化取长补短）；分散经营风险，转移经营重心，提高稳定性。把原有业务的收益转化为对新业务的投资，还能起到短期性减轻税负的作用。如能协调好，则物流企业整体力量会远大于各部分之和。因此，我国的许多物流企业集团采取了多样化经营战略。从国内外的实践来看，相关多样化经营的上述作用远比非相关多样化经营的效果显著。

多样化战略的理性动因是主导业务所在行业的生命周期已处于成熟期或衰退期，物流企业长期稳定、增长潜力有限；主导业务已发展到规模经济，并占有较大的市场份额，市场竞争已处于均衡状态，不易消灭竞争对手，即投资的边际效益递减效应已初步出现，再继续扩大业务规模反而会规模不经济。

多样化经营战略的前提是新业务在技术上有优势、资金供给充足、渠道畅通以及管理能跟得上。多样化过程中一定要坚持一个原则：多样化的目的是为了降低成本，减少风险，而不是保护落后。在发展中国家中，市场还不成熟，有许多待开发的机会，多样化经营的市场进入阻力远比在西方国家要小得多。资金、技术和管理的问题就成为发展中国家物流企业实施多样化经营战略的重点和难点。而现实中，发展中国家的物流企业过多地看重了市场的商机，一有机会就竞相进入，却不考虑市场前景以及物流企业的技术和管理条件是否适合，造成进去容易、出来难的被动局面。其中，东南亚的物流企业纷纷进入房地产业的结果就是个很好的例证。

多样化经营包括相关多样化经营和非相关多样化经营。相关多样化经营是一种比较稳妥的增长战略，它是通过利用已有的某些生产要素、增加与原有业务相关的新产品或服务来完成的。相关多样化战略的核心是发挥范围效益，充分利用和扩张各种经营要素的优势，达到成本分摊和技术转移的目的。采用这一战略形式的物流企业的各业务之间虽有区别，但又存在着许多关联之处。物流企业在实施相关多样化战略中，可从各种业务的关联程度、技术转移或成本分摊中获利。

非相关多样化经营指增加与原先业务不直接相关的业务。这是一种互不关联的纯粹的多种经营。当目标市场未达到高级饱和[①],而且物流企业拥有相当实力,现有业务发展已开始放慢时,就可以考虑采用此经营战略。物流企业的非相关多样化经营的目的是多方面的,资金上的协同作用是一个主要方面。非相关多样化经营有三个主要的弊端:首先,它对高层管理者提出很高要求。其次,尽管从理论上非相关多样化经营在遇到经济不景气时,具有一定的业务平衡作用和抗风险能力,但在实践中往往难以实现。再次,由于业务间内在的联系少,而外部竞争压力大,在竞争压力下实现的资本联合的效果十分有限。与其他形式相比,非相关多样化经营的成功率是最低的。

从集中战略到相关多样化战略,再到非相关多样化战略是一个业务范围逐步扩大的过程,很难严格地划分它们的具体范围。但这又是一个对物流企业总体实力不断提高要求的过程:一般实力弱小时,选择集中战略,形成一定优势后,可以考虑向相关产业迈进。当相关多样化战略取得明显成效时,物流企业就有资格实施非相关多样化战略了。因此,三个战略不是互相对立的,而是后者以前者为前提的。一步到位地选择非相关多样化战略的物流企业是不存在的,而从集中战略直接进入非相关多样化战略物流企业是很少见的,并且大多以失败告终。

在市场经济条件下,无论选择哪种经营战略都是会有风险的。只有充分研究了物流企业内外部条件,才能选择出适合本企业的最佳方案。不论哪种经营战略,都必须以服务企业的竞争优势为目的,都必须建立在成功的集约化经营基础之上,必须充分考虑了市场的规模和前景以及物流企业的资金、技术、管理、品牌、供货及销售渠道等多种因素。否则,物流企业不可能在越来越激烈的市场竞争中立于不败之地。

三、物流企业的业务管理

(一)物流企业的采购管理

采购是指物流企业为实现企业销售目标,在充分了解市场要求的情况下,根据企业的经营能力,运用适当的采购策略和方法,通过等价交换,取得适销对路商品的经济活动过程。它包括两方面的内容:一方面采购人员必须主动对用户的需求做出反应,另一方面还要保持与供应商之间的互利关系。

1. 采购原则

(1)遵守政策。在市场经济条件下,国家政策和市场法规体系日渐完善。所以,企业在进行采购时,要做到有法必依、有章必循,严格遵守国家规定的市场商品采购政策,物价政策和有关市场管理条例、管理制度等,在不违反政策法规的情况下做好商品的采购工作。

(2)按需采购。它是指按采购计划所反映的对需求的预测进行采购。一方面是数量

① 市场高级饱和是指目标市场内,产品或服务的普及率已经相当高,从而形成了饱和状态。

上的满足,另一方面是质量上的保证。对采购数量的控制,是按计算出的经济订货批量进行采购;对采购质量上的控制是指保证商品质量适用,以满足生产或消费需要为目标,并非是质量越高越好。

(3) 价格低廉。商品采购要实行“以需采购”的原则,在这个前提下,要尽量做到以最少的费用、最低的价格购进企业所需的各种商品。

(4) 节省流通费用。在其他条件相同的条件下,商品采购要坚持就地就近原则,批量采购、简化包装,以缩短采购间隔期,减少储备量和运输费用等各项支出。

(5) 建立协作关系,稳定料源渠道。在采购商品时,要对供货单位进行必要的调查,了解其产品的质量、服务的状况、信誉等,做到心中有数,以免发生意外,给企业造成经济损失。在选好供货单位之后,建立起固定协作关系作为稳定的料源渠道。

(6) 注意市场动态。企业在进行采购时,要经常注意市场的经济动态、掌握企业所需商品在市场中的最新信息,力求避免不利的采购。

2. 采购的信息管理

当今社会,信息产业发展迅速,信息市场也日渐完善,信息在经济生活中的作用越来越重要。物流企业在商品采购过程中,应重视和运用采购信息,掌握市场行情最新的变化动态。这对于制定科学的采购决策、搞好采购工作具有十分重要的意义。采购信息的内容包括政策信息、货源信息、渠道信息、价格信息、运输信息、科技信息等。

3. 采购的质量管理

物流企业经营的品种繁多,加强采购环节的质量管理是做好物流企业全面质量管理中的重要保证之一。加强商品质量管理除了可以在选择供应商时加以控制之外,还要在制定采购决策之前进行严格的质量审查,搞好商品到货验收。对于预计要采购的商品进行严格的抽样验质,是购进环节质量管理的开端。这部分工作应当分三种具体情况按三种不同办法处理:

(1) 可以免检的情况。许多种商品都是按国家标准或部标准生产的,对这类商品可以不进行采购前的质量审查。

(2) 必须严格审查质量的情况。物流企业经营的各种商品中,凡是不按国家标准或部颁标准生产的商品,都必须在采购之前严格地审查其质量。

(3) 需要委托国家商检机构代为验质的情况。物流企业经营的商品当中有很多都是进出口商品,因此,对商品进出口业务中的质量检验一定要委托国家专设的商品检验机构按国际贸易的统一要求办理。

4. 采购的成本管理

采购的成本是商品的成本与采购过程中所耗各项费用之和。采购的成本直接影响到企业的利润与资产回报率,影响企业流动资金的回笼速度。因此,加强采购的成本管理具有重要的作用。

在进行采购成本管理时，要加强对需求预测计划的审核，严格做到按需订购，理顺进货渠道，净化采购环节，积极组织采购人员在市场上寻找最优进货渠道。

目前，市场竞争激烈，这给企业采购带来了机遇，使企业在采购时有更大的选择机会。在这种情况下，可采用招标投标方式进行采购，邀请几家商家同时参加竞标，这样可以保证产品质量、降低价格、节约采购成本，而且，由于增加了采购工作的透明度，可以有效避免在采购过程中发生违纪行为。

5. 供应链管理对采购管理的影响

基于供应链管理的现代采购观念认为：企业的核心是营销，只有营销才能涉及公司的最终产品或服务。利润最大化不单靠降低成本来实现，还要通过提供使顾客完全满意的竞争性产品或服务来实现。对采购的质量、价格、数量及时间等因素的评价必须根据它们与公司在市场细分、附加价值、前置时间以及对顾客需求的满足等方面制定的战略和相互影响来进行。采购管理的内容包括进行战略性的和以供应商为基础的采购管理，建立精干的采购组织。与此相关的方法有：

（1）设计一种能最大限度地降低风险的合理的供应商结构。

（2）与供应商建立一种能促使其不断降低成本、提高质量的契约关系。

（3）建立能维持内部与外部盈利关系的精干的采购队伍。

（4）采用信息技术，更好地满足用户及供应商的要求。

（5）建立有效地对用户要求做出反应的采购权利与责任制。

（二）物流企业的市场营销管理

物流企业市场营销是市场营销的一个特殊子系统，其实质就是要根据目标市场的市场环境的需求，有效地利用产品、价格、渠道、促销等手段，实现整体营销的过程。下面将就物流企业的市场营销过程、营销决策原则、营销的未来展望分别加以论述。

1. 物流企业市场营销过程

（1）收集、研究营销信息，分析、评价营销机会。企业处在动态变化的市场中，适应这种动态变化的唯一途径是迅速了解、判断市场的变化，分析、评价各种营销机会，及时捕捉有利于企业发展的机会。发现和评价营销机会是营销管理人员的主要任务，也是营销管理过程的第一步。那么，营销管理人员该怎样发现和评价营销机会呢？

① 建立营销信息系统，收集、研究营销信息。信息已成为企业管理中的一项重要资源，越来越多的管理人员已认识到了信息的重要性。但是，在现实中，我们该如何收集信息以保证不错过重要的信息？在大量的信息中，又该如何鉴别哪些信息对我们有用，哪些没用？又该怎样保证信息及时、准确地到达有关人员的手中呢？在营销管理中，最根本的方法是建立营销信息系统。

营销信息系统使营销信息制度化、日常化、程序化，避免信息工作出现临时性和随意性。它通过对营销信息需求的评估、营销研究、营销分析、内部报告系统和对信息的分送等工作，使企业全面、准确和及时地掌握营销信息。

② 发现和识别营销机会。在任何市场环境中，都经常存在一些"未满足的需要"。这些"未满足的需要"，可能是长期以来就存在的，如人们对治疗某些疾病的药物的渴求；也可能是由于市场的变化而产生的。在通过营销信息系统掌握信息的基础上，营销管理人员要善于发现和识别"未满足的需要"和各种营销机会。

③ 评价营销机会。市场上出现的机会未必就是企业的机会，即未必适合于企业。营销管理人员要对发现的营销机会进行评价，从物流成本与顾客能接受的价格、从企业的任务和目标与要求的一致性、从企业利用此机会与竞争者利用此机会的优劣势对比等方面进行综合评价。

（2）研究和选择营销目标。发现营销机会后，营销管理人员就要对企业面对的市场进行研究，如消费者市场、生产者市场、转卖者市场、政府市场各有其市场特点，营销管理人员要了解这些特点，并对市场中的顾客行为、心理、决策过程等加以研究。只有这样，才能保证对市场真实、客观、准确的认识。

在研究市场的基础上确定营销目标。目标是营销过程的先导。所谓目标是指营销活动所期望实现的成果或所需完成的任务。它是营销活动的出发点和归宿，是针对营销中的主要问题提出来的。目标必须定得具体、明确，既不能含糊不清，也不能抽象、概念化。

确定目标，首先要对经营环境和自身能力进行调查，对目前的经营状况进行分析，明确所要解决的问题，找出问题的关键所在。一般用差距的形式表示，即"差距 = 标准 - 现状"。标准是指本企业历史同期的最高水平，或同行业的先进水平，或预先确定的水平标准；现状则是指目前达到的水平。差距揭示了经营中存在的问题，再通过横向分析和纵向分析，找出问题的本质原因，为决策目标提供依据。

企业发展的多元化带来多元的决策目标。决策目标多，决策标准也相应增加，目标间的协调比较困难。而且，有的目标之间常常是相互矛盾的，有此消彼长的影响，这就存在多目标的处理问题。一般的处理方法是，首先把要确定的目标按重要程度排列，先确定最重要的目标；其次，把次要的目标或合并，或综合，或转化为约束条件，乃至放弃；最后，对确定的少数重要目标进行相互间的平衡与协调。

（3）制定营销计划，决定营销组合，选择最佳方案。营销组合是现代营销理论中的一个主要概念。所谓"营销组合"，就是根据目标市场的需要，全面考虑企业的任务、目标、资源以及外部环境，把企业"可控制的因素"——产品、价格、促销和分销策略加以最佳组合和应用，以满足目标市场的需要，实现企业的目标，完成任务。

所谓产品策略即指企业制定经营战略时，首先要明确企业能提供什么样的产品和服务去满足消费者的要求，也就是要解决产品策略问题。它是市场营销组合策略的基础，从一定意义上讲，企业的成功与发展的关键在于产品满足消费者需求的程度以及产品策略正确与否。这里的产品是指非物质形态的服务，即实体产品的转移以及转移过程中相应的辅助性服务。

价格策略是指企业通过对顾客需求的估量和成本分析，选择一种能吸引顾客、实现市场营销组合的价格策略。物流企业的成本比较复杂，包括运输、包装、仓储成本等。因此，制定价格策略时，一定要以科学规律为依据，以实践经验判断为手段，在维护生产者和消费者双方经济利益的前提下，以消费者可以接受的水平为基准，根据市场的变化情况，灵活反应，实现买卖双方的共同决策。

促销策略就是企业为了激发顾客的购买欲望，影响其消费行为，扩大市场而进行的一系列激励、说服等促进销售的工作。现代物流企业市场营销在向消费者传递信息过程中，已不是将企业自身和产品的有关信息不加筛选地传递给所有消费者，而是在对消费者的潜在需求进行调查分析的基础上，将最能激发消费者购买欲望的信息以恰当的方式传达给目标消费者。所以促销通常又可理解为：企业在了解顾客需求的基础上，为扩大和保持服务市场，将特定的信息，在特定的时间和特定的地点，以特定的方式传达给特定的顾客。

分销渠道策略是指企业运用一定的市场分销渠道，将产品在适当时间、地点以一定的价格转移到目标消费者手中。

确定营销组合之后，营销管理人员结合企业的营销目标，制定出围绕营销目标、贯彻营销策略的行动方案和预计的盈亏报表，最终形成营销计划。

（4）组织实施和控制。组织实施和控制是营销管理过程中的最后一步，也是关键的、极其重要的一步。因为计划如果不进行实施，就等于废纸一张。在营销中，是否在按计划要求进行，时间、费用如何，环境是否发生了变化，应该怎样应对，这些问题要通过营销组织、营销控制来解决。这主要做好以下几个方面的工作：做好思想舆论宣传和组织调整工作；按照计划，把决策方案具体化；推行目标管理，按照各职能部门的工作将总目标层层分解，落实到个人，协调上下关系，创造必要条件，制定实施的具体措施和细则；建立健全信息反馈系统，进行控制和协调，保证决策的全面实现。

2. 营销决策原则

为了正确地进行决策，必须遵循下列原则：

（1）系统原则。企业的营销活动是由许多相互联系、相互作用的要素组成的系统共同完成的。决策不仅要满足系统的总体要求，制定系统总目标，同时要注意与各子系统的关系，使子目标与总目标相衔接，通过以总目标为核心的系统平衡，才能实现系统的一体化和最优化。

（2）宏观指导原则。企业决策时，要符合国家经济政策的要求，接受宏观经济发展规划的指导。只有这样，企业的发展才会有广阔的天地，企业才能获得最佳的经济效益和社会效益。

（3）民主原则。由于营销决策解决的是企业的重大问题，影响因素多、牵涉面广，因此需要多方面协调，倾听各方面的意见，集中群众的智慧和经验，即发扬民主，使决策具有广泛的群众基础。

(4) 创新原则。复杂、多变的外部环境，企业间的激烈竞争，使企业面临许多新的问题，需要别出心裁、高人一筹，就必须创新。能否创新，往往是决策成功的关键。要创立新思想，开辟新路子，寻找新方法，才能出奇制胜。

(5) 效益原则。讲究效益是营销决策的核心。只有能提高经济效益的决策才是有价值的。在决策过程中，拟订多个方案、进行测算评估、方案择优，都是为了充分利用企业资源，挖掘潜力，以尽可能少的耗费获得尽可能大的经营成果。

(三) 物流企业的配送管理

要搞好配送服务，就必须根据配送的特点，加强对这项业务的计划、组织、指挥、协调及控制。具体而言，应做好以下工作。

1. 全面掌握用户的需求情况

要深入本经济区的用户，进行细致而周密的调查研究，了解和掌握各物流企业加工、设备维修、基本建设等情况，以及所需原材料、燃料、辅助材料和各种配件的品种、规格、型号、数量、接受价格、供应周期等情况，并进行科学的预测。同时在此基础上，建立起配送档案。要组织好服务队，建立联络员制度，分片包干，随时了解用户需要，迅速传递信息，及时帮助用户解决生产中遇到的困难，保证按需组织配送，只有全面、准确地掌握了用户的需求情况，配送才有明确的目标和方向。

2. 建立稳定的资源基地，拥有稳定的用户群

有没有稳定的资源基地，是配送能否持续稳定发展的关键。物流企业要改变那种现买现卖、只管买卖的做法，通过与资源单位密切联系，建立一批稳定的资源基地，为配送打下物质基础。同时，通过各种形式的联合，保证配送有正常的资源渠道。此外，物流企业还要拥有稳定的用户群，应通过签订配送协议，明确双方的责任和义务。

3. 加强配送的计划管理

生产的连续性和计划性决定了配送也要有很强的计划性。配送业务本身是一项需要多方面密切协调配合的工作，组织资源、配货、储运、送货上门等一系列活动，都要有严密的计划。物流企业要在掌握用户需求的基础上，制定发展配送的总目标和分阶段目标，以及实施步骤和措施，做到有计划分期地订货和采购，确定合理的库存储备。用户要提前向物流企业提出分期使用计划，列出所需商品的品种、规格、数量、供货时间等，经衔接平衡后，物流企业按计划组织配送。对临时性需要，可通过不定期的函电联系，临时组织送货上门。

4. 调整建立与配送相适应的组织结构

一定的组织结构是发展配送的组织保证。物流企业应逐步在一些中心城市改造和建立一批购销、储运、加工、配送一体化的配送中心，根据实际情况确定配送中心的规模、网点

分布、配送半径。在充分利用现有条件的前提下,加快配送的基础设施建设,配备必要的商品条件,如仓储设施和机具、装卸运输设备等,并逐步实现配送的现代化、自动化。

5. 科学地组织好配送

要按经济区域来规划配送的半径和范围,在保证按用户的要求、及时组织配送的前提下,按商品流通合理化的要求,科学地确定配送路线和批量,在用户比较集中的地区做到定线送货,降低配送成本。在组织配送作业时,要科学地安排人力、物力、财力等要素的比例关系,衔接好各环节的作业活动,合理调度和指挥各要素的运动,使整个配送业务过程迅速、协调地进行。

6. 争取各方面的协作和支持

配送是一项系统工程,涉及资源单位、用户、运输部门等,需要得到各方面的支持。物流企业要协调好与各方面的关系,争取他们的协作和配送,共同搞好配送活动,为使配送正常运行和发展,有关管理部门还要研究并制定保证配送的政策、法规、管理措施和办法,使配送中使用的具体方法,如价格、结算方法,利益分配等逐步规范化。

(四)物流企业的仓储保管管理

在介绍物流企业的仓储保管管理之前,读者应了解仓储作业流程。物流企业仓储作业流程包括以下几个作业阶段:

接运商品,是指将商品从供货单位通过各种运输方式运达仓库。

验收入库作业,是指仓库人员对运达的商品进行数量和质量检验,检查无误后,签收入库。如果发现问题,及时进行解决。

保管保养作业,是指商品验收入库后,进入保管保养阶段,包括对商品进行定位、上架、堆码、维护保养、盘点检查等作业。

出库检查作业,是指商品在发出之前,要经过出库备料检查,包括审核出库凭证、下架、分割、倒装、包装、交货、出账、仓库内部整理等作业。

经过以上作业阶段,物流企业方能发运商品。

物流企业的仓储保管管理工作主要包括以下几个方面。

1. 商品入库业务管理

商品入库是仓储业务的第一阶段,是指商品进入仓库储存时所进行的商品接收、卸货、搬运、清点数量、检查质量和办理入库手续等一系列活动的总称。其基本要求是:保证入库商品数量准确、质量符合要求、包装完整无损、手续完备清楚、入库迅速。商品入库管理包括商品接运、商品验收入库和建立商品档案三方面。

(1)商品接运。仓库商品接运就是对运达仓库的商品的件数及外观质量进行检查核对,然后安置在收料处的作业过程。商品接运按其特点可分为:到货接运和提货接运。商品接运是商品入库的第一步,它的主要任务是及时而准确地从交通运输或供货单位那里接收入库的商品。

（2）商品验收入库。商品验收入库是在仓库接货后，仓库或有关技术部门按一定程序和手续，对商品的数量和质量进行检查，以验证它是否符合订货合同的规定。验收合格的商品可以入库。

（3）建立商品档案。商品档案是保存历年来商品的技术资料及出入库有关资料的档案。商品验收入库后，保管人员应按商品的品种、规格、批次等填制保管账，并注明货位与档号，以便查找。

2. 商品保管业务管理

商品保管业务是仓库的基本职能，也是储运业务管理的中心内容。商品保管是在一定的条件（包括仓库、设备、保管技术和人员条件等）下，为保存商品的使用价值而进行的业务活动。保管业务管理的基本要求是：确保商品在保管期间质量完好、数量准确、降低损耗、节约费用、提高仓容利用率。其基本内容包括：

（1）合理储存。合理储存就是将商品受外界环境影响所发生的损失减少到最低程度而采取的储存方法。它包括商品分区分类保管、库区及货区的合理布置和编号、合理地堆码苫垫等。

（2）科学养护。科学养护是根据商品本身性质及所处的环境和条件所采取的、为阻止或延缓商品本身理化性能变化的一项工作。库房温湿度是影响在库商品质量变化的重要因素。要采取行之有效的措施，防治虫、鼠害和霉菌，改变保管环境，保持库内清洁卫生。

（3）及时盘点和检查。盘点和检查主要是对在库商品的数量、质量、保管期限、保管条件、保管措施及账货相符情况等进行清查。通过盘点和检查，可以掌握商品超储或断档情况；可以及时发现商品质量变化情况或事故隐患，可以查明保管工作上的疏漏，以便采取措施加以改造；还可以确定商品盘盈盘亏情况，做到账、卡、物一致。

3. 商品出库业务管理

商品出库业务是商品储存业务的最后一个环节，是仓库根据使用单位或业务部门开出的商品出库凭证，按其所列的商品名称、规格、数量和时间、地点等项目，组织商品出库登账、配货、复检、点交清理、送货等一系列工作的总称。对出库业务管理的要求是：保证先进先出、近期失效先出，把好出库审核关，以完备的手续，将质量完好、数量准确、包装牢固、标志正确且清晰的商品，及时、准确地发运给收货单位。

四、物流企业的信息管理

物流企业的管理信息系统（MIS）可以有效地促进物流企业各部门之间的协作，实现物流企业经营管理方式的转变。以 MIS 的建设为契机，物流企业可以进一步改善管理，改变物流企业与客户、物流企业各级决策者与业务人员以及业务人员之间的信息交流方式。今后物流企业的竞争将紧紧围绕物流企业对信息资源的占有而展开。因此，建立高效、适用的物流企业管理信息系统,已成为摆在物流企业面前的非常迫切的工作。

(一)物流企业管理信息系统建设的作用

管理信息系统的建设应综合利用计算机技术、通信技术和信息技术,将系统建成实用、稳定、可靠、高效,能体现新技术并能满足物流企业主要业务处理,完成信息查询、加工、汇总、分析的管理信息系统,最终为决策提供支持。其作用主要体现在以下几个方面:

(1)改善物流企业内部和物流企业信息交流方式,满足业务部门对信息处理和共享的需求,在物流企业管理和业务过程中,使物流企业信息更有效地发挥效力。

(2)提高办公自动化水平,提高工作效率,降低管理成本,提高物流企业在市场上的竞争能力。

(3)通过对每项业务的跟踪监控,物流企业的各层管理者可以了解业务进展情况,掌握第一手资料;通过信息交流,及时掌握经营管理数据,增强对业务的控制,为决策提供数据支持。

(4)加强物流企业对员工的管理,随时了解所辖人员的背景材料和业务进展,分析工作定额,合理调度资源,加强管理能力。

(二)物流企业管理信息系统的建立

1. 物流企业管理信息系统(MIS)建设过程中应注意的问题

现有开发的物流企业内部的管理信息系统或单项子系统,由于种种原因,离用户的最终目标都有一定的距离。目前物流企业的计算机应用基本集中在财务管理和文字处理方面,企业级 MIS 系统应用面小,应用效果不理想。综观 MIS 建设中的得失,在 MIS 建设中应把握以下几点:

(1)明确 MIS 的建设目标。MIS 是“一个由人、计算机等组成的能进行信息的收集、传送、储存、加工、维护和使用的系统”。从定义中可以看出,MIS 不只是一个技术系统,而是一个包括人在内的人机系统,因而它是一个管理系统、社会系统。管理信息系统的技术与知识结构是由三大要素来支撑的,即系统工程方法、定量化管理分析方法和信息处理及计算机应用技术。

目前,我国许多物流企业都搞过计算机应用开发,但真正收到成效的并不多。有些物流企业不清楚 MIS 建设的目标,赶时髦,或仓促上马,忽视基础建设,使建成的系统基本是手工过程的计算机模拟,从而导致了应用层次不清等问题,不能真正发挥 MIS 的作用。另外,由于许多物流企业管理方式比较落后,在系统化管理过程中缺乏科学性,无法针对现行管理体制制定出科学、规范、可行的 MIS 建设目标。

管理信息系统的建设必须与物流企业管理体制相结合,在一个陈旧、混乱的管理体制下是不能有效建设和应用 MIS 系统的。物流企业应在对现行管理体制进行充分研究和分析的基础上,归纳出适合计算机处理的业务流程,实现业务流程的优化和计算机化,从而使业务处理产生质的飞跃，并进一步推动管理体制的改革。在 MIS 的建设过程中，应在做好详细的系统规划的基础上，设定一个切实可行的系统目标。系统目标可以分阶段实现，在实现的每一步都应进行系统分析与设计、管理基础规范化和必要的数据准备等方面的工作。系统的目标应是现实可行的，并充分考虑物流企业的特点和管理上的侧重，既不可简单模拟，也不可贪大求全。

(2) 统一规划，分步实施。MIS 是介于数据处理和决策支持之间的中间层次，但在某些子系统中没有严格界限，包括决策支持的功能。方便、灵活、实用的 MIS 是未来信息高速公路的建设的基础。由于建设规模大、制约因素多，系统建设一步到位是不现实的，应当遵从循序渐进的原则，在统一规划的前提下，合理地划分出系统的实施步骤，逐步建设。

(3) 加强基础建设，把握好系统应用的层面。物流企业的信息技术基础环境（包括信息收集、汇总、整理、分析、流通、存储的过程，系统应用制度等）是 MIS 建设的基础。

MIS 是物流企业管理模式的计算机实现，MIS 的建设过程是物流企业管理机制的改革和完善的过程。要使计算机管理深入到管理过程中，克服传统习惯，使管理人员吸收新的科学管理方法和先进的管理手段，同时建立严密的推动计算机应用的规章制度，如数据录入制度、系统安全保障制度、系统业务处理规定等，建立规范的管理模式，还要坚持技术上的先进性，不能简单地模拟手工管理，这就涉及物流企业再造工程（Reengineering），这项工作是 MIS 建设的重要基础，这是在总体上需要把握的。

MIS 作为一项系统工程，不仅涉及经营管理的各个方面，而且影响工作方式，如何确定管理人员的参与程度、把握好系统应用的层面是一个容易被忽视的问题。MIS 的目的是帮助处理和起辅助决策的作用，而不是完全代替。在 MIS 建设中，不能过分夸大计算机的作用。这样不仅会增大 MIS 建设的难度，而且会影响其主要功能的发挥。那么，分析系统功能的主干，找到系统应用的切入点，是系统设计的根本出发点。MIS 是一个人机结合的系统，人机交互能力直接影响到 MIS 总体水平的发挥。

在引进国外物流企业管理系统中，应用效益低下的一个重要原因就是没有掌握好应用层面和切入点，人机交互能力差。同样是大中型物流企业，在不同国家或地区的定义是不同的，所包含的要素和要素所占的比例差距很大，管理制度、人员素质和应用层面也不同。盲目追赶国际上最先进、最流行的信息处理技术和方法，不切实际地把国外的成功模式作为近期追求目标，是 MIS 应用失败的一个重要原因。在 MIS 设计中，处理好先进信息处理技术、物流企业现实需要和长远发展的关系是一个必须解决的课题。

2. 物流企业管理信息系统的建设

物流企业管理信息系统的开发是一项系统性相当强的工作，其开发过程涉及人、财、物等资源的合理组织、调度和使用，涉及组织管理工作的改进及工作模式的变迁。其开发的一般过程见图 5－18。

从图 5－18 中可以看出，系统开发是一个动态的概念。系统开发的上一步骤的输出作

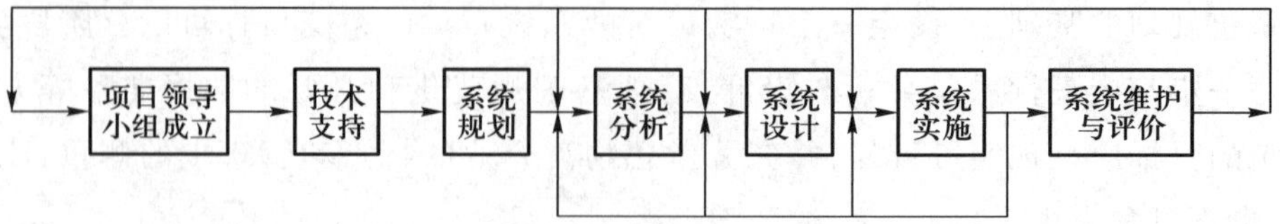

图5－18　物流企业管理信息系统开发的一般过程

为下一步骤的输入，同时此输出又作为前面步骤的动态反馈。系统就是在这种运动过程中进行动态调整，不断提高、完善的。

物流企业要利用大量定量化的科学管理方法，深入探讨实现MIS对物流企业经营和管理过程的预测、管理、调节、规划和控制等的方法，使MIS成为解决物流企业结构化管理决策问题和以定量化的确定型的技术开发方法为主的管理信息系统，并制订物流企业MIS组织结构方案，见图5－19。

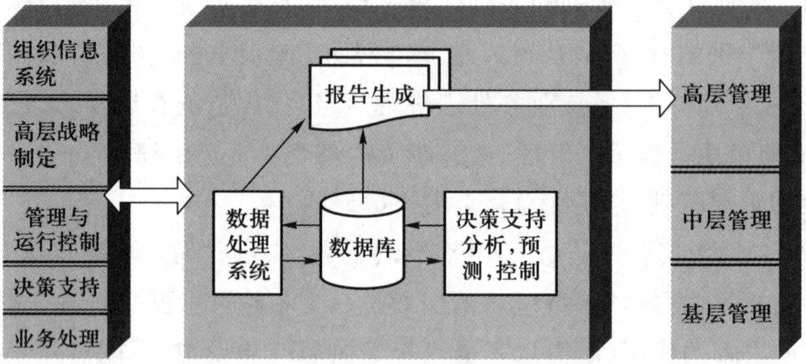

图5－19　物流企业MIS组织结构方案

在MIS开发过程中，应充分体现其系统功能与业务功能，建立完善的MIS功能子系统和业务子系统，如图5－20所示。

MIS功能系统

主要功能子系统	典型应用
市场	销售预测，销售计划，销售分析，顾客分析
物流控制	购货计划与控制，库存控制，物料分配与运输
人事	人员需求计划，人员素质分析，工资管理
财务	财务分析，成本分析，资金需求计划，利润核算
信息管理	信息系统规划，开发实施办案，经济效益分析
战略管理	战略规划，资源配置

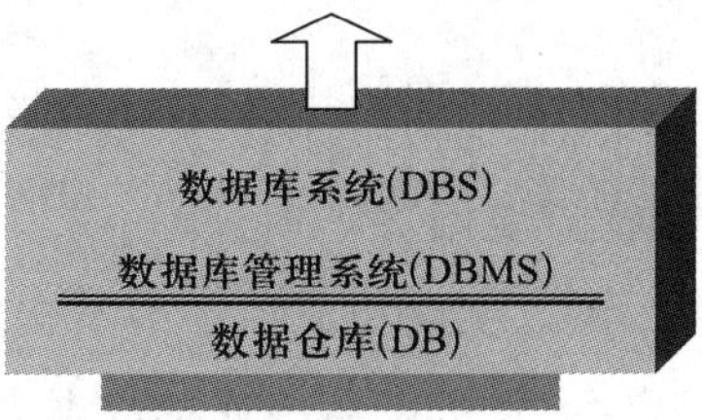

MIS 业务功能

业务子系统	典型应用
业务过程管理	统计,核算,记录,订货,运输,票据处理
运行控制	制定业务过程时间表与报告表
管理控制	确定预算与资源配置
战略规划	确定战略目标、战略计划

图 5-20 MIS 功能子系统与业务子系统功能的关系

在开发 MIS 的过程中,要注意留出开发空间,做好前后衔接工作。因为 MIS 不是一天建成的,而是在一个不断增强与扩充的过程中逐渐建成的。还要保持系统的灵活性和可扩充性,这是 MIS 建设成功的另一个重要保障。

物流企业管理信息系统应满足物流企业深化改革、提高经济效益的总体需求,从而达到优化系统资源配置与开发、强化系统软件集成、扩大系统功能、推进系统间资源共享等目标,为物流企业实现集约经营、提高经济效益服务。

第三节 物流管理的核心内容

一、物流成本管理

(一) 物流成本管理的概念

物流成本是指产品在空间位移(含静止)过程中所耗费的各种劳动的货币表现。具体地说,它是产品在实物移动过程中,如包装、装卸、运输、储存、流通加工等各个活动中,所支出的人力、财力和物力的总和。加强对物流费用的管理对降低物流成本、提高物流活动的经济效益具有非常重要的意义。所谓物流成本管理是通过对物流活动的管理降低物流费用。

(二) 物流成本在物流管理中的作用

(1) 通过对物流成本的设计,可以了解物流成本的大小和它在生产成本中所占的地位,从而提高企业内部对物流重要性的认识,并且从物流成本的分布,可以发现物流活动中存在的问题。

(2)根据物流成本的计算结果,制定物流计划、调整物流活动并评价物流活动效果,以便通过统一管理和系统优化降低物流费用。

(3)根据物流成本计算结果,可以明确物流活动中不合理环节的责任者。

总之,如能准确地计算物流成本,就可以运用成本数据大大提高物流管理的效率。

(三)物流成本的计算范围

物流成本的计算范围由以下三方面因素决定:

(1)起止范围。物流活动贯穿企业活动的全过程,包括原材料物流、生产物流、从工厂到配送中心再到用户的物流等。

(2)物流活动环节。物流活动包括输送、保管、装卸、包装等环节。

(3)费用性质。费用包括运费、保管费等企业外部的费用支出,以及人工费、折旧费、修理费、动力费等企业内部的费用支出。

在进行系统评定时,物流成本计算范围必须一致,如本企业历年物流费的变化分析、与同行企业物流费的比较分析,都是进行物流成本管理的重要依据,但计算标准不一致则难以得出有益的结论。物流企业还应该注意到根据企业财务数据计算的物流费用只能反映物流成本的一部分,如在生产车间从事搬运、包装作业的人员和设备所需要的费用等很多项目,在财务报表中不一定单独列项,所以有相当数量的物流费用是不可见的。日本西沢修教授对这一现象提出了物流冰山的说法,向外支付的只是冰山的一角,而大量的物流费用是在企业内部消耗的。

(四)物流成本合理化管理

物流成本合理化管理主要包含以下内容。

1. 物流成本预测和计划

物流成本预测是对物流成本指标、计划指标事先进行测算平衡,寻求降低物流成本的有关技术经济措施,以指导成本计划的制定的过程。物流成本计划则是成本控制的主要依据。

2. 物流成本计算

这是指在计划开始执行后,对产生的生产耗费进行归纳,并以适当方法进行计算。

3. 物流成本控制

这是指对日常的物流成本支出,采取各种方法进行严格的控制和管理,使物流成本减到最低限度,以达到预期的物流成本目标。

4. 物流成本分析

这是指对计算结果进行分析,检查和考核物流成本计划的完成情况,找出影响成本升降的主客观因素,总结经验,发现问题。

5. 物流成本信息反馈

这是指收集有关物流数据和资料并提供给决策部门,使其掌握情况,加强成本控制,保证规定目标的实现。

6. 物流成本决策

这是指根据信息反馈的结果,决定采取能以最小耗费获得最大效果的最优方案。

二、物流质量管理

(一) 物流质量的概念

物流质量既包含物流对象质量,又包含物流手段、物流方法的质量,还包含物流工作质量,因而是一种全面的质量观。物流质量具体包括以下内容。

1. 商品的质量保证及改善

物流的对象即商品,是具有一定质量的实体,它有合乎要求的等级、尺寸、规格、性质、外观。这些质量是在生产过程中形成的,物流过程在于转移和保护这些质量,最后实现对用户的质量保证。因此,对用户的质量保证既依赖于生产,又依赖于流通。

现代物流过程不单是消极地保护和转移物流对象,还可以采用流通加工等手段改善和提高商品的质量,由此,物流过程在一定意义上说也是商品质量的“形成过程”。

2. 物流服务质量

物流业有极强的服务性质,可以说,整个物流的质量目标就是其服务质量。服务质量因不同用户而要求各异,要掌握和了解用户的以下要求:商品狭义质量的保持程度;流通加工对商品质量的提高程度;商品数量的丰裕程度;相关服务(如信息提供、索赔及纠纷处理)的客户满意程度。

3. 物流工作质量

物流工作质量指的是物流各环节、各工种、各岗位的具体工作质量。工作质量和物流服务质量是两个有关联但又不大相同的概念。物流服务质量水平取决于各个工作质量的总和。所以,工作质量是物流服务质量的某种保证和基础。

4. 物流工程质量

物流质量不仅取决于工作质量,而且取决于工程质量。在物流过程中,将对产品质量发生影响的各因素(人的因素、体制的因素、设备因素、工艺方法因素、计量与测试因素、环境因素等)统称为工程。很明显,提高工程质量是进行物流质量管理的基础工作,能提高工程质量,就能做到“预防为主”的质量管理。

(二) 物流质量管理的特点

物流质量管理可以归纳为以下三个特点。

1. 管理的对象全面

物流质量管理不仅管理物流对象本身，而且还管理工作质量和工程质量，最终对成本及交货期起到管理作用，具有很强的全面性。

2. 管理的范围全面

物流质量管理对流通对象的包装、装卸搬运、储存、运输、配送、流通加工等若干过程进行全过程的质量管理，同时又是对产品在社会再生产全过程中进行全面质量管理的重要一环。在这一全过程中，必须一环不漏地进行全过程管理才能保证最终的物流质量，达到目标质量的要求。

3. 全员参加管理

要保证物流质量，就涉及有关环节的所有部门和所有人员，绝不是依靠哪个部门和少数人能搞好的，必须依靠各个环节的所有部门和广大职工的共同努力。物流管理的全员性，正是物流的综合性、物流质量问题的重要性和复杂性所决定的，它反映了质量管理的客观要求。

由于物流质量管理存在“三全”的特点，因此，全面质量管理的一些原则和方法（如“PDCA”循环），同样适用于物流质量管理。但应注意，物流是一个系统，在系统中各个环节之间的联系和配合是非常重要的。物流质量管理必须强调“预防为主”，明确“事前管理”的重要性，即在上一道物流过程就要为下一道物流过程着想，估计下一道物流过程可能出现的问题，预先防止。

物流质量管理必须满足两方面的要求，一方面是满足生产者的要求，因为物流的结果是必须保护生产者的产品能保质保量地转移给用户；另一方面是满足用户的要求，即按用户要求将其所需的商品送达。为此，必须全面了解生产者、消费者、流通者等各方所提出的要求，从中分析出真正合理的、各方都能接受的要求，作为管理的具体目标。从这个意义上来讲，物流质量管理可以定义为：用经济的办法，向用户提供满足其要求的物流质量的手段体系。

（三）评价物流质量的主要指标

衡量物流质量的主要指标是根据物流服务的最终目标确定的，即“目标质量”的具体构成内容。围绕这些指标，在工作环节中，各项工程又可以制定出实现“分目标”的一系列质量指标，这就形成了一个质量指标体系，如图 5－21 所示。

下面具体介绍物流服务目标质量指标、仓库质量指标、运输环节质量指标的内容。

1. 物流服务目标质量指标

（1）服务水平指标 F：

$$F=\frac{\text{满足要求次数}}{\text{用户要求次数}}$$

或者以缺货率 Q 来表示：

$$Q=\frac{\text{缺货次数}}{\text{用户要求次数}}\times 100\%$$

- 物流服务目标质量指标
  - 工作质量指标
    - 信息工作质量指标
    - 运输工作质量指标
    - 装卸搬运工作质量指标
    - 仓库工作质量指标
    - 流通加工工作质量指标
    - 包装工作质量指标
  - 工程质量指标
    - 信息工程质量指标
    - 运输工程质量指标
    - 装卸搬运工程质量指标
    - 仓库工程质量指标
    - 流通加工工程质量指标
    - 包装工程质量指标

图 5－21　物流质量指标体系

（2）满足程度指标 M：

$$M=\frac{\text{满足要求数量}}{\text{用户要求数量}}$$

（3）交货水平指标 $J_{\text{水}}$：

$$J_{\text{水}}=\frac{\text{按交货期交货次数}}{\text{总交货次数}}$$

（4）交货期质量指标 $J_{\text{天}}$：

$$J_{\text{天}}=\text{规定交货期}-\text{实验交货期}$$

以实际交货期与规定交货期相差日(时)数表示。正号为提前交货,负号为延迟交货。

（5）商品完好率指标 W：

$$W=\frac{\text{交货时完好的商品量}}{\text{物流商品总量}}\times100\%$$

或者以缺损率 Q'表示：

$$Q'=\frac{\text{缺损商品量}}{\text{物流商品总量}}\times100\%$$

也可以用货损货差赔偿费率 P 表示：

$$P=\frac{\text{货损货差赔偿费总额}}{\text{同期业务收入总额}}\times100\%$$

（6）物流吨费用指标 C：

$$C=\frac{\text{物流费用}}{\text{物流总量}}$$

2. 仓库质量指标

（1）仓库吞吐能力实现率 T：

$$T=\frac{\text{期内实际吞吐量}}{\text{仓库设计吞吐量}}\times100\%$$

（2）商品收发正确率 S：

$$S=\frac{\text{某批吞吐量}-\text{出现差错总量}}{\text{同批吞吐量}}\times 100\%$$

（3）库存商品完好率 $W_{\text{库}}$：

$$W_{\text{库}}=\frac{\text{某批商品库存量}-\text{出现缺损的商品量}}{\text{某批商品库存量}}\times 100\%$$

（4）库存商品缺损率 $Q'_{\text{库}}$：

$$Q'_{\text{库}}=\frac{\text{某批商品库存缺损量}}{\text{该批商品库存总量}}\times 100\%$$

也可以用“货损货差赔偿率”表示。

以上是以用户为对象，确定每批商品的质量指标。如果是对仓库总工作质量评定，其指标的计算应将“某批”的数量改换成“期内”的数量。

（5）仓库面积利用率 $M_{\text{总}}$：

$$M_{\text{总}}=\frac{\text{库房、货棚、货场占地面积之和}}{\text{仓库总面积}}\times 100\%$$

（6）仓容利用率 R：

$$R=\frac{\text{存储商品的实际数量或容积}}{\text{库存数量或容积}}\times 100\%$$

（7）设备完好率 $W_{\text{设}}$：

$$W_{\text{设}}=\frac{\text{期内设备完好台数}}{\text{同期设备总台数}}\times 100\%$$

（8）设备利用率 L：

$$L=\frac{\text{全部设备实际工作时数}}{\text{设备总工作能力（时数）}}\times 100\%$$

（9）仓储吨日成本 $C_{\text{仓}}$：

$$C_{\text{仓}}=\frac{\text{仓储费用}}{\text{库存量}}$$

这几项指标主要是反映工作质量及工程质量的指标。

3. 运输环节质量指标

运输环节有许多质量指标和仓库有类似之处，这里只讲具有特殊意义的质量指标。

（1）正点运输率 Z：

$$Z=\frac{\text{正点运输次数}}{\text{运输总次数}}\times 100\%$$

（2）满载率 $M_{\text{运}}$：

$$M_{\text{运}}=\frac{\text{车辆实际装载量}}{\text{车辆装载能力}}\times 100\%$$

(3) 运力利用率 Y：

$$Y=\frac{\text{实际吨千米数}}{\text{运力往返运输总能力(吨千米数)}}\times 100\%$$

除以上各项指标外，其他物流环节也有相应的质量指标，这里不一一叙述。

三、库存管理

组织物资储存对生产和流通领域是非常重要的。对生产部门来说，就是要有足够的生产资料储备，以保证生产的连续进行。对流通部门来说，就是要适当储备一些商品，以保证市场供应不致中断，及时满足人民的生活需要。储存应以保证商品流通和社会再生产的需要为限度，只有这样，储存才是正常的。储存应以保证商品流通和社会再生产的需要为限度，只有这样，储存才是正常的。储存量不是越多越好，也不是越少越好，多了会造成积压，少了又会脱销，影响生产和人民生活，因此要求进行合理储存。

(一) 合理储存的内容

1. 合理储存量

合理储存量是指在新的商品(或生产资料)到来之前，能保证在此期间商品(或生产资料)正常供应的数量。合理储存必须以保证商品流通正常进行为前提。影响合理储存量的因素有：

(1) 社会需求量。储存量与市场需求有直接关系，为了满足消费的需要，要求有相应数量的商品随时可投放市场。在其他条件不变的情况下，储存量与市场需求量成正比。

(2) 商品再生产时间。储存量必须与再生产时间相适应。在其他条件不变的情况下，储存量的大小与再生产周期的长短成正比。

(3) 交通运输条件。商品从生产领域进入消费领域，需要运输工具和运输时间，交通运输发达的地区和不发达地区，其在途中的时间是不同的。

(4) 管理水平和设备条件。储存量的大小也受企业本身条件的限制。如仓库设备、进货渠道、中间环节、进货时间等，都会影响储存量。

2. 合理的储存结构

合理的储存结构是指商品的不同品种、规格之间储存量的比例关系。社会对商品的需求既要求供应总量的满足，又要有品种、规格的选择，而且需求的结构也在不断变化，所以，在确定合理的储存数量的同时，还必须考虑不同商品及其品种、规格在储存中的合理比例关系，以及市场的变化情况，以便确定正确的商品储存结构。

3. 合理的储存时间

储存时间受商品销售时间的影响。商品销得快，储存时间就短；商品销得慢，储存时间就长，甚至积压在库。所以，物流部门要随时了解生产、销售情况，促进生产，扩大销售，加速周转。此外，储存时间也受客观存在物品的物理、化学、生物性能的影响。超过物品本身自然属性所允许的储存时限,物品的使用价值会变小。因此,储存的时间还必须以保证物品的安全,减少损失、损耗为前提。

4. 合理的储存网络

仓库网点的合理布局,也是合理储存的一个重要条件。就流通领域而言,在商品流通过程中,商业批发企业和零售企业为了完成销售任务,分别进行一定数量的商品储存。由于批发和零售企业的经营特点和供应范围不同,对批发环节和零售环节的储存要求也有所不同。批发企业一般担负着经济区的供应任务,它要保证一定的储存来调剂市场,起"蓄水池"的作用。所以,在批发环节,储存要大,要合理设置储存网点。零售企业是流通渠道末端,网点分散,销售量小,因而,在零售环节,一般附设小型仓库,储存量小,应进行快销,加速周转。就生产领域而言,物资主要是分散储存在各工厂的仓库里,储存应适量,不宜过多,以免原材料大量积压。

(二)组织合理储存的重要意义

1. 组织合理储存可以减少国家财富的占用

用于储存过程的物资是不增加价值的,相反,它是用于生产的财富的一种扣除。这种储存过程占用的物资越多,用于生产的财富就越少。所以,进行合理储存,可以相对地减少储存过程中资金的积压,而增加用于生产的资金。

2. 组织合理储存可以缩短物资流通的周期,从而加速再生产过程

由于流通时间是社会再生产总时间的一个组成部分,而社会再生产时间等于生产时间和流通时间之和,所以,组织合理储存能够相对缩短物资在流通领域内停滞的时间,加快物资周转,从而加速整个社会再生产的过程。

3. 组织合理储存可以减少费用支出,为国家积累资金

合理储存可以加快物资周转速度,减少流通资金占用,从而节约银行利息支出;可以减少储存数量和时间,降低储存过程中的保管费和损耗,有利于降低物流费用,提高经济效益。

4. 组织合理储存可以节约运力

组织合理储存可以减少不必要的中间环节,避免迂回倒流运输。

(三)库存控制

库存控制是实现合理储存的重要手段。

1. 库存的性质

在研究库存系统性质时,需求、补给、约束和成本是任何库存系统都共有的组成部分。需求是指从库存中提取物品。需求可按需求数量、需求率和需求模式进行分类。需求数量是指需求的多少,并有数量的量纲。如果不同时期的需求量相同,则为不变需求,否则,便是可变需求。当需求数量已知时,该系统称为确定型系统;当需求量未知,但可以确定其概

率分布时，该系统称为概率型系统。概率分布可以是连续，也可以是不连续的。需求率即单位时间的需求量。需求模式是指货物出货的方式，例如物品在期初、期末出库，在整个期间均匀出库或按其他形式（如按季节）出库等。需求又可分为独立需求和相关需求两种。当某一物品的需求和其他物品的需求之间没有关系时，这种需求叫独立需求，如成品、消耗品和维修用品等。相关需求是指某一种物品的需求和其他某项或数项物品需求有关。独立需求物品通常采用连续或定期库存系统来控制，而相关需求的物品最适宜采用物料需求计划系统（MRPS）来控制。

补给是指将物品加入库存。补充供应可以按数量、模式和前置时间进行分类。补充供应量是指被接收入库的订货量。根据库存系统的不同类型，订货量可以是不变的，也可以是可变的。补充供应模式是指物品以什么方式加入库存，如有瞬时的、均衡的和分批的。补充供应的前置时间是指从决定补充某项货物到它实际加入库存之间的延续时间。前置时间可以是不变的，也可以是可变的。

约束是指由管理或实际环境施加于需求、补给或成本的限制，也就是施加识破系统的限制。如仓库的约束可能限制库存的数量，管理当局把资金的约束加于库存投资金额或对某些物品采取不准缺货的策略等。

成本是指维持库存和不维持库存所花费的代价。库存成本是和库存系统的经营有关的成本，是输入到任何库存决策模型的基本经济参数，由以下主要部分组成：

（1）购入成本。某项物品的购入成本有两种含义：一是单位购入价格，指购自外部的，应包括购价加上运费；二是单位生产成本，指内部生产的，应包括直接人工费、直接材料费和工厂管理费用。

（2）订购、生产准备成本。订购成本是指外部供应商发出采购订单的成本，包括提出请购单、分析卖主、填写采购订货单、来料验收、跟踪订货以及完成交易所必需的业务等各项费用。生产准备成本是指为生产订购的物品而调整整个产程的成本，通常包括准备工作命令单、安排作业、生产前准备和质量验收等费用。

（3）储存成本，也叫持有资本。它包括资本成本、税金、保险、搬运、储藏、损耗、陈旧和变质等项费用。资本成本反映推动的盈利能力或机会成本，如果资金投入其他方面，就会要求取得投资报偿，因此，资本成本就是计算这种尚未获得的报偿的费用。储存成本通常的值域为库存投资额的 20% ~40% 。

（4）缺货成本（亏空成本）。它是由于外部和内部中断供应所产生的。缺货成本取决于对缺货量的反应。缺货成本包括延期交货成本、当前利润损失（潜在销售量的损失）和未来利润损失（商家受损）等。

2. 库存的目标

库存问题不是孤立的，它和营销问题、仓库问题、生产问题、材料运输问题、采购问题、财务问题等都有千丝万缕的联系。因此，物料管理所涉及的目标并不完全一致，有些甚至是互斥的目标。库存问题是企业内部不同职能部门间矛盾的根源,这种矛盾是由于不同的职能部门在涉及存货的使用问题上有不同的任务而引起的。表 5－1 和表 5－2 分别表明了各部门互斥的目标和各部门对库存的态度。

表 5－1　各部门互斥的目标

职能部门	职能	库存目标	库存量的倾向
营销	出售产品	对顾客的良好服务	高
生产	制造产品	有效的批量	高
采购	购入所需物料	单位成本低	高
财务	提供流动资金	资金的有效利用	低
工程	设计产品	避免陈旧	低

表 5－2　各部门对库存的态度

部门	典型的反应
市场经营与销售	如果总是缺货或无足够的品种,那样我就不能保住我的用户
生产	如果我按大批量生产,就可能降低单位成本和有效地经营
采购	如果我整批大量购进,就能降低单位成本
财务	我从哪里筹集资金来支付存货的货款?库存水平应更低一些
仓库	我这里已经没有货位了,什么也不能再放了

由此看出,物料管理所涉及的目标并不完全一致,甚至不容易叙述清楚。其主要的目标是使库存投资最少,向用户提供优质服务和保证企业的有效(低成本)经营。一些带有共性的次一级目标是单位成本低、存货周转率高、质量稳定、与供应商保持良好的关系以及保持供应持续不断等。很容易看出上述目标很不一致,有的甚至相互抵触。因此,要根据现实条件和环境的各种限制,很好地把这些目标协调起来,也就是所谓的“次级优化”。

3. 库存控制系统

库存控制系统是解决订货时间和订货数量问题的常规联动系统。一个有效的系统要达到下列目的:① 保证获得足够的货物和物料;② 鉴别出超储物品、畅销品与滞销品;③ 向管理部门提供准确、简明和适时的报告;④ 花费最低的成本完成前述 3 项任务。

一个完整的库存系统所涉及的内容远不止是各种定量库存模型,还必须考虑六个极其重要的方面:① 开展需求预测和处理预测误差;② 选择库存模型,如经济订货量(EOQ)、经济订货间隔期(EOI)、经济生产量(EPQ)、物料需求计划(MRP)、一次性订货量(SOQ);③ 测定存货成本(订购、储存、缺货成本);④ 用以记录和盘点物品的方法;⑤ 验收、搬运、保管和发放物品的方法;⑥ 用以报告例外情况的信息程序。

常见的库存控制系统有以下五种:

(1) 连续库存系统。这个系统以经济订货量和订货点的原理为基础。连续库存系统要保持存货数量的记录,并在存货量降到一定水平时进行补充供应。

(2) 双堆库存系统。其特点是没有连续的库存记录,属于固定订货量系统。订货点由肉眼来判定,当存货消耗一堆时便开始订货,其后的需求由第二堆来满足。

(3) 定期库存系统。在定期库存系统中,在储物品的数量要按固定的时间间隔进行检查。

(4) 非强制补充供货库存系统,也称为最小最大系统,是连续系统和定期系统的混合物。库存水平均按固定的间隔进行检查,但订货要在库存余额已经降至预定的订货点时才进行。

(5) 物料需求计划库存系统。物料需求计划库存系统广泛地用于计划生产。由于属于材料和零件的物品被最终产品所耗用,故存货水准均根据用最终物品表示的需求量来得出。物料需求计划系统是一种派生的订货量系统。这种系统的作用是按反工艺方向,并根据最终产品或主要装配件的计划完工日期来确定各种零件和材料需要订购的日期和数量。该系统在已知最终产品的具体需求量和某项物品的需求量按某种可预断的方式同其他物品的需求量联系在一起时,可得到良好的效果。各种常用库存系统的特点,如表 5－3 所示。

表 5－3　库存系统的特点

因素	库存系统				
	连续库存系统①	双堆库存系统①	定期库存系统②	非强制补充供货库存系统③	物料需求计划库存系统④
订货数量	固定	固定	可变	可变	可变
订货点	固定	固定	可变	可变	可变
检查周期	可变	可变	固定	固定	固定/可变
需求率	固定/可变	固定/可变	固定/可变	固定/可变	固定
前置时间	固定/可变	固定/可变	固定/可变	固定/可变	固定/可变
存货量	中	中	大	很大	小/无

注:

① 连续和双堆库存系统(Q,B),随每项业务的进行而检查库存状况。若库存量 $I \leq B$,则订购 Q_0,若库存量 $I > B$,则不订购。

② 定期库存系统(E,T):按间隔期 T 检查库存量。每次订购量为:$E-I$。

③ 非强制补充供货库存系统(E,T,B):按间隔期 T 检查库存状况,若库存量 $I \leq B$,则订购 $E-I$,若库存量 $I > B$,则不订购。

④ 物料需求计划库存系统:订购物品要符合生产进行计划。

Q——订货量,以单位计;B——订货点,以单位计;E——最大库存水平,以单位计;Q_0——经济订货量,以单位计。

所有库存系统都有各自的优缺点,因此,适用范围也不同。例如,连续库存系统最适合于高价物品,对于这类物品要经常检查;双堆库存系统用在由于作用小或单价低而无需经常检查的场合;定期库存系统适用于零售领域和供货渠道较少或货源来自中心仓库的场合。

库存控制的方法很多,都有具体的分析计算方法,运用时可参考有关资料。

第四节　物流标准化

一、标准化的含义

GB/T 20000.6－2014《标准化工作指南第1部分:标准化和相关活动的通用术语》中对标准化的定义是:为了在一定范围内获得最佳秩序,对现实问题或潜在问题制定共同使用和重复使用的条款的活动。上述活动主要包括编制、发布和实施标准的过程。标准化的主要作用在于为了其预期目的改进产品、过程或服务的适用性,防止贸易壁垒,并促进技术合作。

标准化的实质是"通过制定、发布和实施标准,达到统一"。标准化的目的是"获得最佳秩序和社会效益"。某一个领域需要达到统一的标准要求,如信息工作标准化,其目的是使文献工作走向标准化、系列化和通用化,达到信息交流和资源共享。为了发展社会主义商品经济,促进技术进步,改进产品质量,对工业产品、规格、质量、等级或者安全卫生等需要有统一的技术要求。为了使标准化工作适应社会主义现代化和发展对外经济的需要,对工农业产品的设计、生产、检验、包装、储存、运输、环境保护等方面也需要制定统一的技术标准。

中国标准化工作的任务是制定标准、组织实施标准和对标准的实施进行监督。国际标准化组织(ISO)的主要任务是制定国际标准、协调世界范围内的标准化工作。

二、物流标准化的含义和特点

(一) 物流标准化的含义

物流标准化是指以物流为一个大系统,制定系统内部设施、机械装备(包括专用工具等)的技术标准,包装、仓储、装卸、运输等各类作业标准,以及作为现代物流突出特征的物流信息标准,并形成全国以及和国际接轨的标准化体系。

(二) 物流标准化的特点

物流标准化的主要特点有以下几方面。

1. 物流标准化涉及面广、种类繁多、内容复杂

和一般标准化系统不同,物流系统的标准化涉及面更为广泛,其对象也不像一般标准

化系统那样单一,而是包括了机电、建筑、工具、工作方法等许多种类。虽然处于一个大系统中,但缺乏共性,从而造成标准种类繁多,标准内容复杂,也给标准的统一性及配合性带来很大困难。

2. 物流标准化系统属于二次系统

这是由于物流及物流管理思想诞生较晚,组成物流大系统的各个分系统,过去在没有归入物流系统之前,早已分别实现了本系统的标准化,并且经多年的应用,不断发展和巩固,已很难改变。在推行物流标准化时,必须以此为依据,个别情况固然可将有关旧标准化体系推翻,按物流系统所提出的要求重建新的标准化体系,但通常还是在各个分系统标准化基础上建立物流标准化系统。这就必然从适应及协调角度建立新的物流标准化系统,而不可能全部创新。

3. 物流标准化更要求体现科学性、民主性和经济性

科学性、民主性和经济性是标准的“三性”,由于物流标准化的特殊性,必须非常突出地体现这三性,才能搞好这一标准化。科学性的要求是要体现现代科技成果,以科学试验为基础,在物流活动中,则还要求与物流的现代化(包括现代技术及管理)相适应,要求能将现代科技成果联结成物流大系统。否则,尽管各种具体的硬技术标准化水平要求颇高,十分先进,但如果不能与系统协调,单项技术水平再高也是空的,甚至还起相反作用。所以,这种科学性不但反映本身的科学技术水平,还表现在协调与适应的能力方面,使综合的科技水平最优。

民主性指标准的制订应采用协商一致的办法,广泛考虑各种现实条件,广泛听取意见,而不能过分偏重某一个国家,使标准更具权威、减少阻力,易于贯彻执行。物流标准化由于涉及面广,要想达到协调和适应,不过分偏向某个方面的意见,使各分系统都能采纳接受,就更具有重要性。

经济性是标准化的主要目的之一,也是标准化生命力的决定因素。物流过程不像深加工那样引起产品的大幅度增值,即使通过流通加工等方式,增值也是有限的。所以,物流费用多一分开支,就要影响到一分效益,但是,物流过程又必须大量投入消耗,如不注重标准的经济性,片面强调反映现代科学水平,片面顺从物流习惯及现状,引起物流成本的增加,自然就会使标准失去生命力。

4. 物流标准化有非常强的国际性

经济全球化的趋势导致国际交往大幅度增加,所有的国际贸易最终靠国际物流来完成。各个国家都很重视本国物流与国际物流的衔接,在本国物流管理发展初期就力求使本国物流标准与国际物流标准化体系一致,若不如此,不但会加大国际交往的技术难度,更重要的是在本来就很高的关税及运费基础上又增加了因标准化系统不统一所造成的效益损失,使外贸成本增加。因此,物流标准化的国际性也是其不同于一般产品标准的重要特点。

5. 物流标准化贯彻安全与保险的原则

物流安全问题是近些年来非常突出的问题，一个安全事故往往使一个公司损失殆尽，几十万吨的超级油轮、货轮遭受灭顶之灾的事例也并不罕见。当然，除了经济方面的损失外，人身伤害也是物流中经常出现的，如交通事故的伤害，物品对人的碰撞伤害，危险品的爆炸、腐蚀、毒气的伤害等。所以，物流标准化的另一个特点是在物流标准中对物流安全性、可靠性的规定和为安全性、可靠性统一技术标准及工作标准。

物流保险的规定也是与安全性、可靠性标准有关的标准化内容。在物流中，尤其在国际物流中，都有世界公认的保险险别与保险条款，虽然许多规定并不是以标准化形式出现的，而是以立法形式出现的，但是，其共同约定、共同遵循的性质是通用的，是具有标准化内涵的，其中不少手续、申报文件等都有具体的标准化规定，保险费用等的计算也受标准规定的约束，因而物流保险的相关标准化工作，也是物流标准化的重要内容。

三、物流标准化的内容

（一）物流大系统的配合性、统一性标准

1. 基础编码标准

它是对物流对象物编码，并且按物流过程的要求，转化成条码，这是物流大系统能够实现衔接、配合的最基本的标准，也是采用信息技术对物流进行管理和组织、控制的技术标准。在这个标准之上，才可能实现电子信息传递、远程数据交换、统计、核算等物流活动。

2. 物流基础模数尺寸标准

基础模数尺寸是指标准化的共同单位尺寸，或系统各标准尺寸的最小公约尺寸。在基础模数尺寸确定之后，各个具体的尺寸标准都要以基础模数尺寸为依据，选取其整数倍数为规定的尺寸标准。由于基础模数尺寸的确定，只需在倍数系列选择其他的尺寸标准，这就大大降低了尺寸的复杂性。物流基础模数尺寸的确定不但要考虑国内物流系统，而且要考虑与国际物流系统的衔接，具有一定难度和复杂性。

3. 物流建筑基础模数尺寸

它主要是物流系统中各种建筑物所使用的基础模数，它是以物流基础模数尺寸为依据确定的，也可选择共同的模数尺寸。该尺寸是设计建筑物长、宽、高尺寸，门窗尺寸，建筑物柱间距，跨度及进深等尺寸的依据。

4. 物流集装模数尺寸

它是在物流基础模数尺寸基础上推导出的各种集装设备的基础尺寸，以此尺寸作为设计集装设备三项尺寸的依据。在物流系统中，由于集装是起贯穿作用的，集装尺寸必须与各环节物流设施、设备、机具相配合，因此，整个物流系统设计时往往以集装尺寸为核心，然后，在满足其他要求前提下决定各设计尺寸。因此，集装模数尺寸影响和决定着与其有关

各环节的标准化。

5. 物流专业名词标准

为了使物流大系统有效配合和统一,尤其在建立系统的情报信息网络之后,要求信息传递非常准确,这首先便要求专用语言及所代表的含义实现标准化。如果同一个指令在不同环节有不同的理解,这不仅会造成工作的混乱,而且容易出现大的损失。物流专业名词标准包括物流用语的统一化及定义的统一解释,还包括专业名词的统一编码。

6. 物流单据、票证的标准化

物流单据、票证的标准化,可以实现信息的准确录入和采集,将管理工作规范化和标准化,也是应用计算机和通信网络进行数据交换和传递的基础标准。它有利于物流核算和统计的规范化,是建立系统情报网、对系统进行统一管理的重要前提条件,也是对系统进行宏观控制与微观监测的必备前提。

7. 标志、图示和识别标准

物流中的物品、工具、机具都是在不断运动中的,因此,识别和区分便十分重要。对于物流中的物流对象,需要有易于识别又易于区分的标志,有时需要自动识别,这就可以用复杂的条码来代替用肉眼识别的标志。

8. 专业计量单位标准

除国家公布的统一计量标准外,物流系统还有许多专业的计量问题,必须在国家及国际标准基础上,确定本身专门的标准,同时,由于物流的国际性很突出,专业计量单位标准还需考虑国际计量方式的不一致性,还要考虑国际习惯用法,不能完全以国家统一计量标准为唯一依据。

(二)分系统技术标准

分系统技术标准主要有:运输车船标准,作业车辆标准,传输机具标准,仓库技术标准,包装、托盘、集装箱标准。

四、物流标准化的基点

(一)集装是物流标准化基点

物流是一个非常复杂的系统,涉及的面又很广泛,过去,构成物流这个大系统的许多组成部分也并非完全没有标准化,但是,这往往只形成局部标准化或与物流某一局部有关的横向系统的标准化。从物流系统来看,这些互相缺乏联系的局部的标准化之间缺乏配合性,不能形成纵向的标准化体系。所以,要形成整个物流体系的标准化,必须在这个局部中寻找一个共同的基点,这个基点能贯穿物流全过程,形成物流标准化工作的核心,这个基点的标准化成了衡量物流全系统的基准,为各个局部标准化的准绳。

为了确定这个基点,人们将进入物流领域的产品(货物)分成了三类,即零杂货物、散装货物与集装货物三类。这三类的标准化难易程度是不同的：

零杂货物及散装货物在物流的节点上，例如在换载、装卸时，都必然发生组合数量及包装形式的变化，因此，要想在这些节点上实现操作及处理的标准化相当困难。

集装货物在物流过程的始终都是以一个集装体为基本单位，其包装形态在装卸、输送及保管的各个阶段都基本上不会发生变化，也就是说，集装货物在节点上容易实现标准化的处理。至于零杂货物的未来，一部分可向集装靠拢、向标准包装尺寸靠拢，另一部分还会保持其多样化的形态而难以实现标准化。

所以，不论是国际物流还是国内物流，都可以肯定的是，集装系统是使物流全过程贯通而形成体系，保持物流各环节上使用的设备、装置及机械之间整体性及配合性的核心，所以，集装系统是使物流过程连贯而建立标准化体系的基点。

（二）物流全系统标准化取决于和集装的配合性

具体来讲，以集装系统为物流标准化的基点的作用之一，就是以此为准来解决全面的标准化。因此，必须实现集装与物流其他各个环节之间的配合性。其中包括：

(1) 集装与生产企业最后工序（也是物流活动的初始环节）——包装的配合性。包装尺寸和集装尺寸的关系应当是：集装是包装尺寸的倍数系列，而包装是集装尺寸的分割系列。

(2) 集装与装卸机具、装卸场所、装卸小工具（如吊索、跳板等）的配合性。

(3) 集装与仓库站台、货架、搬运机械、保管设施乃至仓库建筑（净高度、门高、门宽、通路宽度等）的配合性。

(4) 集装与保管条件、工具、操作方式的配合性。

(5) 集装与运输设备、设施，如运输设备的载重、有效空间尺寸等的配合性。

在以集装为基本物流单位的物流系统中，经常有许多基本集装单位进一步组合成大集装单位或输送保管单位的情况。例如，将集装托盘货载放入大型集装箱或国际集装箱，就组成了以大型集装箱或国际集装箱为整体的更大的集装单位；将集装托盘货载或小型集装箱放入卡车车厢、货车车厢，就组成了一个大的运输单位等。如果形成了倍数系列的尺寸关系，就能提高装运的密度和形成坚实的货垛。

(6) 集装与末端物流的配合性。随着整个经济活动越来越以消费者（再生产者）的需要为转移，消费者的地位越来越稳固，质量管理、生产管理、成本管理等经济管理活动都确立了“用户第一”的基本观念，这种观念在物流活动中的反映，就是末端物流越来越受到重视。

末端物流是送达消费者的物流，因此是以消费者的需求为转移的。一般说来，占消费者中大多数的零星消费者的要求是逆规格化方向而行的，消费者追求多样化，这就使多样化的末端物流与简单化的主体物流（集装系统）的配合性出现困难。集装物流转变为末端物流,要对简单性的集装进行多样化的分割,以解决集装的简单化与末端物流多样化要求的矛盾。衔接消费者的"分割系列"与衔接生产者的"倍数系列"有时是有矛盾的,标准化要解决的就是要选择最优的方案。

(7)集装与国际物流的配合性。从国际经济交往来讲,以国际标准为主体并与国际标准接轨是集装标准化应该做的事情。其中最重要的是和国际海运集装箱接轨。这个接轨可以使国际海运集装箱通过我国的铁路和公路运输直达内地,从而充分发挥集装箱联运"门到门"的优势。

五、我国物流标准化的现状

(一)我国物流标准化取得的成果

近些年来,我国国民经济与对外贸易的发展为我国物流标准化的发展提供了良好的机遇,尤其是近几年来,国内的专业化物流公司和商业企业配送中心渐成气候,一些大型制造企业也在物流配送方面有所动作。随着物流产业基础市场的发展,我国的物流标准化工作开始启动,并取得了一系列成绩。具体表现在以下几个方面。

1. 制定了一系列物流标准或与物流有关的标准

据粗略统计,在我国现已制定颁布的物流或与物流有关的标准已有近千个。在包装标准方面,我国已全面制定了包装术语、包装尺寸、包装标志、运输包装件基本试验、包装技术、包装材料、包装材料试验方法、包装容器、包装容器试验方法、产品包装、运输、储存与标志等方面的标准;在物流机械与设施方面,我国制定了起重机械、输送机械、仓储设备、装卸机械、自动化物流装置以及托盘、集装箱等方面的标准。

从系统性的角度来看,已不仅仅是单纯制定技术标准,有关物流行业的通用标准、工作标准和管理标准也已开始制定。从标准层次性的角度来看,制定的与物流有关的标准不只有企业标准和地方、行业标准,也有不少的国家标准,其中有一部分标准还采用了国际标准或国外先进标准。从部门的角度来看,我国与物流关系比较密切的一些部门,如铁道部、交通部等均制定了一系列与物流有关的标准,特别是制定了许多作为国家标准系列中比较欠缺的作业标准和管理标准。

2. 建立了与物流有关的标准化组织、机构

我国已经建立了一套以国家质量技术监督检验检疫总局为首的全国性的标准化研究管理机构体系,而这中间有许多机构和组织从事着与物流有关的标准化工作。

3. 积极参与国际物流标准化活动

我国参加了国际标准化组织(ISO)和国际电工委员会(IEC)与物流有关的各技术委员会与技术处,并明确了各自的技术归口单位。此外,还参加了国际铁路联盟(UIS)和社会主义国家铁路合作组织(OSJD)等两大国际铁路的权威机构。

4. 积极采用国际物流标准

在包装、标志、运输、储存方面的近百个国家标准中，已采用国际标准的约占30%；在公路水路运输方面的国家标准中，已采用国际标准的约占5%；在铁路方面的国家标准中，已采用国际标准的约占20%；在车辆方面的国家标准中，已采用国际标准的约占30%。此外，在商品条码、企事业单位和社团代码、物流作业标志等方面也相应采用了一些国际标准。

5. 积极开展物流标准化的研究工作

我国物流国际化是必然的趋势，如何实现我国物流系统与国际物流大系统顺利接轨，关键在于物流标准化。至此，物流标准化工作被提到了前所未有的高度上来，全国不少相关科研院所、高等院校的科研机构，都投入到了这项研究工作当中。

（二）中国物流标准化存在的基本问题

尽管近几年来，我国的标准化工作取得了一定的进展，但由于诸多原因，目前我国的标准化状况仍不容乐观，存在着诸多问题。

1. 物流标准制定内容上存在的问题

（1）条块分割、部门分割、地区分割。由于物流及其物流管理思想在我国诞生较晚，组成物流大系统的各个分系统在没有归入物流系统之前，早已分别实现了本系统的标准化。这就必然导致了在标准制定内容上的条块分割、部门分割。同时由于在长期计划经济体制的影响下，各地区各行业各自为政，物流标准不一致，致使跨区域性、多式联运物流效率下降。

（2）在货物的仓储、装卸和运输等过程中缺乏基本设备的统一规范。仓储、装卸和运输是物流系统中极其重要的组成部分，其效率的高低直接影响物流速度和效率。目前，我国物流系统货物的仓储、装卸和运输等各环节因缺乏统一的规范而难以实现有效的衔接。如托盘的尺寸、卡车的大小、仓库货架的尺寸等无法配套使用。其中托盘标准存在的问题较为典型，我国的物流企业有的采用欧美标准，有的采用日韩标准，还有的干脆自己定义，由于与产品包装箱尺寸不匹配，严重影响了物流系统的运作效率。

（3）信息标准化落后。目前我国许多部门和单位都在建自己的商品信息数据库，但数据库的字段、类型和长度都不一致，形成一个个信息孤岛，严重影响了作为物流管理基础的信息交换和电子商务的运作。

（4）采用国际标准的比例低。在长期计划经济的影响下，我国的标准包括物流相关标准在制定过程中较少考虑与国际标准的一致性。因此，目前能与国际标准接轨的物流标准所占比例很低，这必将为我国的国际贸易设下障碍。

2. 物流标准的推广、执行上存在的问题

尽管我国建立了物流标准体系，并制定了一些重要的国家标准，但这些标准的推广应用存在着严重问题。制约物流标准化的推广、执行的因素有很多,主要包括以下几个方面。

(1)体制性障碍。如前所述,在长期计划经济体制的影响下,物流管理形成了一种条块分割、部门分割、地区分割的状态。物流系统各分系统的标准往往由不同的政府部门分别管理,且执行的是本行业内的标准,这对于整个物流系统各环节的配合和衔接十分不利。

(2)物流标准化意识淡薄。一些国有企业和相关部门还没有意识到物流这个"第三利润源泉"的作用,企业的"大而全""小而全"的经营状况十分严重,市场经济要求社会化的专业细分,但现在分离进程非常缓慢,很多企业的物流都依赖自己的仓库和车队,标准化程度极低且破损率极高,大大降低了物流速度,提高了物流成本。

(3)物流市场发育不足。物流市场发育不足也是既有标准得不到推广的一个重要原因。在市场经济中,技术标准通常是从行业自发需求中产生的。在我国,市场需求还没有形成足够的规模,国内除了宝供、海尔等几家大的物流企业之外,很多物流企业都是从传统行业转型过来的中小企业,尽管更换了公司名称,但操作理念和规范还比较陈旧。由于标准化的普及有赖于产业自身的发育程度,在这些企业中推行物流标准化显然具有很大难度。

3. 物流标准化人才极其匮乏

由于中国的物流及物流管理的思想诞生较晚,历年来在计划经济体制的影响下,对物流重视的程度不够,导致物流人才极其缺乏。目前物流行业的从业人员,绝大部分是从相关行业转过来的,真正具有扎实的现代物流理论基础与实践经验的人少之又少。特别是对于物流标准化而言,人才匮乏现象更为严重。

第五节 单元化物流

一、单元化物流的概念

单元化物流(Unitized Logistics)指物流系统中从发货地将物品整合为规格化、标准化的货物基本单元,并通过基本单元的组合与拆分来完成在供应链各个环节的物流作业,保持货物基本单元的状态一直送达最终收货点,这种物流形态就是单元化物流。

在单元化物流运输中,通过标准化、通用化、配套化和系统化单元组合,实现了物流功能作业的机械化、自动化,从而使得物品移动和转运简单,可减少重复搬运次数,降低流通环节损耗,缩短作业时间和提高效率,提高装卸机械的机动性,改善劳动条件,降低劳动强度,提高劳动生产率和物流载体利用率。

在货物的交接环节,单元化物流可方便进行物品的数量清点,交接简便,减少差错。同时由于单元化器具可以重复使用,从而可节省包装费用。

单元化物流在商贸流通领域应用较广，是推进商贸物流标准化的重要举措。单元化物流通过对物流作业对象规范成标准单元，可以带动上下游物流系统标准化，推动物流作业载具标准化和循环共用，极大提升物流效率。在商贸物流系统中主要应用的物流单元是托盘及物流标准周转箱，在海运及外贸中常用的物流单元是集装箱。

单元化物流是一个系统，就其相关性而言，所涉及的物流装备包括单元载体、装卸设备、输送设备、存取设备、码垛与拆垛设备、运输设备、信息系统等，几乎涵盖物流系统的所有技术与装备。所以，其内涵与外延是非常大的。

由于单元化物流在货物装卸、储存、运输、信息传递、管理等方面均具有巨大优势，所以无论是生产领域还是流通领域，单元化物流的优势明显。

在货物的交接环节，通过单元化物流可以快速完成单元货物的装卸和信息传递，这不仅大幅度减少对资源（如站台、车辆）的占用，而且人员的减少也是非常可观的。

特别地，在军事物流和应急物流领域，单元化物流将发挥更大的作用。军事与应急物流具有非常大的不确定性，对物流提出了非常高的要求。通过实施单元化物流，不仅可以快速集装货物，完成装机、装车等作业，而且在野外环境下，可以快速确定货物的属性，从而实现货物的快速定位与分发，在千钧一发之际取得先机。

除少数不适合的产品（如煤炭、矿石等），流通环节对单元化物流的需求非常普遍（如医药、烟草、食品、零售、电商等）。特别要指出的是，电商在过去 6 ~ 7 年间，每年的增长几乎达到翻倍。2016 年全年电商包裹数达到 312 亿个，极大地改变了物流在流通领域的地位。随之而来的是如何降低物流成本，尤其是如何解决“最后一公里”成为困扰人们的首要问题。对此，研究基于智慧物流的单元化物流新技术可能是唯一的出路。配送周转箱、配送柜等技术的推出，正是单元化物流的一种体现，目前虽然还没有取得普遍认可的效益，但基本方向已经确定。

特别要指出的是，农产品的单元化物流，不仅可以提高物流效率，更加重要的是可以减少损耗。有实验表明，采用单元化物流，农产品的损耗率从传统的 30% 以上可下降到 10% 以下，这是非常了不起的成绩。此外，通过对过程中的温度控制，通过减少产品在运输和存储及拣选过程中的碰撞，还可以保持产品的品质，这一点常常不被人们做关注。单元化物流在农产品的应用将有广阔的前景。

二、 集装箱运输

集装箱（Container），指具有特定的容积，能装载有包装或无包装的货物进行运输，适合于在各种不同运输方式中转运，具有一定的刚度和强度，能重复使用的金属箱。在中文的习惯叫法中，比如箱子、柜子、货柜、货箱，通常都是指集装箱。

集装箱因其装卸及运输标准化和与其相应的一整套运输体系，在运输过程中不需换装，适用于多种运输方式。集装箱运输提供的是便利快捷的门到门服务，装卸、运输、通关效率高,是重要的全球化运输方式。

目前,我国是世界上集装箱的第一制造大国,并在这一生产领域创造了三项世界第一。我国集装箱年生产能力已达580万TEU(标箱),居世界第一;生产集装箱的规格品种世界第一,我国集装箱生产从干货集装箱到一般货物集装箱,以及特种集装箱、箱式运输车,规格品种已达900多个,能满足各种运输需求;集装箱产销量世界第一,世界集装箱产销量是392万TEU,其中我国集装箱产销量已达374万TEU。

(一)分类

集装箱种类很多,分类方法多种多样,主要有以下分类方法。

1. 按所装货物种类划分

(1) 干货集装箱(Dry Container)是最普通的经常能看到的集装箱,适合各种不需要调节温度的货物,如日用百货、食品、仪器仪表、家用电器等。

(2) 散货集装箱(Bulk Container)的顶部和下半部留有窗口,便于货物的流进和流出,是用以装载粉末、颗粒状货物等各种散装的货物的集装箱。

(3) 液体货集装箱是用以装载液体货物的集装箱。

(4) 冷藏集装箱(Reefer Container),简写为RF,是一种附有冷冻机设备,并在内壁敷设热传导率较低的材料,用以装载冷冻、保温、保鲜货物的集装箱。

(5) 汽车集装箱是一种专门设计用来装运汽车,并可分为两层装货的集装箱。

(6) 牲畜集装箱(Pen Container)是一种专门设计用来装运活牲畜的集装箱,有通风设施,带有喂料和除粪装置。

(7) 兽皮集装箱是一种专门设计用来装运生皮等带汁渗漏性质的货物,有双层底,可存贮渗漏出来的液体的集装箱。

(8) 挂衣集装箱(Dress Hanger Container)是普通集装箱装有挂衣服的铁架,用来吊挂衣服,防止皱褶。

(9) 开顶集装箱(Open Top Container),简写为OT,是用于装载玻璃板、钢制品、机械等重货,可以使用起重机从顶部装卸,开顶箱顶部可开启或无固定项面的集装箱。

(10) 框架集装箱(Flat Rack Container),简写为FR,是一种没有箱顶和箱壁,只有箱体框架的集装箱,主要运输大件、超重件、钢管、钢材、轻泡货等重量和大小不一的货物。

(11) 罐式集装箱(Tank Container),简写为TK,是一种用箱体框架和罐体组成的集装箱,适用于运输液体货物,如酒类、油类货物。

(12) 平台集装箱(Platform Container),或称平板集装箱,是专供装运超限货物的集装箱,如装载游艇、大型客车等。

(13) 通风集装箱(Ventilated Container),适于装运不需要冷藏、需要通风的货物。

(14) 保温集装箱(Insulated Container)。

2. 按总重划分

集装箱按装载总重划分，有 30 吨集装箱、20 吨集装箱、10 吨集装箱、5 吨集装箱和 2.5 吨集装箱等。

3. 按规格尺寸划分

国际上通常使用的干货柜有：

20 尺货柜，外尺寸为 20 英尺 ×8 英尺 ×8 英尺 6 英寸，①俗称小柜、标准箱，计算为 1 个 TEU；

40 尺货柜，外尺寸为 40 英尺 ×8 英尺 ×8 英尺 6 英寸，俗称大柜，计算为 2 个 TEU；

40 尺高柜（HC），外尺寸为 40 英尺 ×8 英尺 ×9 英尺 6 英寸。

（二）规格标准

集装箱运输的初期，集装箱的结构和规格各不相同，影响了集装箱在国际上的流通，亟需制定集装箱的国际通用标准，以利于集装箱运输的发展。集装箱标准化，不仅能提高集装箱作为共同运输单元在海、陆、空运输中的通用性和互换性，而且能够提高集装箱运输的安全性和经济性，促进国际集装箱多式联运的发展。同时，集装箱的标准化还给集装箱的载运工具和装卸机械提供了选型、设计和制造的依据，从而使集装箱运输成为相互衔接配套、专业化和高效率的运输系统。集装箱标准按使用范围分，有国际标准、国家标准、地区标准和公司标准四种。

1. 国际标准

国际标准集装箱是指根据国际标准化组织（ISO）第 104 技术委员会制订的国际标准来建造和使用的国际通用的标准集装箱。

集装箱标准化历经了一个发展过程。国际标准化组织 ISO/TC104 技术委员会自 1961 年成立以来，对集装箱国际标准做过多次补充、增减和修改，现行的国际标准为第 1 系列共 13 种，其宽度均一样（2 438mm），长度有四种（12 192mm、9 125mm、6 058mm、2 991mm），高度有三种（2 896mm、2 591mm、2 438mm）。

2. 国家标准

各国政府参照国际标准并考虑本国的具体情况，而制订本国的集装箱标准。

我国现行国家标准《集装箱外部尺寸和额定重量》（GB1413—2008）中规定了集装箱各种型号的外部尺寸、极限偏差及额定重量。

3. 地区标准

此类集装箱标准是由地区组织根据该地区的特殊情况制订的，此类集装箱仅适用于该地区。如根据欧洲国际铁路联盟（VIC）所制订的集装箱标准而建造的集装箱。

---

① 1 英尺 =0.3048 米，1 英寸 =2.54 厘米。

4. 公司标准

某些大型集装箱船公司根据本公司的具体情况和条件而制订的集装箱船公司标准，这类集装箱主要在该公司运输范围内使用。如美国海陆公司的35ft集装箱。

此外，世界上还有不少非标准集装箱。如非标准长度集装箱有美国海陆公司的35ft集装箱、总统轮船公司的45ft及48ft集装箱；非标准高度集装箱主要有9ft和9.5ft两种高度集装箱；非标准宽度集装箱有8.2ft宽度集装箱等。由于经济效益的驱动，世界上20ft集装箱总重达24ft的越来越多，而且普遍受到欢迎。随着中国经济的不断腾飞，我国进出口贸易也越来越频繁，从而使集装箱的使用在市场上也得到更广泛的应用。

5. 计算单位

集装箱计算单位，简称：TEU，是英文Twenty Equivalent Unit的缩写，又称20英尺换算单位，是计算集装箱箱数的换算单位，也称国际标准箱单位。通常用来表示船舶装载集装箱的能力，也是集装箱和港口吞吐量的重要统计、换算单位。

各国大部分集装箱运输，都采用20英尺和40英尺长的两种集装箱。为使集装箱箱数计算统一化，把20英尺集装箱作为一个计算单位，40尺集装箱作为两个计算单位，以利统一计算集装箱的营运量。

在统计集装箱数量时有一个术语：自然箱，也称实物箱。自然箱是不进行换算的实物箱，即不论是40英尺集装箱、30英尺集装箱、20英尺集装箱还是10英尺集装箱，均作为一个集装箱统计。

（三）运输关系方

集装箱运输的关系方主要有：无船承运人，集装箱实际承运人，集装箱租赁公司，集装箱堆场和集装箱货运站等。

（1）无船经营人（英文简写NVOCC：Non－Vessel Operating Common Carrier）：无船承运人购买公共承运人的运输服务，再以转卖的形式将这些服务提供给包括货主、其他运输服务需求方。即以承运人身份接受货主（托运人）的货载，签发经过备案的无船承运人提单，专门经营集装货运的揽货、装拆箱、内陆运输及经营中转站或内陆站业务。同时以托运人身份委托承运人完成运输业务，为货主提供全程运输服务。

（2）实际承运人（Actual Carrier）：掌握运输工具并为集装箱运输提供运力的经营实体。

（3）集装箱租赁公司（Container Leasing Company）：专门经营集装箱出租业务的行业。

（4）集装箱堆场（英文简写CY：Container Yard）：指办理集装箱重箱或空箱装卸，转运，保管，交接的场所。

（5）集装箱货运站（英文简写CFS：Container Freight Station）：是处理拼箱货的作业场所，它办理拼箱货的交接，配载积载后，将箱子送往CY，并接受CY交来的进口货箱，进行拆箱、理货、保管，最后拨给各收货人。同时也可按承运人的委托进行铅封和签发场站收据等业务。

（四）集装箱的管理

1. 集装箱租赁

集装箱租赁即集装箱的所有人将空箱租给使用人的一项业务。集装箱所有人为出租的一方，使用人为承租的一方，双方签订租赁合同。由出租人提供合格的集装箱交由承租人在约定范围内使用。集装箱的租赁，国际上有多种不同的方式，总括起来有程租、期租、活期租用和航区内租赁等。

2. 集装箱装卸区

集装箱装卸区是集装箱运输中，箱或货装卸交换保管的具体经办部门。它受承运人或其代理人的委托，进行下列各项业务：

（1）对整箱货运的交换、保管；

（2）设有集装箱货运站者，办理拼箱货的交接；

（3）安排集装箱船的靠泊，装卸集装箱，每航次编制配载图；

（4）办理有关货运单证的编签；

（5）编制并签验集装箱运用运载工具的出入及流转的有关单证；

（6）办理集装箱及运载工具、装卸工具的情况检查、维修，以及空箱的清扫、熏蒸等工作；

（7）空箱的收发、存储和保管；

（8）安排空箱和重箱在堆场的堆码，编制场地分配计划；

（9）其他有关业务工作。

集装箱装卸区一般由专用码头、前沿、堆场、货运站、指挥塔、修理部门、大门和办公室组成。有时堆场或货运站等可延伸到市区内部 5 ~ 15 千米的中转站。

3. 集装箱前方堆场

集装箱前方堆场是指在集装箱码头前方，为加速船舶装卸作业，暂时堆放集装箱的场地。其作用是：当集装箱船到港前，有计划、有次序地按积载要求将出口集装箱整齐地集中堆放，卸船时将进口集装箱暂时堆放在码头前方，以加速船舶装卸作业。

4. 集装箱后方堆场

集装箱后方堆场是集装箱重箱或空箱进行交接、保管和堆存的场所。有些国家对集装箱堆场并不分前方堆场或后方堆场，统称为堆场。集装箱后方堆场是集装箱装卸区的组成部分，是集装箱运输“场到场”交接方式的整箱货办理交接的场所（实际上是在集装箱卸区“大门口”进行交接的）。

5. 空箱堆场

专门办理空箱收集、保管、堆存或交接的场地。它是专为集装箱装卸区或转运站堆场不足时才予设立。这种堆场不办理重箱或货物交接。它可以单独经营，也可以由集装箱装卸区在区外另设。有些国家,经营这种空箱堆场,须向航运公会声明。

（五）智能集装箱

智能集装箱是指使用物联网技术收集集装箱的信息,并传输到数据中心,以备工作人员及时了解货物的位置、状态和安全状况,使得集装箱管理更加智能化。

2015 年 10 月 12 日,全世界第一个智能集装箱诞生。该智能集装箱是由法国达飞轮船公司制造,带有先进数据智能处理系统,能够处理大量数据,包括集装箱的运输数据、所处位置、温度、湿度等多种数据。

集装箱智能化是在大数据时代的一大创新。近几年国家通过多项措施和政策推进各个领域实现网络化、智能化操作。国内物流行业的各大企业也在深入推进数据化、智能化物流管理,积极促进物流技术进步和创新,深度融入数据化、“互联网 +”新时代。

三、托盘运输

（一）托盘

中国国家标准《物流术语》对托盘(Pallet)的定义是:用于集装、堆放、搬运和运输的放置作为单元负荷货物和制品的水平平台装置。作为与集装箱类似的一种集装设备,托盘现已广泛应用于生产、运输、仓储和流通等领域,被认为是 20 世纪物流产业中两大关键性创新之一。托盘作为物流运作过程中重要的装卸、储存和运输设备,与叉车配套使用,在现代物流中发挥着巨大的作用。

1. 托盘的分类

(1) 平托盘。平托盘几乎是托盘的代名词,只要一提托盘,一般都是指平托盘,因为平托盘使用范围最广,利用数量最大,通用性最好。平托盘又可细分为三种类型。

①根据台面分类,有单面型、单面使用型、双面使用型和翼型四种。

②根据叉车叉入方式分类,有单向叉入型、双向叉入型、四向叉入型等三种。

③根据材料分类,有木制平托盘、钢制平托盘、塑料制平托盘、复合材料平托盘以及纸制托盘五种。据中国物流与采购联合会托盘专业委员会 2011 年对国内多家托盘生产企业、托盘使用及销售企业进行初步调查的结果,目前中国拥有的各种类型托盘总数为 16 000 ~ 20 000 万片,目前每年产量递增 2 000 万片左右。其中木制平托盘约占 85%,塑料平托盘占 12%,钢制托盘、复合材料托盘以及纸制托盘合计占 3%。复合材料平托盘和塑料托盘上升比例较大。

(2) 柱式托盘。柱式托盘分为固定式和可卸式两种。

柱式托盘的主要作用包括两个方面:一是利用立柱支撑重物,往高叠放;二是可防止托盘上放置的货物在运输和装卸过程中发生塌垛现象。

(3) 箱式托盘。箱式托盘是四面有侧板的托盘,有的箱体上有顶板,有的没有顶板。

箱板有固定式、折叠式、可卸下式三种。四周栏板有板式、栅式和网式，因此，四周栏板为栅栏式的箱式托盘也称笼式托盘或仓库笼。箱式托盘防护能力强，可防止塌垛和货损；可装载不能稳定堆码的异型货物，应用范围广。

（4）轮式托盘。轮式托盘与柱式托盘和箱式托盘相比，多了下部的小型轮子。因而，轮式托盘显示出能短距离移动、自行搬运或滚上滚下式的装卸等优势，用途广泛，适用性强。

（5）特种专用托盘。由于托盘作业效率高、安全稳定，尤其在一些要求快速作业的场合，突出利用托盘的重要性，所以各国纷纷研制了多种多样的专用托盘，这里仅举几个例子。

①平板玻璃集装托盘。也称平板玻璃集装架，分许多种类。有L形单面装放平板玻璃单面进叉式，有A形双面装放平板玻璃双向进叉式，还有吊叉结合式和框架式等。运输过程中托盘起支撑和固定作用，平板玻璃一般都立放在托盘上，并且玻璃还要顺着车辆的前进方向，以保持托盘和玻璃的稳固。②轮胎专用托盘。轮胎的特点是耐水、耐蚀，但怕挤、怕压，轮胎专用托盘较好地解决了这个矛盾。利用轮胎专用托盘，可多层码放，不挤不压，大大地提高装卸和储存效率。③长尺寸物托盘。这是一种专门用来码放长尺寸物品的托盘，有的呈多层结构。物品堆码后，就形成了长尺寸货架。④油桶专用托盘。这是专门存放、装运标准油桶的异型平托盘。双面均有波形沟槽或侧板，以稳定油桶，防止滚落。优点是可多层堆码，提高仓储和运输能力。

（6）滑板托盘（Slip Sheet）。在一个或多个边上设有翼板的平板。用于搬运、存储或运输单元载荷形式的货物或产品的底板。

（7）植绒内托。这是一种采用特殊材料的吸塑托盘，将普通的塑料硬片表面粘上一层绒质材料，从而使托盘表面有种绒质的手感，用来提高包装品档次。

2. 托盘的特点

（1）自重量小，因而用于装卸、运输托盘本身所消耗的劳动较小，无效运输及装卸相比集装箱为小。

（2）返空容易，返空时占用运力很少。由于托盘造价不高，又很容易互相代用，互以对方托盘抵补，所以无需像集装箱那样必有固定归属者，返空比集装箱容易。

（3）装盘容易，不需像集装箱那样深入到箱体内部，装盘后可采用捆扎、紧包等技术处理，使用时简便。

（4）装载量有限。装载量虽较集装箱小，但也能集中一定数量，比一般包装的组合量大得多。

（5）保护性差。保护性比集装箱差，露天存放困难，需要有仓库等配套设施。

3. 托盘的使用现状和存在的问题

（1）使用状况。

目前流通中的托盘规格比较多。规格[mm]包括：20001000；15001100；15001000；

14001200；13001000；12001000；1200800；12001100；11001000；11001100；1100900；10001000；1000800；12001200；13001600；13001100 等几十种。其中塑料托盘的规格相对比较集中，主要是11001100和12001000，占塑料托盘的50%左右。塑料托盘生产中要使用注塑模具，而模具开发成本相对比较高。木质托盘的规格比较混乱，目前的规格主要是使用单位根据自己产品的规格定制，这与木质托盘制造工艺相对比较简单有关。钢制托盘的规格不是很多，集中在2～3个规格，主要用于港口码头等单位，它对于托盘的承载重量要求比较高。另外，现在企业使用的托盘多为平面四向进叉双面，占托盘使用总数的60%左右。其余的还有平面双向进叉双面使用托盘、单面使用平式托盘、箱式托盘和柱式托盘。特种托盘的使用数量比较少。箱式托盘现多用于企业生产过程中的物料搬运，基本上不进入流通。

根据托盘专业委员会的统计，现阶段我国托盘在使用中基本是企业内部周转。对于生产企业，其所拥有的托盘不出企业，托盘的使用范围仅限于从企业的仓库到运输环节之间的搬运。对于物流企业，托盘也是局限于企业内部调配使用，尚没有形成一个托盘顺畅流通的机制。

此外从统计看，目前托盘基本上是配合叉车使用的。平均每台叉车配备800～1000片托盘。

（2）存在的问题。

①使用方式落后，不能完全发挥托盘的优点。托盘本身是为配合高效物流而诞生的一种单元化物流器具，可以说托盘是贯穿现代物流系统各个环节的连接点。但是在我们实际使用中由于规格不统一，造成托盘不能在物流作业链中流通使用，仅局限于企业内部。

②由于托盘周转方式的制约，企业产品在流通过程中运输成本上升。从调研中可以发现，绝大多数企业的托盘都是在企业内部周转，从而使企业的产品经过多次人工搬运装卸，极大地降低了工作效率，相应增加了产品的流通成本，从而降低了产品在市场中的竞争力。

③难以与国际规格接轨。由于目前托盘的规格标准不统一，使我国的托盘使用不能与国际运输器具相匹配，例如国际通用的集装箱等。企业为了能适应相关的国际运输工具，不得不向托盘生产企业订购与本企业周转使用规格不一致的托盘，从而增加了企业的出口成本，降低了产品的国际竞争力。

4. 解决措施

（1）尽快规范我国的托盘标准，已成为我们的当务之急。

随着世界范围内的物流热潮升温，国内的物流企业也迅速发展壮大。但是作为现代物流基础环节的托盘却没有统一标准，这势必在将来影响我国物流企业的健康发展。这一不足可能在短期内影响还不很突出，但随着物流行业的发展，其“瓶颈”作用会越来越明显。

（2）建立托盘共用系统，降低企业产品的流通成本。

要解决我国目前托盘周转使用方式的缺陷，最好的办法是逐步建立起我国的托盘共用系统。生产、流通企业不需要自己购买托盘,只需通过专门的托盘租赁公司租赁。作为生产、流通企业节约了一次性购买托盘的费用,只是支付托盘的租赁费用。这样不仅节约了托盘的维修费用,同时解决了托盘使用高峰与托盘使用低峰对托盘数量的要求。企业不必占用很多资金购买托盘以备高峰时使用,使托盘这个最基本的物流器具在全社会范围内流通,从而大幅度降低企业用于采购托盘的费用及重复的人工搬运费用,使企业的产品能更及时准确地到达最终用户的手中,同时为企业带来丰厚的回报。

(3) 积极促进托盘制造材料的改革,大力推广环保材料和技术在托盘生产中的应用。

我国的托盘90%左右是木质材料,这对于我国这样一个木材资源缺乏的国家是非常不合理的。据统计,一棵成材树木只能做六个托盘,并且木质托盘的寿命为一年左右。可见木托盘对森林木材的消耗量有多么的庞大。

(4) 加强托盘行业组织的建设,使其在托盘生产企业、托盘使用企业、政府之间发挥桥梁和纽带作用。

指导托盘生产企业生产适销对路的产品;引导用户正确合理地利用托盘为企业创造更多的利润。

(5) 加强与国外托盘业界的交流。

国内企业应该从周边国家,例如日本、韩国发展托盘的过程中吸取经验教训,少走弯路,使我国的托盘业走向规范化、专业化,从而使托盘在物流系统中发挥更大的作用。

(二) 托盘运输

托盘运输是货物按一定要求组装在一个标准托盘上,组合成为一个运输单位,并便于利用铲车或托盘升降机进行装卸托运和堆存的一种运输方式。

1. 优势与缺点

托盘与叉车一起,改善了人力装卸的重劳动作业,以其省力化及缩短运输时间等优点,对近代物流贡献很大。成为近代物流中不可缺少的工具,为世界各国所采用。它使集装单元系统运输简便、廉价地实施成为可能,是普及集装单元系统的工具。

托盘运输有如下优点:(1)可以改善单件装卸时费工多,效率低,货损大,劳动强度大的问题;(2)能提高货运质量,减少手工操作环节;(3)可提高工班效率,加速车船的周转;(4)与集装箱运输比较,可以不需要大型专用装卸设备就可以实现成组化运输,投资少。因此,国际上已有许多第三世界国家的港口在推广托盘运输。

但托盘运输与集装箱运输相比有如下不足之处:(1)只能装载包装尺寸相同的货物。最适合装载纸板箱、木板箱等有规则的包装商品,如装载罈、罐、家具、机械等形状不一的商品时,在堆装时有困难。(2)托盘的尺寸有限。每件货组的重量一般为1～2t,提高工班效率的幅度不大。(3)货物外包装仍需要较大的强度。货组堆装时上层货件的重量直接压在下层托盘货的外包装上,因此外包装需要较大的硬度。(4)运输中容易发生盗窃事故。托盘上的货物在运输过程中与装在船舱里一样是敞开的,因此容易被偷盗。(5)过境手续烦琐。由于货件在托盘上敞开的,故在国际贸易运输中需要逐件清点检查。

2. 注意事项

(1) 包装件杂货物适宜于托盘运输,散装裸装超重超长或冷藏货物均不能用托盘运输。

(2) 必须符合托盘积载的规定。

(3) 每一托盘货载必须捆扎牢固。

(4) 国际货运上对托盘本身免收运费。

(5) 必须在所有运输单证上注明“托盘运输”字样。

案例分析

京东商城物流成本控制案例分析

京东商城是中国电子商务领域最受消费者欢迎和最具影响力的电子商务网站之一。其经营范围涉及数码产品、大小家电等十多个领域。但提到京东,人们首先想到的就是它自建自营的物流体系。强大的物流能力带来良好的购物体验,一直是京东吸引并抓住用户的金字招牌。

(一) 京东商城基本情况介绍

京东商城成立于2004年,是中国电子商务领域最大、认可度最高、最具有影响力的电子商务网站之一。目前在全国范围内有6 000多万客户注册了其网站,而且每天以新注册1万的速度增加,每天有50多万订单需要处理,网站日均页面浏览量超过1亿人次;京东商城是中国最大的自营式电商,近几年来,其在自主销售为主的电商购物网站市场中,一枝独秀,占据该市场50%左右的份额,在电商购物网站交易规模市场格局中,也仅次于天猫。2014年5月,京东在美国纳斯达克证交所挂牌上市,发行价19美元。这一年的净营业收入也达到了1 150亿元,比2013年的693.4亿元增加73.6%。

目前,京东的经营范围涉及13个领域,拥有3 000多万种产品,种类齐全,多种多样,除了最开始的数码产品、大小家电以外,还包括服装鞋帽、家居摆设、化妆护肤品、书籍娱乐等,更有一系列的虚拟商品,如机票预订、话费充值等。京东还在2013年成立了金融集团,除了针对自营平台的供应商,还扩大到非自营平台。截止到2014年年底,京东已经建立了7大物流中心,覆盖全国30多座城市,拥有80多个仓库。另外,京东在全国476座城市拥有1 485个配送站和212个自提点,如211限时达、隔日达、夜间达和极速达等,还有使用GIS包裹实时追踪、售后100分、免费退换货以及家电上门安装等服务。京东自开始涉足电子商务领域以来,便在该领域投入了大量的时间和精力,在上海、广州等地建立了子公司,由点及线，由线连成面，使其物流配送网络几乎覆盖全国各地，成为拥有规模最大物流基础设施的企业。

（二）京东商城物流体系介绍

京东将信息部门、物流部门和销售部门垂直整合。在物流配送方面，能够使用京东自营快递的，则使用京东自营快递。京东的自营快递已经可以覆盖中国大多数地区，如自营物流无法抵达的地区，则转发第三方快递。京东在全国的几个地方成立了物流集散中心和仓库。在京东购买的物品都会在接收地附近的仓库发货，且大型物流中心都是建立在人口密集的大城市，如图 5－22 所示。

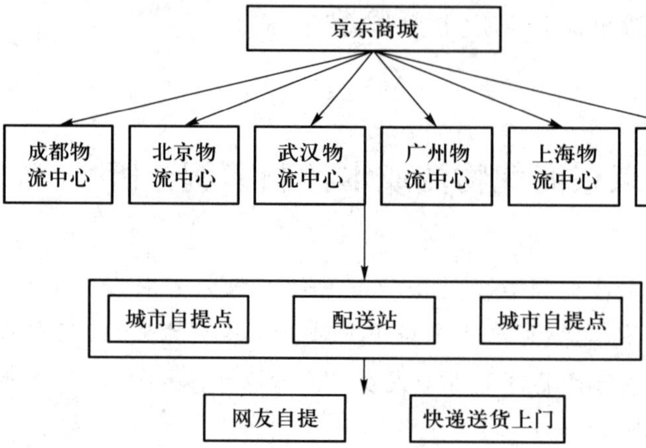

图 5－22 物流布局图

京东的物流配送模式主要有三种。

1. 自营物流模式

京东自营物流目前只为京东商城提供服务，是一种单一的配送模式。截至 2014 年 2 月，京东商城建立了北京、上海、广州、成都、武汉、沈阳、重庆 7 个物流配送中心，京东总体仓储面积已经超过 100 万平方米，建立了以北京、上海、广州和成都为中心的四大物流平台，目前京东商城的自主配送已达 90%。2010 年，京东建立超大仓储中心——华东物流仓储中心，面积达到 23 万平方米，成为亚洲最大的单体库房，这也是京东实现自主物流配送的主要方式，一半以上的配送依靠该物流中心。2012 年 6 月底，京东自建运输线路投入使用，这不仅使得京东的配送更加方便、快捷，节省了仓库调拨的周转时间，而且自营物流体系更加健全，完善的物流网络使京东的库存周期为 12～15 天，而国美、苏宁是 45～55 天，当当网和卓越网甚至接近 60 天。

2. 自营与第三方物流相结合模式

目前，京东的业务范围已覆盖一线城市，并快速向二、三线城市渗透，在这些城市，订单的密集程度小，如果自建配送中心投资较大，风险高。因此，京东商城在二、三线城市采取与当地的物流企业相互合作，一起来完成配送任务的模式。

其次,京东商城在自营配送到达不了的区域内,选择与当地的快递公司合作,来完成货物的配送任务,偏远地区基本都是和邮政合作。另外在配送大件时,京东还选择与厂商进行合作。例如,从成都发到重庆的大件物品,平均成本是200多元。但若与当地厂商合作,在其租赁库房,每件的配送成本只有100元,能省下50%。

在逆向物流方面,京东公司也采取与快递公司合作的模式。2010年开始,京东的顾客所购买的货品遇到任何需要退换,京东商城都提供免费上门取件服务。而这一服务本来是由京东自己承担,只能在40个左右城市提供此服务。现今,京东与圆通快递合作,将此服务扩大到全国。

3. 高校代理模式

高校学生是网络购物点的主要消费人群之一,但学生上课时间与货物的配送时间往往冲突,使得很多师生无法及时收到快递。为了缓解这一情况带来的不利影响,同时也节约配送成本和提高配送效率,京东商城在全国各大院校内招募了“高校代理人”,建立校园自取点的模式,让高校教职工及学生能够享受到京东快捷的服务。

除此之外,针对不同客户的配送需求,京东为不同群体量身定做不同的服务,设计推出了“211限时达”“次日达”“极速达”“夜间配”等一系列的配送服务方式,其中“211限时达”是京东首创提出的,直到目前为止,已在全国40多座城市开展“211限时达”服务。2014年“双11”期间,京东的高效配送体系得到了证明,绝大多数在10号下单的顾客次日就收到了订购的商品,211的妥投率高达96%。

(三)京东商城物流成本分析

建立自营物流体系不是一蹴而就的,无论是物流信息系统,物流硬件的设施、设备,还是物流人力资本,都需要大量、长期的投入。因此,京东资金链一直很紧张,更有外界宣称京东实际上已入不敷出。京东官方曾宣布三次融资,仅2011年年初,京东商城就进行了15亿美元的融资。表5-4为京东近几年来的物流投资一览表。

表5-4 京东商城物流投资表

时间	地点	金额	详细
2009年9月	江苏宿迁	45亿元	京东信息科技园
2010年12月	武汉	5亿元	建设中华电子商务港
2011年3月	广州	8亿元	华南总部项目
2011年9月	成都	5亿元	西部运营中心
2011年9月	上海	3亿元	“亚洲一号”上海物流中心
2012年1月	北京	296亿元(仅土地投入)	“商业金融”
2012年	全国	36亿元	土地、房产、设备等

所以，如何进一步完善京东的物流管理系统，提升物流效率，降低物流成本，获得最大利润，成为京东商城一直在探索的问题。下面是与物流有关的几组数据。

1. 建成规模

从2004年上线，京东就开始陆续在北京、上海、广州设立物流配送中心。货物从供应商到顾客的全过程都由京东经手，都在信息系统的监控和支持之下，都能与供应商实现库存数据共享。根据招股文件，到2014年，京东物流体系的概况如表5－5所示。

表5－5　京东物流体系概况(2014.4.1)

类别	数量	备注
仓库	86	总面积150万平方米，分布于36个城市
配送站	1620	分布于495个城市
自提点	214	
快递员	24412	
保管员	11145	
客服	5832	

随着业务量的增加，京东不得不招募更多的员工才能完成顾客的订单，满足顾客需求。目前，京东2/3的员工为新员工，并且还在源源不断地招募新员工。

2. 处理能力

借助京东的物流系统，其可以在43个城市实现“下单当日投递”，在265个城市实现“下单次日投递”，两者合计占订单总量的70%。京东的运营数据与强大的物流处理能力呈正相关，2013年完成订单3.2亿张，净成交额达1 039亿元(表5－6)。

表5－6　京东运营数据

项目	2011年	2012年	2013年
活跃用户数(百万)	12.5	29.3	47.4
订单完成数(百万)	65.9	193.8	323.3
净成交额GMV(百万元)	26 900	60 000	103 900
其中：经销金额	20 888	40 335	67 018
代销金额	6 012	19 665	36 882
代销佣金率(%)	4%	5.3%	6.3%

借助强大的物流，京东商城为越来越多的第三方产品提供服务、收取佣金。在2013年1 039亿元的总交易金额中，第三方商品占369亿元，占比达35.5%。而且佣金比率逐年提高，2011年是4.0%，2013年达到6.3%。到2014年1季度末，第三方卖家数量达到2.9万家。

3. 投资金额

2011 年，京东投资 100 亿元建物流系统。据招股文件披露，京东融资逾 18 亿美元（不包括腾讯今年投入的 2.14 亿美元），折合人民币约 116 亿元。京东物流投资应在 70 亿元以上。这里所说的物流投资包括购买土地、建造库房、购置设施、设备及系统软件研发等。这些投资形成的都是固定资产，但招股文件显示，截至 2013 年年末，京东账面固定资产为 35.3 亿元（其中土地使用权 5.98 亿元、设备软件等 10.2 亿元、在建工程 12.4 亿元）。

也就是说，京东历年来在物流方面的投资不会超过 35 亿元，但是融资 110 多亿，形成固定资产 35 亿元，其余的 80 多亿元都亏掉了，仅招股文件披露三个财年（2011 年、2012 年、2013 年）就亏掉 39.34 亿元。

4. 折旧摊销

对于固定资产，通用的会计处理方式见表 5－7。

表 5－7　京东固定资产折旧

	预计使用寿命	预计净残值率	年折旧率
房屋及建筑物	20～40 年	3%	2.43%～4.85%
机器设备	10 年	3%	9.7%
运输工具	5 年	3%	19.4%
电子设备	3～5 年	3%	19.4%～32.33%
其他设备	5 年	3%	19.4%

对于土地使用权（无形资产）则按 40 年至 50 年平均摊销。2011 年、2012 年、2013 年，京东折旧和摊销分别为 7 395 万元、1.86 亿元和 2.93 亿元。根据招股文件披露的规划，京东固定资产总值将在三年内突破 100 亿元，每年折旧、摊销超过 10 亿元。

5. 产权情况

京东招股文件中说，“18% 的仓库、39% 的配送站和 41% 的办公场所的出租方没有向我们提供必要证照，证明他们的所有权”。由此可见，京东 150 万平方米与物流相关的建筑大部分是租赁的。

6. 存货情况

京东庞大的物流体中沉淀着海量存货，近三年来存货周转天数有小幅下降，但金额却直线上升。特别是 2014 年一季度末，存货金额蹿升到 86.2 亿元。2013 年存货周转天数是 32.1 天。这些存货由 6 000 家供应商提供，平均账期 38.6 天，如图 5－23 所示。

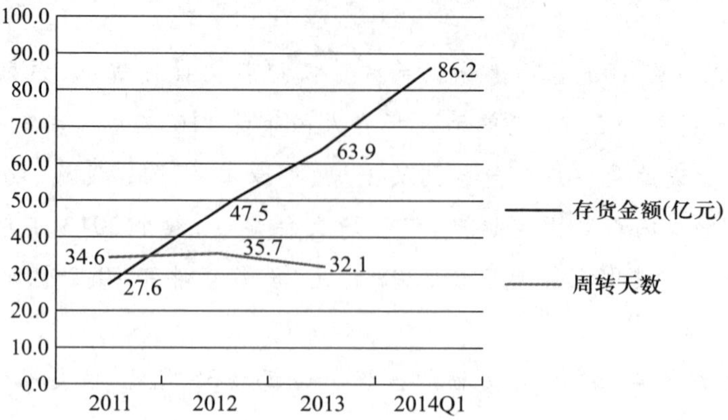

图 5－23　京东存货金额与周转天数

案例分析题：

试根据案例并结合所学知识分析京东商城物流体系和成本控制模式及其所存在的问题，并提出你的解决方案。

思考题

1. 简述供应物流和销售物流的地位与作用。
2. 物流成本合理化管理的主要内容是什么？
3. 简述物流企业管理的基本含义。
4. 物流企业对 MIS 的要求是什么？

拓展阅读

请扫描二维码阅读拓展资源。

未来物流管理的十大趋势

第六章 物流信息技术

第一节 条码技术

自动识别技术是信息数据自动识读、自动输入计算机的重要方法和手段，是以计算机技术和通信技术为基础的综合性科学技术。自动识别技术近几十年在全球范围内得到了迅猛发展，初步形成了一个包括条码技术、磁条(卡)技术、光学字符识别、系统集成化、射频技术、声音识别及视觉识别等集计算机、光、机电、通信技术为一体的高新技术学科。

计算机、网络技术的发展，彻底改变了人们传统的工作方式。但是如何解决计算机的快速录入问题，一直是影响计算机应用的“瓶颈”。手工键盘输入速度慢、容易出错，而且工作强度大。到目前为止，先后涌现出多种自动识别技术，例如：手写识别技术、语音识别技术、条码识别技术、磁识别技术等。尤其以条码技术为首的自动识别技术，因其输入速度快、准确率高、成本低、可靠性强等原因，发展十分迅速。现已广泛应用于物流业的各个环节。

一、条码基础

条码是由一组按特定规则排列的条、空及其对应字符组成的表示一定信息的符号。条码中的条、空分别由深浅不同且满足一定光学对比度要求的两种颜色(通常为黑、白色)表示。条为深色，空呈浅色。这组条、空和相应的字符代表相同的信息。前者用于机器识读，后者供人直接识读或通过键盘向计算机输入数据使用。这种用条、空组成的数据编码很容易译成二进制和十进制数。这些条和空可以有各种不同的组合方法，从而构成不同的图形符号，即各种符号体系，也称码制，适用于不同的场合。

(一) 名词解释

1. 条码(Bar Code)

条码是由一组规则排列的条、空及对应字符组成的标记，用以表示一定的信息。

2. 条码系统(Bar Code System)

条码系统是由条码符号设计、制作及扫描阅读组成的自动识别系统。

3. 条(Bar)

条是条码中反射率较低的部分。

4. 空(Space)

空是条码中反射率较高的部分。

5. 空白区(Clear Area)

空白区是条码左右两端外侧与空的反射率相同的限定区域。

6. 起始符(Start Character)

起始符是位于条码起始位置的若干条与空。

7. 终止符(Stop Character)

终止符是位于条码终止位置的若干条与空。

8. 条码字符(Bar Code Character)

条码字符是表示一个字符的若干条与空。

9. 条码校验符(Bar Code Check Character)

条码校验符是表示校验码的条码字符。

10. 条码长度(Bar Code Length)

条码长度是从条码起始符前缘到终止符后缘的长度。

11. 条码密度(Bar Code Density)

条码密度是单位长度的条码所表示的字符个数。

12. 模块(Module)

模块是组成条码的基本单位。

(二)常用的几种码制

如前所述,条码符号的不同组合形成了不同的条码种类,每一种条码都有自己特定的标准码制。条码种类很多,常见的大概有 20 多种码制,其中包括:Code39 码(标准 39 码)、Codabar 码(库德巴码)、Code25 码(标准 25 码)、交插 25 码、Matrix25 码(矩阵 25 码)、UPC - A码、UPC - E 码、EAN - 13 码、EAN - 8 码、中国邮政编码、Code - B 码、MSI 码、Code11 码、Code93 码、Code128 码、Code39EMS(EMS 专用的 39 码)等一维条码和 PDF417、QR、汉信码等二维条码。

近年来二维条码也在迅速发展,并在许多领域得到了应用。

(三)条码技术体系

条码技术是在计算机技术与信息技术基础上发展起来的一种集编码、符号、印刷、识别、数据采集和处理于一身的新兴技术。条码技术的核心内容是利用光电扫描设备识读条码符号,从而实现机器的自动识别,并快速、准确地将信息录入到计算机进行数据处理,以达到自动化管理的目的。条码技术主要研究的是如何将需要向计算机输入的信息用条码这种特殊的符号加以表示,以及如何将条码所表示的信息转变为计算机可自动识读的数据。因此,条码技术的研究对象主要包括编码规则、符号表示技术、印刷技术、识读技术和应用系统设计五大部分。

1. 编码规则

任何一种条码,都是按照预先规定的编码规则和有关标准,由条和空组合而成的。人们将为管理对象编制的由数字、字母、数字字母组成的代码序列称为编码,编码规则主要研究编码原则、代码定义等。编码规则是条码技术的基本内容,也是制定码制标准和对条码符号进行识别的主要依据。

2. 符号表示技术

条码是由一组按特定规则排列的条和空及相应数据字符组成的符号。符号表示技术主要研究各种码制条码的编码规则、特点及应用范围,条码符号的设计及制作,条码符号印刷质量的控制等。只有按规则编码,符合质量要求的条码符号才能最终被识读器识别。

3. 印刷技术

条码印制技术所研究的主要内容是:制片技术、印制技术和研制各类专用打码机、印刷系统以及如何按照条码标准和印制批量的大小,正确选用相应技术和设备等。根据不同的需要,印制设备大体可分为三种:适用于大批量印制条码符号的设备、适用于小批量印制的专用机,灵活方便的现场专用打码机等。其中既有传统的印刷技术,又有现代制片、制版技术和激光、电磁、热敏等多种技术。

4. 识读技术

条码自动识读技术可分为硬件技术和软件技术两部分。

自动识读硬件技术主要解决将条码符号所代表的数据转换为计算机可读的数据,以及与计算机之间的数据通信。硬件支持系统可以分解成光电转换技术、译码技术、通信技术以及计算机技术。光电转换系统除传统的光电技术外,目前主要采用电荷耦合器件——CCD 图像感应器技术、激光技术、图像识别技术。软件技术主要解决数据处理、数据分析、译码等问题,数据通信是通过软硬件技术的结合来实现的。

5. 应用系统设计

条码应用系统由条码、识读设备、电子计算机及通信系统组成。应用范围不同,条码应用系统的配置也不同。应用范围不同,条码应用系统的配置也不同。一般来讲,条码应用系统的应用效果主要取决于系统的设计。

系统设计主要考虑三个因素:①条码设计;②符号印制;③识读设备选择。

(四) 主要应用领域

目前条码技术已在多个领域中得到了广泛的应用,比较典型的应用有以下几种:

1. 零售业

零售业是应用条码最多的领域。EAN 商品条码为零售业应用条码进行销售奠定了基础。目前大多数在超市中出售的商品都申请使用了 EAN 条码,在销售时,用扫描器扫描 EAN 条码,POS 系统从数据库中查找到相应的名称、价格等信息,并对客户所购买的商品进行统计,大大加快了收银的速度和准确性,同时各种销售数据还可作为商场和供应商进货、供货的参考数据。由于销售信息能够及时、准确地被统计出来,所以商家在经营过程中可以准确地掌握各种商品的流通信息,大大地减少库存,最大限度地利用资金,从而提高商家的效益和竞争能力。

2. 图书馆

条码也被广泛用于图书馆的图书流通环节中。图书和借书证上都贴上了条码,借书时只要扫描一下借书证上的条码,再扫一下借出的图书上的条码,相关的信息就被自动记录入数据库中,而还书时只要一扫图书上的条码,系统就会根据原先记录的信息进行核对,如果正确就将该书还入库中。与传统的方式相比,条码大大地提高了图书馆工作人员的工作效率。

3. 仓储管理与物流跟踪

对于大量物品流动的场合,用传统的手工记录方式记录物品的流动状况,费时、费力,且准确度又低,在一些特殊场合,手工记录是不现实的。况且这些手工记录的数据在统计、查询过程中的应用效率也相当低。应用条码技术,可以实现快速、准确地记录每一件物品的数据信息,采集到的各种数据可实时地由计算机系统进行处理,使得各种统计数据能够准确、及时地反映物品的状态。

4. 质量跟踪管理

ISO 9000 质量保证体系强调质量管理的可追溯性,也就是说对于出现质量问题的产品,应当可以追溯出它的生产时间、操作者等信息。在过去,这些信息很难记录下来,即使有一些工厂(如一些家用电器生产厂)采用加工单的形式进行记录,但随着时间的积累,加工单也越来越多,有的工厂甚至要用几间房子来存放这些单据。从这么多的单据中查找一张单据的难度可想而知。如果采用条码技术,在生产过程的主要环节中对生产者及产品的数据通过扫描条码进行记录,并利用计算机系统进行处理和存储,则查询产品信息是极其容易的事。如果产品质量出现问题,就可利用计算机系统很快地查到该产品生产时的数据,为工厂迅速查找事故原因、改进工作质量提供依据。

5. 数据自动录入(二维条码)

大量格式化单据的录入问题是一件很烦琐的事,浪费大量的人力不说,正确率也难以保障。现在有了二维条码技术,可以把上千个字母或几百个汉字放入名片大小的一个二维条码中,并可用专用的扫描器在几秒钟内正确地输入这些内容。目前计算机和打印机作为一种必备的办公用品已相当普及,可以开发一些软件,将格式化报表的内容同时打印在一个二维条码中，在需要输入这些报表内容的地方扫描二维条码，报表的内容就自动录入完成了。同时还可对数据进行加密，确保报表数据的真实性。国外有的彩票上就用PDF417二维条码来鉴别彩票的真伪。设想一下，如果证件上使用了二维条码，在其中放入证件上的全部信息，并进行加密处理，那么在需要记录您身份的地方，只要扫描一下您证件上的条码，您的信息就被正确录入了。同时这样也为证件伪造者出了难题——他们不可能再伪造证件，因为他们不知道证件上的加密算法，无法制作出正确的条码。随着互联网技术的迅速发展，大量单据内容可通过网络来传递，然而IC卡的成本较高，在目前的情况下，将可无线上网的电子计算机时时带在身边还不太现实。因此，条码技术还是大有其用武之地的。

二、条码技术的特点

在信息输入技术中，采用的自动识别技术的种类很多。条码作为一种图形识别技术与其他识别技术相比有如下特点：

(1) 简单。条码符号制作容易，扫描操作简单易行。

(2) 信息采集速度快。普通计算机的键盘录入速度是200字符/分钟，而利用条码扫描录入信息的速度是键盘录入的20倍。

(3) 采集信息量大。利用条码扫描，依次可以采集几十位字符的信息，而且可以通过选择不同码制的条码增加字符密度，使录入的信息量成倍增加。

(4) 可靠性高。键盘录入数据，误码率为1/300，利用光学字符识别技术，误码率约为万分之一。而采用条码扫描录入方式，误码率仅有百万分之一，首读率可达98%以上。

(5) 灵活、实用。条码符号作为一种识别手段可以单独使用，也可以和有关设备组成识别系统实现自动化识别，还可和其他控制设备联系起来实现整个系统的自动化管理。同时，在没有自动识别设备时，也可实现手工键盘输入。

(6) 自由度大。识别装置与条码标签相对位置的自由度要比OCR大得多。条码通常只在一维方向上表示信息，而同一条码符号上所表示的信息是连续，这样即使是标签上的条码符号在条的方向上有部分残缺，仍可以从正常部分识读正确的信息。

(7) 设备结构简单、成本低。条码符号识别设备的结构简单，操作容易，无须专门训练。与其他自动化识别技术相比较，推广应用条码技术所需费用较低。

三、条码技术的发展

(一) 条码技术的发展历史

条码技术诞生于20世纪40年代，但其实际应用和迅速发展还是近20年的事。条码技术在欧美、日本已得到普遍应用，而且在世界其他各地也迅速推广普及，其应用领域还在不断扩大。

早在20世纪40年代后期，美国乔·伍德兰德（Joe Wood Land）和贝尼·西尔佛（Beny Silver）两位工程师就开始研究用条码表示食品项目以及相应的自动识别设备，并于1949年获得了美国专利。图案很像微型射箭靶，称作“公牛眼”条码。靶的同心环由圆条和空白绘成。在原理上，“公牛眼”条码与后来的条码符号很接近，遗憾的是当时的商品经济还不十分发达，而且工艺上也没有达到印制这种代码的水平，因此该条码没有被普遍使用。然而20年后，乔·伍德兰德作为IBM公司的工程师成为北美地区的统一代码——UPC码的奠基人。吉拉德·费伊塞尔（Girad Feissel）等人于1959年申请了一项专利。将数字0~9中的每个数字用7段平行条表示。但是这种代码机器难以阅读，人读起来也不方便。不过，这一构想促进了条码码制的产生与发展。不久，E. F. 布林克尔（E. F. Brinker）申请了将条码标识在有轨电车上的专利。20世纪60年代后期，西尔韦尼亚（Sylvania）发明了一种被北美铁路系统所采纳的条码系统。1967年辛辛那提市的Kroger超市安装了第一套条码扫描零售系统。

条码标识基本上覆盖了所有产品。商业POS、物流中心、配送中心、大型商业城、连锁店，甚至家庭商店都基本条码化了。目前，世界各国把条码技术的发展重点向着生产自动化、交通运输现代化、金融贸易国际化、票证单据数字化、安全防盗防伪保密化等领域推进，除大力推行13位商品条码外，同时重点推广应用UCC/EAN－128码、EAN. UCC系统位置码、EAN. UCC系统应用标识符、二维条码等；在条码种类上，除大多印刷在纸质介质外，还研究开发了金属条码、纤维织物条码、隐形条码等，扩大应用领域并保证条码标识在各个领域、各种工作环境的应用。国际物品编码协会和一些经济发达国家，正在将GS1系统（EAN. UCC系统）的应用，从单独的物品标识推向整个供应链管理和服务领域。

（二）条码技术在我国的应用现状

1988年12月28日，经国务院批准，中国物品编码中心成立，负责并统一组织、协调、管理我国的条码工作。1991年4月，中国物品编码中心代表我国加入国际物品编码协会（EAN），为全面开展我国条码工作创造了先决条件。

中国物品编码中心是统一组织、协调、管理我国商品条码、物品编码与自动识别技术的专门机构，隶属于国家市场监督管理总局（原隶属于国家质量监督检验检疫总局），1988年成立，1991年4月代表我国加入国际物品编码协会（GS1），负责推广国际通用的、开放的、跨行业的全球统一编码标识系统和供应链管理标准，向社会提供公共服务平台和标准化解决方案。

中国物品编码中心在全国设有47个分支机构，形成了覆盖全国的集编码管理、技术研发、标准制定、应用推广以及技术服务为一体的工作体系。物品编码与自动识别技术已广泛应用于零售、制造、物流、电子商务、移动商务、电子政务、医疗卫生、产品质量追溯、图书音像等国民经济和社会发展的诸多领域。全球统一标识系统是全球应用最为广泛的商务语言，商品条码是其基础和核心。截至目前，编码中心累计向50多万家企业提供了商品条码服务，全国有上亿种商品上印有商品条码。

物品编码与自动识别技术已经广泛应用于我国的零售、食品安全追溯、医疗卫生、物流、建材、服装、特种设备、商品信息服务、电子商务、移动商务等领域。商品条码技术为我国的产品质量安全、诚信体系建设提供了可靠产品信息和技术保障。目前，使用条码技术进行自动零售结算的商店已达上百万家。

近年来，推动商品数据在腾讯（微信）、我查查、360等平台的深度应用，并推出"条码微站"拓展商品条码在移动电商领域的应用。国家食品（产品）安全追溯平台已与多家大型电商开展合作，以商品条码为基础的追溯方案获得众多行业、企业的认可。二维码综合服务平台为企业提供二维码注册、管理、生成、储存、备案、推广及应用，推动了我国二维码技术应用与产业化发展。作为我国物联网工作的开拓者，中国物品编码中心研发了国家物联网标识与管理公共服务平台，向农产品、食品、农资、乳制品等多个行业提供物联网标识解析服务，已在多家知名企业的产品追溯中得到应用，"一扫通"手机软件实现了跨系统、跨平台的物联网应用。

在服务商品流通方面，我国商品条码的应用已由大中城市向县城乃至乡镇发展，由大中型超市向连锁店、便利店发展，由商品零售发展到物流供应链全过程，由线下实体商城向网络购物、移动购物发展，为我国商品经济的快速发展提供了有力的技术支撑。在服务政府监管方面，为相关政府部门开展监管提供信息化支撑，推动产品质量信息和监管信息数据整合，助推产品质量提升，同时开展了商品流通监管环节中索证索票的应用对接，化妆品监管系统开放与应用示范以及进出口贸易路线和数据标准化提升供应链效率试点等工作。

在服务行业企业方面，有效推动箱码原印率从30%上升到90%，极大地降低了企业的物流成本；打通重点食品领域可追溯产品的线上线下销售渠道，帮助企业实现产品价值并提升竞争优势；150多家医院实现植入性医疗器械可追溯，提升了医院信息化与数据标准化水平；加快推进重庆等地汽车、摩托车关键零配件全链条可追溯。在服务民生方面，大力推动基于商品条码的信息查询服务，超过6亿的智能手机用户通过扫描条码或拍照功能获得商品信息，每天达上亿次；自主研发的条码追溯、一扫通、条码微站等移动应用软件，使商品信息的应用更加深入。

四、GS1系统与商品条码

（一）GS1系统概述

GS1系统起源于美国，由美国统一代码委员会（UCC，于2005年更名为GS1 US）于1973年创建。UCC创造性地采用12位的数字标识代码（UPC）。1974年，标识代码和条码首次在开放的贸易中得以应用。继UPC系统成功之后，欧洲物品编码协会，即早期的国际物品编码协会(EAN International,2005 年更名为 GS1),于 1977 年成立并开发了与之兼容的系统并在北美以外的地区使用。EAN 系统设计意在兼容 UCC 系统,主要用 13 位数字编码。随着条码与数据结构的确定,GS1 系统得以快速发展。

GS1(国际物品编码协会),是全球性的、非营利性的国际组织,致力于以国际通用的标准为基础,建立“全球统一标识系统和通用商务标准——GS1 系统”,通过向供应链参与方及相关用户提供增值服务,提高整个供应链的效率。

从全球来看,商品条码是一个全球统一的体系,国际上,由 GS1 负责。现在有 111 个成员组织,超过 250 万家企业用户,服务于 150 多个国家和地区,20 多个不同应用领域。

GS1 系统为在全球范围内标识货物、服务、资产和位置提供了准确的编码。这些编码能够以条码符号来表示,以便进行商务流程所需的电子识读。该系统克服了厂商、组织使用自身的编码系统或部分特殊编码系统的局限性,提高了贸易的效率和对客户的反应能力。

GS1 拥有一套全球跨行业的产品、运输单元、资产、位置和服务的标识标准体系和信息交换标准体系,使产品在全世界都能够被扫描和识读;GS1 的全球数据同步网络(GD - SN)确保全球贸易伙伴都使用正确的产品信息;GS1 通过电子产品代码(EPC)、射频识别(RFID)技术标准提供更高的供应链运营效率;GS1 可追溯解决方案,帮助企业遵守国际的有关食品安全法规,实现食品消费安全。

GS1 系统由标识、采集、共享体系构成。标识(Identity)体系:以全球贸易项目代码(Global Trade Item Number:GTIN)为基础,是商品条码的代码标准。还有全球参与方位置代码(Global Location Number,GLN)、系列货运包装箱代码(Serial Shipping Container Code,SSCC)等。采集(Capture):以 EAN/UPC 为基础,是商品条码的符号标准。还有 ITF - 14、GS1 Databar、GS1 Datamatrix、EPC/RFID、GS1 - 128 等。共享(Share):GDSN 主数据一致、GS1 XML 或 EANCOM、EPC 信息服务(EPCIS)。

(二)全球贸易项目代码 GTIN

全球贸易项目代码(GTIN)是编码系统中应用最广泛的标识代码。贸易项目是指一项产品或服务。GTIN 是为全球贸易项目提供唯一标识的一种代码(称代码结构)。GTIN 有四种不同的编码结构:GTIN - 8、GTIN - 12、GTIN - 13、GTIN - 14(见图 6 - 1)。这四种结构可以对不同包装形态的商品进行唯一编码。标识代码无论应用在哪个领域的贸易项目上,每一个标识代码必须以整体方式使用。完整的标识代码可以保证在相关的应用领域内全球唯一。

对贸易项目进行编码和符号表示,能够实现商品零售(POS)、进货、存补货、销售分析及其他业务运作的自动化。

GTIN 的四种代码结构如图 6 - 1 所示。

GTIN-14 代码结构

包装指示符	包装内含项目的GTIN(不含校验码)	校验码
N_1	$N_2 N_3 N_4 N_5 N_6 N_7 N_8 N_9 N_{10} N_{11} N_{12} N_{13}$	N_{14}

GTIN-13 代码结构

厂商识别代码　　商品项目代码	校验码
$N_1 N_2 N_3 N_4 N_5 N_6 N_7 N_8 N_9 N_{10} N_{11} N_{12}$	N_{13}

GTIN-12 代码结构

厂商识别代码　　商品项目代码	校验码
$N_1 N_2 N_3 N_4 N_5 N_6 N_7 N_8 N_9 N_{10} N_{11}$	N_{12}

GTIN-8 代码结构

商品项目识别代码	校验码
$N_1 N_2 N_3 N_4 N_5 N_6 N_7$	N_8

图 6－1　GTIN 的四种代码结构

以中国商品条码的代码标准 GTIN－13 为例：

由厂商识别代码、商品项目代码、校验码三部分组成的 13 位数字代码，分为四种结构，其结构见表 6－1。

表 6－1　13 位代码结构

结构种类	厂商识别代码	商品项目代码	校验码
结构一	$X_{13} X_{12} X_{11} X_{10} X_9 X_8 X_7$	$X_6 X_5 X_4 X_3 X_2$	X_1
结构二	$X_{13} X_{12} X_{11} X_{10} X_9 X_8 X_7 X_6$	$X_5 X_4 X_3 X_2$	X_1
结构三	$X_{13} X_{12} X_{11} X_{10} X_9 X_8 X_7 X_6 X_5$	$X_4 X_3 X_2$	X_1
结构四	$X_{13} X_{12} X_{11} X_{10} X_9 X_8 X_7 X_6 X_5 X_4$	$X_3 X_2$	X_1

（1）厂商识别代码。厂商识别代码由 7～10 位数字组成，中国物品编码中心负责分配和管理。厂商识别代码的前 3 位代码为前缀码，国际物品编码协会已分配给中国物品编码中心的前缀码为 690～699。

（2）商品项目代码。商品项目代码由 2～5 位数字组成，一般由厂商编制，也可由中国物品编码中心负责编制。

（3）校验码。校验码为 1 位数字，用于检验整个编码的正误。校验码计算参见我国国家标准《商品条码零售商品编码与条码表示》（GB 12904－2008）规定的方法。

商品条码的编码原则包括：

（1）唯一性。唯一性是指商品项目与其标识代码一一对应，即一个商品项目只有一个代码，一个代码只标识同一商品项目。商品项目代码一旦确定，永不改变，即使该商品停止生产、停止供应了，在一段时间内（有些国家规定为 3 年）也不得将该代码分配给其他商品项目。

（2）无含义。无含义代码是指代码数字本身及其位置不表示商品的任何特定信息。在 EAN 及 UPC 系统中，商品编码仅仅是一种识别商品的手段，而不是商品分类的手段。无含义使商品编码具有简单、灵活、可靠、充分利用代码容量、生命力强等优点，这种编码方法尤其适合于较大的商品系统。

（3）永久性。零售商品代码一经分配，若商品的基本特征没有发生变化，就应保持不变。

以储运单元条码的代码标准 GTIN－14 为例：

GTIN－14 代码结构中的第一位数字为包装指示符，用于指示储运包装商品的不同包装级别，取值范围为 1～9。其中 1～8 用于定量的非零售商品，9 用于变量的非零售商品。GTIN－14 的代码结构如表 6－2 所示。

表 6－2　GTIN－14 代码结构

符	内含项目的 GTIN（不含校验位）	校验码
N_1	N_2 $N_3N_4N_5N_6N_7N_8$ N_9 $N_{10}N_{11}N_{12}N_{13}$	N_{14}

（三）GTIN 的条码符号表示

商品条码的代码标准除了 GTIN－13，还有 GTIN－8、GTIN－12。以 GTIN－3 为例，其条码符号用 EAN－13 表示，EAN－13 条码符号结构如图 6－2 所示。

图 6－2　EAN－13 条码的符号结构

储运单元条码 GTIN－14 用 ITF－14 条码表示，ITF－14 条码符号结构如图 6－3 所示。

ITF－14 条码只用于标识非零售的商品。ITF－14 条码对印刷精度要求不高，比较适合直接印制（热转印或喷墨）在表面不够光滑、受力后尺寸易变形的包装材料上。因为这种条码符号较适合直接印在瓦楞纸包装箱上，所以也称“箱码”。

图 6 - 3　ITF - 14 条码的符号结构

五、物流单元编码与条码表示

（一）物流单元概述

1. 物流单元的含义

物流单元在供应链过程中为运输、仓储、配送等建立的包装单元。

物流单元标识代码是标识物流单元身份的唯一代码，具有全球唯一性。物流单元标识代码采用 SSCC（Serial Shipping Container Code，系列货运包装箱代码）表示，由扩展位、厂商识别代码、系列号和校验码四个部分组成，是 18 位的数字代码，分为四种结构，见表 6 - 3。其中，扩展位由 1 位数字组成，取值 0 ~ 9；厂商识别代码由 7 ~ 10 位数字组成；系列号由 9 ~ 6位数字组成；校验码为 1 位数字。

表 6 - 3　SSCC 结构

结构种类	扩展位	厂商识别代码	系列号	校验码
结构一	N_1	$N_2N_3N_4N_5N_6N_7N_8$	$N_9N_{10}N_{11}N_{12}N_{13}N_{14}N_{15}N_{16}N_{17}$	N_{18}
结构二	N_1	$N_2N_3N_4N_5N_6N_7N_8N_9$	$N_{10}N_{11}N_{12}N_{13}N_{14}N_{15}N_{16}N_{17}$	N_{18}
结构三	N_1	$N_2N_3N_4N_5N_6N_7N_8N_9N_{10}$	$N_{11}N_{12}N_{13}N_{14}N_{15}N_{16}N_{17}$	N_{18}
结构四	N_1	$N_2N_3N_4N_5N_6N_7N_8N_9N_{10}N_{11}$	$N_{12}N_{13}N_{14}N_{15}N_{16}N_{17}$	N_{18}

物流单元标识代码 SSCC - 18 用 GS1 - 128 条码表示，GS1 - 128 条码符号结构如图 6 - 4所示。

图 6 - 4　GS1 - 128 条码的符号结构

2. 附加信息代码的结构

附加信息代码是标识物流单元相关信息(如物流单元内贸易项目的GTIN(Global Trade Item Number,全球贸易项目代码)、贸易与物流量度、物流单元内贸易项目的数量等信息)的代码,由应用标识符(Application Identifier,AI)和编码数据组成。如果使用物流单元附加信息代码,则需与SSCC一并处理。常用的附加信息代码结构见表6-4。

表6-4 常用的附加信息代码结构

AI	编码数据名称	编码数据含义	格式
02	CONTENT	物流单元内贸易项目的GTIN	n2 + n14
33nn,34nn,35nn,36nn	GROSS WEIGHT,LENGTH等	物流量度	n4 + n6
37	COUNT	物流单元内贸易项目的数量	n2 + n…8
401	CONSIGNMENT	货物托运代码	n3 + an…30
402	SHIPMENT NO.	装运标识代码	n3 + n17
403	ROUTE	路径代码	n3 + an…30
410	SHIP TO LOC	交货地全球位置码	n3 + n13
413	SHIP FOR LOC	货物最终目的地全球位置码的标识符	n3 + n13
420	SHIP TO POST	同一邮政区域内交货地的邮政编码	n3 + an…20
421	SHIP TO POST	具有3位ISO国家(地区)代码的交货地邮政编码	n3 + n3 + an…9

3. 物流单元标识代码的基本原则

(1)唯一性原则。每个物流单元都应分配一个独立的SSCC,并在供应链过程中及整个生命周期内保持唯一不变。

(2)稳定性原则。一个SSCC分配以后,从货物起运日期起的一年内,不应重新分配给新的物流单元。有行业惯例或其他规定的可延长期限。

(二)条码表示

SSCC与应用标识符(00)一起使用,采用GS1-128条码符号表示;附加信息代码与相应的应用标识符一起使用,采用GS1-128条码表示。GS1-128条码符号见GB/T 15425。应用标识符见GB/T 16986。

(三)物流单元标签

一个完整的物流单元标签包括三个标签区段,且从上到下的顺序通常为:承运商区段、客户区段和供应商区段。每个区段均采用两种基本形式表示一类信息的组合。标签文本内容位于标签区段的上方，条码符号位于标签区段的下方。其中，SSCC 条码符号应位于标签的最下端。标签实例见图 6－5 至图 6－8。

图 6－5　基本物流单元标签：一个 SSCC

图 6－6　包含承运商和供应商区段的标签

图 6－7　包含链接数据的供应商区段的标签

（四）物流单元的技术要求

1. 条码符号要求

物流单元标签上的条码符号应符合下列要求和 GB/T 15425 的规定。

（1）尺寸要求。X 尺寸最小为 0.495 mm，最大为 1.016 mm。在指定范围内选择的 X 尺寸越大，扫描可靠性越高。条码符号的高度应大于等于 32 mm。

（2）条码符号在标签上的位置。条码符号的条与空应垂直于物流单元的底面。在任何情况下，SSCC 条码符号都应位于标签的最下端。

供人识读字符可以放在条码符号的上部或下部，包括应用标识符、数据内容、校验位，但不包括特殊符号字符或符号校验字符。应用标识符应通过圆括号与数据内容区分开来。供人识读字符的高度不小于 3 mm，并且清晰易读，位于条码符号的下端。

图 6－8　包含承运商、客户与供应商区段的标签

（3）检测和质量评价。条码的符号等级不得低于 1.5/10/670，条码符号的检测和质量评价见 GB/T 18348。

2. 标签的文本

（1）文字与标记。标签的文字与标记包括发货人、收货人名字和地址、公司的标志等。标签文本要清晰易读，并且字符高度不小于 3 mm。

（2）人工识读的数据。人工识读的数据由数据名称和数据内容组成，内容与条码表示的单元数据串一致，数据内容字符高度应不小于 7 mm。

六、二维条码

（一）二维条码的产生

条码给人们的工作和生活带来了巨大的改变。然而，一维条码仅仅只是一种商品的标识，它不含有对商品的任何描述，人们只有通过后台的数据库，提取相应的信息才能明白商品标识的具体含义。在没有数据库或联网不便的地方，这一商品标识变得毫无意义。例如，我们手上有一个“6901028072151”的条码标识，我们从“690”可知它产于中国，但还是不清楚它究竟是什么商品。当然，我们通过网络的数据库可以进行查找，知道这种商品是北京牌香烟。

此外,一维条码无法表示汉字的图像信息,在有些应用汉字和图像的场合,显得十分不便。同时,即使我们建立了数据库来存储产品信息,而这些大量的信息需要一个很长的条码标识。如应用储运单元条码、应用 EAN/UPC - 128 条码都需要占有很大的印刷面积,给印刷和包装工作带来的不便就可想而知了。

于是人们迫切希望不从数据库中查出信息,便能直接从条码中获得大量产品信息。现代高新技术的发展,迫切要求条码在有限的几何空间内表示更多的信息,从而满足千变万化的信息需求。二维条码正是为了解决一维条码无法解决的问题而诞生的,在有限的几何空间内印刷大量的信息。

(二)二维条码的定义

二维条码是用某种特定的几何图形按一定规律在平面(二维方向)上分布的黑白相间的图形上记录数据符号信息的;在代码编制上巧妙地利用构成计算机内部逻辑基础的“0”、“1”比特流的概念,使用若干个与二进制相对应的几何形体来表示文字数值信息,通过图像输入设备或光电扫描设备自动识读以实现信息自动处理。它具有条码技术的一些共性:每种码制有其特定的字符集;每个字符占有一定的宽度;具有一定的校验功能等。同时还具有对不同行的信息的自动识别功能和处理图形旋转变化等功能。

(三)二维条码的类型

二维条码的研究在技术路线上从两个方面展开。一是在一维码基础上向二维码方向扩展;二是利用图像识别原理,采用新的几何形体和结构设计出二维码制。

堆积式二维码在实现原理、结构形状、检校原理、识读方式等方面继承了一维码的特点,识读设备与条码印制兼容一维条码技术。但由于行数的增加,行的鉴别、译校算法与软件与一维条码不完全相同。有代表性的堆积式二维码有 Code 49 码、PDF417 码、Code16K 码和 UPS Code SM 码等。

点阵码是由实用圆以矩阵的形式组成。在矩阵相应元素位置上,用“1”表示圆点的出现,“0”表示没有圆点出现。圆点的排列组合确定了条码所代表的意义,矩阵点阵就可以转换为矩阵的二进制字阵,经过译码解码反映出所代表的信息。点阵码是建立在计算机图像处理技术、组合编码原理等基础上的一种新型图形符号自动识读处理码制。

(四)二维条码的特点

1. 信息容量大

根据不同的条空比例每平方英寸[①]可以容纳 250 ~ 1 100 个字符。在国际标准的证卡有效面积上(相当于信用卡面积的 2/3,约为 76 mm × 25 mm),二维条码可以容纳 1 848 个字母字符或 2 729 个数字字符,即约 500 个汉字的信息。这种二维条码比普通条码信息容

---

① 平方英寸为常见非法定计量单位。1 平方英寸 = 6.451 6 平方厘米。

量高几十倍。

2. 编码范围广

二维条码可以对照片、指纹、掌纹、签字、声音、文字等凡可数字化的信息进行编码。

3. 保密、防伪性能好

二维条码具有多重防伪特性，它可以采用密码防伪、软件加密及利用所包含的信息如指纹、照片等进行防伪，因此具有极强的保密、防伪性能。

4. 译码可靠性高

普通条码的误码率为2/1 000 000左右，而二维条码的误码率不超过1/10 000 000，译码可靠性极高。

5. 修正错误能力强

二维条码采用了世界上最先进的数学纠错理论，如果破损面积不超过50%，可以照常破译出由于玷污、破损等原因丢失的信息。

6. 容易制作且成本很低

利用现有的点阵、激光、喷墨、热敏/热转印、制卡机等打印技术，即可在纸张、卡片、PVC，甚至金属表面上印出二维条码。由此所增加的费用仅是油墨的成本。

7. 条码符号的形状可变

同样的信息量，二维条码的形状可以根据载体面积及美工设计等进行调整。

（五）常见的二维条码

1. PDF417

（1）PDF417的定义。PDF417条码是一种行排式二维条码。PDF取自英文“Portable Data File”三个单词的首字母，意为“便携数据文件”。

图6－9　PDF417条码

因为组成条码的每一符号字符都是由4个条和4个空共17个模块构成，所以称为PDF417条码，如图6－9所示。PDF417是一种多层、可变长度 、具有高容量和纠错能力的二维条码。

（2）PDF417条码符号的特性。PDF417条码符号的特性如表6－5所示。

表 6－5　PDF417 条码的特性

项目	特性
可编码字符集	全 ASCII 符或 8 位二进制数据，可表示汉字
类型	连续、多层
字符自校验功能	有
符号尺寸	可变，高度 3～90 行，宽度 90～583 个模块宽度
双向可读	是
错误纠正码词数	2～512 个
最大数据容量（错误纠正级别为 0 时）	1 850 个文本字符或 2 710 个数字或 1 108 个字节
附加属性	可选择纠错级别、可跨行扫描、宏 PDF417 条码、全球标记标识符等

2. QR Code 条码

QR Code 码（Quick Response Code）是一种矩阵二维码符号，如图 6－10 所示。它除了具有一维条码及其他二维条码所具有的信息容量大、可靠性高、可表示汉字及图像多种文字信息、保密防伪性强等优点外，还具有以下主要特点。

（1）超高速识读。超高速识读是 QR Code 码区别于 PDF417、Data Matrix 等二维条码的主要特点。用 CCD 二维条码识读设备，每秒可识读 30 个 QR Code 条码字符，对于含有相同数据信息的 PDF417 条码字符，每秒仅能识读 3 个条码字符。QR Code 码具有的唯一的寻像图形使识读器识读简便，具有超高速识读性和高可靠性，具有的校正图形可有效解决基底弯曲或光学变形等识读问题，使它适宜应用于工业自动化生产线管理等领域。

图 6－10　QR Code 条码

（2）全方位识读。QR Code 具有全方位（360°）识读的特点，这是 QR Code 优于行排式二维条码如 PDF417 条码的另一主要特点。

（3）能够有效地表示中国汉字和日本汉字。QR Code 用特定的数据压缩模式表示中国汉字和日本汉字，仅用 13bit 就可以表示一个汉字，而 PDF417 条码、Data Matrix 等二维码没有特定的汉字表示模式，需要用 16bit（二个字节）表示一个汉字。因此，QR Code 比其他的二维条码表示汉字的效率提高了 20%。

3. 汉信码

汉信码是由中国物品编码中心与北京网路畅想科技有限公司联合研发并具有完全自主知识产权的一种二维条码，是国家“十五”重要技术标准研究专项《二维条码新码制开发与关键技术标准研究》课题的研究成果。汉信码的研制成功有利于打破国外公司在二维条码生成与识读核心技术上的商业垄断，降低我国二维条码技术的应用成本，推进二维条码技术在我国的应用进程。

汉信码具有如下特点：

（1）信息容量大。汉信码可以表示数字、英文字母、汉字、图像、声音、多媒体等一切可以二进制化的信息，并且在信息容量方面远远领先于其他码制，如图6－11所示。

汉信码的数据容量	
数字	最多7 829个字符
英文字符	最多4 350个字符
汉字	最多2 174个字符
二进制信息	最多3 262字节

图6－11　汉信码的信息表示

（2）具有高度的汉字表示能力和汉字压缩效率。汉信码支持GB 18030中规定的160万个汉字信息字符，并且采用12比特的压缩比率，每个符号可表示12～2 174个汉字字符，如图6－12所示。

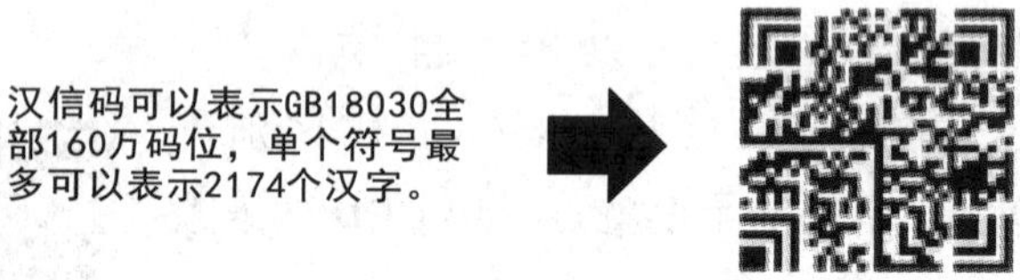

图6－12　汉信码汉字信息表示

（3）编码范围广。汉信码可以将照片、指纹、掌纹、签字、声音、文字等凡可数字化的信息进行编码。

（4）支持加密技术。汉信码是第一种在码制中预留加密接口的条码。它可以与各种加密算法和密码协议进行集成，因此具有极强的保密防伪性能。

（5）抗污损和畸变能力强。汉信码具有很强的抗污损和畸变能力，可以被附着在常用的平面或桶装物品上，并且可以在缺失两个定位标的情况下进行识读，如图6－13所示。

图6－13　汉信码抗污损和畸变能力

（6）修正错误能力强。汉信码采用世界先进的数学纠错理论和太空信息传输中常采用的 Reed - Solomon 纠错算法,使汉信码的纠错能力可以达到 30%。

(7) 可供用户选择的纠错能力。汉信码提供四种纠错等级,使得用户可以根据自己的需要在 8%、15%、23% 和 30% 各种纠错等级上进行选择,从而具有高度的适应能力。

(8) 容易制作且成本低。利用现有的点阵、激光、喷墨、热敏/热转印和制卡机等打印技术,即可在纸张、卡片、PVC 甚至金属表面上印出汉信码。由此所增加的费用仅是油墨的成本,可以称得上是一种真正的"零成本"技术。

(9) 条码符号的形状可变。汉信码支持 84 个版本,可以由用户自主进行选择,最小码仅有指甲大小。

(10) 外形美观。汉信码在设计之初就考虑到人的视觉接受能力,所以较之现有国际上的二维条码技术,汉信码在视觉感官上具有突出的特点。

第二节 射频技术

一、射频技术概述

射频技术(Radio Frequency,RF)的基本原理是电磁理论,即利用无线电波对记录媒体进行读写。射频系统的优点是不局限于视线,识别距离比光学系统远,射频识别卡具有读写能力,具有可携带大量数据、难以伪造和智能等特点。

射频识别(RFID)系统的传送距离由许多因素决定,如传送频率、天线设计等,射频识别的距离可达几十厘米至几米,且根据读写的方式,可以输入数千字节的信息,同时,还具有极高的保密性。射频识别技术适用的领域包括:物料跟踪、运载工具和货架识别等要求非接触数据采集和交换的场合,要求频繁改变数据内容的场合尤为适用。如中国香港的车辆自动识别系统——驾易通,采用的主要技术就是射频技术。装有电子标签的车辆通过装有射频扫描器的专用隧道、停车场或高速公路路口时,无须停车缴费,大大提高了行车速度,提高了效率。射频技术在其他物品的识别及自动化管理方面也得到了较广泛的应用。

现在,射频识别是自动识别领域最热门的技术。尽管这种技术已经存在并发展许多年了,但它只有在从本领域众多的发明技术中总结、规划出一个技术标准后才能得到快速、切实的应用,ISO 和 AIM(Auto - Id Manufactures)正在进行这方面的工作,相信在不久的将来,RFID 会得到很快的发展。

二、射频识别系统的组成

射频识别系统在具体的应用过程中,根据不同的应用目的和应用环境,系统的组成会有所不同,但从射频识别系统的工作原理来看,系统一般都由信号发射机、信号接收机、编程器、天线组成。

(一) 信号发射机

在射频识别系统中,信号发射机为了不同的应用目的,会以不同的形式存在,典型的形式是标签(Tag)。标签相当于条码技术中的条码符号,用来存储需要识别传输的信息。另外,与条码不同的是,标签必须能够自动或在外力的作用下,把存储的信息主动发射出去。标签一般是带有线圈、天线、存储器与控制系统的低电集成电路。

按照不同的分类标准,标签有许多不同的分类。

1. 主动式标签与被动式标签

在实际应用中,必须给标签供电,它才能工作,虽然它的电能消耗是非常低的。按照标签获取电能的方式不同,标签可以分成主动式标签与被动式标签。

主动式标签内部自带电池进行供电,它的电能充足,工作可靠性高,信号传送的距离远。另外,主动式标签可以通过设计电池的不同寿命对标签的使用时间或使用次数进行限制,它可以用在需要限制数据传输量或者使用数据有限制的地方,比如,一年内,标签只允许读写有限次。主动式标签的缺点主要是标签的使用寿命受到限制,而且随着标签内电池电力的消耗,数据传输的距离会越来越小,影响系统的正常工作。

被动式标签内部不带电池,要靠外界提供能量才能正常工作。被动式标签典型的产生电能的装置是天线与线圈,当标签进入系统的工作区域、天线接收到特定的电磁波,线圈就会产生感应电流,再经过整流电路给标签供电。

被动式标签具有永久的使用期,常常用在标签信息需要每天读写或频繁读写多次的地方,而且被动式标签支持长时间的数据传输和永久性的数据存储。被动式标签的缺点主要是数据传输的距离要比主动式标签小。因为被动式标签依靠外部的电磁感应供电,它的电能比较弱,数据传输的距离和信号强度就受到限制,只有使用敏感性比较高的信号接收器(阅读器)才能可靠识读。

2. 只读标签与可读可写标签

根据内部使用存储器类型的不同,标签可以分成只读标签与可读可写标签。

只读标签内部只有只读存储器 ROM(Read Only Memory)和随机存储器 RAM(Random Access Memory)。ROM 用于存储发射器操作系统说明和安全性要求较高的数据,它与内部的处理器或逻辑处理单元完成内部的操作控制功能,如响应延迟时间控制、数据流控制、电源开关控制等。另外,只读标签的 ROM 中还存储有标签的标识信息。这些信息可以在标签制造过程中由制造商写入 RAM 中,也可以在标签开始使用时由使用者根据特定的应用目的写入特殊的编码信息。这种信息可以只简单地代表二进制中的“0”或者“1”,也可以像二维条码那样,包含复杂的、相当丰富的信息。但这种信息只能是一次写入、多次读出。只读标签中的 RAM 用于存储标签反应和数据传输过程中临时产生的数据。另外,只读标签中除了 ROM 和 RAM 外,一般还有缓冲存储器,用于暂时存储调制后等待天线发送的信息。

可读可写标签内部的存储器除了ROM、RAM和缓冲存储器之外,还有非活动可编程记忆存储器。这种存储器除了存储数据功能外,还具有在适当的条件下允许多次写入数据的功能。非活动可编程记忆存储器有许多种,EEPROM(电可擦除可编程只读存储器)是比较常见的一种,这种存储器在加电的情况下,可以实现对原有数据的擦除以及数据的重新写入。

3. 标识标签与便携式数据文件

根据标签中存储器数据存储能力的不同,标签可以分成仅用于标识目的的标识标签与便携式数据文件两种。

对于标识标签来说,一个数字或者多个数字字母字符串存储在标签中,是为了识别的目的或者是进入信息管理系统中数据库的钥匙(Key)。条码技术中标准码制的号码,如EAN/UPC码,或者混合编码,或者标签使用者按照特别的方法编的号码,都可以存储在标识标签中。标识标签中存储的只是标识号码,用于对特定的标识项目,如人、物、地点进行标识,关于被标识项目详细的特定的信息,只能在与系统相连接的数据库中进行查找。

顾名思义,便携式数据文件就是说标签中存储的数据非常多,足可以看做是一个数据文件。这种标签一般都是用户可编程的,标签中除了存储标识码外,还存储有大量的被标识项目其他的相关信息,如包装说明、工艺过程说明等。在实际应用中,关于被标识项目的所有的信息都是存储在标签中的,读标签就可以得到关于被标识项目的所有信息,而不用再连接到数据库进行信息读取。另外,随着标签存储能力的提高,可以提供组织数据的能力,在读标签的过程中,可以根据特定的应用目的控制数据的读出,实现在不同的情况下读出的数据部分不同。

(二)信号接收机

在射频识别系统中,信号接收机一般叫做阅读器。根据支持的标签类型不同与完成的功能不同,阅读器的复杂程度是显著不同的。阅读器的基本功能就是提供与标签进行数据传输的途径。另外,阅读器还提供相当复杂的信号状态控制、奇偶错误校验与更正功能等。标签中除了存储需要传输的信息外,还必须含有一定的附加信息,如错误校验信息等。识别数据信息和附加信息按照一定的结构编制在一起,并按照特定的顺序向外发送。阅读器通过接收到的附加信息来控制数据流的发送。一旦到达阅读器的信息被正确接收和译解后,阅读器通过特定的算法决定是否需要发射机对发送的信号重发一次,或者指导发射器停止发信号,这就是“命令响应协议”。使用这种协议,即便在很短的时间、很小的空间阅读多个标签,也可以有效地防止“欺骗问题”的产生。

(三)编程器

只有可读可写标签系统才需要编程器。编程器是向标签写入数据的装置。编程器写入数据一般来说是离线(Off-line)完成的,也就是预先在标签中写入数据,等到开始应用时直接把标签黏附在被标识项目上。也有一些 RFID 应用系统,写数据是在线(On-line)完成的,尤其是在生产环境中作为交互式便携数据文件来处理时。

(四)天线

天线是标签与阅读器之间传输数据的发射、接收装置。在实际应用中,除了系统功率,天线的形状和相对位置也会影响数据的发射和接收,需要专业人员对系统的天线进行设计、安装。

三、射频识别应用系统

射频卡的几个主要模块集成到一块芯片中完成与读写器的通信,芯片上有内存部分用来储存识别号码或其他数据,内存容量从几个比特到几十千比特。芯片外围仅需连接天线(和电池)。卡封装可以有不同形式,如常见的信用卡的形式及小圆片的形式等。和条码、磁卡、IC 卡等同期或早期的识别技术相比,射频卡具有非接触、工作距离长、适于恶劣环境、可识别运动目标等优点。因此完成识别工作时无须人工干预,适于实现自动化且不易损坏,可识别高速运动物体并可同时识别多个射频卡,操作快捷方便。射频卡不怕油渍、灰尘污染等恶劣的环境,短距离的射频卡可以在这样的环境中替代条码,长距离的产品多用于交通上,可达几十米。

根据射频系统完成的功能不同,射频系统可以粗略地分成四种类型:EAS 系统、便携式数据采集系统、物流控制系统和定位系统。

(一)EAS 系统

EAS(Electronic Article Surveillance)系统是一种设置在需要控制物品出入口的 RFID 技术。这种技术的典型应用场合是商店、图书馆、数据中心等地方,当未被授权的人从这些地方非法取走物品时,EAS 系统会发出警告。

在应用 EAS 系统时,首先在物品上粘贴 EAS 标签,当物品被正常购买或者合法移出时,在结算处通过一定的装置使 EAS 标签失活,物品就可以取走。物品经过装有 EAS 系统的门口时,EAS 装置能自动检测标签的活动性,发现活动性标签 EAS 系统会发出警告。EAS 技术的应用可以有效防止物品的被盗,不管是大件的商品,还是很小的物品。

应用 EAS 技术,物品不用再被锁在玻璃橱柜里,可以让顾客自由地观看和检查,这在自选方式日益流行的今天有着非常重要的现实意义。典型的 EAS 系统一般由三部分组成:

(1) 附着在商品上的电子标签,电子传感器;

(2) 电子标签激活装置,以便授权商品能正常出入;

(3) 监视器,在出口造成一定区域的监视空间。

EAS系统的工作原理是:在监视区,发射器以一定的频率向接收器发射信号。发射器与接收器一般安装在零售店、图书馆的出入口,形成一定的监视空间。当具有特殊特征的标签进入该区域时,会对发射器发出的信号产生干扰,这种干扰信号也会被接收器接收,再经过微处理器的分析判断,就会控制警报器的鸣响。根据发射器所发出的信号不同以及标签对信号干扰原理不同,EAS系统可以分成许多种类型。关于EAS技术最新的研究方向是标签的制作,人们正在讨论EAS标签能不能像条码一样,在产品的制作或包装过程中加入,成为产品的一部分。

(二)便携式数据采集系统

便携式数据采集系统是使用带有RFID阅读器的手持式数据采集器采集RFID标签上的数据。这种系统具有比较大的灵活性,适用于不宜安装固定式RFID系统的应用环境。手持式阅读器(数据输入终端)可以在读取数据的同时,通过无线电波数据传输方式(RFDC)实时地向主计算机系统传输数据,也可以暂时将数据存储在阅读器中,成批地向主计算机系统传输数据。

(三)物流控制系统

在物流控制系统中,RFID阅读器分散布置在给定的区域,并且阅读器直接与数据管理信息系统相连。信号发射机是移动的,一般安装在移动的物体或人上面。当物体或人流经阅读器时,阅读器会自动扫描标签上的信息并把数据信息输入数据管理信息系统进行存储、分析、处理,以达到控制物流的目的。

(四)定位系统

定位系统用于自动化加工系统中的定位以及对车辆、轮船等进行运行定位支持。阅读器放置在移动的车辆、轮船上或者自动化流水线中移动的物料、半成品、成品上,信号发射机嵌入操作环境的地表下面。信号发射机上存储有位置识别信息,阅读器一般通过无线的方式或者有线的方式连接到主信息管理系统。

四、射频识别技术在我国的应用现状

"十一五"期间,根据国家高技术研究发展计划("863"计划)安排,我国为推动"射频识别技术与应用"领域全力起飞,科技部拨款1.28亿元用于支持其研究应用,力争实现我国RFID领域技术突破与自主创新。

2006年6月,科技部联合15部委共同编写的《中国射频识别(RFID)技术政策白皮书》正式发布。这是中国第一次针对单一技术发表政策白皮书,而且是第一次联合15个部委制定一份技术白皮书。

国家"863"计划围绕我国RFID产业发展中的共性技术和具有较大发展潜力的前瞻性技术、涉及产业化的关键技术、应用关键技术、典型行业或企业RFID技术示范应用以及

RFID 标准基础研究五大方向开展 RFID 技术与应用研究，本着自主创新与集成创新相结合，以企业为主体，政、产、学、研、用相结合的自主发展模式，力争在 RFID 共性基础及前瞻性、产业化关键技术和应用关键技术领域取得突破性进展，建立和健全我国 RFID 技术自主创新体系、公共应用服务体系和自主 RFID 标准体系，并将建设我国 RFID 产业发展的服务环境，通过实施 RFID 技术及产业化战略联盟等联合、协同的多种模式，构建具有自主知识产权技术的产业链。

近些年，RFID 技术得到了国内外的广泛关注，并得到了快速发展。RFID 国际标准的建立对各国 RFID 的应用起到了积极的推动作用。在物流及其他领域内，都有许多成功案例。RFID 在对托盘、集装箱、运输车辆的管理，零售业中对商品的标识以及供应链整体的管理上都促进了物流业的发展。身份证、地铁乘车交费、门禁、汽车在高速路收费等的应用不但提高了自动识别效率和精度，还改善了人们的生活。同时，这些 RFID 技术的应用带动了一个巨大的新兴产业，使得越来越多的企业都投入到 RFID 的技术开发和软硬件生产中来。

具体应用案例：

1. 用于病患监测的双接口无源 RFID 系统设计

病患监测设备通常用于测量病患的生命迹象，例如，血压、心率等参数，管理这些重要数据的要求远远超出了简单的库存控制范围，需要设备能够提供设备检查、校准和自检结果，与静态的标签贴纸不同，动态的双接口 RFID EEPROM 电子标签解决方案则能够记录测量参数，以备日后读取，还能把新数据输入系统。

2. 基于 RFID 的物联网智能公交系统应用方案

基于物联网技术的公交停车场站安全监管系统，主要由车辆出入口管理系统、场站智能视频监控系统两部分组成，利用先进的“物物相联技术”，将用户端延伸和扩展到公交车辆、停产场站中的任何物品间进行数据交换和通信，全面解决公交行业监管问题。

3. 基于 RFID 技术的小区安防系统设计解决方案

在小区的各个通道和人员可能经过的通道中安装若干个阅读器，并且将它们通过通信线路与地面监控中心的计算机进行数据交换。同时在每个进入小区的人员车辆上放置安装有 RFID 电子标签的身份卡，当人员车辆进入小区，只要通过或接近放置在通道内的任何一个阅读器，阅读器即会感应到信号，同时上传到监控中心的计算机上，计算机就可判断出具体信息（如：是谁，在哪个位置，具体时间），管理者也可以根据大屏幕上或计算机上的分布示意图点击小区内的任一位置，计算机即会把这一区域的人员情况统计并显示出来。同时，一旦小区内发生事故（如火灾、抢劫等），可根据计算机中的人员定位分布信息马上查出事故地点周围的人员车辆情况，然后可再用探测器在事故处进一步确定人员准确位置，以便帮助公安部门准确快速地营救出遇险人员和破案。

第三节　自动跟踪技术

一、地理信息系统的概念

地理信息系统(GIS)是以地理空间数据库为基础,采用地理模型分析方法,适时提供多种空间的和动态的地理信息,为地理研究和地理决策服务的电子计算机技术系统。它具有以下三个方面的特征:

(1) 具有采集、管理、分析和输出多种地理空间信息的能力,具有空间性和动态性。

(2) 以地理研究和地理决策为目的,以地理模型方法为手段,具有区域空间分析、多要素综合分析和动态预测能力,产生高层次的地理信息。

(3) 由计算机系统支持进行空间地理数据管理,并由计算机程序模拟常规的或专门的地理分析方法,作用于空间数据,产生有用信息,完成人类难以完成的任务。

通俗地讲,地理信息系统是整个地球或部分区域的资源、环境在计算机中的缩影。严格地讲,地理信息系统是反映人们赖以生存的现实世界(资源或环境)的现实与变迁的各类空间数据及描述这些空间数据特征的属性,在电子计算机软件和硬件的支持下,以一定的格式输入、存储、检索、显示和综合分析应用的技术系统。它是一种特定而又十分重要的空间信息系统,即以采集、储存、管理、处理分析和描述整个或部分地球表面(包括大气层在内)与空间和地理分布有关的数据的空间信息系统。

地理信息系统作为支持空间定位信息数字化获取、管理和应用的技术体系,随着电子计算机技术、空间技术和现代信息基础设施的飞速发展,在全国经济信息化进程中的重要性与日俱增。特别是当今"数字地球"概念的提出,使得人们对 GIS 的重要性有了更深的了解。进入 20 世纪 90 年代以来,地理信息系统在全球得到了空前迅速的发展,广泛应用于各个领域,产生了巨大的经济和社会效益。

二、GIS 的组成和功能

(一) GIS 的组成

GIS 由五个主要的要素构成:硬件、软件、数据、人员和方法。

1. 硬件

硬件是由 GIS 所操作的电子计算机。今天,GIS 软件可以在很多类型的硬件上运行。从中央计算机服务器到个人计算机,从单机到网络环境。

2. 软件

GIS 软件提供所需的存储、分析和显示地理信息的功能和工具,主要的软件部件有:

（1）输入和处理地理信息的工具；

（2）数据库管理系统（DBMS）；

（3）支持地理查询、分析和视觉化的工具；

（4）容易使用这些工具的图形化界面。

3. 数据

一个 GIS 系统中最重要的要素就是数据了。地理数据和相关的表格数据可以由科研人员采集或者从商业数据提供者处购买。GIS 将把空间数据和其他数据源的数据集成在一起，而且可以使用那些被大多数公司用来组织和保存数据的数据库管理系统来管理空间数据。

4. 人员

如果没有人来管理系统、制定计划和把它应用于实际，GIS 将没有什么价值。GIS 的用户范围包括从设计和维护系统的技术专家，到那些使用该系统并完成日常工作的人员。

5. 方法

成功的 GIS 系统具有好的设计计划和本身的事务规律。这些是规范、方法，但对每一个企业来说，具体的操作实践又是独特的。

（二）GIS 的功能

1. 输入

在地理数据用于 GIS 之前，数据必须转换成适当的数字格式。从图纸数据转换成电子计算机文件的过程叫做数字化。目前，许多地理数据已经是 GIS 兼容的数据格式，这些数据可以从数据提供商那里获得并直接装入 GIS 中，无须用户来数字化。

2. 处理

将数据转换成或处理成某种形式以适应系统的要求。这种处理可以是为了显示的目的而做的临时变换，也可以是为了分析所做的永久变换。GIS 技术提供了许多工具来处理空间数据和去除不必要的数据。

3. 数据管理

对于小的 GIS 项目，把地理信息存储成简单的文件就足够了。但是，当数据量很大而且数据用户数很多时，最好使用一个数据库管理系统来存储、组织和管理数据。

4. 查询分析

GIS 提供简单的鼠标点击查询功能和复杂的分析工具，为管理者提供及时的直观信息。

5. 可视化

对于许多类型的地理操作，最终结果能以地图或图形来显示。

三、全球定位系统的概念

全球定位系统(GPS)是美国国防部发射的 24 颗卫星组成的全球定位、导航及授时系统。这 24 颗卫星分布在高度为 2 万千米的 6 个轨道上绕地球飞行。每条轨道上拥有 4 颗卫星,在地球上任何一点、任何时刻都可以同时接收到来自 4 颗卫星的信号。也就是说 GPS 的卫星所发射的空间轨道信息覆盖着整个地球表面。

GPS 的用户通过测量到太空各可视卫星的距离来计算他们的当前位置,卫星的左右相当于精确的已知参考点。每颗 GPS 卫星时刻发布其位置和时间数据信号,用户接收机可以测量每颗卫星信号到接收机的时间延迟,根据信号传输的速度就可以计算出接收机到不同卫星的距离。同时收集到至少 4 颗卫星的数据时就可以解算出三维坐标、速度和时间。

四、GPS 的组成和特点

(一) GPS 的组成

GPS 由三大子系统构成:空间卫星系统、地面监控系统、用户接收系统。

1. 空间卫星系统

空间卫星系统由均匀分布在 6 个轨道平面上的 24 颗高轨道工作卫星构成,各轨道平面相对于赤道平面的倾角为 55°,轨道平面间距为 60°。在每一轨道平面内,各卫星升交角距差 90°,任一轨道上的卫星比西边相邻轨道上的相应卫星超前 30°。

事实上,空间卫星系统的卫星数量要超过 24 颗,以便及时更换老化或损坏的卫星,保障系统正常工作。该卫星系统能够保证在地球的任一地点向使用者提供 4 颗以上可视卫星。

空间系统的每颗卫星每 12 小时(恒星时)沿近圆形轨道绕地球一周,由星载高精度原子钟(基频 F = 10.23MHz)控制无线电发射机在“低噪声窗口”(无线电窗口中,2 至 8 区间的频区天线噪声最低的一段是空间遥测及射电干涉测量优先选用频段)附近发射 L_1、L_2 两种载波,向全球的用户接收系统连续地播发 GPS 导航信号。GPS 工作卫星组网保障全球任一时刻、任一地点都可对 4 颗以上的卫星进行观测(最多可达 11 颗),实现连续、实时的导航和定位。

GPS 卫星向广大用户发送的导航电文是一种不归零的二进制数据码 D(t),码率 50Hz。为了节省卫星的电能,增强 GPS 信号的抗干扰性、保密性,实现遥远的卫星通信,GPS 卫星采用伪噪声码对 D 码作二级调制,即先将 D 码调制成伪噪声码(P 码和 C/A 码),再将上述两噪声码调制在 L_1、L_2 两载波上,形成向用户发射的 GPS 射电信号。因此,GPS 信号包括两种载波(L_1、L_2)和两种伪噪声码(P 码、C/A 码)。这四种 GPS 信号的频率皆源于 10.23MHz(星载原子钟的基频)的基准频率。基准频率与各信号频率之间存在一定的比例。其中，P 码为精确码，美国为了自身的利益，只供美国军方、政府机关以及得到美国政府批准的民用用户使用。C/A 码为粗码，其定位和时间精度均低于 P 码，目前，全世界的民用客户均可不受限制地免费使用。

2. 地面监控系统

地面监控系统由均匀分布在美国本土和三大洋的美军基地上的 5 个监测站、1 个主控站和 3 个注入站构成。该系统的功能是：对空间卫星系统进行监测、控制，并向每颗卫星注入更新的导航电文。

地面监控系统各站的主要任务是：

（1）观测站。用 GPS 接收系统测量每颗卫星的伪距和距离差，采集气象数据，并将观测数据传送给主控点。5 个监控站均为无人值守的数据采集中心。

（2）主控站。主控站接收各监测站的 GPS 卫星观测数据、卫星工作状态数据、各监测站和注入站自身的工作状态数据。根据上述各类数据，完成以下几项工作：

①及时编算每颗卫星的导航电文并传送给注入站。

② 控制和协调监测站间、注入站间的工作，检验注入卫星的导航电文是否正确以及卫星是否将导航电文发给了 GPS 用户系统。

③ 诊断卫星工作状态，改变偏离轨道的卫星位置及姿态，调整备用卫星，取代失效卫星。

（3）注入站。接收主控站送达的各卫星导航电文并将之注入飞越其上空的每颗卫星。

3. 用户接收系统

用户接收系统主要由以无线电传感和计算机技术支撑的 GPS 卫星接收机和 GPS 数据处理软件构成。

（1）GPS 卫星接收机。GPS 卫星接收机的基本结构是天线单元和接收单元两部分。天线单元的主要作用是：当 GPS 卫星从地平线上升起时，能捕获、跟踪卫星，接收放大 GPS 信号。接收单元的主要作用是：记录 GPS 信号并对信号进行解调和滤波处理，还原出 GPS 卫星发送的导航电文，解求信号在站星间的传播时间和载波相位差，实时地获得导航定位数据或采用测后处理的方式，获得定位、测速、定时等数据。

微处理器是 GPS 接收机的核心，承担整个系统的管理、控制和实时数据处理。视频监控器是接收机与操作者进行人机交流的部件。

目前，国际上已推出几十种测量用 GPS 接收机。该产品朝着实用、轻便、易于操作、美观价廉的方向发展。

（2）GPS 数据处理软件。GPS 数据处理软件是 GPS 用户系统的重要部分，其主要功能是对 GPS 接收机获取的卫星测量记录数据进行“粗加工”“预处理”，并对处理结果进行平差计算、坐标转换及分析综合处理，解得测站的三维坐标，测体的坐标、运动速度、方向及精确时刻。

GPS所以能够定位导航，是因为每台GPS接收机无论在任何时刻、在地球上任何位置都可以同时接收到最少4颗GPS卫星发送的空间轨道信息。接收机通过对接收到的每颗卫星的定位信息的解算，便可确定该接收机的位置，从而提供高精度的三维（经度、纬度、高度）定位导航及授时系统。而且和以前各种定位系统大不一样的是，GPS接收机简单，小型的只有香烟盒大小，重量约500克，价格仅几百美元。任何人拿着这种接收机，都可以准确地知道自己在地球上的哪一点。GPS接收机是被动式全天候系统，只收不发信号，故不受卫星系统和地面控制系统的控制。用户数量也不受限制。

目前，全球定位系统已广泛应用于军事和民用等众多领域中。GPS技术按待定点的状态分为静态定位和动态定位两大类。静态定位是指待定点的位置在观测过程中固定不变，如GPS在大地测量中的应用。动态定位是指待定点在运动载体上，在观测过程中是变化的，如GPS在船舶导航中的应用。静态相对定位的精度一般在几毫米到几厘米范围内，动态相对定位的精度一般在几厘米到几米范围内。对GPS信号的处理从时间上划分为实时处理和后处理。实时处理就是一边接收卫星信号一边进行计算，获得目前所处的位置、速度及时间等信息；后处理是指把卫星信号记录在一定的介质上，回到室内统一进行数据处理。一般来说，静态定位用户多采用后处理，动态定位用户采用实时处理或后处理。

（二）GPS的特点

GPS的问世标志着电子导航技术发展到了一个更加辉煌的时代。GPS系统与其他导航系统相比，主要特点是：

（1）全球地面连续覆盖。由于GPS卫星数目较多且分布合理，所以在地球上任何地点均可连续同步地观测到至少4颗卫星，从而保障了全球、全天候连续实时导航与定位的需要。

（2）功能多、精度高。GPS可为各类用户连续地提供高精度的三维位置、三维速度和时间信息。

（3）实时定位速度快。目前GPS接收机的一次定位和测速工作在一秒甚至更少的时间内便可完成，这对高动态用户来讲尤其重要。

（4）抗干扰性能好、保密性强。由于GPS系统采用了伪码扩频技术，因而GPS卫星所发送的信号具有良好的抗干扰性和保密性。

第四节 物联网

一、物联网的定义

物联网和EPC（全球产品电子代码编码体系）可能是目前全球最时髦的两个名词了，因为它们即将大大改变我们的生活——当有那么一天，消费者会发现在超市里选定物品之后不用再排队等候结账，而只需推着满车商品走出大卖场就行了，因为商品上的电子标签会将商品信息自动登录到商场的计价系统，货款也就自动从消费者的信用卡上扣除了。

与此同时，每件商品的信息在这个过程中又被精确地记录下来，通过一个称为“物联网”的系统，在全球高速传输，于是，分布于世界各地的产品生产厂商，每时每刻都可以准确地获得自己产品的销售和使用情况，从而及时调整生产和供应。

而这些单个商品的信息同时还将被更大的物联网络覆盖，以至于当消费者从冰箱中取出一罐可乐饮用时，冰箱就会自动读取这罐可乐的物品信息，即刻通过物联网传输到配送中心和生产厂。于是第二天消费者就会从配送员的手中得到补充的商品。

可见，到那时，人们和商品都将真正处于全球的网络中。

这是因为EPC电子代码革命性地解决了单个商品的识别与跟踪问题，也就是说，它为每一个单个商品建立了全球性的、开放性的标识标准，因此，以EPC软硬件技术构成的物联网就能够使所有商品的生产、仓储、采购、运输、销售及消费的全过程发生根本性的变化，实现全部跟踪查询，从而大大提高全球供应链的性能。

EPC最初提出的时候就引发人们联想到了物联网（Internet of Things）。EPC主要应用在物流供应链环节的开放领域，随着EPC的提出并成功实施，其他行业如航空、邮政、交通等领域纷纷借鉴了EPC的思想，对各自原有的技术管理体系重新进行规划升级，也在部分领域试点开展基于RFID或其他自动识别技术、信息网络技术的物联网的研究，不断拓展和完善自己的信息管理技术，于是一个更大范围的物联网逐渐形成。

现在的物联网，指的是将各种信息传感设备，如射频识别装置、红外感应器、全球定位系统、激光扫描器等与互联网结合起来而形成的一个巨大网络。在这个网络中，所有的物品都与网络连接在一起，系统可以自动地、实时地对物体进行识别、定位、追踪、监控并触发相应事件。物联网是继计算机、互联网与移动通信网之后的世界信息产业第三次浪潮。

打个比方，人的眼睛、耳朵、鼻子好比单个的“传感器”，一杯牛奶摆在面前，眼睛看到的是杯子，杯子里有白色的液体，鼻子闻闻有股奶香味，嘴巴尝一下有一丝淡淡的甜味，用手再摸一下，感觉有温度……这些感官的感知综合在一起，人便得出关于这一杯牛奶的判断。假如把牛奶的感知信息传上互联网，坐在办公室的人通过网络随时能了解家中牛奶的情况，这就是“传感网”。假如给予授权，还可以看到这杯牛奶的情况。如果家中设置的传感器节点与互联网连接，经过授权的人通过网络可以了解家里是否平安、老人是否健康等信息，并利用传感器技术及时处理解决。这就是物联网。

二、物联网的体系架构

物联网体系结构主要由感知层（感知控制层）、网络层和应用层三个层次组成。

感知层:主要分为两类,自动感知设备和人工生成信息设备。自动感知设备能够自动感知外部物理信息,包括 RFID、传感器、智能家电等;人工生成信息设备包括智能手机、个人数字助理(PDA)、计算机等。

网络层:网络层又称为传输层,包括接入层、汇聚层和核心交换层。

接入层相当于计算机网络的物理层和数据链路层,RFID 标签、传感器与接入层设备构成了物联网感知网络的基本单元。接入层网络技术分为无线接入和有线接入,无线接入有无线局域网、移动通信中的 M2M 通信;有线接入有现场总线、电力线接入、电视电缆和电话线。

汇聚层位于接入层和核心交换层之间,进行数据分组汇聚、转发和交换;进行本地路由、过滤、流量均衡等。汇聚层技术也分为无线和有线,无线包括无线局域网、无线城域网、移动通信 M2M 通信和专用无线通信等。有线包括局域网、现场总线等。

核心交换层为物联网提供高速、安全和具有服务质量保障能力的数据传输。可以为 IP 网、非 IP 网、虚拟专网或者它们之间的组合。

应用层:应用层分为管理服务层和行业应用层。

管理服务层通过中间件软件实现感知硬件和应用软件之间的物理隔离和无缝连接,提供海量数据的高效汇聚、存储,通过数据挖掘、智能数据处理计算等,为行业应用层提供安全的网络管理和智能服务。主要通过中间件技术、海量数据存储和挖掘技术以及云计算平台支持。

行业应用层为不同行业提供物联网服务,可以是智能医疗、智能交通、智能家居、智能物流等。主要由应用层协议组成,不同的行业需要制定不同的应用层协议。

在物联网整个体系结构中,信息安全、网络管理、对象名字服务和服务质量保证是它们用到的共性技术。

三、物联网的背景与前景

(一)物联网的背景

物联网的概念是在 1999 年提出的。在我国物联网曾被称为传感网。中国科学院早在 1999 年就启动了传感网的研究,并已取得了一些科研成果,建立了一些适用的传感网。

1999 年,在美国召开的移动计算和网络国际会议提出,“传感网是下一个世纪人类面临的又一个发展机遇”。

2003 年,美国《技术评论》提出传感网络技术将是未来改变人们生活的十大技术之首。

2005 年 11 月 17 日,在突尼斯举行的信息社会世界峰会(WSIS)上,国际电信联盟(ITU)发布了《ITU 互联网报告 2005:物联网》,正式提出了“物联网”的概念。该报告指出,无所不在的“物联网”通信时代即将来临,世界上所有的物体从轮胎到牙刷、从房屋到纸巾都可以通过互联网主动进行交换。射频识别技术、传感器技术、纳米技术、智能嵌入技术将得到更加广泛的应用。

根据 ITU 的描述,在物联网时代,通过在各种各样的日常用品上嵌入一种短距离的移动收发器,人类在信息与通信世界里将获得一个新的沟通维度,从任何时间、任何地点的人与人之间的沟通连接扩展到人与物和物与物之间的沟通连接。

针对中国经济的状况,IBM 大中华区首席执行官表示,中国的基础设施建设空间广阔,而且中国政府正在以巨大的控制能力、实施决心和配套资金对必要的基础设施进行大规模建设,"智慧的地球"这一战略将会产生更大的价值。

在策略发布会上,IBM 还提出,如果在基础建设的执行中植入"智慧"的理念,不仅仅能够在短期内有力地刺激经济、促进就业,而且能够在短时间内为中国打造一个成熟的智慧基础设施平台。

IBM 表示,当今世界许多重大的问题如金融危机、能源危机和环境恶化等,实际上都能够以更加"智慧"的方式解决。在全球经济形势低迷的同时也孕育着未来的发展机遇,中国能够借此机遇开创新乐观产业和新的市场,加速发展,摆脱经济危机的影响。

IBM 希望"智慧的地球"策略能掀起"互联网"浪潮之后的又一次科技革命。IBM 曾提出一个重要的观点,认为计算模式每隔 15 年发生一次变革。这一判断像摩尔定律一样准确,人们把它称为"十五年周期定律"。1965 年前后发生的变革以大型机为标志,1980 年前后以个人计算机的普及为标志,而 1995 年前后则发生了互联网革命。每一次这样的技术变革都引起企业间、产业间甚至国家间竞争格局的重大动荡和变化。而互联网革命在一定程度上是由美国"信息高速公路"战略所催熟的。20 世纪 90 年代,美国克林顿政府计划用 20 年时间,耗资 2 000 亿 ~4 000 亿美元,建设美国国家信息基础结构,创造了巨大的经济和社会效益。

而今天,"智慧的地球"战略被不少美国人认为与当年的"信息高速公路"有许多相似之处,也被认为是振兴经济、确立竞争优势的关键战略。该战略能否掀起如当年互联网革命一样的科技和经济浪潮,不仅为美国关注,更为世界所关注。

(二) 物联网的前景

有专家表示:"物联网前景非常广阔,它将极大地改变我们目前的生活方式。"业内专家表示,物联网把我们的生活拟人化了,万物成了人的同类。在这个物物相联的世界中,物品(商品)能够彼此进行"交流",而无须人的干预。物联网利用射频自动识别技术,通过计算机互联网实现物品(商品)的自动识别和信息的互联与共享。可以说,物联网描绘的是充满智能化的世界。在物联网的世界里,物物相连、天罗地网。

2008 年 11 月,在北京大学举行的第二届中国移动政务研讨会"知识社会与创新 2.0"上,专家们提出移动技术、物联网技术的发展带动了经济社会形态、创新形态的变革,推动了面向知识社会的以用户体验为核心的下一代创新(创新 2.0)形态的形成,创新与发展更加关注用户、注重以人为本。

有研究机构预计,物联网技术将会发展成为一个上万亿元规模的高科技市场,其产业要比互联网大 30 倍。

据悉,物联网产业链可以细分为标识、感知、处理和信息传送四个环节,每个环节的关键技术分别为 RFID、传感器、智能芯片和电信运营商的无线传输网络。欧洲智能系统集成技术平台(EPOSS)在"Internet of Things in 2020"报告中分析预测,未来物联网的发展将经历四个阶段,2010 年之前 RFID 被广泛应用于物流、零售和制药领域,2010 ~ 2015 年物体互联,2015 ~ 2020 年物体进入半智能化,2020 年之后物体进入全智能化。

作为物联网发展的排头兵,RFID 成为市场最为关注的技术。RFID 市场包括标签、阅读器、其他基础设施、软件和服务等。来自金融、安防行业的应用将推动 RFID 卡类市场的增长。

MEMS 是微机电系统的缩写,MEMS 技术是建立在微米/纳米基础之上的,市场前景广阔。MEMS 传感器的主要优势在于体积小、大规模生产后成本下降快,目前主要应用在汽车和消费电子两大领域。

四、物联网的作用与用途

物联网用途广泛,遍及智能交通、环境保护、政府工作、公共安全、平安家居、智能消防、工业监测、老人护理、个人健康、花卉栽培、水系监测、食品溯源、敌情侦查和情报搜集等多个领域。

物联网把新一代 IT 技术充分运用在各行各业之中,具体地说,就是把感应器嵌入和装备到电网、铁路、桥梁、隧道、公路、建筑、供水系统、大坝、油气管道等各种物体中,然后将"物联网"与现有的互联网整合起来,实现人类社会与物理系统的整合,在这个整合的网络当中,存在能力超级强大的中心计算机群,能够对整合网络内的人员、机器、设备和基础设施实施实时的管理和控制,在此基础上,人类可以以更加精细和动态的方式管理生产和生活,达到"智慧"状态,提高资源利用率和生产力水平,改善人与自然间的关系。

毫无疑问,如果"物联网"时代来临,人们的日常生活将发生翻天覆地的变化。然而,不谈什么隐私权和辐射问题,单从把所有物品都植入识别芯片这一点现在看来还不太现实。人们正走向"物联网"时代,但这个过程可能需要很长的时间。

五、物联网与物流

物流行业不仅是国家十大产业振兴规划中的一个,也是信息化及物联网应用的重要领域。它的信息化和综合化的物流管理、流程监控不仅能为企业带来物流效率提升、物流成本控制等效益,也从整体上提高了企业以及相关领域的信息化水平,从而达到带动整个产业发展的目的。

（一）IT服务商助力物流行业提高信息化水平

目前，国内物流行业的信息化水平仍不高，对内，企业缺乏系统的IT信息解决方案，不能借助功能丰富的平台快速定制解决方案，保证订单履约的准确性，满足客户的具体需求。对外，各个地区的物流企业分别拥有各自的平台及管理系统，信息共享水平低，地方壁垒较高。针对行业目前存在的问题，一些第三方的IT系统提供商以及电信运营商提出了基于行业信息化的不同解决方案，并且也取得了一定的进展。

从国内看，物流信息化的核心是一体化，并涉及IT整体方案的设计和配置、主机管理、贸易伙伴扩展，以及运行中的管理服务等。IBM也推出一项名为“IBMeDistribution”的解决方案，以满足电子行业市场高质量、低成本的需求。该方案能够以较低成本建立和维护符合行业标准的数据交换中心，把标准的互联网连通能力与先进的窗体技术结合起来，用户无须进行设置操作，就能够轻松与贸易伙伴的系统相结合，随时随地开展贸易业务，打造低成本高效率的供需链条。

从国外看，以OmnitrolNetworks公司和英国电信的合作为例，OmnitrolNetworks公司提供用于业务流程优化的实时应用网络平台和基于RFID的资产追踪与追溯解决方案，英国电信供应链解决方案业务部将可利用RFID技术、无线技术及传感器技术，提供扩展性好、功能更完善的实时供应链、资产及操作可见性解决方案。通过本次合作，RFID、超宽频及Wi－Fi实时定位系统（RTLS）、移动手持设备、PLC、传感器得到了统一融合，能显著降低成本，并提供功能强大的服务。

（二）发展中应注意的问题

整体上来看，我国的传感网产业发展仍处于起步阶段，其中物流信息化建设以及物联网领域的拓展若能借鉴现有经验及有效模式，便可在短时间内取得飞速发展。但发展中仍存在不少问题，主要表现为企业规模水平不一，技术标准缺乏，创新体系不完善，应用领域不广、层次偏低，运营模式不成熟等。

传感网产业具有爆发力强、关联度大、渗透性高、应用范围广的特点，现代物流业属于传感网带动产业，在发展过程中必须兼顾传感器、传感网芯片、传感节点、操作系统、数据库软件、中间件、应用软件、系统集成、网络与内容服务、智能控制系统及设备等核心产业以及集成电路、网络与通信设备、软件等支撑产业的发展。

在引进借鉴目前成熟的物流经验的同时，也要加快创新平台和人才队伍建设，着力提升自主创新能力，尤其是发展物流产业的工业园区，需要采取引进、合作、培育等方式，快速集聚一批传感网领域高层次科研力量和研发机构，建立健全技术和中介服务体系，加强人才引进和培养，通过自主创新掌握其核心技术。

第五节 区块链技术

一、区块链定义及相关概念

1. 区块链

《2018 中国区块链行业分析报告》中有关于区块链的广义和狭义定义。

广义定义：区块链是以区块结构存储数据多方维护的，使用密码学技术保证传输和访问的实现数据存储的技术体系，代表了目前火热的比特币、以太坊背后的一种去中心化的记录技术。

狭义定义：当结合具体的产品谈区块链时，指的是以区块链连接而成的链式数据存储方式。

简单地说，区块链就是一种去中心化的分布式账本数据库，保存不断扩增、排序好的记录列表，是一个记录了自网络中的区块链开始产生以来，所发生的所有交易的带时间戳的历史记录。

区块链维护一份连续不断的交易记录。每一笔数据被称为一个区块（Block），每一个区块可以包含一笔以上的交易，每一个区块都会与另一个区块产生连接（Linking），每个区块都会包含上个区块的 Hash 值，所有连接在一起的区块被称为链（Chain）。

2. 账本

账本记录一个或多个账户资产变动、交易情况，是一种结构最为简单的数据库，我们平常记的流水账、银行发过来的对账单，都是典型的账本。

当今世界，经济活动都是在跨越国家、地理和司法边界的商业网络中进行的。交易通常涉及不同参与方，比如买家、卖家和中介，他们的商业协议和合同记录在商业账本中。一个企业通常使用多个账本来跟踪资产的所有权，以及在其各种业务线中的参与者之间的资产转移。账本是企业的经济活动和利益的记录系统。

商业账本的三种网络拓扑结构：

集中化账本网络（Centralized Ledger Network），从单个中心点控制信息流和营运控制（Operational Control）。

分布式账本网络（Distributed Ledger Network），将计算工作负载分散在网络中的多个节点上。

去中心化账本网络（Decentralized Ledger Network），允许节点进行独立处理和计算决策，而无须考虑其他对等节点如何决策，如图 6－14 所示。

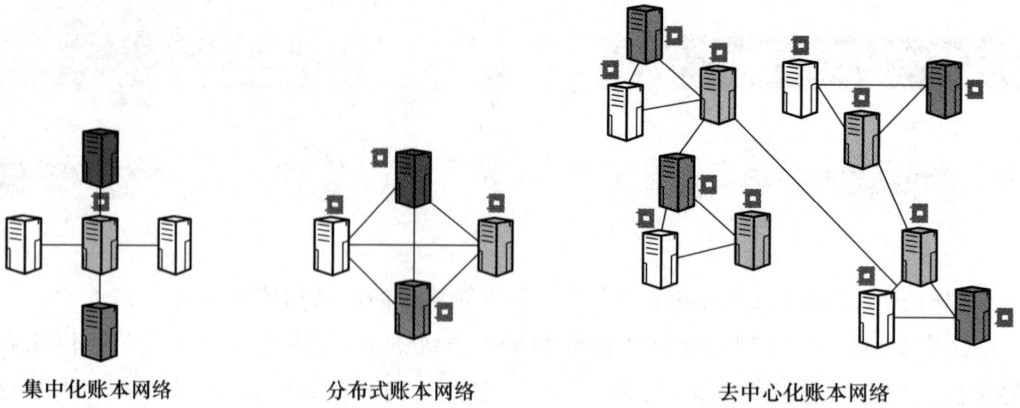

图 6－14　商业账本的三种网络拓扑结构

二、区块链的应用

区块链技术能帮助解决金融、公益、商品打假、金融监管等很多领域的痛点和难点。

（一）金融服务是区块链技术的第一个应用领域

运用区块链技术能解决支付、资产管理、证券等多个领域存在的痛点。以支付领域为例，金融机构特别是跨境金融机构间的对账、清算、结算成本较高，涉及很多手工流程，不仅导致用户端和金融机构后台业务端等产生高昂的费用，也使得小额支付业务难以开展。区块链技术的应用有助于降低金融机构间的对账成本及争议解决的成本，显著提高支付业务的处理效率。另外，区块链技术为支付领域带来的成本和效率优势，使金融机构能更好地处理以往因成本过高而被视为不现实的小额跨境支付，有助于实现普惠金融。

（二）在公益领域，区块链技术也大有可为

运用区块链技术促进公益更加开放透明。区块链公益平台就像是在互联网上构建了一个专门用于邮寄资金的邮局。用户捐的每一笔钱，都会打包成一个包裹，这个包裹通过区块链平台传递，每经过一个节点，都会盖上一个邮戳，最后送到受捐人手上。这样可以保证用户捐的每一笔钱都是透明、可追溯、难以篡改的。

（三）在商品打假方面，区块链技术可以大显身手

区块链技术在正品溯源上可大显身手。比如奶粉，用支付宝扫一扫，就能知道是不是正品。跟此前商家自录入商品信息不同的是，区块链是让多位“记账师”公正、独立、不可抵赖地完成记账。

（四）对于金融监管，区块链技术也能发挥一技之长

2017 年，金融区块链合作联盟（深圳）发布的《金融区块链底层平台 FISCO BCOS 白皮书》认为，区块链为金融监管机构提供了一致且易于审计的数据，通过对机构间区块链的数据分析，能够比传统审计流程更快更精确地监管金融业务。例如，在反洗钱操作中，每个账

号的余额和交易记录都是可追踪的,任意一笔交易的任何一个环节都不会脱离监管视线,这将极大提高反洗钱的力度。

区块链 1.0 主要针对数字货币;区块链 2.0 针对智能合约,可以应用在金融市场中;区块链 3.0 适用的场景将会更多,甚至会开创一个“区块链时代”。

比如,区块链技术去中心化的特点适合多方参与的情况,如果只是单边或双边参与,价值就不大。由于需要每个节点都去核对,区块链技术也不适用于那些高频交易的活动。

再如,区块链强调的是公开透明,并不适合对数据隐私要求特别高的情况。

(五)国内电商物流应用情况

1. 京东物流加入全球区块链货运联盟

2018 年 1 月 31 日,京东物流正式加入全球区块链货运联盟(Blockchain in Transport Alliance,下称 BiTA),将行业经验和区块链技术运用成果与全球多家行业巨头共同交流与探讨,未来将持续通过区块链的先进技术,优化供应链流程,加强跨境物流沟通,推进行业合作及发展。BiTA 成立于 2017 年 8 月,由经验丰富的物流技术和货运管理人员组成,目标是开发物流及货运行业的区块链应用标准并将其推广。目前,包括 UPS、FedEx、PENSKE、C. H. Robinson、SAP 等超过 200 家国际物流与技术企业已加入联盟。京东物流则为国内首个加入该联盟的物流企业。

早在 2017 年 7 月,京东物流便携手京东 Y 事业部试水区块链技术,联合中国出入境检验检疫协会等行业权威机构,沃尔玛、好奇、达能、莎莎、Rakuten、eBay 精选等 20 大全球知名品牌商以及德迅、亚致力等国际性的货运服务商等合作伙伴成立跨境溯源联盟。以区块链和大数据为技术支撑,以全球性的品牌商和零售商、国际运输服务提供商为主要支撑,整合提货、运输、仓储、清关和配送服务,打通了保税备货和跨境直邮两种形式的跨境电商供应链信息,形成跨境物流领域的全链条服务。

借助“京东区块链防伪追溯平台”的应用,京东搭建了一个“新链路、高品质、全透明”的跨境商品精准追溯生态体系,将生产、运输、仓储、清关、报检和配送等相关环节的信息有效串联起来,提升商品的可追溯性,实现全供应链的可视化展现,营造安全可信赖的消费市场环境。在跨境溯源联盟伙伴的共同努力下,消费者享受到安全、放心的跨境电商购物体验。

2. 菜鸟和天猫利用区块链技术溯源海淘商品,打击物流信息造假

菜鸟和天猫共同宣布,已经启用区块链技术跟踪、上传、查证跨境进口商品的物流全链路信息,包括生产、运输、通关、报检、第三方检验等商品进口全流程。这项计划已经开始在上海、深圳、广州、杭州、天津、宁波、重庆、福州、郑州等保税口岸的菜鸟进口领域实施,支持超过 50 个国家的 30 000 种进口商品的物流链路,将给每个跨境进口商品打上独一无二的“身份证”,供消费者查询验证。

通过商家、海关等各方上传的物流数据，消费者可以交叉认证自己购买商品的各项信息，想要在区块链上进行数据造假近乎完全不可能。

此外，共同参与跨境溯源计划的包括英、美、日、韩、澳和新西兰等多国政府、大使馆、行业协会以及众多海外大型商家品牌。

未来，在全球供应链领域，基于降本提效考虑，物联网技术也将会广泛植入整条供应链的各个环节，菜鸟还将结合区块链与物联网，打造一条去中心化的可信赖全球供应链追溯体系。届时，区块链技术也将深刻进入全球跨境贸易体系，在各国间的小件贸易中做到随时可追溯，从而加速世界跨境贸易的进一步发展。

同时，随着区块链技术的沉淀，将会形成丰富的链上商家真实画像，进而进化出一种高可靠的信用机制。

三、 区块链发展面临的挑战

（一）技术问题

区块链涉及 P2P 网络、分布式存储、密码学技术、博弈论等多领域的技术，普遍认为，目前的底层技术，还有很多地方有待改进。

（1）共识机制问题。这是区块链的核心问题，目前的共识机制种类过少，在未来多样化的商业场景下，必然需要更加丰富的共识机制与之相适应。

（2）分布式存储问题。目前区块容量很小，导致了网络拥堵，很多项目也在着手优化，但距离真实场景的交易吞吐量需求还有一定距离，例如银行、证券交易所等。

（3）安全性问题。首先是软件本身漏洞无法避免，其次是完整的分布式系统缺乏有效的调整机制。

（4）数据库问题。与传统数据库不同，区块链应用需要大量的写操作、哈希计算以及验证操作，专门面向区块链的数据库系统仍是需要突破的难点。

（二）商业化问题

目前区块链领域最受投资人关注的就是商业化的落地问题，这也是一个新兴技术发展面临的最大问题：新兴技术总是会在发展一段时间之后，与产业开始结合，用科技为产业赋能，通过不断的磨合，促进产业发展的同时，反向激励技术的不断革新以及适应产业的规则。

（1）区块链项目仍在尝试阶段，找不到具体的落地场景，目前较为看好的领域有金融、共享经济、物联网、公共服务等。

（2）区块链本身代表了一种共识系统，应当从一个更高层次去构建一个符合相应商业场景的共识化系统，而不仅仅是做到“业务 + 区块链”。

（3）企业的业务部门缺乏创新的动力，在现有系统运行良好、“衣食无忧”的时候，没有业务需求，就不会有新产品的开发。此外，区块链作为新技术，带来的风险无法预计和承担。

(4) 技术本身的问题导致数据变更和程序变更有困难，尤其是在基础不扎实的情况下建立的系统，在后期的迁移和维护时会有很大难度，这也导致业务方投产困难。

(5) 中国用户数多，商业场景复杂，任何一个商业产品均会牵涉到非常庞大的流量和人口，目前的区块链技术并不能满足。

(三) 政策监管问题

(1) 去中心化，导致系统内部没有一个明确的主体，监管对象难以确认，导致监管政策不明朗。

(2) 区块链本身具有跨境交易的属性，国家之间难以达成统一意见，导致监管仍处于真空期。

案例分析

上海申丝企业发展有限公司：无车承运人信息化应用案例

一、企业简介

上海申丝企业发展有限公司（以下简称上海申丝），以“无车承运人”轻资产模式实现平台化经营，是一家跨国经营的国有上市公司的控股企业。上海申丝前身创建于1996年，注册资本人民币17 882万元。经过20多年的快速发展，业务以公共路快运、仓储配送、电商调拨等为主导，以家电物流为平台，以货源车源整合为核心，以多级网络为依托，为客户提供专业化的一站式综合服务，是中国物流百强及AAAA级物流企业。

上海申丝现拥有遍布全国的50多个分支机构，上百条公路快运线路，近2万台可控车辆资源。公司贯彻严格的ISO质量控制体系，提供高品质的物流服务，采用先进的物流信息系统，定制一体化的综合物流解决方案。

在互联网时代，上海申丝积极响应国家的“互联网+物流”的战略部署规划，严格按现代物流操作流程进行标准化运作，在向客户提供专业高效的物流服务的同时，斥资搭建先进的物流信息系统，包括ORACLE的OTM运输管理信息系统、仓储管理系统WMS、财务金蝶系统、OA协同办公系统、货物在途跟踪系统等整合信息系统。OTM运输管理信息系统前端对接微信，为客户、供应商提供了便利的查询服务，同时增加了供应商的黏性，为公司积累了海量的车源。这些信息化技术的专业应用，有效地满足了现代化物流查询、监控、跟踪、结算、配送等需求，实现与客户信息流的无缝对接。

2017年，上海申丝被选为上海市无车承运人试点单位，利用物流信息系统的优势对于无车承运人的模式进行探索和创新，将真实业务细化到每一车，全年10万单整车业务全部上线，提供给中国物流产业无车承运人的信息化的真实案例。

二、无车承运人信息化实施之前存在的问题

上海申丝是一家整车物流的干线长途运输，根据客户下达的发运计划进行车辆安排，在实际运作中存在较多的突发情况。紧急发运的计划客户均会优先发运，现场根据装货计划的增减单较为频繁，同时车辆安排的先后顺序也是较为混乱。在管控社会车辆上，车辆黏性无法保障。上海申丝围绕自身的问题进行深度的思考，在物流平台信息化建设实施之前，存在如下问题：

1. 信息孤岛，无法形成整体调度能力

各个运营团队在自己的区域内独立运营，形成了信息孤岛，所有的信息不能汇集到一个有效的平台，导致车源信息不能有效地分享。所有的车源无法在整个运营团队中进行共享，导致各地的成本信息脱节，无法形成整体调度能力。

2. 车辆黏性差，结算周期长

信息化建设前，司机的核算周期很长，导致黏性很差，运营团队无法与司机进行有效的沟通交流。同时在结算方面周期较长，如果遇到突发事件，诸如遇到家人病了需要住院费、孩子要上学了需要学费、要买房了需要首付等，在资金使用上相应较为困难时，无法得到自己的有效周转。

3. 财务的合规性与无车承运人法律风险

社会车辆进行运营后财务无法合规是物流行业内的一个通病，社会车主与物流企业之间的法律关系也不清晰。现物流行业下游个体车辆的供应商无法提供发票，已是行业内存在的问题。企业在进项方面存在较大的问题，同时社会车主的劳务费均无法缴纳。

三、信息化实施中遇到的主要困难与物流信息平台简介

（一）信息化建设中遇到的主要困难

上海申丝面临着支付、司机服务等一系列新的课题。首先就是对于企业内部管理流程的重组，传统的物流企业一般是各个网点支付各自供应商的运费，总部只负责审计，这种模式层级较多，同时在不同层级也会产生中间成本，从而提高了整体运输成本。

上海申丝在总部组建了金融平台部，利用建行银企直联网络和高效的信息系统，由总部统一结算所有供应商的运费。这一模式不仅有效地解决了支付层级过多的问题，而且在公司内部统一了结算账期，闪电结算司机在线申请，总部审核后统一出账，解决了司机的燃眉之急。

（二）物流信息平台简介

上海申丝的信息化建设自2003年开始搭建全国信息平台开始，到2015年已经迭代了第四版，这一信息平台以ORACLE的OTM系统为底层框架，针对中国物流和运力短租模式的实际情况进行了二次开发，同时增加了撮合、集采、金融增值服务，覆盖了第三方物流企业的整个价值链体系和增值环节。

考虑到运力短租模式下，整体社会司机的流动性比较大，而且装货地点不固定，司机文化程度不是很高并且对计算机不熟悉，为确保司机的个人信息得到保护并为能供应商提供

可靠货源，以及根据客户的需求，上海申丝开发了微信端的移动应用。

四、信息化主要效益分析与评估

（一）无车承运人平台增值服务能力

申丝货运平台中设有客户平台，供客户以及供应商提出建议或者对不满的地方进行投诉，或直接联系客服，客服人员会第一时间反馈以及解决问题。客户平台有上海申丝的公司简介，让关注的用户更加了解上海申丝的企业文化和企业状况。此处还有招聘信息，有合适的岗位关注者可以相互传播。

为了让会员车辆有更好的运输保障，上海申丝为会员车辆提供了投保服务，无论车辆保险是否到期，通过微信公众号随时随地可询问本年度任何险种的保险报价（团车价），出险后为会员司机排忧解难，并帮助会员司机进行快速理赔。车辆保险到期前一个月会有专人电话提醒服务，三大品牌保险（人保、平安、大地）及原投保保险公司价格对比，低价、理赔全力保障，同时建议最适合会员司机的投保险种，避免会员司机对投保险种不熟悉造成错投的风险。

针对供应商的车主服务环节中设有货源大厅、结算中心、个人中心和业务入口。货源大厅每日会实时更新货源信息，在这里会员司机可以第一时间寻找适合自己的货源。

在在线结算中心，会员司机可以在此处查看自己的结算信息，有无出入，也可以看到自己的结算进程，在此处可以根据自身状况，在线提交进行闪电付的申请。

在供应商的个人中心，会员司机在这里注册、更改自己的结算信息，填写发运路线，绑定自己的车辆，查看自己的里程值详情以及好友之间进行里程值的相互转赠，还可以参加上海申丝组织的各项活动。

司机进入业务入口，会员司机进行事故报案，会有专门人员第一时间进行解决处理，还可以进行回单签收管理、查看。服务号更好地为客户、供应商提供了各项周到的服务体验，更好地服务于客户，增加供应商的黏性。

（二）无车承运人社会车辆平台结算体系

上海申丝在微信平台设计了闪电付的申请以及各种查询应用功能，克服了各种开发困难，以最简便操作的形式展现给司机，确保每位司机都可以在最需要的时候，申请闪电付。

车主驾驶员根据签署协议将货物运输到指定地点后，将回单交付至相应项目组，由专职人员进行审核，核对无误将提交制单流程。由项目经理审核通过后车主可在微信端车主服务栏结算中心内看到此单据提交闪电付，上海申丝将在2个工作日内将余下的未结运费支付给车主注册信息的卡号内。

车主一旦申请闪电付，他就可以实时查询闪电付的进程，闪电支付过程中，在各个环节都会给车主推送模板消息，让司机有更好的服务体验。

车主可以在发车时预约闪电付，也可以在回单审核后提交闪电付，所有的闪电付由司机自己的微信号操作提交，任何其他人无权操作闪电付，这样确保司机的资金安全。

申请闪电付的协议在 OTM 业务系统中会显示在首位，进行优先处理，车主申请闪电付之后，上海申丝的各个审核节点人员会加快审核速度优先处理，各个节点审核无误之后，自发起之日算起将在 1～2 个工作日之内，将这些司机急需的钱款汇至车主在微信公众平台上注册的账户。

车主可在手机车主服务的结算中心中，查看自己已经审核通过的协议，并点击申请闪电付，即可操作成功，简单快捷。闪电付 1～2 个工作日即可收到货款，不仅为急需资金的供应商提供了方便，帮助供应商及时渡过资金周转困难期，还更好地保证了供应商的权益。

此业务流程在上海申丝全国各项目组进行广泛推广，从企业内部看是一项十足的进步，给车主驾驶员的结款提供了一个便利的窗口，在承诺车主结款方面有了明确的态度及保障。有了此项业务流程，各项目组的业务阻力减小。

案例分析题：

根据案例并结合所学知识试分析信息化技术在物流中的作用。

思考题

1. 什么是物流技术？什么是物流信息技术？
2. 条码技术有哪些特点？其应用系统是如何构成的？
3. 射频识别系统由哪几部分组成？有何特点？
4. GPS 系统由哪几部分组成？应用 GPS 系统如何实现货物的跟踪和调度？
5. 简述区块链的含义及应用。

拓展阅读

请扫描二维码阅读拓展资源。

最值得关注的 11 种安全技术

目前流行的信息安全技术及其特点

第七章　物流信息管理

第一节　物流信息系统

从物流企业管理的发展角度来看,借助信息系统能够更深入地利用实际经营过程中的信息去研究经营活动的发展趋势、经营计划对经营过程的调节与控制、最佳资源配置、企业的经营发展战略等内容。物流业管理信息化是现代化建设和推进国民经济信息化的非常重要的组成部分,要把实施物流管理信息化放在现代物流发展的重要位置来考虑,并应配合物流企业的改革,围绕增强物流企业的竞争力,提高物流企业的经济效益,积极、主动地加快物流企业业务流程的创新、重组与优化,用现代化的信息前沿技术和信息资源支持物流企业的有效运作,即物流信息系统的实施。

一、物流信息概述

在介绍物流信息系统之前,先介绍一下物流信息。

(一) 物流信息的概念

信息是客观存在的,是有意义的数据。在一切事物运动过程中,通过物质载体所发生的消息、情报、指令、数据、信号所包含的一切可以传递和交换的知识内容就是信息。不同的物质和事物有不同的特征,不同特征要通过一定的物质形式,产生不同的消息、情报、指令、数据、信号。

物流信息就是物流活动所必需的信息,即由物流引起并能反映物流活动实际特征的,可被人们接收和理解的各种消息、情报、文书、资料、数据等的总称。物流信息不仅对物流活动具有支持保证的功能,而且具有连接整合整个供应链和使整个供应链活动效率化的功能。这些功能,使得物流信息在现代企业经营战略中占有越来越重要的地位,也是现代物流信息系统的流动体。

(二) 物流信息的性质

物流信息大多表现为企业的管理信息,因此具有一般管理信息的性质。

1. 真实性

真实性是物流信息最基本的特征,是信息的价值中心。信息价值的大小,关键在于是否符合事物的本来面目。一份不真实的信息,不仅不会给人们带来任何好处,反而会造成巨大损失,其价值为负。比如库存信息的错误将直接导致决策的失误,给企业带来巨大损失。

2. 滞后性

信息虽然是环境事实的知识内容,但事实与信息两者毕竟是不相同的。从时间上讲,信息总是落后于事实,同时,信息是有寿命的,而且随着时间的推移,信息的衰老性越强,可利用的价值就越低。因此,人们要求信息的传送越快越好,否则,具有一定实用价值的信息将会变成毫无价值的消息。

3. 不完全性

由于客观的事实常常不能被人们全部认识和全部得到,所以它具有不完全的性质。信息的不完全是经常的、大量的、绝对的,这就更要求人们力求把信息收集得全面一些,说明得更具体一些。

(三)物流信息的特征

除上述信息的普遍性质外,物流信息还具有以下 8 个特征。

(1)物流信息涉及面广、数量大。

(2)高峰时与平时的信息量差别很大。

(3)每天发生信息的单位(每一件大小)并不一定很大。

(4)信息发生的来源、处理场所、转达对象分布在很广大的地区。

(5)要求与商品流通的时间相适应。

(6)和仓储、生产等本企业的其他部门的关系密切。

(7)货主与物流从业者及有关企业之间的物流信息相同,各连接点的信息再输入情况较多。

(8)有不少物流系统的环节同时兼办信息的中转和转送,贯穿于生产经营活动的全过程。

其中,信息流在物流生产经营活动中起着重要的作用,在企业物流领域中尤为重要,企业物流领域每时每刻都需要大量的内部信息和外部信息。及时利用信息可以控制人员、资金、设备、原材料和技术资源的有效使用,从而提高企业物流的劳动生产率、降低成本、提高企业的经济效益,因此,在现代化企业物流活动的所有方面,信息已经成为重要资源。

另外,现代企业物流决策中运用越来越复杂的数学模型,需要大量的信息,靠人工解决既费时又易造成错误。所以,越来越多的企业开始应用计算机等 IT 技术,实时、精确、高效率地完成对信息的处理,提高了企业物流的反应能力,降低了生产成本,提高了企业的经济效益。

（四）物流信息的组成

物流信息一般由以下两部分组成。

1. 物流系统内信息

它是伴随物流活动而发生的信息，包括物料流转信息、物流作业层信息、物流控制层信息和物流管理层信息。

2. 物流系统外信息

它是在物流活动以外发生但提供给物流活动使用的信息，包括供货人信息、顾客信息、订货合同信息、交通运输信息、设备信息、市场信息、政策信息，还有来自企业内生产、财务等部门的与物流有关的信息。

（五）物流信息的功能

一般来说，物流信息具有以下功能。

1. 市场交易功能

交易活动主要指记录接货内容、安排储存任务、选择作业程序、制定价格及相关人员查询等。物流信息的交易作用就是记录物流活动的基本内容，主要特征是程序化、规范化与交互化，强调整个信息系统的效率性和集成性。

2. 业务控制功能

物流服务的水平和质量以及现有管理个体和资源的管理要由信息系统进行控制，应该建立完善的考核指标体系来对作业计划和绩效进行评价和鉴别，这里强调了信息系统作为控制工作和加强控制力度的作用。

3. 工作协调功能

在物流运作中，加强各部门不同种类的信息集成与流通有利于加强工作的时效性，提高工作的质量与效率，减小劳动强度系数。这里，物流信息系统起了重要作用。

4. 支持物流决策和战略功能

物流信息管理协调工作人员和管理层进行活动评估和成本－收益分析，从而更好地进行决策。物流信息系统具有整合信息，辅以多维数据分析、数据仓库与数据挖掘技术，支持决策和战略定位的作用。

（六）物流信息的作用

物流信息在物流系统化管理中具有很重要的地位和作用，可以说是物流管理、指挥、控制的灵魂，其具体表现为：

1. 它是物流管理决策的前提和基础

物流管理中要想保证决策的科学性，首要条件是对决策对象及其相关因素的状况和变化有一个全面、准确的了解，只有这样，才能运筹自如，提高决策的效率，避免“瞎指挥”。

例如,在库存管理中,何时进货,进多少货,从哪里进货,必须在对库存量、进货渠道、物资价格、物资需求等因素的现状和变化趋势有全面、准确了解之后才能做出正确的决策。

2. 它是实现物流决策目标的重要保证

任何一个物流决策的执行必然要牵涉许多部门和环节,而物流信息在这些部门和环节之间的传递与反馈,能起到沟通和联络、化解矛盾、排除障碍等作用,使各部分、各环节的活动按照决策指定的目标方向协调运行。

3. 它是提高物流企业经济效益的重要因素

市场经济体制的建立使我国物流企业的经营模式发生了根本性的转变,企业的生存与发展完全取决于适应市场变化能力的强弱。市场经济是一个信息化了的经济,及时捕捉一条信息就可能带来一笔经济效益可观的物流业务,忽视一条信息也可能就失去一次良好的发展机遇。一个物流企业如果不善于捕捉有关国民经济发展趋势、商流变化、物流市场供求变化、竞争对手经营状况的信息,那么,在当今竞争日益激烈的市场经济中,很有可能遭遇失败。

二、物流信息系统概述

(一) 物流信息系统的概念

在发展物流业务的过程中,如何降低整个"物流"系统的成本、提高系统的经济效益、提高服务质量成为竞争的焦点,高效的物流管理成为物流服务提供商的必然追求。控制集中化是物流管理的核心问题,即经营主体对其所受理的物流业务实现全过程物流链管理,无论经营主体直接负责或委托他人(经营者)完成物流部分业务或全部业务,经营主体都必须了解、掌握并能控制物流实时状态和未来情况。

物流信息的流通是物流管理中控制集中化成功与否的关键。对于大型供应商而言,没有全过程的物流管理就根本谈不上建立有效的分销网络。对于大型连锁零售商而言,没有全过程的物流管理就根本谈不上建立供应配送体系。对于大型生产厂家而言,没有全过程的物流管理就根本谈不上生产适销对路的产品。对于货运中心、仓储中心或第三方物流提供商而言,没有全过程的物流管理就无法提供面向全过程物流管理的服务,就根本不可能争取到任何大客户的物流业务。

随着互联网技术的广泛应用,目前,基于互联网的物流信息系统正成为发展物流业务的基本物理条件。也就是说,基于互联网的物流信息系统为物流服务商和厂家提供了一个信息交换平台,是支撑全过程物流管理最重要的基础之一。

因此,可以给出如下现代物流信息系统的定义。所谓物流信息系统,就是一个以人为主导,利用计算机软硬件、网络通信设备特别是互联网等 IT 技术,结合各类机械化、自动化物流工具设备,进行物流信息的收集、传递、加工、储存、更新和维护,实现对实体物流综合管理的数字化、智能化、标准化和一体化,物流业务处理指挥信息化与网络化,以提高整体物流活动的效率和效益,降低整体物流成本,支持企业的现代管理并取得竞争优势的集成化人机系统。

物流信息系统的软件层包含操作系统、通信协议、业务处理系统等,运行于底层的网络硬件设施与各种物流工具之上。其中,物流信息系统的软件层又可分为物流企业子系统、运输工具子系统、现场子系统、用户子系统、行业管理子系统等多个子系统,这些子系统分别拥有各自的专用数据库,同时也有一些共用数据运行于一个共用数据库之上,构成共用的信息平台。具体如图 7-1 所示。

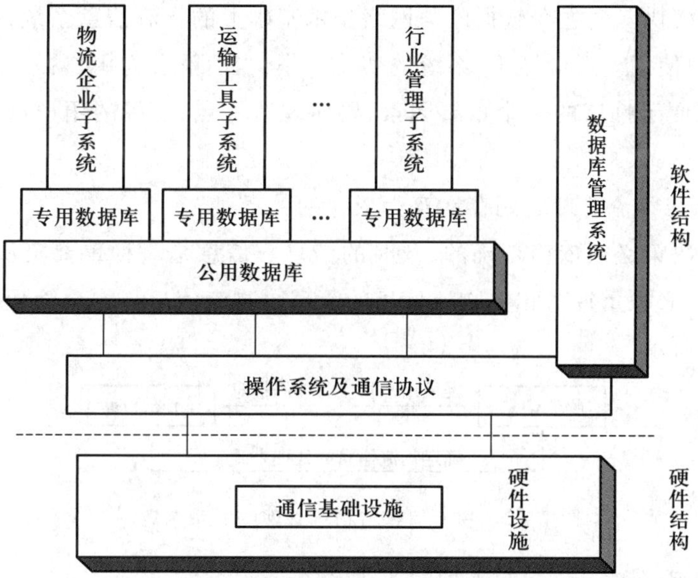

图 7-1 物流信息系统的组成

物流信息系统强调从系统的角度来处理企业物流活动中的问题,把局部问题置于整体之中,以求整体物流活动最优化,并能使信息及时、准确、迅速送到管理者手中,提高管理水平。

物流信息系统把大量的事务性工作即工作流的问题交由计算机来完成,把人们从烦琐的事务中解放出来,有利于管理效率的提高。物流信息系统在解决复杂的管理问题时,可广泛应用现代数学成果,建立多种数学模型,对管理问题进行定量分析。

(二) 物流信息系统的特征

物流信息系统除了具有信息系统的一般特性,如整体性、层次性、目的性、环境适应性之外,还具有一些自身的特征。

1. 主要为物流管理服务

物流信息系统的目的是辅助物流企业进行事务处理,并一定程度上为管理决策提供信息支持，因此必须同物流企业的管理体制、管理方法、管理风格相结合，遵循管理与决策行为理论的一般规律。为了满足管理方面提出的各种要求，物流信息系统必须准备大量的数据（包括当前的和历史的、内部的和外部的、计划的和实际的），应用多种分析方法、大量数学模型和管理功能模型（如预测、计划、决策、控制模型等）。

2. 适应性和易用性强

根据一般系统理论，一个系统必须适应环境的变化，尽可能做到当环境发生变化时，系统不需要经过大的变动就能适应新的环境。这主要要求系统便于修改。一般认为，最容易修改的系统是积木式模块结构的系统。由于每个模块相对独立，其中一个模块的变动不会或很少影响其他模块。建立在数据库与网络技术基础上的物流信息系统，应具有良好的适应性，并方便用户使用。适应性强，系统的变化就小，当然就会为用户提供方便了。易用性是物流信息系统便于推广的一个重要因素，要实现这一点，友好的用户操作界面是一个基本条件。

3. 物流信息与物流管理之间存在互为依存的关系

物流管理与决策必须依赖正确的、及时的信息。信息是一种重要资源，在物流管理控制和战略计划中，必须重视对相关物流信息的管理。物流信息与物流管理之间互为依存的关系，如图 7－2 所示。

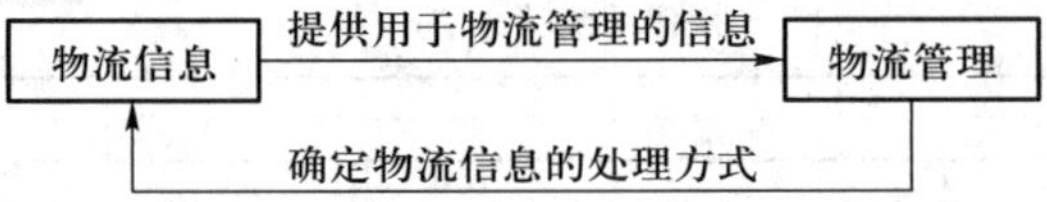

图 7－2　物流信息与物流管理的关系示意图

4. 物流信息系统是一个面向管理的人机系统

物流信息系统在支持企业的各项管理活动中，计算机及物流设备与用户之间不断地进行信息交换，管理人员要负责将数据及时地输入计算机或设备的计算机中，计算机在对这些数据进行加工处理后将所获得的信息输出来，以满足管理所需，同时在加工处理过程中还需要人的适当干预。因此，企业物流信息系统又是一个交互的人机系统。

5. 具有数据库系统的特征

使用数据库技术，将数据有效地组织在相关计算机网络系统中，以实现快速的信息处理及信息共享。

6. 具有分布式数据处理特征

企业的物流管理活动往往分布在一定的地理范围内，这就要求物流信息系统应该是分布式的。当今有线、无线网络与通信技术的发展及其各种先进智能化物流工具的应用使得分布处理得以实现。

（三）物流信息系统的功能

一个企业级的物流信息系统为物流活动各方提供物流业务的操作平台，使得小型的物流服务提供商和企业之间的物流信息通过该系统进行交换，进行物流业务的企业可以通过该网络监控货物的流动，物流服务提供商则可以借助该网络扩大自己的服务能力和范围，政府相关部门也可以通过该网络对物流活动进行宏观监控。可以说，物流信息系统能实现对物流服务全过程的管理。具体而言，物流信息系统具备以下一些功能：

1. 集中控制功能

这主要是指对物流全过程进行监控。其实现的功能控制有业务流程的集中管理、各环节的收费管理、各环节的责任管理、各环节的结算管理、各环节的成本管理、运输环节的管理、仓储环节的管理、统计报表管理等。通过对各环节数据的统计与分析，得出指导企业运营的依据。

2. 运输流程管理功能

这主要是指针对运输流程的四个环节而实施的接单管理、发运管理、到站管理、签收管理和运输过程的单证管理，如路单管理、报关单管理、联运提单管理和海运提单管理等。

3. 车（船、飞机等）、货调度管理功能

这主要是指解决运输过程中的货物配载、车辆（船、飞机等）调度、车辆（船、飞机等）返空等问题。通过使用物流信息系统能够更好地利用集装箱的运输空间，更合理地进行车辆的调度，并能圆满地解决大型运输集团中各分公司的车辆（船、飞机等）返空问题。

4. 仓储管理功能

这主要是指针对货物的入库、出库、在库进行管理。其中在库管理是指对库中作业的管理，特指货物的包装、拆卸、库中调配、配货等典型的物流服务。通过对出入库货物数量的计算，可以得出准确的货物结存量。此外，还可以根据物流订单信息进行库存的预测管理。

5. 统计报表管理功能

这是物流信息系统中最主要的信息输出手段，是企业决策者和客户了解业务状况的依据。它既可以提供动态的统计报表，也可以提供多种特定的统计报表，如货物完整率报表、时间达标率报表、延期签收统计报表、业务量分析图、财务结算统计表、物流企业年度经营情况总结报表等。

6. 财务管理功能

这主要是管理物流业务中和费用相关的各种数据，并建立物流系统和专业财务系统的数据接口。

7. 客户查询功能

这主要是为客户提供灵活多样的查询条件，使得客户可以共享物流企业的信息资源，包括货物的物流分配状况、货物的在途运输状况，如实时的货物跟踪、货物的库存情况、货物的结存情况、货物的残损情况、货物的签收情况等。

8. 客户管理功能

物流服务是以客户为中心的服务，所以对于任何一个物流系统来说，客户管理系统是必不可少的。它主要由以下三部分组成：托运人管理（包括货主、货代、生产商等）、收货人管理（包括销售商等）和中间承运人管理（即经营主体对各经营人的管理，包括物流集团企业的下属各分公司、联运中的其他运输团体，如船舶公司、船舶代理、航空代理等）。

总之，现代物流的关键元素之一为信息流，物流企业应充分利用目前信息网络时代里现代通信网络的便利，将信息流架构于以互联网为代表的信息网络平台上，实现物流、信息流的统一，从而为企业创造良好的经济效益。

（四）物流信息系统是现代物流业发展的共同趋势

在欧美等发达国家，物流的产值已经占到国民生产总值相当大的部分，其中物流信息系统的实施对行业的贡献不容忽视。我国要成为物流业发达的国家，构筑现代物流信息系统是重中之重。

仅仅依赖单一的、简单的、低附加值的仓储服务和运输服务的物流企业难以维持，必须提供高质量的综合物流服务，如门到门运输服务、组装、配送等，而提供这些服务最重要的基础是支持供应链乃至电子商务的网络化物流信息系统。

（五）物流信息系统的作用

企业决策者在物流信息系统的建设中，首先要明确一个概念，即信息化是什么。它既不是买软件也不是买硬件，软硬件只是为达到目的所实施的手段和工具，企业实施物流信息化的最终目的应该是应用，是为了创造利润。只有能够优化物流各个环节，提高企业效率和效益的物流信息系统，才可以称为是一个成功的物流信息系统。

总体来说，企业物流信息系统至少具有以下几个方面的作用。

1. 仓储管理

使用仓储管理系统可以管理储存业务的收发、分拣、摆放、补货、配送等，同时仓储管理系统可以进行库存分析与财务系统集成。先进的仓储管理系统还能帮助企业实现“逆向物流”的管理。

2. 运输与发货管理

使用运输管理系统可以优化运输模式组合，如空运、陆运、水运或联运等，寻求最佳的运输路线。运输管理系统还可实现在途物品的跟踪，并在必要时调整运输模式，实现车队管理、运输计划、调度与跟踪、与运输商的电子数据交换（信息集成）等。

3. 劳动力资源与设备管理

为了充分发挥人力资源与物流工具的潜力，改进劳动生产率，需要建立员工的培训系统、绩效评估系统以及设备维护系统。

4. 加快供应链的物流响应速度

通过建立物流信息系统，可以实现全局库存、订单和运输状态的共享性及可见性，以降低供应链中需求订单的信息畸变。

5. 物流整合

采用最优化理论，可以将企业物流上的各个环节综合考虑，制定全局优化的物流策略。

三、物流信息系统的结构

物流信息系统的结构，可以从其分层结构、体系结构、通信结构等几个不同的方面进行阐述。

（一）物流信息系统的分层结构

物流信息系统的分层结构是从系统功能的角度分析体系结构中各子系统在整个系统中的层次结构。

由于物流系统参与者的地位与作用不同，在物流业发展中的功能不同，各个子系统在整个系统中的层次地位是不同的。分层结构在于分析各子系统如何在不同层次上对物流业发展起协调、整合的作用。

一个专业的第三方企业级物流信息系统大致可以分成基本功能层、行业管理层、信息增值层及宏观决策层几个层次（企业物流可相应地集中于基本功能层以及信息增值层及宏观决策层上），如图 7－3 所示。

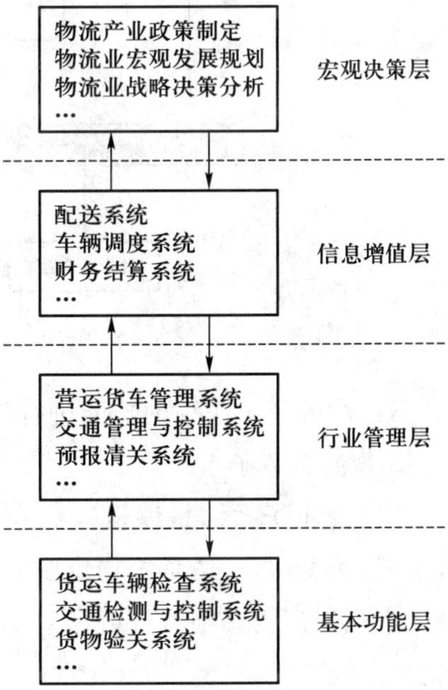

图 7－3　物流信息系统分层结构图

1. 基本功能层

对系统中基本要素活动的引导与管理，实现物流系统基础数据采集、作业与管理。

2. 行业管理层

政府相关部门对物流系统的参与和管理，提高行业管理水平，规范物流市场的良性发展。

3. 信息增值层

通过相关信息的支撑与引导，为各种不同物流模式下物流企业的发展提供信息增值服务，提升物流业主体的效益。

4. 宏观决策层

政府通过对大量物流信息的归类分析，利用信息资料，对物流的整体发展做出宏观分析与决策，使管理能力与决策范围都得到极大的延伸。

（二）物流信息系统的体系结构

从整个物流行业的角度来看，物流活动以物流企业为中心展开，涉及物流企业与运输设备之间的信息交换、对运输设备的管理、与用户的信息交换以及从政府相关部门或物流枢纽来获取信息支撑。因此,可以将物流信息系统划分为物流企业子系统、运输工具子系统、现场子系统、用户子系统、行业管理子系统等五个子系统。它们之间的关系如图7-4所示。

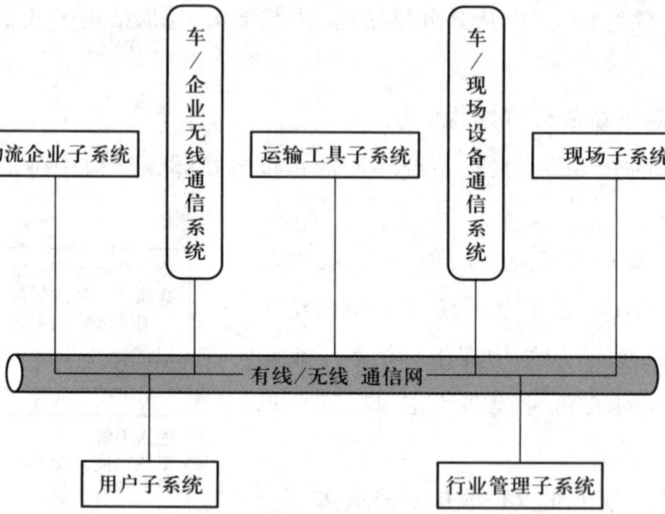

图7-4　物流信息系统体系结构图

下面对各个子系统的功能进行简要描述。

1. 物流企业子系统

物流企业子系统是以运输和仓储为主线,管理取货、集货、包装、仓库、装卸、分货、配货、加工、信息服务、送货等物流服务的各环节,控制物流服务的全过程,以提高物流企业的战略竞争优势、提高物流效益和效率为目的,支持物流企业高层决策、中层控制、基层运作的信息系统。

2. 运输工具子系统

运输工具子系统是由安装于运输工具(如货车、火车、轮船、飞机等)之上的信息接收、发送及采集设备所组成的,通过与现场子系统、行业管理子系统、物流企业子系统的通信,实现对车辆等运输工具及货物的监测、跟踪等功能的信息系统。

3. 现场子系统

现场子系统是分布于道路、仓库以及场站的物流设施和管理系统等,用来对物流信息进行采集,以及在车辆及货物与行业管理子系统、物流企业子系统之间提供信息交流的信息系统。

4. 用户子系统

用户子系统是为用户提供查询功能的信息系统,包括为一般远程用户提供物流服务委托、信息查询及货物跟踪等服务。它与大的、稳定的需方客户进行信息系统的整合,为制造商提供各类、各层次的信息共享服务等。

5. 行业管理子系统

行业管理子系统主要是从政府相关部门及物流枢纽等行业管理的角度来定义的。该系统主要是为在各种物流模式下的物流企业提供信息支撑的信息系统。例如，提供物流活动中参与各方货物、运载工具等的管理、跟踪、识别等服务，提供商品、企业（制造业、批发业、零售业）等的信息，提供政府与企业、企业与企业之间的金融结算、信用等服务，以支持电子商务发展。

（三）物流信息系统的通信结构

通信技术实现了物流系统各参与者相互之间的联系，可以提高物流系统的整体效益与服务质量。通信技术在物流信息系统中的应用在于：

（1）提高数据采集的统一性；

（2）提高数据传输的安全性、可靠性与及时性；

（3）提高系统的开放性与可扩充性；

（4）满足不同参与者对信息获取渠道的多样性，即通信方式的灵活性。

通过对物流信息系统体系结构中各子系统的分析，可以对各种不同的通信方式做分析，如表 7－1 所示。

表 7－1　主要参与者间的通信方式

参与者	通信方式
车与现场设备	专用短程通信系统（DSRC）、传感器（Sensor）等
货物与收货人（一般是司机、仓库管理员、交接运输节点管理人员）	手握式扫描器等
用户子系统与物流企业子系统	有线电话/传真 移动电话 互联网 专线（如与制造商间信息交换）
其他子系统	互联网 专线（如与制造商间信息交换）（如 DDN、ISDN 等） 无线通信

应用上述通信技术，物流信息系统的通信结构如图 7－5 所示。

四、物流信息系统的内容

在物流信息系统中，物流活动主要是通过物流企业子系统来实现的，其他子系统为其提供辅助性、服务性活动。由于在物流信息系统的建设中主要是以企业为单位来进行建设

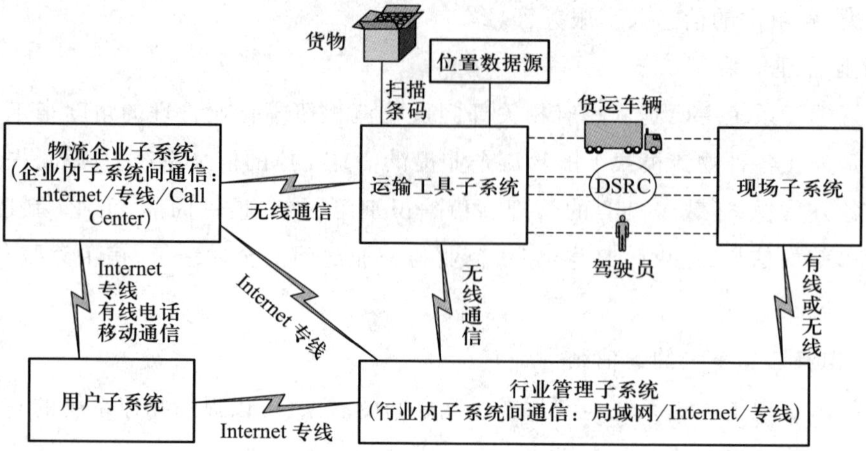

图 7－5　物流信息系统通信结构图

的，因此在介绍物流信息系统的内容时，将着重介绍企业物流信息系统的内容。

物流企业子系统主要包含订单处理系统、采购订货系统、进货系统、库存管理系统、出货系统和配送系统。下面简略介绍它们的主要功能与内容。

（一）订单处理系统

订单处理系统是指接受顾客订货、查核商品库存、确认与回复交货期限、进行订货量管理的作业系统。对于所订购的商品，在接到订购通知之后，应通过连贯性的作业，经由出货系统、配送系统的指示送达客户手中。因此，订单处理系统的主要功能包括以下几个方面。

1. 接收订单功能

能够迅速、准确地接收订单内容，并且能运用网络信息来接收订单。

2. 库存核查，回复交货期功能

在接获订单后立即核查库存量，并且即时回复客户交货期。

3. 追加订购管理功能

能够回复商品交货期所做的追加订购管理，做到采购管理与追加订购管理同步化。

4. 查询功能

迅速、准确地回复客户的查询。

关于订单处理系统各项功能的特点与主要内容如表 7－2 所示。

表 7－2　订单处理系统各项功能的特点与主要内容

功能名称	特点	主 要 内 容
接收订单	迅速、准确地接收订单内容； 运用网络资讯来接收订单	能够直接接收客户端所传送的订单资料； 双方间受订活动为互动式的，能迅速并准确地接收订单，有效节省订购作业的人力

续表

功能名称	特点	主要内容
库存核查，回复交货期	接获订单后立即核查库存量；即时回复客户交货期	接获订单后，立即查核商品库存量，通过网络回复客户该商品的交货期；当库存量不足时，通过系统的追加处理状况，回复客户修正的交货期，并进行订购管理作业
追加订购管理	回复商品交货期所做的追加订购管理；采购管理与追加订购管理同步化	通过系统定期针对追加订购的部分，监督是否能够如期进货，以符合客户要求的交货期；进货时必须立即扣除系统当中所追加的数量，达到进出的平衡之后，才可以执行出货的动作
查询	迅速准确地回复客户的查询	整体营业活动当中，包括接受订单前的交涉、库存量确认、交货期确认、议价等行为，能够迅速回复客户查询

（二）采购订货系统

采购订货系统是指为了有效防止销售商品（或企业原材料）库存量不足的状况产生，针对货品来源，进行适时的商品订购（采购）的作业系统。这个系统与库存管理系统、客户订购系统产生连动性，具有当库存量低于设定标准时自动显示、提醒追加商品订购的基本功能。采购订货系统的主要功能包括以下几个方面。

1. 订购提醒功能

防止库存不能满足客户需要，以进行适当且正确的订购管理。

2. 订购（采购）功能

将订购信息迅速正确地传达至货源处，运用网络来进行订购（采购），并办理进货预订的手续。

3. 补充订购管理功能

准确追踪补充订购量的后续作业。

采购订货系统各项功能的特点与主要内容如表 7－3 所示。

表 7－3 采购订货系统各项功能的特点与主要内容

功能名称	特点	主要内容
订购提醒	防止库存不足；适当且正确地进行订购管理	以现有库存量、应追加数量、过去的销售实绩、预测数量为基础资料，通过系统架构，计算出正确的应追加订购的数量，来补充库存量的不足部分 判断系统所计算出来的订购数量是否符合现实，如果正确无误，便可通过系统来进行追加订购的作业

续表

功能名称	特点	主要内容
订购（采购）	将订购信息迅速、正确地传达至货源处； 运用网络来进行订购（采购），并办理进货预订的手续	促进与货品供应处之间的信息流通； 迅速、正确地将订购信息传达至供应商的同时，大幅度地节省企业订购成本； 系统接收到由供应商处所发出的交货期回复，以便将进货预订日期录入在预订库存量的系统中，让订购系统得以被运用
补充订购管理	准确追踪补充订购量的后续作业	将供应商所回复的交货期，登录至订购系统中，通过系统确认追踪交货期以及后续相关作业

（三）进货系统

进货系统是指用于所进货商品完成品质检验作业之后，针对订购资料进行冲销的系统，即当商品确定入库之后，便列入库存管理以及进货管理的系统。进货系统当中，最重要的一点在于商品本身与进货及库存量资料必须完全一致。如果现有商品与进货及库存数量不符，便表示原因可能是进货资料输入时产生了错误，或者品检作业出现了疏漏等。

实际上将仓库现有库存量与系统所显示的账面库存量一一核对，就可以发现账面上的错误点与数量不符的地方。为了有效落实这个作业运用系统，必须建立一个能够促使现有商品与账面资料一致的环境，以及建立一个作业执行架构。例如，在包装上列出商品名称及数量的条码，入库时利用机器读取该条码资料，之后记录在库存系统当中也是一种相当有效的方法。

进货系统主要有以下几项功能。

1. 进货预订管理功能

迅速取得正确的进货资料，并将获得的资料灵活运用在进货作业准备、订购业务当中。

2. 进货行程预约与进货确定功能

输入正确的进货商品及数量，以迅速反映出进货商品的现有库存以及应补充订购的数量，使货品动向与资料完全一致。

关于进货系统的各项功能的特点与主要内容如表 7－4 所示。

表 7－4 进货系统各项功能的特点与主要内容

功能名称	特点	主要内容
进货预订管理	迅速取得正确的进货资料并将获得的资料灵活运用在进货作业准备、订购业务当中	通过网络取得商品供应处的出货资料，再转换登录为自己企业所适用的进货预订行程表； 仓库会根据进货预订资料，进行事前的准备工作，也可事先预留进货时必需的作业空间； 如果尚有应补充的库存量，也可作为进货后立即出货所必需的依据； 进货预订资料，也可以作为近期内预订进货库存量的基本数据
进货行程预约与进货确定	输入正确的进货商品及数量； 迅速反映出进货商品的现有库存以及应补充订购的数量； 货品动向与资料完全一致	以系统显示的进货预订资料为基准，根据进货商品所做的品检作业，能够在极短时间内取得正确的品检相关数据资料； 利用这个进货资料作为输入计算机时的依据； 关于入库商品的保管作业方面，必须在商品进货之前就先决定仓库保管作业的位置与场地，以简化入库作业的手续

(四) 库存管理系统

库存管理系统是指保存在配送中心内的商品库存管理(数量、金额)，或者执行位置管理等作业系统。所谓库存管理，代表以物流信息运作为中心的一个作业系统，与订购、采购、进出货的各个系统设定而形成连动性，出货的同时，系统便立即更新库存数量，并提供要求处所需要的相关信息。

库存管理系统当中最重要的一点，在于商品的现有库存量与系统账面上的库存量必须一致。只有做到这一点，才能够以系统信息为基准，取得进出货的完整数据。另外，建立适当的库存量管理以及滞销品管理等库存掌控系统也是相当重要的一环。

库存管理系统主要功能包括以下几个方面。

1. 现有库存管理功能

促使现有库存量与账面库存量数据一致。企业可以以进出货为基准原则，建立能够有效执行现有库存管理与账面库存管理之间差异性的系统。

2. 保管功能

执行位置(场所)管理。

3. 库存量以及库存金额的管理功能

建立管理系统，以确保库存量的合理性，且针对滞销品进行管理，并进行库存的 ABC 分析管理。

关于库存管理系统各项功能的特点与主要内容如表 7－5 所示。

表 7－5　库存管理系统各项功能的特点与主要内容

功能名称	特点	主要内容
现有库存管理	促使现有库存量与账面库存量数据一致，以进出货为基准原则能够有效执行现有库存管理与账面库存管理之间的差异	即时掌握商品的进出货保管、直到出货为止的物品动向，并可以网上即时更新库存资料； 为了找出现有库存与账面库存之间差异所进行的盘点工作，必须建立指定范围内的账面库存表等相关资料作为支援工具； 当现有库存与账面库存产生差异时，可以通过系统来管理其中的差异值
保管	执行位置（场所）管理	通过计算机来管理、保证仓库内商品的场所（位置），能够有效提升入出库的作业效率； 执行位置管理时，必须使仓库内的各个位置条码化，每当商品出入库时，专属位置条码便能立即指出库存与保管位置，为了提升仓库内的作业效率，位置的设立与管理方式都是相当重要的
库存量以及库存金额的管理	建立管理系统，以确保库存量的合理性； 针对滞销品进行管理； 进行库存的 ABC 分析管理	进行销售预测，计算出适当的库存量，执行采购管理（参照订购系统）的说明； 通过系统找出一段期间之后完全没有任何动向的商品，并列出滞销品清单，以拟定库存品出清的相关对策； 通过系统针对特定期间内的商品动向做 ABC 分析，以进行库存的重点管理

（五）出货系统

出货系统是指与订单处理系统及库存管理系统形成连动性，在出货之前执行库存保管、位置管理和滞销品显示等流程，并且制作出货单、配送准备等各方面相关作业的系统。

因此，出货系统的主要包括以下两个方面的功能。

1. 出库指示功能

即使不具备任何产品专业知识的人，都能够充分理解滞销品指示，而且品检作业应该省力化。

2. 制作出货单功能

制作顾客指定规格的出货单。

（六）配送系统

配送系统是指根据商品的配送类型做分类后，再按照商品重量与体积等各因素拟定的派车计划、体积装载计划以及配送行程计划等作业系统。

因此,配送系统的主要功能为:

(1) 派车计划与体积装载计划功能。缩短派车计划的立案时间。

(2) 收回领货单功能。根据领货单迅速、准确地计算出营业额。

五、移动物流信息系统

随着信息技术的发展,以及智能手机的广泛应用,互联网应用正在向移动互联网应用方向延伸,移动互联网正在悄然改变着人们的生活方式。物流货运 APP 的出现,对于物流行业来说是一个发展的契机,也是迈向信息化和专业化的一个有效途径。据行业人士预测,这将为物流行业的发展带来划时代的意义。随着智能手机的普及,物流从业者获取信息的能力大大提升,相比以往,移动应用彻底颠覆了传统的商业模式,让物流供需双方突破时空限制,轻松对接,这无疑大大提升了物流行业的运营效率。

(一) 分类

根据 APP 提供内容的差异,物流 APP 大致分为以下三类。

1. 物流资讯查询 APP

此类 APP 大多是物流信息网站在移动互联网领域的延伸,将物流信息网站上的内容从 PC 端搬到移动端,然后提供给用户查看。也有专业化的物流资讯查询 APP,如快递100,定位于提供多家快递资讯查询。

2. 干线车货匹配 APP

此类 APP 是移动互联网深入物流业务交易的第一波产品,在长途货运市场推出,定位于直接连接货主和车主,消除中间环节,实现高效透明的物流交易。

3. 货运 APP

此类 APP 主要是给车主和货主提供一个物流服务平台,可以让那些车主和货主在这个平台上快速有效地找到货源和车源,解决了找车找货难的问题。比如运多多,它就是一个主要提供专线物流服务的平台。

(二) 物流 APP 软件主要功能

(1) 单据录入:通过 APP 的扫描功能可以录入快递单据;

(2) 查询单据:只要在手机 APP 里输入快递单号就可以查询出相关快递信息;

(3) 单据管理:通过物流 APP 企业可以按天、周、月统计订单数量;

(4) 分析统计:通过物流 APP 可以按订单情况将其分类,方便做账;

(5) 客户管理:可以通过 APP 对客户进行管理,以便快速联系和拓展业务;

(6) 常用工具库:查询当天即时汇率、单位换算、ATM、加油站、物流园、全国线路图等;

(7) 数据通信:可配置的定制化企业物流系统通信接口;

(8) 数据同步:即时同步企业物流系统和移动物流系统数据;

(9)我要开单:支持蓝牙快速打印标签、收货凭证;

(10) 通讯录:查询企业内部员工联系方式。

(三) 常用货运APP功能介绍

1. 罗计找货

(1) 汇集了全国物流公司和货运信息网的各类消息,让更多的司机第一时间了解优质货源;

(2) 系统根据用户所在地,以可视化地图模式智能展现货源、车源信息;

(3) 按城市垂直展现货源和车源信息并可根据区域进行定向搜索;

(4) 第一时间呈现官方推送的各类信息;

(5) 车主及货主可以进行相互评分,加强交易双方的信息透明度。

2. 运满满

(1) 寻找车源和货源信息,发布车源和货源信息;

(2) 广场中可定制希望关注的线路;

(3) 定位管理:在征得车主同意的情况下对车辆司机手机进行定位;

(4) 车主自动搜索货源,对货源进行比较,找到满意信息后,可直接电话联系货主;也可主动发布空车信息,等待货主上门。

3. 运多多

(1) 司机、车主通过运多多平台,可以实时发布信息,并立即匹配相应的货主信息,做到车辆智能配载;

(2) 车主可以和货主进行在线洽谈、送货预约、在线下单、上传车辆位置、送达确认、在线评价等;

(3) 提供海量专线服务,车主和货主可以在其平台上发布专线信息,也可查询专线;

(4) 可运费托管,油卡充值,查看自己的货险和车险;

(5) 注册用户可提交反馈意见和建议。

4. 物流小秘

(1) 发布和寻找货源信息和车源信息;在用户同意的情况下对司机进行手机定位;

(2) 车主自动搜索展示货源,主动联系货主,拿到合适货源;

(3) 走专线的物流公司可发布货源信息,收取自己物流专线的货源信息,寻找适合自己的车源;

(4) 查询货源,扩大网上揽货业务。

5. 车旺

(1) 提供货源车源智能匹配,满足车主找货和货主寻车需求;

(2) 提供货主车主真实身份和企业资质认证,帮助物流企业建立口碑和品牌;

(3) 提供多种车后增值服务以及 7×24 小时不间断响应服务,实时解决货运车辆在途所遇到的各种难题;

(4) 通过车载终端和手机 APP 车辆位置定位,对车辆历史行驶轨迹实时回放查看,极大加强车辆安全运输服务保障,实现货物运输全程状态轻松监管。

(四) 物流 APP 软件的优点

1. 节省资金投入

与线下的经济模式相比,物流 APP 不仅方便操作,而且无须花费高昂的技术和人力,就能够帮助消费者随时跟踪信息,做到让消费者满意。

2. 增强用户体验

消费者只要下载客户端还能够实现即时与客服人员沟通,也进一步为企业搭建起了信息发布的平台和沟通的桥梁,帮助国内的物流热线企业追上移动信息化的步伐。

3. 增强企业竞争力

在新时代下实现新的发展,提升了企业知名度,扩大企业影响力,也进一步增强企业在未来行业竞争中的实力。更为重要的是,对于整个物流行业的信息化建设也产生了重大的意义。

4. 方便企业管理

产品适用于一线操作人员、基层管理人员、高层决策人员。通过移动的优势以及与企业现有平台的衔接,稳步提高企业生产效率、促进企业快速准确决策。针对企业的不同需要,对单据和接口定制调整,即可实现移动终端与企业数据的无缝对接。

第二节 供应链物流管理

一、供应链物流管理概述

供应链物流管理指的是用供应链管理思想实施对供应链物流活动的组织、计划、协调与控制。作为一种共生型物流管理模式,供应链物流管理强调供应链成员组织不再孤立地优化自身的物流活动,而是通过协作(Cooperation)、协调(Coordination)与协同(Collaboration),提高供应链物流的整体效率。

一般物流管理的主要对象是采购/销售物流和生产物流,追求局部利益最大化;而供应链物流管理的范围不仅包括采购/销售物流和生产物流,还包括回收物流、退货物流、废弃物物流等反向物流。并且,采购/销售物流不仅是单阶段的物流(如供应商到制造商、制造商到批发商、批发商到零售商、零售商到消费者的相对独立的采购/销售物流活动),而且包括供应链渠道内成员从原材料获取到最终客户产品分销整个过程的采购/销售物流活动。

供应链物流管理由三部分组成:① 前向物流与反向物流,包括运输、仓储、包装、装卸搬运、配送等。② 前馈与反馈的信息流,涉及订单、交付、运输等活动的信息交换。这既包括供应信息、需求信息,也包括共享信息,这是与传统物流管理的区别之一。在传统物流系统中,需求和供应信息都是逐级传递,非直接合作的企业相互之间信息不畅,导致的直接后果就是客户需求反应慢、丧失市场机会、库存增加或缺货等。③ 管理和控制,包括采购、营销、预测、库存管理、计划、销售和售后服务。

供应链物流管理注重总的物流成本与客户服务水平之间的关系,利用系统理论和集成思想,把供应链成员内各职能部门以及成员间相关职能部门有机地结合在一起,从而最大限度地发挥出供应链整体优势,增强供应链整体的竞争力,最终达到供应链成员整体获益的目的。与一般物流管理相比较,供应链物流管理具有以下不同:

(1) 分析问题的角度不同。供应链物流管理是从整个供应链的角度出发,寻求供应链物流成本与客户服务之间的均衡。

(2) 管理的内容不同。供应链物流管理涉及整个供应链所有成员组织,管理内容包括从初始供应物流到终端的分销物流以及反向物流。

(3) 侧重点不同。供应链物流管理更侧重于供应链成员企业间接口物流活动的管理优化,这也是供应链物流管理的利润空间所在。其管理难度更高,管理思想和方法更丰富。供应链物流管理涉及众多成员企业的协调与合作,无论是从纵向(长度)还是横向(宽度)考虑,供应链物流管理更复杂,难度更高。因此,供应链物流管理需要应用更多的管理思想和方法,如系统理论与集成思想、准时制(JIT)、快速反应(QR)、有效客户反应(ECR)等。

二、供应链物流组织

(一) 组织结构

供应链物流组织作为供应链的一部分,其结构受供应链自身结构的约束和影响,也存在组织长度与宽度的问题。

1. 供应链物流组织的长度供应链长度指构成供应链的链节企业层级,类似地,供应链物流组织的长度指构成供应链物流组织的横向企业层级,即水平结构。后者更侧重于强调物流相关企业在组织中的地位与作用,如制造商的物流部门、仓储服务提供商、运输服务提供商等。同一物流服务提供商可能处于供应链物流组织的不同层级。供应链物流组织的长度受到众多因素的影响,包括供应链自身的长度、供应链成员企业的经营策略(如外包)、物流服务提供商实力(部分物流服务提供商可提供门到门服务)、国家政策法规等。

2. 供应链物流组织的宽度

供应链物流组织的宽度指供应链物流组织每一层级所出现的企业数量,即垂直结构。其分析与供应链物流组织长度的分析类似。

(二) 组织管理

1. 集成

由于一般情况下供应链成员都具有独立的法人资格,相互之间不存在行政上的隶属关系,过度的松散势必会对物流组织结构产生不良的影响。因此,在供应链物流组织内必须利用集成思想协调管理。供应链物流集成包括企业内部物流集成和企业间物流集成两部分。内部物流集成是指跨越单个企业内部物流功能边界的集成,外部物流集成是指跨越企业边界的物流活动的集成。

2. 规范

规范包括供应链成员企业内部物流业务流程和企业之间的相互协作流程,涉及规章制度的制定、业务流程的标准化、成员间的协调和约束机制的建立等内容。

3. 专业化

专业化程度越高,分工就越细,从而增加供应链物流组织成员的数量,增大组织的管理跨度。如实行业务外包、产品零部件的分工等。

(三) 影响供应链物流组织绩效的因素

鉴于供应链物流组织的复杂性,影响供应链物流组织绩效的因素颇多,主要有:

1. 组织特征

结构和技术是供应链物流组织特征的主要构成因素,合理的组织结构和先进技术手段的应用能有效地提高组织绩效。结构指不同成员企业之间的关系及成员企业自身构成。"科学技术是第一生产力",各种技术在现代物流管理中的作用越来越大,应用的范围越来越广。

2. 成员特征

有效组织的关键是构成组织的各个成员企业,每个成员的运作能力最终决定了整个组织的最终效果。成员特征指成员企业的经营战略、管理水平、企业文化、技术水平等要素。

3. 环境特征

环境特征一般指不可控因素,包括经济环境、文化和社会环境、政治和法律环境以及竞争环境。

三、供应链物流战略

供应链物流组织成员企业多、跨越幅度大,所处的市场竞争环境复杂多变,因而供应链物流战略在供应链管理战略中有着举足轻重的意义和作用。供应链管理的战略思想就是要通过成员间的有效合作，建立低成本、高效率、响应性好、敏捷度高的经营机制，从而获得竞争优势。这种战略思想的实现需要供应链物流系统从供应链战略的高度去规划与运筹，并把供应链管理战略通过物流战略的贯彻实施得以落实。

在制定供应链物流战略时，要充分认识各成员企业在供应链中所起的作用，认定各成员企业的劣势和核心优势，确定整个供应链所处的竞争环境，并制定多个供选择的战略方案，最后综合比较选择其中的最优战略。无论其结果好坏，战略决策对供应链物流组织成员企业都具有长远影响，它决定了整个供应链的竞争力，并进而影响各成员企业的经营绩效。在制定供应链物流战略过程中，需要注意以下问题。

（一）目标性

80－20 法则说明整个供应链超过 80% 的销售额来源于不到 20% 的产品和客户。因此，在制定供应链物流战略时，要对客户细分，对不同类型的客户确定相应的客户服务水平，如订货周期、运输方式、库存水平等；同时，根据销售情况，对产品分组或分类，针对每一类别的产品，可以采取不同的策略。

（二）简化业务流程

订单录入、订单执行及交货作业处理在物流活动占很大比例，因而需要通过技术和管理使整个供应链的物流流程更有效率和效果，特别是成员企业间的接口部位，通过集成能剔除和减少多余工作流，提高物流效益和效率。

（三）减少不确定性因素

供应链物流组织包括多个成员，各成员内部及组织外部环境的波动和变化都会增加整个供应链的不确定性，“牛鞭效应”又会进一步放大这种波动。因此，各个成员企业可通过改善合作关系、使用现代管理手段和技术来实现准确预测、信息共享，从而减少不确定性因素带来的负面影响。

四、我国中小企业的供应链物流管理现状

《2017—2022 年中国企业经营项目行业市场深度调研及投资战略研究分析》报告表明，目前我国中小企业有 4 000 万家，占企业总数的 99%，贡献了中国 60% 的 GDP、50% 的税收和 80% 的城镇就业。中小企业在国民经济中起着非常重要的作用，主要表现在以下几个方面：① 创造大量的就业机会；② 我国经济新的增长点；③ 促进了我国社会主义市场经济的建立和完善；④ 创新的主要源泉。

（一）中小企业在供应链中的困境

1. 中小企业受到上、下游大企业的挤压

中小企业在供应链中扮演两种角色：一是供应商，为供应链中的核心企业供应原材料、

零部件；二是采购商，从其他企业采购原材料或零部件。由于中小企业实力弱小，无论是作为供应商还是采购商，在供应链中几乎都没有话语权。一方面，供应链核心企业掌握着终端产品市场，掌握着选择供应商的主动权，中小企业为了生存只能接受大企业的苛刻条件。另一方面，许多上游原材料生产企业往往处于垄断地位，是价格的制定者，中小企业是价格的接受者。中小企业受到上游的原材料企业和下游终端产品核心企业两方面的压力，只能在夹缝中求生存。

2. 供应链核心企业向中小企业转嫁物流成本

供应链核心企业一般是供应链物流的管理者，在资源、技术、实力等方面处于主导地位，也是供应链物流管理的主要受益者。出于降低物流成本，适应多品种、小批量、多批次、短周期的生产和配送需求，它们要求供应商按规定的时间、数量、品种配送。为了满足大企业的要求，中小企业只能通过增加库存、增加配送的次数等手段来满足大企业的配送要求，这加大了中小企业的物流成本，而大企业把一部分物流成本转嫁给了中小企业。例如，在中国，沃尔玛对本地采购的商品都要求供货商直接配货至门店，且对商品配送的要求极为严格，尤其是时间管理最苛刻，即使比约定时间迟一小时，也要重新排队，重新配送，这无疑增加了供货商的成本。

（二）中小企业供应链物流存在的问题

1. 不重视供应链物流管理

大多数中小企业对供应链运作和管理认识较为模糊，对其重要性和紧迫性认识不充分，认为只有大企业需要供应链物流管理，小企业不需要。这种观念导致很多企业不愿进行信息化建设和物流设施的投资。此外，我国目前尚未形成鼓励诚信经营合作的良好机制，使得很多中小企业对供应链物流管理合作持疑虑和观望的态度，缺乏热情，从而阻碍了供应链网络的整体建设和运作。

2. 信息技术、物流装备和物流管理水平落后

在中小企业中，很少采用数据处理系统支持的订单处理系统或运输规划系统。中小生产企业单据准确率、配送及时率低，缺损率偏高。同时，中小企业通常缺乏关于库存的精确信息。中小生产企业的采购调运物流库存一般在1周～3个月，销售物流一般在10天～3个月。中小企业的仓库自动化程度不高，物流效率很低，满足不了多品种、多批次、小批量的需求。中小企业常常存在着很高的实施成本，物流费用结算还处于每笔单结的传统方式，物流账务工作量很大。总之，中小企业实施物流管理尚处于起步阶段。大多数企业长期以来仅仅把物流当作控制商品流动的工具，这就将物流的管辖权限制在一个单一的职能区域。

五、畅想供应链管理系统

（一）畅想供应链管理系统概述

北京网路畅想科技发展有限公司自主研发的畅想供应链管理系统（CX－SCMS）于

2004 年通过国家信息产业部信息产业电子发展基金的项目评审,列入国家发展项目(详见信部运〔2004〕406 号文件)。

该系统共包括 4 个子系统,分别是:畅想物流一体化管理系统、畅想配送管理系统、畅想仓储管理系统、畅想运输管理系统,如图 7-6 所示。

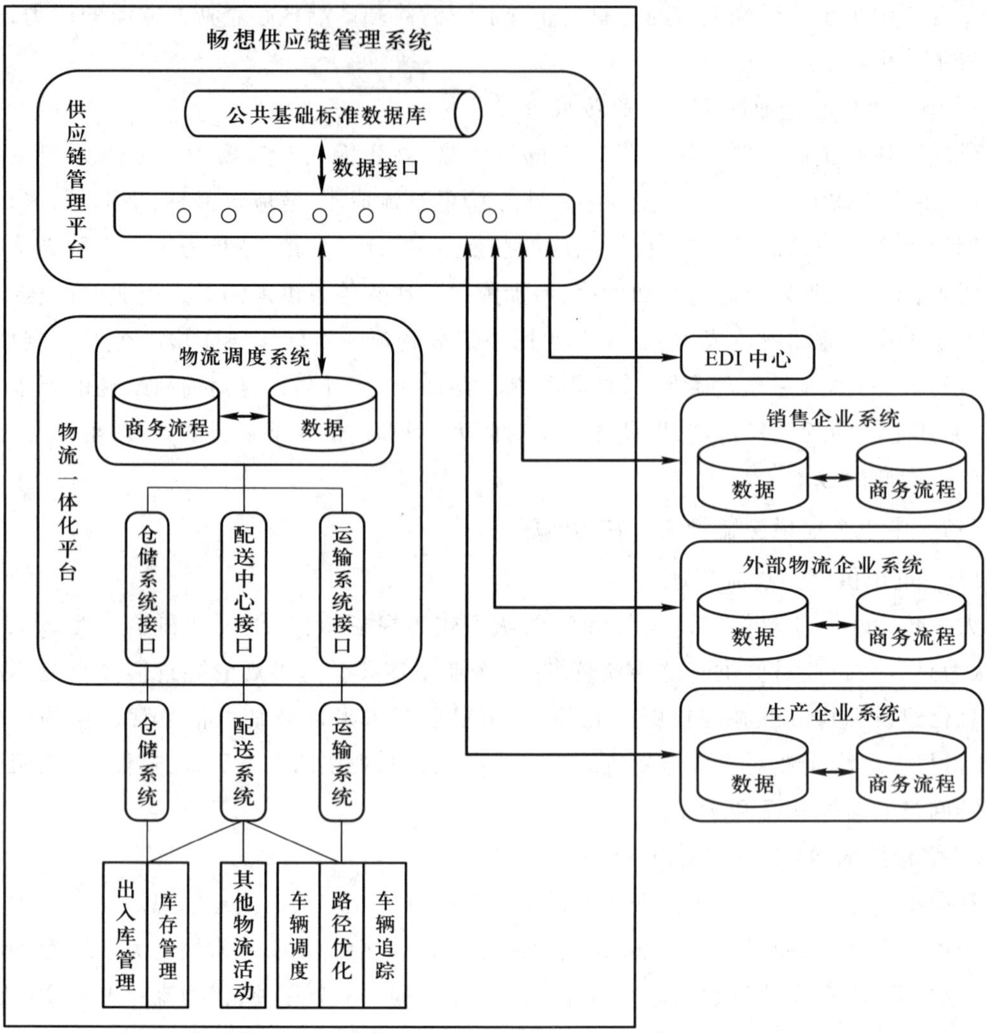

图 7-6　畅想供应链管理系统

CX-SCMS 以畅想物流一体化平台为基础。生产企业系统和销售企业系统通过公共基础标准数据库以及数据接口与物流一体化管理平台相连。物流一体化平台下设三种类型的接口,分别与仓储管理系统、运输管理系统、配送管理系统相连。这里的接口可以是系统间的数据接口(用于系统间的直接连接),也可以是用户界面。

通过 CX-SCMS,生产企业和销售企业的供需关系在战略层面上得以匹配,由此衍生出的物流需求通过物流一体化管理系统进行处理,分解成为物流作业指令,然后传递到作业层的系统,执行物流作业。

CX - SCMS 覆盖了供需匹配、仓储、配送、运输等供应链管理的整个过程,集商流、物流、资金流和信息流于一体,强化企业的基础数据管理,提供准确的信息,保证数据的一致性,严格企业的物流管理流程,为企业的管理和决策提供可靠的依据,从而提高企业经营活动的有效性和整体经济效益。

生产系统、销售系统以及外部物流企业系统通过数据接口接入到标准数据库,从而实现信息的标准化过程,然后通过与物流一体化平台的接口进行标准化信息的传递。物流一体化平台的接口只输入和输出标准化的信息,这样就大大降低了系统开发的难度。而生产系统、销售系统以及外部物流企业与公共标准数据库的数据接口是需要定制的。

目前,随着我国计算机网络的全面应用和技术的不断发展,比较普遍的网络框架形式为 C/S、B/S 形式,从网络的软件延续和发展角度,CX - SCMS 平台采取基于二者相结合的网络体系结构。

供应链管理平台的主要模式是 B/S 结构,其中具体的应用如条码扫描和射频技术则采用了 C/S 结构。

采用这种结构的优点在于:

(1) 充分发挥了 B/S 与 C/S 体系结构的优势,弥补了二者的不足。充分考虑用户利益,保证浏览查询者方便操作的同时也使得系统更新简单,维护简单灵活,易于操作。

(2) 信息发布采用 B/S 结构,保持了瘦客户端的优点。装入客户机的软件可以采用统一的 WWW 浏览器。而且由于 WWW 浏览器和网络综合服务器都是基于工业标准,因此可以在所有的平台上工作。

(3) 数据库端采用 C/S 结构,通过 ODBC/JDBC 连接。这一部分只涉及系统维护、数据更新等,不存在完全采用 C/S 结构带来的客户端维护工作量大等缺点。并且在客户端可以构造非常复杂的应用,界面友好灵活,易于操作,能解决许多 B/S 存在的固有缺点。

(4) 对于原有的基于 C/S 体系结构的应用,只需开发用于发布的 WWW 界面,就可非常容易地升级到这种体系结构,并保留原来的某些子系统。这样就能充分地利用现有系统的资源。

(5) 通过在浏览器中嵌入 ActiveX 控件可以实现在浏览器中不能实现或实现起来比较困难的功能。例如通过浏览器进行报表的应答。

(6) 将服务器端划分为 WEB 服务器和 WEB 应用程序两部分。WEB 应用程序采用组件技术实现三层体系结构中的逻辑部分,达到封装的目的。

应该特别指出,本系统是国内众多供应链软件产品中率先采用国家标准《物流公共信息平台应用开发指南》进行开发的。

CX - SCMS 整体硬件体系结构如图 7 - 7 所示。其中,数据库服务器用来运行数据库服务,保存业务处理数据和业务处理逻辑(存储过程或函数)。无线采集系统应用服务器采用 Windows 2000/NT 操作系统，运行无线服务程序，以文件形式保存最新版本的手持终端采集程序，以便下载更新。无线应用服务器接收、解析手持终端发送的数据，通过 ODBC 方式与数据库服务器连接，调用数据库业务处理，将处理结果或反馈数据下载到手持终端。无线服务器与无线手持终端通过 TCP/IP 协议进行通信。无线基站是用来收发无线通信信号的中转设备，与无线手持终端通过 802. 11b 协议通信。无线手持终端用来运行无线客户端程序和无线数据采集程序。无线数据采集程序执行业务处理，并通过无线客户端程序与无线服务器实现业务数据的交互。无线手持终端可通过无线客户端程序设置无线服务器主机 IP 地址等连接参数，并可下载手持终端采集程序。

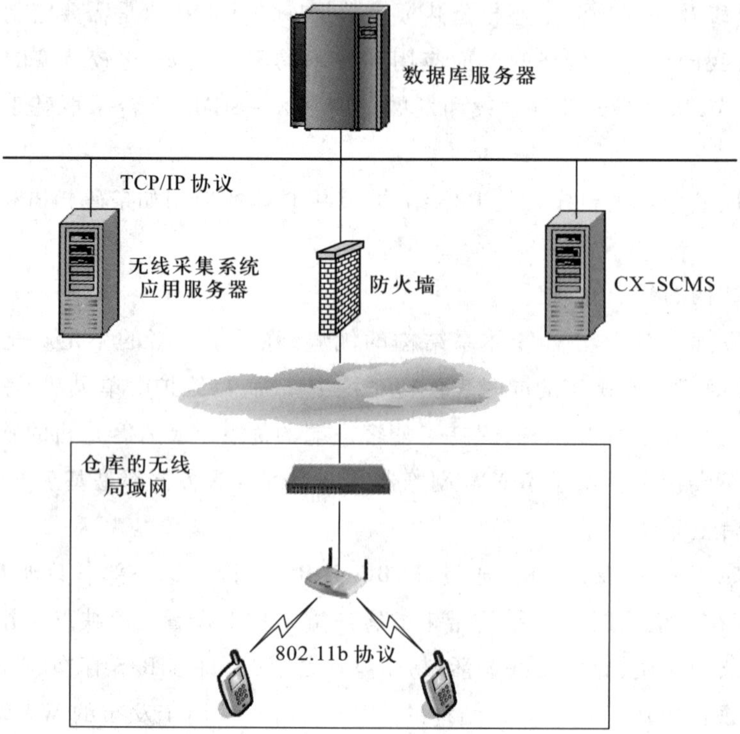

图 7 – 7　CX – SCMS 整体硬件体系结构

（二）畅想物流一体化管理系统（简称 CX – LIS）V2. 0

畅想物流一体化管理系统 CX – LIS V2. 0 设计和开发的重点在于提高物流中心从供应链管理平台接收单据到发往仓储企业、运输企业、配送企业的准确性；提高从内部管理到外部服务的全过程的透明度；优化物流中心的关键业务流程，使操作效率得到大幅度的收高；有效提高其客户的满意度，为客户提供更多的增值服务。

CX – LIS V2. 0 对企业的收货、发货等订单的调配体现了物流中心的全过程。它是一整套体系，是对物流中心的理论知识的具体化。

畅想物流一体化管理系统以物流调度系统为核心，下设四种类型的接口，分别与仓储系统、运输系统、配送系统、供应链平台相连。这里的接口是指系统间的数据接口(用于系统间的直接连接)。生产系统、销售系统以及外部物流企业系统通过数据接口接入到公共基础标准数据库,从而实现信息的标准化过程,通过与畅想物流一体化管理系统的接口进行标准化信息的传递。

(三) 畅想配送管理系统(CX-DMS)V1.0

畅想配送管理系统重点在于支持各个子仓库的收货、验货、发货和库存管理等业务操作。其目的是有效地提高仓库的操作效率和库存准确度,也可对各个市进行配送。

畅想配送管理系统是畅想供应链管理系统的一个子系统。畅想供应链管理系统以公共基础标准数据库和畅想物流一体化管理系统为基础,通过数据接口与公共基础标准数据库相连。

(四) 畅想仓储管理系统(CX-WMS)V1.0

畅想仓储管理系统的重点在于支持各个子仓库的收货、上架、拣货、发货和库存管理等业务操作。其目的是有效地提高仓库的操作效率和库存准确度。

畅想仓储管理系统还可以通过标准数据接口与畅想物流一体化管理平台相连,进一步扩展自身的功能,包括实现对在途库存的管理、多仓库的集成化管理等。在畅想供应链管理系统当中还应用了多种关键技术,包括汉信码技术、RFID 技术等。新技术的应用极大地提高了仓库的操作效率和准确度。

(五) 畅想运输管理系统(CX-TMS)V1.0

畅想运输管理系统的作用相当于运输企业,既可以接收从畅想物流一体化管理系统发送的运输单据,也可以自己创建运输单据,运输单据经过畅想运输管理系统处理后,发送给畅想仓储管理系统。

第三节 云计算与大数据

一、云计算

(一) 概念与定义

云计算(Cloud Computing)概念是由 Google 公司提出的,如今已经成为一个大众化的词语。云是网络、互联网的一种比喻说法。云计算通常是指基于互联网的相关服务的增加、使用和交付模式,通常涉及通过互联网来提供动态易扩展且经常是虚拟化的资源。人们可以通过网络以按需、易扩展的方式获得所需的服务。

美国国家标准与技术研究院(National Institute of Standards and Technology, NIST)对云计算的定义是:云计算是一种按使用量付费的模式,这种模式提供可用的、便捷的、按需的网络访问，进入可配置的计算资源共享池(资源包括网络、服务器、存储、应用软件、服务)，这些资源能够被快速提供,只需投入很少的管理工作,或与服务供应商进行很少的交互。

云计算常与网格计算、效用计算、自主计算相混淆。

网格计算:分布式计算的一种,由一群松散耦合的计算机组成的一个超级虚拟计算机,常用来执行一些大型任务。

效用计算:IT资源的一种打包和计费方式,比如按照计算、存储分别计量费用,像传统的电力等公共设施一样。

自主计算:具有自我管理功能的计算机系统。

事实上,许多云计算部署依赖于计算机集群(但与网格的组成、体系结构、目的、工作方式大相径庭),也吸收了自主计算和效用计算的特点。

云计算是继20世纪80年代大型计算机到客户端—服务器的大转变之后的又一种巨变。

云计算是分布式计算、并行计算、效用计算、网络存储、虚拟化、负载均衡、热备份冗余等传统计算机和网络技术融合发展的产物。

(二) 特点

1. 超大规模

“云”具有相当的规模,Google云计算已经拥有100多万台服务器，Amazon、IBM、微软、Yahoo等的“云”均拥有几十万台服务器。企业私有云一般拥有数百上千台服务器。“云”能赋予用户前所未有的计算能力。

2. 虚拟化

虚拟化是指通过最大化物理资源来达到投资最大化的一种途径。虚拟化使用软件的方法重新定义划分IT资源,可以实现IT资源的动态分配、灵活调度、跨域共享,提高IT资源利用率,使IT资源能够真正成为社会基础设施,服务于各行各业中灵活多变的应用需求。

云计算支持用户在任意位置、使用各种终端获取应用服务。所请求的资源来自“云”,而不是固定的有形的实体。应用在“云”中某处运行,但实际上用户无须了解,也不用担心应用运行的具体位置。只需要一台笔记本或者一个手机,就可以通过网络服务来实现我们需要的一切,甚至包括超级计算这样的任务。

3. 高可靠性

“云”使用了数据多副本容错、计算节点同构可互换等措施来保障服务的高可靠性,使用云计算比使用本地计算机可靠。

4. 通用性

云计算不针对特定的应用,在“云”的支撑下可以构造出千变万化的应用,同一个“云”

可以同时支撑不同的应用运行。

5. 高可扩展性

“云”的规模可以动态伸缩，满足应用和用户规模增长的需要。

6. 按需服务

“云”是一个庞大的资源池，可按需购买；云可以像自来水、电、煤气那样计费。

7. 极其廉价

由于“云”的特殊容错措施可以采用极其廉价的节点来构成云，“云”的自动化集中式管理使大量企业无须负担日益高昂的数据中心管理成本，“云”的通用性使资源的利用率较之传统系统大幅提升，因此用户可以充分享受“云”的低成本优势，经常只要花费几百美元、几天时间就能完成以前需要数万美元、数月时间才能完成的任务。

云计算可以彻底改变人们未来的生活，但同时也要重视环境问题，这样才能真正为人类进步做贡献，而不是简单的技术提升。

8. 潜在的危险性

云计算服务除了提供计算服务外，还必然提供了存储服务。但是云计算服务当前垄断在私人机构（企业）手中，而他们仅仅能够提供商业信用。对于政府机构、商业机构（特别像银行这样持有敏感数据的商业机构），选择云计算服务应保持足够的警惕。一旦商业用户大规模使用私人机构提供的云计算服务，无论其技术优势有多强，都不可避免地让这些私人机构以“数据（信息）”的重要性挟制整个社会。对于信息社会而言，“信息”是至关重要的。云计算中的数据对于数据所有者以外的其他用户云计算用户是保密的，但是对于提供云计算的商业机构而言确实毫无秘密可言。所有这些潜在的危险，是商业机构和政府机构选择云计算服务，特别是国外机构提供的云计算服务时，不得不考虑的一个重要的前提。

（三）分类

1. 公有云

公有云通常指第三方提供商面向大众提供计算资源的服务，这类云服务并非用户所拥有。公有云一般可通过互联网使用，可能是免费或价格低廉的。其最大意义是能够以低廉的价格，提供有吸引力的服务给最终用户，创造新的业务价值。公有云作为一个支撑平台，还能够整合上游的服务（如增值业务，广告）提供者和下游最终用户，打造新的价值链和生态系统。

第三方提供商（即云服务企业）利用自有产权的基础设施为外部用户提供服务，如应用和存储。这些资源是在服务商的场所内部，外部用户通过互联网来获取这些资源的使用，但不拥有云计算资源。

公有云的优势是成本低，扩展性非常好。缺点是对于云端的资源缺乏控制，以及保密数据的安全性、网络性能和匹配性问题。

公有云服务提供商有阿里云、腾讯云、Amazon、Google 和微软等。

2. 私有云

私有云是为一个客户单独使用而构建的,因而提供对数据、安全性和服务质量的最有效控制。该客户拥有基础设施,并可以控制在此基础设施上部署应用程序的方式。私有云可搭建在企业或组织内部的数据中心,部署在防火墙内,也可以部署在外部一个主机托管场所。

私有云是企业数据中心的延伸和优化,能够针对各种功能提供存储容量和处理能力。"私有"更多是指此类平台属于非共享资源,而非指其安全优势。私有云用户拥有构建云的基础设施,可以控制在其上部署应有程序的方式。

私有云又分为内部私有云和外部私有云两种。

内部私有云:在自己的数据中心内构建,也被称为内部云。需要承担内部云服务资源的资金成本和维护成本。建立内部私有云在规模和资源可扩展性上有局限,但是却有利于标准化云服务管理流程和安全性。这种方式适合那些需要对应用、平台配置和安全机制完全控制的机构。

外部私有云:这种私有云部署在组织外部,由第三方机构负责管理。第三方为该组织提供专用的云环境,并保证隐私和机密性。该方案相对内部私有云成本更低,也更便于扩展业务规模。

3. 专属云

专属云是指部署在公有云上的私有云平台,独占公有云上的部分资源,为企业或组织内部的用户提供公有云服务,可根据客户需求提供个性化安全解决方案,隔离性强。专属云管理员拥有组织管理和资源管控能力,包括设置资源复用比例,管理组织用户、配额、权限。

4. 混合云

混合云是公有云和私有云两种服务方式的结合。大多数是该企业或组织拥有私有云,出于种种原因(如,利用公有云的服务优势以降本增效,或自有资源不够用等原因),因此采用公有云的服务作为私有云的补充,使用混合云模式。

在混合云模式中,云平台由两种不同模式(私有或公有)云平台组合而成。这些平台依然是独立实体,利用标准化或专有技术实现绑定,彼此之间能够进行数据和应用的移植(例如,在不同云平台之间的均衡)。

应用混合云模式,一个机构可以将次要的应用和数据部署到公有云上,充分利用公有云在扩展性和成本上的优势。同时将任务关键型应用和数据放在私有云中,安全性更高。

5. 社区云

社区云是公有云的一个组成部分,是指在一定的地域范围内,由云计算服务提供商统一提供计算资源、网络资源、软件和服务能力所形成的云计算形式。社区云是基于社区内的网络互连优势和技术易于整合等特点,通过对区域内各种计算能力进行统一服务形式的整合,结合社区内的用户需求共性,实现面向区域用户需求的云计算服务模式。

(四)服务形式

根据美国国家标准与技术研究院(NIST)的定义,云计算的服务模式有SPI(即SaaS、PaaS和IaaS)这三个大类或层次。这是目前被业界最广泛认同的划分。从功能分工的角度看,这就是云计算的分层,基础设施在最下端,平台在中间,软件在顶端,分别是Infrastructure - as - a - Service(IaaS),Platform - as - a - Service(PaaS),Software - as - a - Service(SaaS)。

1. SaaS:软件即服务

SaaS(软件即服务)是一种通过Internet提供软件的模式,用户无须购买软件,而是向提供商租用基于Web的软件,来管理企业经营活动。

提供给客户的服务是运营商运行在云计算基础设施上的应用程序,用户可以在各种设备上通过客户端界面访问,如浏览器。消费者不需要管理或控制任何云计算基础设施,包括网络、服务器、操作系统、存储等。

2. PaaS:平台即服务

PaaS(平台即服务)实际上是把一个完整的应用程序运行和软件研发的平台作为一种服务,以SaaS的模式提交。在这种服务模式中,客户不需要购买底层硬件和平台软件,只需要利用PaaS平台,就能够创建、测试和部署应用程序。因此,PaaS也是SaaS模式的一种应用。PaaS的出现可以加快SaaS的发展,尤其是加快SaaS应用的开发速度。

提供给消费者的服务是把应用程序部署到供应商的云计算基础设施上去。客户不需要管理或控制底层的云基础设施,包括网络、服务器、操作系统、存储等,但客户能控制部署的应用程序,也可以控制运行应用程序的托管环境配置。

PaaS在网上提供各种开发和分发应用的解决方案,比如虚拟服务器和操作系统。这节省了硬件上的费用,也让分散的工作室之间的合作变得更加容易。

3. IaaS:基础设施即服务

消费者可以通过互联网从完善的计算机基础设施获得服务。这种把主机集中管理,以市场机制通过虚拟化技术对外提供服务,用按使用量收费的模式,形成了云计算的基础层。提供给消费者的服务是对所有计算基础设施的利用,包括处理CPU、内存、存储、网络和其他基本的计算资源,用户能够部署和运行任意软件,包括操作系统和应用程序。消费者不管理或控制任何云计算基础设施,但能控制操作系统的选择、存储空间、部署的应用,也有可能获得有限制的网络组件(例如路由器、防火墙、负载均衡器等)的控制。

几年前如果需要在办公室或者公司的网站上运行一些企业应用,就需要买服务器或者别的硬件来支撑本地应用运行。现在有了IaaS,则可将硬件外包,租用IaaS公司提供的服务器和网络硬件。节省了维护成本和办公场地,公司可以在任何时候方便地扩充对资源的需求。

(五) 应用

1. 云物联

"物联网就是物物相连的互联网"。这有两层意思:第一,物联网的核心和基础仍然是互联网,是在互联网基础上的延伸和扩展的网络;第二,其用户端延伸和扩展到了任何物品与物品之间,进行信息交换和通信。

物联网的两种业务模式:

(1) MAI(M2M Application Integration),内部 MaaS(M2M As A Service);

(2) MMO,Multi－Tenants(多租户模型)。

随着物联网业务量的增加,对数据存储和计算量的需求将带来对"云计算"能力的要求:

(1) 云计算:从计算中心到数据中心,在物联网的初级阶段,PoP 即可满足需求;

(2) 在物联网高级阶段,可能出现 MVNO/MMO 营运商(国外已存在多年),需要虚拟化云计算技术,SOA 等技术的结合实现互联网的泛在服务:TaaS (Everything As A Service)。

2. 云安全

云安全(Cloud Security)是一个从"云计算"演变而来的新名词。云安全的策略构想是:使用者越多,每个使用者就越安全,因为如此庞大的用户群,足以覆盖互联网的每个角落,只要某个网站被挂马或某个新木马病毒出现,就会立刻被截获。

"云安全"通过网状的大量客户端对网络中软件行为的异常监测,获取互联网中木马、恶意程序的最新信息,推送到服务器端进行自动分析和处理,再把病毒和木马的解决方案分发到每一个客户端。

3. 云存储

云存储是在云计算(Cloud Computing)概念上延伸和发展出来的一个新的概念,是指通过集群应用、网格技术或分布式文件系统等功能,将网络中大量各种不同类型的存储设备通过应用软件集合起来协同工作,共同对外提供数据存储和业务访问功能的一个系统。当云计算系统运算和处理的核心是大量数据的存储和管理时,云计算系统中就需要配置大量的存储设备,那么云计算系统就转变成为一个云存储系统,所以云存储是一个以数据存储和管理为核心的云计算系统。

4. 云游戏

云游戏是以云计算为基础的游戏方式,在云游戏的运行模式下,所有游戏都在服务器端运行,并将渲染完毕后的游戏画面压缩后通过网络传送给用户。在客户端,用户的游戏设备不需要任何高端处理器和显卡,只需要基本的视频解压能力就可以了。就现今来说,云游戏还并没有成为家用机和掌机界的联网模式,因为至今 X360 仍然在使用 Live,PS 是 PS Network,wii 是 Wi－Fi。但是几年后或十几年后,云计算取代这些东西成为其网络发展的终极方向的可能性非常大。如果这种构想成为现实,那么主机厂商将变成网络运营商,他们不需要不断投入巨额的新主机研发费用,而只需要拿这笔钱中的很小一部分去升级自己的服务器就行了,但是达到的效果却是相差无几的。对于用户来说,他们可以省下购买主机的开支,但是得到的却是顶尖的游戏画面(当然对于视频输出方面的硬件必须过硬)。你可以想象一台掌机和一台家用机拥有同样的画面,家用机和我们今天用的机顶盒一样简单,甚至家用机可以取代电视的机顶盒而成为未来的电视收看方式。

二、大数据

国际数据公司定义了大数据的四大特征:海量的数据规模(Vast)、快速的数据流转和动态的数据体系(Velocity)、多样的数据类型(Variety)和巨大的数据价值(Value)。仅从海量的数据规模来看,全球 IP 流量达到 1EB 所需的时间,在 2001 年需要 1 年,在 2013 年仅需 1 天,到 2016 年则仅需半天。全球新产生的数据年增 40%,全球信息总量每两年就可翻番。

而根据 2012 年互联网络数据中心发布的《数字宇宙 2020》报告,2011 年全球数据总量已达到 1.87ZB(1ZB＝10 万亿亿字节),如果把这些数据刻成 DVD,排起来的长度相当于从地球到月亮之间一个来回的距离,并且数据以每两年翻一番的速度飞快增长。预计到 2020 年,全球数据总量将达到 35～40ZB,10 年间将增长 20 倍以上。

需要强调的是:所谓大数据并不仅仅是指海量数据,而更多的是指这些数据都是非结构化的、残缺的、无法用传统的方法进行处理的数据。也正是因为应用了大数据技术,美国谷歌公司才能比政府的公共卫生部门早两周时间预告 2009 年甲型 H1N1 流感的暴发。

(一) 大数据的产生

1. 保存数据的能力在增强

据统计,20 世纪五六十年代,世界上第一款硬盘存储器诞生,存储 1 兆字节需要 6 000 多美元;2010 年,1 兆字节的存储量仅需要 0.005 美分;到 2020 年存储量 1T 硬盘相当于一杯咖啡的钱,却可容纳一个图书馆的全部信息。

2. 生产数据的能力在增强

传感设备、移动设备每时每刻都在生产着大量的数据;社交媒体及互联网经济使每个网民、每个客户端都是数据的生产者,并且数据被迅速地保存下来。

3. 处理数据的能力在增强

随着云计算的诞生与发展,人类处理数据的能力在增强。云计算可以由数量惊人的计算机群构成，谷歌云计算拥有的服务器超过100万台。

（二）大数据的作用

1. 大数据实现可视化服务受重视

数据可视化技术让隐藏在大数据资源背后的真相呈现在众人面前。无论数据怎样形成，无论数据资源在哪里，图形数据可视化可以让企业组织在业务繁忙的同时对数据进行检索与处理。可视化数据不需要任何编程基础。你只需要上传你的数据，便能轻松地创建和发布图表。目前，以 ImageQ 为代表的企业已经在发展大数据可视化方面做深入的研究，以更好地提供大数据可视化服务（图7－8）。

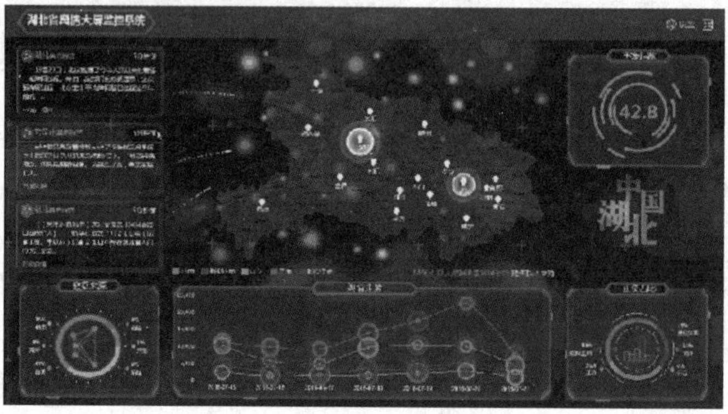

图7－8 湖北大数据可视化

2. 挖掘非结构化数据价值

信息能够用数据或统一的结构加以表示，我们称之为结构化数据（图7－9），如数字、符号；而另一类信息无法用数字或统一的结构表示，如文本、图像、声音、网页等，我们称之为非结构化数据。结构化数据是非结构化数据的特例，科技日益发展壮大，未来大数据将在非结构化中日益增加，非结构化数据将要凸显占领结构化高度。

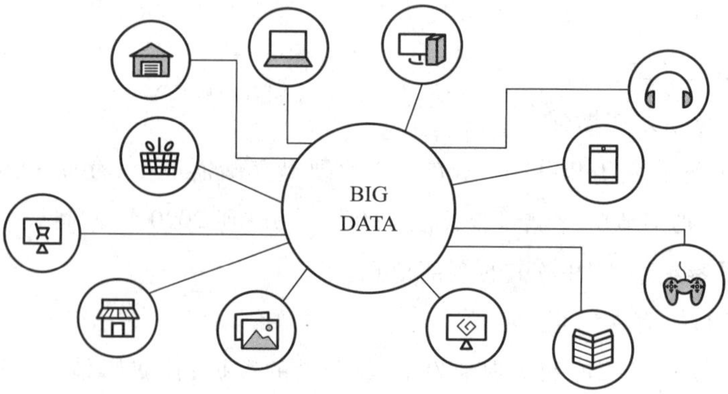

图7－9 非结构化数据

3. 大数据预测分析

预测分析与机器学习密切相关，事实上 ML 系统通常为预测分析软件提供动力。在早期大数据分析中，企业通过审查他们的数据来发现过去发生了什么，后来他们开始使用分析工具来调查这些事情发生的原因。预测分析则更进一步，使用大数据分析预测未来会发生什么。

普华永道（PwC）2016 年调查显示，目前仅有 29% 的公司使用预测分析技术，这个数量并不多。同时，许多供应商最近都推出了预测分析工具。随着企业越来越意识到预测分析工具的强大功能，这一数字在未来几年可能会出现激增。

4. 大数据让政府治理更精准，更透明

大数据可以避免主观主义和经验主义，实现智慧治理、精准预测、舆情监测、风险预警，迈向数据驱动的精准治理方式。

大数据可以成为政府的“第三只眼”，例如网民搜索反腐关键词的数据，可以反映各地区的腐败轻重程度、廉洁指数、市民抱怨度、市民对政府的满意度等，这使得政府治理更加透明化，打造阳光政府。

5. 大数据让经济治理更有效

经济治理领域是大数据创新的沃土，大数据是提高治理质量的有效手段。

推导宏观大趋势：判断经济形势，可以通过把海量的微观主体的行为进行分析，从而推导出宏观大趋势的情况。

降低银行坏账率：银行通过贷款对象的大数据特征，可以推测出对方违约的可能性，从而减少可能的损失。

打击假冒伪劣：打击假冒伪劣、建设信用中国也不再需要消耗大量的人力物力，大数据将使危害市场秩序的行为无处遁形。

提高生产效率：大数据与物联网技术相结合，可以推动企业做出最优决策，帮助企业提高生产效率。

（三）如何应对大数据时代

1. 大数据将成为各类机构和组织，乃至国家层面重要的战略资源

在未来一段时间内，大数据将成为提升机构和公司竞争力的有力武器。从某一层面来讲，企业之间的竞争已经演变为数据的竞争，工业时代引以为自豪的厂房与流水线，变成信息时代的服务器。阿里巴巴集团的服务器多达上万台，而谷歌的服务器超过了 50 万台。重视数据资源的搜集、挖掘、分享与利用，成为当务之急。

2. 大数据的公开与分享成为大势所趋，政府部门必须身先士卒

2013 年 6 月在英国北爱尔兰召开 G8 会议，签署了《开放数据宪章》，要求各国政府对数据分类，并且公开 14 类核心数据，包括：公司、犯罪与司法、地球观测、教育、能源与环境、财政与合同、地理空间、全球发展、治理问责与民主、保健、科学与研究、统计、社会流动性与福利和交通运输与基础设施。同年 7 月，我国国务院就要求推进 9 个重点领域信息公开工

作。正如李克强总理所强调的，社会信用体系建设包括政务诚信、商务诚信、社会诚信的建设，而政务诚信是“三大诚信”体系建设的核心，政府言而有信，才能为企业经营做出良好示范。作为市场监督和管理者，政府应首当其冲推进政务公开，建设诚信政府。为此，国务院通过《社会信用体系建设规划纲要（2014—2020 年）》，要求依法公开在行政管理中掌握的信用信息，提高决策透明度，以政务诚信示范引领全社会诚信建设。

3. 机构组织的变革与全球治理成为必然的选择

在工业时代，以高度的专业分工形成的韦伯式官僚制组织形态，确实具有较高的效率。然而，这种专业化分工一旦走向极致，就容易出现分工过细、庞大臃肿、条块分割等弊端，无法有效应对新的挑战。大数据技术提供了一种解困之道：在管理的流程中，管理对象和事务产生的数据流只遵循数据本身性质和管理的要求，而不考虑专业分工上的区隔，顺应了全球治理的需要。

1990 年，时任国际发展委员会主席勃兰特，首次提出“全球治理”的概念。所谓全球治理，指的是通过具有约束力的国际规制（Regimes）和有效的国际合作，解决全球性的政治、经济、生态和安全问题，以维持正常的国际政治经济秩序。为了顺应全球治理的浪潮，我国应当构建自己的全球治理理论。深化对全球化和全球治理的研究，为世界贡献中国对全球治理的先进理念。

当然，构建我国最新的全球治理理论，当务之急是构建我们的国家治理理论，夯实基础。《中共中央关于全面深化改革若干重大问题的决定》指出，“全面深化改革的总目标是完善和发展中国特色社会主义制度，推进国家治理体系和治理能力现代化”。这充分体现了与时俱进的治理理念。

第四节　产品安全与追溯

一、相关背景

（一）电商质量问题

自 2018 年 2 月 1 日起，《电子商务产品质量信息规范》（GB/T 33992 - 2017）国家标准正式实施。该标准对电商平台产品质量信息描述内容做出了具体要求，标志着电商质量监管日益走向成熟。

近年来，电子商务蓬勃发展，极大提高了经济运行的质量和效率，改变了人们的生产生活方式。商务部最新统计显示，2017 年中国网络零售额达 7.18 万亿元，其中实物商品的网上零售额达 5.48 万亿元，网络零售对消费的拉动作用进一步增强。

一直以来，电商平台在打击平台售假的问题上，付出了相当大的代价，且基本是孤军奋战。以阿里巴巴为例,仅商品品质抽检一项,2015 年公司即投入 1.3 亿元资金。而其平台商品质量管理面对的是 1000 多万商家、10 亿量级商品的庞大体系,这也给监管带来了极大难度。

目前正在开展的电子商务产品质量监管标准化工作,涉及基础通用、质量管理、质量诚信、质量监管、质量风险防控等领域,电商质量标准体系建设正有序推进。2017 年年底,国家质检总局和国家标准委还发布了 3 项电子商务方面的标准,分别是《电子商务平台商家入驻审核规范》《电子商务平台产品信息展示要求》和《电子商务质量管理术语》,在 2018 年内相继实施。

伴随着电商消费的普及,未来监管的标准化将进一步完善,随着系列标准化的出台,很多原本存有侥幸心理的商家和消费者也将打消侥幸念头,这将从源头上改变中国电商消费者的消费心理和消费行为,真正规范电商产业的有序发展。

(二) 电子商务发展迅猛质量是生命

2017 年中国网络购物市场交易规模达到 6.3 万亿元,与 2016 年相比增长 30.3%,增长有所回暖。随着网络购物市场线上线下融合,行业稳定发展,预计 2018 年中国网络购物市场交易规模将达到 7.7 万亿元。同时,值得注意的是,电子商务的发展也伴生了消费欺诈、产品质量等问题,假冒伪劣现象突出,网购质量投诉居高不下,消费者反应强烈,引发媒体和社会热议。媒体调查显示,41.9% 的网购维权者投诉卖家销售假冒伪劣产品。

2017 年,质检总局组织开展了 5 类电子商务产品质量风险监测,有的产品不合格率在 50% 以上。2018 年又组织开展 5 类 14 种电子商务产品质量国家监督抽查,抽样合格率为 73.9%,比去年有所提升。这说明电子商务产品质量管理在加强,质量水平在提升,发展势头是好的。但是,对于消费者而言,这并不是一个令人满意的数据,26.1% 的不合格比率还很大。不提升质量,电子商务在国内外市场上的竞争优势不仅难以发挥,还会错失良机;不提升质量,不仅难以满足人民群众的消费需求,而且会引起消费者的怨言。如果网购产品质量低劣,假冒伪劣在网络上大行其道,不仅坑害消费者,也会断送电子商务的发展前途。

(三) 电子商务产品和服务质量渐入"法眼"

要促进电子商务健康发展,产品和质量极为关键,甚至是电子商务健康发展的生命线。质检部门作为质量综合管理和行政执法部门,要把产品质量特别是电子商务产品质量的提升和监管摆在重要位置。

除了质检总局对电子商务产品的监督抽查,各地方的质监部门也都有所行动。江苏省质监局在 2017 年 8 月公布了针对 T 恤、衬衫、裙类产品的质量监督抽查结果,这 3 类产品在网络平台上的抽样合格率为:T 恤 34.4%,衬衫 42.4%,裙类产品 26.7%。江苏质监局介绍称,此次抽查中选择的网络平台包括京东、1 号店、当当网、亚马逊、麦考林、苏宁易购、淘宝、拍拍、天猫、凡客电商。

其实,对于电子商务"质量"的评价不仅仅是不卖假货,电商的服务质量同样包括在内。2017 年"双 11"过后,服务类投诉数量有明显增加,投诉热点为网购服务纠纷。消费者关于网购服务的投诉主要集中在商家不按时发货的问题。此类投诉上升较快的主要原因在于,"双 11"期间各大电商促销力度大,造成网购交易量上升明显,由此带来的网购消费纠纷较以往也有明显提升。

另外,"七天无理由退货"的规定从开始实施就一直是各方关注的焦点。截至 2017 年 11 月 17 日,"双 11"的投诉量已经超过去年两成,退货是投诉"重灾区"之一。而记者采访发现,消费者最主要的退货原因还是商品质量和预期不符。对此,各地的相关部门也都纷纷采取了发布消费警示,约谈电商等措施保护消费者利益。

国家质检总局、工商总局、商务部、工信部等多个部门对电子商务的监督工作都十分重视,无论是从产品质量方面还是电商的服务质量方面,各部门都出台了相应的措施。

商务部早在 2013 年 10 月发布的《商务部关于促进电子商务应用的实施意见》中就提出加强电子商务统计监测及信用体系建设,利用电子商务交易平台信用数据和社会信用数据,建设地方电子商务信用信息基础数据库,建立数据共享和应用机制,积极培育面向电子商务的第三方信用服务业。

国家质检总局在 2014 年 12 月 2 日印发了《电子商务产品质量提升行动工作方案》,其中提出,质量监督部门将帮助电商生产企业提升质量保障能力,帮助电商经营企业建设质量管理体系,同时整治电子商务产品质量违法行为,力争到 2016 年年底,使电子商务产品质量国家监督抽查合格率提高 10 个百分点。

另外,在电商服务监督方面,工商总局制定了《网络交易平台合同格式条款规范指引》,目的是为规范网络交易平台合同格式条款,引导网络交易平台经营者依法履行合同义务。

2015 年 9 月,工商总局发布《网络商品和服务集中促销活动管理暂行规定》。从 2015 年 10 月 1 日开始,电商平台进行集中促销活动如出现违反"规定"的行为,可能会被查处,达到规范网络商品和服务集中促销活动,保护消费者和经营者的合法权益,维护公平、有序的网络商品和服务交易秩序的目的。

二、相关概念

(一) 追溯

国际食品法典委员会(CAC)与国际标准化组织制定的国际标准 ISO 8042:1994 把可追溯性的概念定义为"通过登记的识别码,对商品或行为的历史和使用或位置予以追踪的能力"。

《饲料和食品链的可追溯性体系设计与实施的通用原则和基本要求》(GB/T 22005 -

2009)中定义“追溯”为:跟踪饲料或食品在整个生产、加工和销售的特定阶段流动的能力。“流动”涉及有关饲料的来源、饲料或食品加工历史或分销。

我国《质量管理体系基础和术语》(GB/T 19000－2008)中定义可追溯性为追溯所考虑对象的历史、应用情况或所处位置的能力(注:当考虑产品时,可追溯性可能涉及原材料和零部件的来源、加工的历史以及产品交付后的发送和所处位置)。

中国良好农业规范(China GAP)中对可追溯性的要求是:通过记录证明来追溯产品的历史、使用和所在位置的能力(即材料和成分的来源、产品的加工历史、产品交货后的销售和安排等)。

美国生产与物流管理协会(APICS)从物流角度将可追溯性定义为:可追溯性有双重含义:一是指能够确定运输中的货物的位置;二是通过批号或序列号记录和追踪零部件、过程和原材料。

由此本书追溯(Traceability)定义为,通过记录和标识,追踪和溯源(追溯包括追踪和溯源)客体的历史、应用情况或所处位置的活动。

(二) 追溯系统

《质量管理体系基础和术语》(GB/T 19000－2008)和《标准体系表编制原则和要求》(GB/T 13016－2009)等多个国家标准中,均将“系统”与“体系”并列,作为同义词,原文表述如下,体系(系统):相互关联或相互作用的一组要素。本书按此定义理解,不区分“体系”与“系统”,将追溯体系与追溯系统(包括可追溯系统)统称为“追溯系统”。

目前并没有对追溯系统的标准定义,一般是结合行业或产品对追溯系统的功能进行界定。主要有以下几种解释:

(1)《食品安全管理体系——适用于食品链中各类组织的要求》(GB/T 22000－2006)中指出追溯系统应能够识别直接供方的进料和终产品初次分销的途径,组织应建立且实施追溯性系统,以确保能够识别产品批次及其与原料批次、生产和交付记录的关系。

(2)《饲料和食品链的可追溯性体系设计与实施的通用原则和基本要求》(GB/T 22005－2009)规定追溯系统为能够维护关于产品及其成分在整个或部分生产与使用链上所期望获取信息的全部数据与作业。

(3)《食品安全管理体系》(GB/T 22000－2006)中指出建立追溯系统时,应考虑到组织的可能影响体系复杂性的活动,诸如成分的种类和数量、产品的再利用、与产品接触的材料、批次生产和持续生产以及所有这些组合。组织还应考虑到可追溯性系统的范围,以便更好地确认任何可能需要撤回的潜在不安全产品。

本书中追溯系统(Traceability System),是指基于追溯码、相关软硬件设备和通信网络,实现信息化管理并可获取追溯过程中相关数据的集成。

(三) 追溯码

(1)《亚运会食品安全 食品追溯编码规则》(DBJ440100/T 26－2009)中指出追溯码是

对某特定的实体所赋予的唯一标识代码。

(2)《中药材流通追溯体系专用术语规范》(SB/T 11038 - 2013)中规定追溯码是由各子系统按照系统统一编码规则自动生成,标注于交易凭证或中药材包装物上,用于查询中药材信息的、具有全国唯一性的数字代码。

(3)《农产品质量追溯信息交换接口规范》(NY/T 2531 - 2013)规定追溯码是按照统一编码规则自动生成,标注农产品身份标识的专用代码。

(4)《养殖水产品可追溯编码规程》(SC/T 3044 - 2014)指出追溯码是承载对供应链下一环节实现追溯功能的对养殖水产品所赋予的唯一编码。

本书追溯码(Traceability Code),指追溯系统中对追溯单元进行唯一标识的代码。

三、追溯模式分析

按照马士华教授的观点,供应链是围绕着核心企业,通过对信息流、物流、资金流的掌控,从原材料采购开始,产成中间产品以及最终产品,最后经由销售渠道网络把产品送到消费者手中的将供应商、制造商、分销商、零售商直至最终用户连接成一个整体的功能网链结构模式。

如图 7 - 10 所示,供应链由联盟内所有的节点企业组成,内有一个核心企业,节点企业在需求信息的指引下通过供应链的职能分工与协作(生产、分销、零售等),以资金流、物流或服务流为中介实现整个供应链的价值。

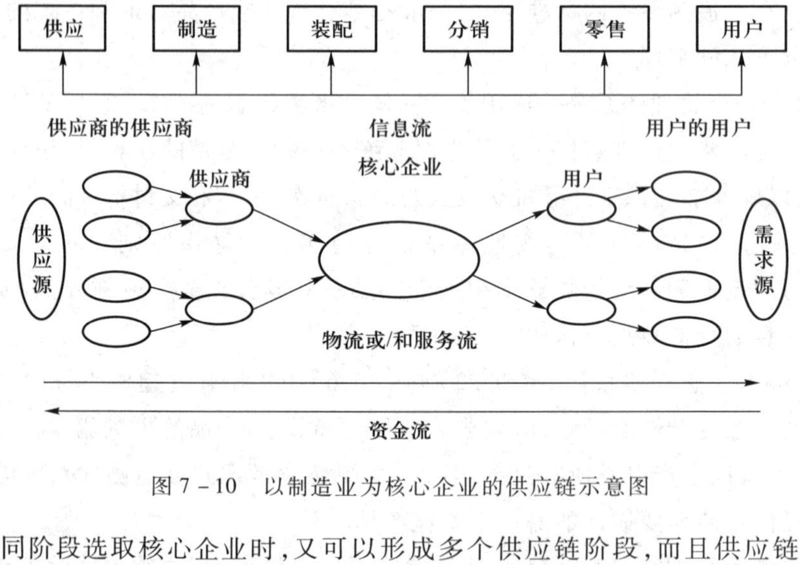

图 7 - 10 以制造业为核心企业的供应链示意图

当在不同阶段选取核心企业时,又可以形成多个供应链阶段,而且供应链节点企业在不同供应链阶段扮演着不同的角色。从图中可以看出,该供应链是以制造商作为核心企业的,由于每个阶段都有新的产品形成,因此,这里的制造商主要指每个阶段产品的制造源。下面以供应链不同阶段企业的多重角色为依据,讨论两种不同的产品追溯系统模式:点对点追溯模式和贸易追溯模式。

（一）点对点追溯模式

点对点追溯，即由消费者（或需求源）追溯到该阶段产品制造商（制造源）的过程，目的是找出该阶段产品的原产地的过程（这里我们定义，某个阶段的产品的制造商为该阶段产品的原产地）。如图 7－11 所示，实线箭头代表追踪，虚线箭头代表溯源，浅色圆点代表节点企业，深色圆点代表核心企业，本模式将不同阶段的制造商（制造源）作为核心企业。在供应链阶段 N 中，终端产品最终达到了消费者手中，到此为止，商品停止流通，消费者通过追溯，能够追溯到该终端产品的制造商 A（阶段 N 的产品的制造源），而且从供应源到消费者中间的任何节点企业也能够追溯到该产品的制造商 A（阶段 N 的产品的制造源），这属于点对点追溯。在供应链阶段 M 中，阶段 N 中的制造商成了阶段 M 需求方，代表了需求源的角色，通过追溯，能够追溯到该阶段产品的制造商 B（阶段 M 的产品的制造源），其中，这一阶段，处于该阶段的供应源和需求源中间的任何节点企业也能够追溯到该阶段的制造商（阶段 M 的产品的制造源）。以此类推，整个产品的供应链都能实现这样的追溯，这就是点对点追溯。

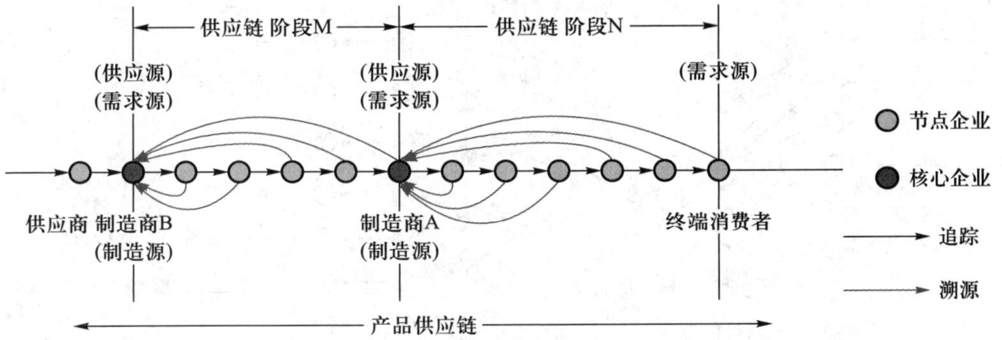

图 7－11　点对点追溯模式

（二）贸易追溯模式

贸易追溯模式，指追溯请求者通过追溯系统能够追溯到该产品责任主体的过程，这里指的贸易追溯模式主要满足两点要求：一是产品的所有权发生改变；二是产品质量的责任主体发生变更。对于一般的供应链而言，产品在贸易过程中，只要按照合同的要求，相关款项等要素已交付完毕，合同已经生效，即产品的所有权就发生了改变。在整个过程中，所有权的改变是随着贸易合同的执行而转移的，而且，在这其中存在两种不同的属性：一是所有权改变，产品质量的责任主体未变更；二是所有权改变，产品质量的责任主体也发生了变更。

1. 贸易追溯模式一

如图 7－12 所示。该模式是为了找出不同阶段的产品质量责任主体，因此，以多级供应商的多级供应链的某个阶段 P 为对象，以制造商 1 为阶段 P 中的核心企业，其中实线箭头代表追踪，虚线箭头代表溯源，浅色圆点代表节点企业，深色圆点代表核心企业。在多级供应链中，供应商有多个，这些供应商将从不同上级供应商购买的原材料提供给制造商，当贸易合同生效后，该产品的所有权发生变化，产品从供应商转移到制造商，制造商要对该产品进行加工生产制造，因此，产品制造商是这个阶段产品的质量责任主体。此时，作为产品制造商承担了双份责任：产品的所有者和产品的质量责任主体。当产品制造商将该产品卖给下游节点企业，如分销商，贸易合同生效后，该产品的所有权转移到了分销商，但是由于分销商只是对原产品进行销售，产品的质量责任主体并未改变，仍是产品制造商。因此，当分销商将物品卖给下一个节点企业或者消费者，该节点企业或者消费者提出追溯请求，并进行追溯时，该追溯能够追溯到的质量责任主体始终是产品制造商，供应链上的其他节点企业并不承担产品的质量责任。即使该产品经过制造商 2 进入到供应链下一个阶段 P+1，制造商 2 及其后面的节点企业，只是进行产品的销售，那么该产品的质量责任主体仍然是制造商 1。目前，国内产品追溯系统建设较为成功的，均为这种模式。

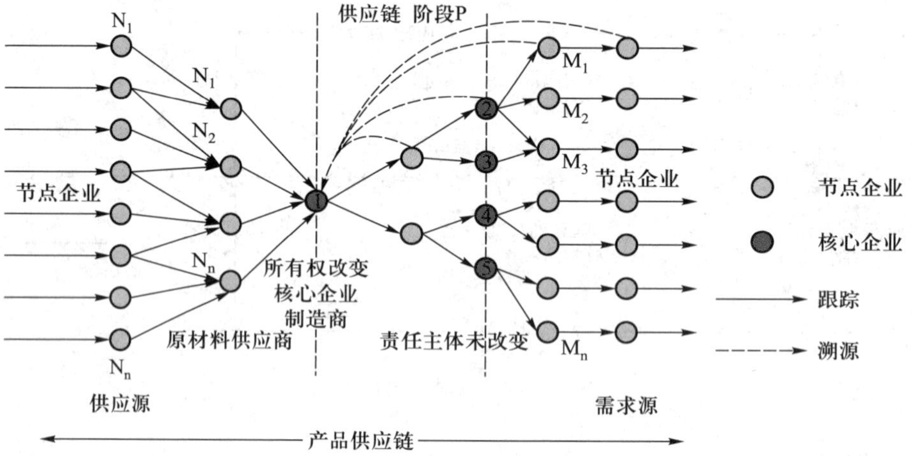

图 7－12　贸易追溯模式一

2. 贸易追溯模式二

如图 7－13 所示。该模式仍以制造商 1 为阶段 P 中的核心企业，制造商 2 作为 P+1 阶段的核心企业。制造商 2 从其上游采购产品，当贸易合同生效后，该产品的所有权发生变化，产品所有权转移到制造商 2。制造商 2 由于要对产品进行深加工或重新组配或再生产，例如，将不同制造商的同一产品再次包装，形成新的包装单元；又如，将不同制造商的不同产品加工后组装，形成新的产品单元。因此，制造商 1 是 P 阶段产品的质量责任主体，产品制造商 2 是 P+1 阶段产品的质量责任主体。

值得一提的是，所谓的贸易追溯模式，只是以供应链上的主要节点企业为对象，并未涉

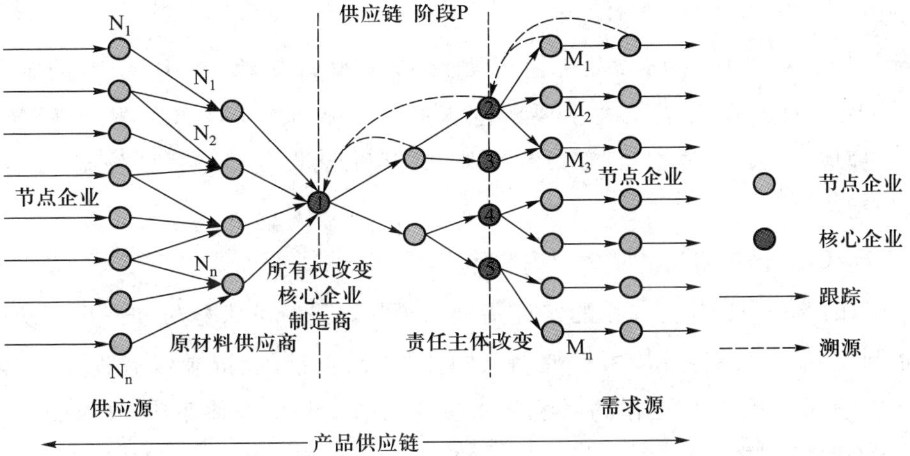

图 7－13 贸易追溯模式二

及运输、仓储等物流作业环节。运输、仓储主要是起到产品交通运输或储存作用，特别是交由第三方物流公司完成时，主要是通过物流服务合同条款予以约束，物流企业并非产品的质量责任主体。就现实中的运输、仓储来看，肯定会对产品的质量产生影响，特别是冷链物流的产品，如鲜鸡蛋、乳制品等，这些物品在运输和仓储时，必须保证温度的适宜，如果过高就可能损害物品的质量。所以，一个完整的追溯系统也应该考虑到供应链中物流企业的责任。由于本书讨论追溯系统模式仅仅基于供应链上参与贸易企业的局限性，今后还有待进一步提出包含物流等服务性企业在内的更加全面的产品追溯系统模式。

四、HACCP 体系

（一）HACCP 基本概念

HACCP（Hazard Analysis Critical Control Point，危害分析的临界控制点）认证标准是20世纪60年代由皮尔斯伯公司联合美国国家航空航天局（NASA）和美国一家军方实验室共同制定的。体系建立的初衷是为太空作业的宇航员提供食品安全方面的保障。HACCP主要用于对食品的全过程质量监控。随着全世界对食品安全卫生的日益关注，食品工业和其消费者已经成为企业申请HACCP体系认证的主要推动力。世界范围内食物中毒事件的显著增加激发了经济秩序和食品卫生意识的提高，在美国、英国、澳大利亚和加拿大等国家，越来越多的法规和消费者要求将HACCP体系的规范变为市场的准入要求。

目前对HACCP的广泛理解是：确保食品在消费的生产、加工、制造、准备和食用等过程中的安全，在危害识别、评价和控制方面是一种科学、合理和系统的方法，但不代表健康方面一种不可接受的威胁。识别食品生产过程中可能发生的环节并采取适当的控制措施防止危害的发生。通过对加工过程的每一步进行监视和控制，从而降低危害发生的概率。在

HACCP 管理体系原则指导下,食品安全被融入到设计的过程中,而不是传统意义上的最终产品检测。

国际标准 CAC/RCP - 1《食品卫生通则》(1997 修订 3 版)对 HACCP 的定义为:鉴别、评价和控制对食品安全至关重要的危害的一种体系。ISO 9000 系列标准包含了 HACCP 管理体系的许多要素,例如过程控制、监视和测量、质量记录的控制、文件和数据控制、内审等。

(二) HACCP 体系实施的基本原则和优点

HACCP 的七条原则作为体系的实施基础,分别是:进行危害分析和提出预防措施、确定关键控制点、建立关键界限、关键控制点的监控、纠正措施、记录保持程序、验证程序。HACCP 通常不是一个单独运作的系统。如在美国的食品安全体系中,HACCP 是建立在 GMPs 和 SSOPs 基础之上的,并与之构成一个完备的食品安全体系。HACCP 更重视食品企业经营活动的各个环节的分析和控制,使之与食品安全相关联。另外 HACCP 还要求企业有一套召回机制,由企业的管理层组成一个小组,必须有相关人员担任总协调员(HACCP Coordinator),对可能的问题产品实施紧急召回,最大限度保护消费者的利益。

可见,实施 HACCP 体系有以下优越性:

(1) 强调识别并预防食品污染的风险,克服食品安全控制方面传统方法(通过检测,而不是预防食物安全问题)的限制;有完整的科学依据。

(2) 由于保存了公司符合食品安全法的长时间记录,而不是在某一天的符合程度,使政府部门的调查员效率更高,结果更有效,有助于法规方面的权威人士开展调查工作。

(3) 使可能的、合理的潜在危害得到识别,即使以前未经历过类似的失效问题。因而,对新操作工有特殊的用处。

(4) 有更充分的允许变化的弹性。例如,在设备设计方面的改进,在与产品相关的加工程序和技术开发方面的提高等。

(5) 与质量管理体系更能协调一致;有助于提高食品企业在全球市场上的竞争力,提高食品安全的信誉度,促进贸易发展。

(6) 使食品生产中,从对最终产品的检验(即检验是否有不合格产品)转化为控制生产环节中潜在的危害(即预防不合格产品),避免因批量生产不合格产品而造成的巨大损失。

因此,HACCP 是决定产品安全性的基础,食品生产者利用 HACCP 控制产品的安全性比利用传统的最终产品检验法要可靠,实施时也可作为谨慎防御的一部分。HACCP 作为控制食源性疾患最为有效的措施得到了国际和国内的认可,并被 FDA 和世界卫生组织食品法典委员会批准。

对大多数 HACCP 成功的使用者来说它可用于从农场到餐桌的任何环节。在农场中,可以采用多种措施使农产品免受污染。例如,监测种子质量、保持农场卫生、对养殖的动物做好免疫工作等。在收获前，可以运用 HACCP 体系，对农产品在生长、饲养过程的各个环节进行评估，以判断其是否符合食品安全标准，做好农产品生产后加工前的质量把关。比如乡土乡亲的采收前风险评估体系。在食品加工厂里的屠宰和加工过程中也应做好卫生工作，当肉制品和家禽制品离开工厂时，还应做好运输、存储和分发等方面的控制工作。在批发商店里，确保合适的卫生设施、冷藏、存储和交付活动免受污染。最后，在餐馆、食品服务机构和家庭厨房等地方也应做好食品的储藏、加工和烹饪的工作，确保食品安全。消费者可以在家中实施 HACCP 体系。通过适当的存储、处理、烹调和清洁程序，从去商店购买肉和家禽到将这些东西摆上餐桌的整个过程中，有多个保障食品安全的步骤。例如，对肉和家禽进行合适的冷藏，将生肉和家禽与熟食隔离开，保证肉类煮熟，冷藏和烹饪的残留物不得有细菌滋生等。

（三）HACCP 体系认证

第三方认证机构的 HACCP 认证，不仅可以为企业食品安全控制水平提供有力佐证，而且将促进企业 HACCP 体系的持续改善，尤其将有效提高顾客对企业食品安全控制的信任水平。在国际食品贸易中，越来越多的进口国官方或客户要求供方企业建立 HACCP 体系并提供相关认证证书，否则产品将不被接受。HACCP 体系认证通常分为四个阶段，即企业申请阶段、认证审核阶段、证书保持阶段、复审换证阶段。

1. 企业申请阶段

企业申请 HACCP 认证必须注意选择经国家认可的、具备资格和资深专业背景的第三方认证机构，这样才能确保认证的权威性及证书效力，确保认证结果与产品消费国官方验证体系相衔接。在我国，认证认可工作由国家认证认可监督管理委员会统一管理，其下属机构中国合格评定国家认可委员会（英文缩写为：CNAS）负责 HACCP 认证机构认可工作的实施。认证机构将对申请方提供的认证申请书、文件资料、双方约定的审核依据等内容进行评估。认证机构将根据自身专业资源及 CNAB 授权的审核业务范围决定受理企业的申请，并与申请方签署认证合同。

在认证机构受理企业申请后，申请企业应提交与 HACCP 体系相关的程序文件和资料，例如危害分析、HACCP 计划表、确定 CCP 点的科学依据、厂区平面图、生产工艺流程图、车间布局图等。申请企业还应声明已充分运行了 HACCP 体系。认证机构对企业提供和传授的所有资料和信息负有保密责任。认证费将根据企业规模、认证产品的品种、工艺、安全风险及审核所需人天数，按照 CNAB 制定的标准计费。

2. 认证审核阶段

认证机构受理申请后将确定审核小组，并按照拟定的审核计划对申请方的 HACCP 体系进行初访和审核。鉴于 HACCP 体系审核的技术深度，审核小组通常会包括熟悉审核产品生产的专业审核员，专业审核员是那些具有特定食品生产加工方面背景并从事以 HACCP 为基础的食品安全体系认证的审核员。必要时审核小组还会聘请技术专家对审核过程提供技术指导。申请方聘请的食品安全顾问可以作为观察员参加审核过程。

HACCP 体系的审核过程通常分为两个阶段,第一阶段是进行文件审核,包括 SSOP 计划、GMP 程序、员工培训计划、设备保养计划、HACCP 计划等。这一阶段的评审一般需要在申请方的现场进行,以便审核组收集更多的必要信息。第二阶段审核必须在审核方的现场进行。审核组将主要评价 HACCP 体系、GMP 或 SSOP 的适宜性、符合性、有效性。其中会对 HACCP 的监控、纠正措施、验证、监控人员的培训教育,以及在新的危害产生时体系是否能自觉地进行危害分析并有效控制等方面给予特别的注意。

现场审核结束,审核小组将根据审核情况向申请方提交不符合项报告,申请方应在规定时间内采取有效纠正措施,并经审核小组验证后关闭不符合项,同时,审核小组将最终审核结果提交认证机构做出认证决定,认证机构将向申请人颁发认证证书。

3. 证书保持阶段

鉴于 HACCP 是一个安全控制体系,因此其认证证书有效期通常最多为一年,获证企业应在证书有效期内保证 HACCP 体系的持续运行,同时必须接受认证机构至少每半年一次的监督审核。如果获证方在证书有效期内对其以 HACCP 为基础的食品安全体系进行了重大更改,应通知认证机构,认证机构将视情况增加监督认证频次或安排复审。

4. 复审换证阶段

认证机构将在获证企业 HACCP 证书有效期结束前安排体系的复审,通过复审认证机构将向获证企业换发新的认证证书。

此外,根据法规及顾客的要求,在证书有效期内,获证方还可能接受官方及顾客对 HACCP 体系的验证。

(四) 美国 HACCP 体系

美国是第一个提出 HACCP 体系的国家,以下着重介绍美国实施 HACCP 体系的不同阶段和具体措施(图 7-14)。

1971 年,美国第一届国家食品保护会议(NFPC)首次公开了 HACCP 体系,并被美国食品和药品管理局(FDA)应用于低酸性罐头食品规定中。之后,美国食品微生物标准咨询委员会(NACMCF)于 1992 年正式采纳了食品加工生产的 HACCP 体系的七个要素。自 1973 年 FDA 实施“低酸性罐头食品法规”以来,再也没有出现关于肉毒杆菌中毒事件的报道。1994 年 3 月,美国公布了“冷冻食品 HACCP 体系一般模式”。美国 FDA 于 1995 年通告各国,自 1997 年 12 月 18 日起,强制要求美国国内水产品加工者以及运输水产品到美国的外国加工者实行 HACCP 管理体系。1995 年 2 月,美国农业部食品安全检验局(FSIS)颁布了减少肉和家禽工业生产中病原菌的 HACCP 体系规则。1996 年美国直销协会(USDSA)颁

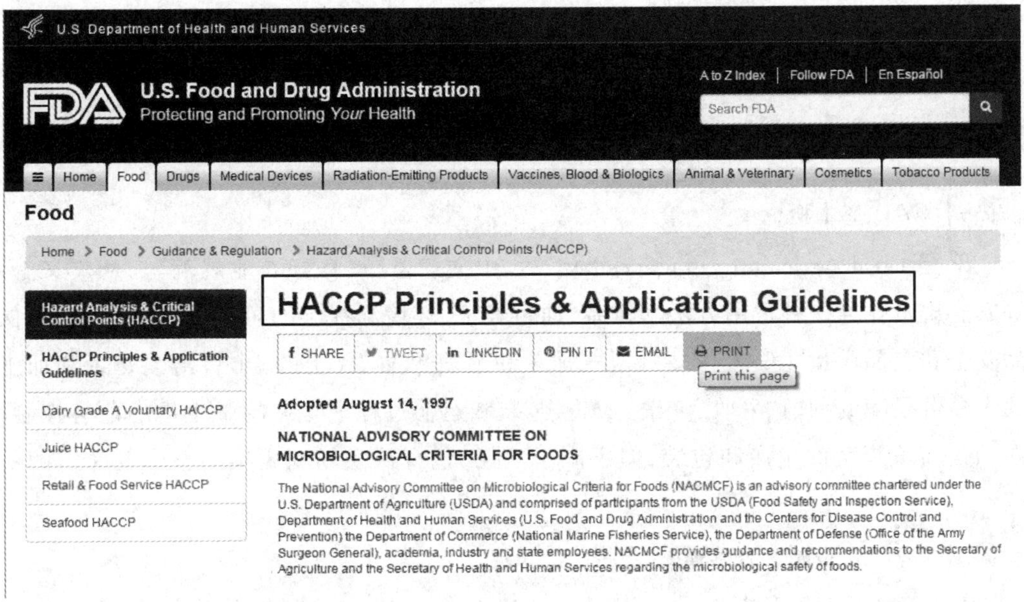

图 7－14　HACCP 认证标准网站（美国）

布了畜禽肉的 HACCP 体系（冷冻食品和香肠）。2000 年，美国 USDSA 禽肉 HACCP 法规生效。2000 年 FDA 还同美国国家洲际牛奶货运同盟，启动了一个 A 级奶制品 HACCP 指导计划，并将在适当时机正式提出奶制品 HACCP 法规。2001 年，美国 FDA 发布果蔬汁 HACCP 法规，该法规已于 2002 年生效，对中、小型企业分别在 2003 年和 2004 年生效，当前，USDSA 和 FDA 将联合实施关于蛋和蛋制品的 HACCP 体系管理。此外，FDA 还将 HACCP 体系应用到了各种有关零售食品、街头食品的管理法规中。

其卫生标准如下：

（1）每个企业都应制定和实施卫生标准操作程序或类似文件，以说明企业如何满足和实施如下卫生条件和规范；

（2）与食品或食品表面接触的水的安全性或生产用冰的安全；

（3）食品接触表面（包括设备、手套和外衣等）的卫生情况和清洁度；

（4）防止不卫生物品对食品、食品包装和其他与食品接触表面的污染及未加工产品和熟制品的交叉污染；

（5）洗手间、消毒设施和厕所设施的卫生保持情况；

（6）防止食品、食品包装材料和食品接触表面掺杂润滑剂、燃料、杀虫剂、清洁剂、消毒剂、冷凝剂及其他化学、物理或生物污染物；

（7）规范地标示标签、存储和使用有毒化合物；

（8）员工个人卫生的控制，这些卫生条件可能对食品、食品包装材料和食品接触面产生微生物污染；

（9）消灭工厂内的鼠类和昆虫；

（10）每个企业应该对实施 SSOP 的情况进行检查、记录，并将记录结果存档、备查。

五、GAP

（一）GAP 基本概念

GAP 是 Good Agriculture Practices 的缩写，中文意思是“良好农业规范”。从广义上讲，良好农业规范作为一种适用方法和体系，通过经济、环境和社会的可持续发展措施，来保障食品安全和食品质量。GAP 主要针对未加工和最简单加工（生的）出售给消费者和加工企业的大多数果蔬的种植、采收、清洗、摆放、包装和运输过程中常见的微生物的危害控制，其关注的是新鲜果蔬的生产和包装，但不限于农场，包含从农场到餐桌的整个食品链的所有步骤。

（二）GAP 的起源和在我国的发展

1997 年，欧洲零售商农产品工作组（EUREP）在零售商的倡导下提出了“良好农业规范”（Good Agricultural Practice，GAP），简称为 EUREPGAP；2001 年，EUREP 秘书处首次将 EUREPGAP 标准对外公开发布。EUREPGAP 标准主要针对初级农产品生产的种植业和养殖业分别制定和执行各自的操作规范，鼓励减少农用化学品和药品的使用，关注动物福利、环境保护，工人的健康、安全和福利，保证初级农产品生产安全的一套规范体系。它是以危害预防（HACCP）、良好卫生规范、可持续发展农业和持续改良农场体系为基础，避免在农产品生产过程中受到外来物质的严重污染和危害。该标准主要涉及大田作物种植、水果和蔬菜种植、牛羊养殖、奶牛养殖、生猪养殖、家禽养殖、畜禽公路运输等农业产业。2007 年 9 月 7 日，EUREPGAP 宣布将名称和标识更改为 GLOBALGAP。

GAP 受到越来越多的国家政府部门的重视，目前，GAP 认证已经被世界范围的 61 个国家的 24 000 多家农产品生产者所接受，而且现在更多的生产商正在加入此行列。虽然 GAP 的执行是自愿的，但美国 FDA 和 USDA 强烈建议鲜果蔬生产者采用。

2003 年 4 月国家认证认可监督管理委员会首次提出在我国食品链源头建立“良好农业规范”体系，并于 2004 年启动了 ChinaGAP 标准的编写和制定工作。ChinaGAP 标准起草主要参照 EUREPGAP 标准的控制条款，并结合中国国情和法规要求编写而成。目前，ChinaGAP 标准为系列标准，国家认证认可监督管理委员会和 FoodPLUS GmbH（为 GLOBALGAP 秘书处）正在将 ChinaGAP 与 GLOBALGAP 进行基准比较，以期获得 EUREP 秘书处对 ChinaGAP 的认可。ChinaGAP 标准的发布和实施必将有力地推动我国农业生产的可持续发展，提升我国农产品的安全水平和国际竞争力。

2007 年 1 月，国家认监委、国家标准委发布《关于下达国家第一批良好农业规范

(GAP)试点项目的通知》,启动了国家层面推动良好农业规范认证的进程。GAP认证为我国从源头控制食品安全,促进农业可持续发展,提高农业综合生产能力提供了新的保障方式。2008年6月,国家认监委、国家标准委确定了236家单位为第二批GAP试点项目。

(三) GAP认证

通过GAP认证,能够提升农业生产的标准化水平,有利于提高农产品的内在品质和安全水平,有利于增强消费者的消费信心。在我国加入世界贸易组织之后,GAP认证成为农产品进出口的一个重要条件,通过GAP认证的产品将在国内外市场上具有更强的竞争力。良好农业规范允许有条件合理使用化学合成物质,并且其认证在国际上得到广泛认可。因此,进行良好农业规范认证,可以从操作层面上落实农业标准化,从而提高我国常规农产品在国际市场上的竞争力,促进获证农产品的出口。通过GAP认证的产品,其销售价格高于非认证的同类产品,因此,通过GAP认证可以提升产品的附加值,从而增加认证企业和生产者的收入。通过GAP认证,有利于增强生产者的安全意识和环保意识,有利于保护劳动者的身体健康。通过GAP认证,有利于保护生态环境和增加自然界的生物多样性,有利于自然界的生态平衡和农业的可持续性发展。

ChinaGAP认证分为2个级别的认证:一级认证要求符合适用良好农业规范相关技术规范中所有适用一级控制点的要求,并且至少符合所有适用良好农业规范相关技术规范中适用的二级控制点总数的95%的要求,不设定三级控制点的最低符合百分比;二级认证要求所有产品应至少符合所有适用模块中适用的一级控制点总数的95%的要求,不设定二级控制点、三级控制点的最低符合百分比。

认证方法包括:

(1) 熟悉标准,认真阅读GB/T20014《良好农业规范》标准,了解标准中的要求。

(2) 企业管理者、生产负责人和内部审核员应参加过培训,以便更多了解GAP的要求和相关知识。

(3) 生产操作过程符合相关GAP控制点的操作标准,遵循本国和出口目标国的法律法规,并保存GAP操作过程中完整的农事活动书面记录。

(4) 在接受正式的独立检查之前,企业应该使用GAP检查表进行一次自我检查,验证是否符合GAP的所有控制点,并对不符合的地方进行记录和改进。

(5) 申请者在接受检查之前,要积极提供有关的文字材料,并在检查现场、设施以及人员等方面给予配合。

(6) 内部检查员应该对认证的地块上GAP操作体系的执行情况每年进行至少一次内部检查(自我检查),重点是操作中的不符合项、整改措施的落实情况。

(7) 检查安排。主要包括:

作物类检查:初次检查要求申请人提供获得注册号之后、收获日期之前的3个月的记录。

宜在收获期间安排初次检查，以便对与收获相关的控制点（如最大农残限量、收获期间的卫生除害等）进行查证。

申请一种以上作物的认证，如果生产期同步或相近的，检查时间宜靠近收获期；如果生产期不同步或不相近的，那么初次认证检查应在最早收获作物的收获期间进行。其他产品在通过现场检查或者由生产者提供可接受的证据，验证了适用控制点的符合性后，可加入到认证证书的覆盖范围。

畜禽类检查初次认证检查和复评时，畜禽或水产品必须在养殖状态。

第五节 畅想冷链供应链管理系统

一、系统概述

（一）背景

近年来，国家对冷链物流产业给予高度关注，相继出台政策予以扶持，覆盖市场、行业及教育等领域。2018 年年初的中央一号文件指出，建设现代化农产品冷链仓储物流体系。3 月 3 日冷链再次成为两会的热点话题，全国人大代表、苏宁控股集团董事长张近东建议“重点支持冷链物流基础设施建设”，全国政协委员、新希望集团创始人刘永好发布加快推进冷链物流行业发展、为食品安全保驾护航的提案。3 月 9 日，教育部高等学校物流管理与工程类专业教学指导委员会组织成立物流管理专业、物流工程专业、采购管理专业、青年教师和冷链物流专业 5 个工作组。中华全国供销合作总社印发《关于深入贯彻落实中央一号文件大力推进乡村振兴的实施意见》，加大现代冷链物流管理理念、标准和技术应用，建立覆盖农产品生产、加工、运输、储存、销售全过程的冷链物流体系。

冷链物流中的平台建设越来越被关注，信息化的公共服务平台尤为突出。2009 年，国务院将物流业列为国家十大振兴产业之一，在随后出台的《物流业调整和振兴规划》中将建设物流公共信息平台列为调整和振兴物流业的“九大工程”之一，明确提出要“加快行业物流公共信息平台建设”。随着标准化的普及及重视，信息标准化的基础就是物品编码标准化。国务院《质量发展纲要（2011—2020 年）》（国发〔2012〕9 号文），提出“搭建以物品编码管理为溯源手段的质量信用信息平台，推动行业质量信用建设”；2012 年 8 月 3 日，国务院下发《国务院关于深化流通体制改革加快流通产业发展的意见》（国发〔2012〕39 号文）提出，“推动商品条码在流通领域的广泛应用，健全全国统一的物品编码体系”，对建设我国统一的物品编码体系提出了明确要求。

冷链，是根据物品特性，为保持其品质而采用的从生产到消费的过程中始终处于低温状态的物流网络。物流平台是对物流运作起承载和支持作用的以工程和管理为主的环境、条件系统。《物流业调整和振兴规划》中提到了三种平台,它们分别是综合运输信息平台、物流资源交易平台和大宗商品交易平台。共用物流平台指同时对客运和货运起承载和支持作用的平台,这是长期以来世界各个国家的主体模型。

（二）系统目标

1. 总体目标

北京网路畅想科技发展有限公司自主研发的畅想冷链供应链管理系统,其总体目标是实现"统一管理、智能采集、实时监控、远程控制",以"制度先行、平台保障"为理念,建立以全程监管为基础、资源整合为支撑、信息化平台为保障的体系框架,进一步加强部门监管信息互联共享,以集约化方式搭建集冷链流通信息查询、协同监管、社会监督、决策分析等功能于一体的公共信息服务平台,从而提高平台覆盖区域整个食品、农产品冷链物流产业的运作效率。

畅想冷链供应链管理系统采用互联网+物联网+冷链物流技术的技术路线,基于GS1标准体系框架,形成一系列冷链企业业务协同与产品追溯技术标准,通过搭建数据中心云平台、管理平台和企业应用,形成满足不同层次供应链信息管理需求的三层架构,赋予本系统具有普遍适用于冷链各参与方和相关管理部门未来应用需求的能力。

2. 建设目标

从冷链流通发展角度看,畅想冷链供应链管理系统的建设目标为:

一是创新冷链流通监管方式,提升冷链物流信息化水平;二是构建冷链物流全程追溯系统,形成完整的冷链可追溯信息,提供全程监控和管理抓手;三是通过整合农产品的生产、加工、流通企业冷链物流资源,充分实现信息资源整合与共享,提高冷链物流业务分析管理水平,助力冷链物流行业降本增效。

从面向用户角度看,冷链物流公共信息服务平台建设目标为:

政府层面实现:建立冷链流通行业管理与社会监督相结合的监管体系和监管模式,平台建设标准化、监管手段信息化、应用便捷化,促进监管信息共享、提高资源利用率。

企业层面实现:企业制度化、冷链流通规范化、利益最大化,通过运用RFID、GPS/GIS、传感器等信息化技术推动冷链流通现代化发展,打造农产品安全品牌,提升企业的公信度。

公众层面实现:全民参与冷链流通监管、参与农产品安全监督,共建农产品安全的社会环境。

3. 功能目标

畅想冷链供应链管理系统包括冷链仓储管理系统、冷链运输管理系统、冷柜管理系统、冷链资源撮合交易系统、冷链追溯系统、政府监管系统、特色企业展示系统。主要实现以下功能目标：

（1）全程监控。实现对冷链设施设备温度的实时监控和历史记录的查询功能（数据采集与展示功能），实时把控冷链设备温度稳定性。对企业农产品冷链流通过程中冷库、冷藏车辆、冷柜的温度、位置、冷藏车门开关状态、运输时效进行监控、记录。

（2）资源整合。通过平台的推广应用，能够有效地降低冷藏运输车辆、冷库的空载率和空置率，缩短闲置时间，降低单位产值的能耗和企业成本，有助于促进冷链物流资源的整合利用，提高冷链物流企业的服务品质，增强区域间、企业间的资源共享和业务协作。

（3）行业发展。通过政府引导、企业示范的模式，提高冷链物流企业信息化和自动化水平，提高冷链作业效率和管理水平，增长企业冷链业务规模；通过冷链物流公共信息服务平台建设，以信息化手段，通过标准、规范、高效的方式，改善冷链物流产业环境，促进冷链物流产业链协作，优化资源配置，促进产业转型升级；平台整合汇集多方数据和信息，精准反映某一地区冷链物流情况，为政府决策、企业经营管理提供科学依据，实现对行业发展的科学引导。

（4）供应链金融。通过平台的广泛应用，促进形成完整的供应链金融，实现货主、冷库业主、运输企业、销售商之前的金融担保以及其他金融服务需求，最大限度地解决不同用户在供应链当中的资金问题，减少因货款、运输费用等问题而导致的交易问题，优化冷链交易流程，提高交易成功率，尽可能地降低冷藏运输车辆、冷库的空载率和空置率，缩短闲置时间。

（5）应用支撑平台。利用通用的组件实现组织机构与权限管理、工作流、电子表单、业务报表、非结构化数据管理、数据访问、安全服务、搜索引擎等功能。

（三）系统组成要素

冷链系统的基础结构指的是冷链系统中起基础性作用的组成要素的结构。一条冷链系统由许多要素组成，根据研究的侧重点不同，可以将冷链的组成要素分为不同的类型，如商流、物流、信息流、资金流；人员、设备、资金、土地；流体、载体、流向、流量等。

此处的组成要素指的是支撑畅想冷链供应链管理系统基础信息采集的能够进行唯一编码标识的实体或物品，各要素根据功能性不同可分为六大类型，如表 7－6 所示。

表 7－6　冷链物流公共信息服务平台组成要素

类型	组成要素
主体	企业
客体	产品
事件	订购、出厂、运输、入库、出库、进店
资源	冷车、冷库、冷柜
设备	温湿度传感器、GPS 定位器、摄像机
单据	订购单、出厂单、发货单、入库单、出库单、送货单、进店单

1. 主体

主体指的是企业主体、由工商行政部门批准成立的法人实体名称。参照企业标准《Q/WLCX001 - 2017 供应链企业基础信息规范》,企业主体的基本属性包括企业名称、企业分类、统一社会信用代码、组织机构代码、全球贸易参与方位置代码、厂商识别代码、注册地行政区划代码(省/市/区)、企业经济类型、企业批准信息、法定代表人、联系人等。

在畅想冷链供应链管理系统中,主体编码即企业编码采用国际标准 GS1 编码体系中的全球贸易参与方位置代码(Global Location Number,GLN)编码结构,遵循全球统一编码标准,支持与国际平台互联互通,从根源上消除信息孤岛的困境。参照企业标准《Q/WLCX 0003 - 2017 供应链单据代码编码规则》。

2. 客体

计划在零售销售点直接出售给最终消费者的贸易项目,即零售消费品项目,对应着该平台中定义的客体,指代产品。参照企业标准《Q/WLCX 0002 - 2017 供应链产品基础信息规范》,其基本属性包括产品责任主体、产品基准名称、全球贸易项目代码(GTIN)、商标/品牌名称、产品执行标准、流通属性、商业名称、产品分类、产品包装代码和扩充信息等。

在畅想冷链供应链管理系统中,客体(产品)编码采用的是国际标准 GS1 编码体系中的全球贸易项目代码(Global Trade Item Number,GTIN)编码结构,由唯一的 GTIN - 13、GTIN - 12、GTIN - 8 标识,在全球应用中最广泛,全球唯一分配。全球贸易项目代码由厂商识别代码、商品项目代码、校验码三部分组成的 13 位数字代码,有 GTIN - 14、GTIN - 13、GTIN - 12、GTIN - 8,4 种代码结构。

3. 事件

在冷链物流业务运作过程中,转移产品的信息的下订单、出厂、运输、仓储、配送、进店等活动称为事件,同时在事件发生过程中伴随着物流、信息流的传输与交换。冷链物流信息系统中发生的事件贯穿整个供应链物流周期,是全链条上下游企业共同协作完成,通过对其事件流中的单据、产品、设备等编码的标准化,参照企业标准《Q/WLCX 0007 - 2017 供应链管理系统业务流程规范》里的业务流程标准化规范,以单据为载体,促进商流、物流、资金流及信息流的整合运转,实现各主体企业包括销售企业、生产企业、物流(运输)企业、物流(仓储)企业运作高效,并实现全程供应链管理。

4. 资源

资源包括冷车、冷柜、冷库,其各自的属性不同。参照企业标准《Q/WLCX 0005 - 2017 供应链冷链资源基础信息规范》,冷车基础属性包括所属企业 GLN、所属企业名称、车辆代码、车牌号、冷藏分类等;冷库基础属性包括所属企业 GLN、所属企业名称、冷库代码、冷库类型、冷库型号等;冷柜基础属性包括所属企业 GLN、所属企业名称、冷柜代码、冷柜类型等。

5. 设备

设备包括温湿度传感器、GPS 定位器、摄像机,其各自的属性也不同。参照企业标准

《Q/WLCX 0005 - 2017 供应链冷链资源基础信息规范》,温湿度传感器基础属性包括设备编号、所属企业 GLN、所属企业名称、温湿度传感器设备代码等;GPS 定位器基础属性包括设备编号、所属企业 GLN、所属企业名称、GPS 定位器设备代码等;摄像机基础属性包括设备编号、所属企业 GLN、所属企业名称、摄像头设备代码、IP 地址、端口号等。

在畅想冷链供应链管理系统中,资源和设备代码均采用全球单个资产标识代码(Global Individual Asset Identifier ,GIAI)标识,其结构由全球单个资产应用标识符(AI)、全球单个资产标识代码(GIAI)组成,共 17 位数字代码,有 3 种代码结构。

6. 单据

单据是由一个主体发给平台另一个主体的业务凭证,根据关键节点的动作事件主要分为七大类:订购单、出厂单、发货单、入库单、出库单、送货单、进店单。每一类单据都采用国际编码原则,同时参照企业标准《Q/WLCX 0003 - 2017 供应链单据代码编码规则》,符合标准化要求,承载主体、客体、资源、设备等要素信息,普遍适用于各行业推广使用。

二、系统总体结构

畅想冷链供应链管理系统由冷链供应链管理子系统、物联网可视化控制子系统两部分组成。冷链供应链管理子系统包括数据中心云平台、区域管理平台和冷链企业业务应用平台(含:生产企业管理系统、物流(运输)企业管理系统、物流(仓储)企业管理系统、销售企业管理系统)三层架构,系统总体架构如图 7 - 15 所示。

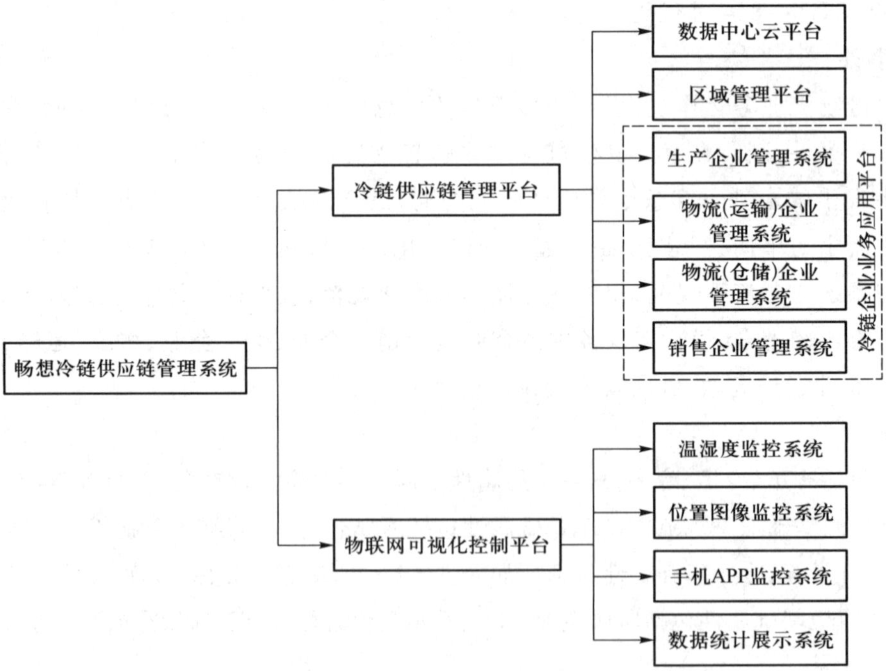

图 7 - 15　系统总体架构

（一）冷链供应链管理子系统

冷链供应链管理子系统是以畅想冷链供应链管理系统为核心，根据冷链供应链管理系统流程，依据先进的物联网国际标准（EPC Global）进行设计开发的。系统由冷链供应链数据中心云平台、冷链供应链区域管理平台、生产企业管理系统、物流企业管理系统、销售企业管理系统组成，还包括物联网中间件、生产企业插件、温湿度采集控制、多屏幕监控控制、位置可视控制、数据统计展示等管理控制功能模块。

冷链供应链管理子系统可以分成四个业务区域：

（1）管理区域。由数据中心云平台、区域管理平台进行管理。

（2）生产作业区域。生产企业管理系统，生产加工，编码制签，扫码激活，出厂，生成出厂单（仓储）/出厂单（运输）。

（3）物流作业区域。物流企业管理系统，运输企业接收任务，安排司机车辆，生成发货单（生产）/发货单（仓储）/送货单（仓储）/送货单（销售），仓储企业扫码入库，生成入库单（生产）/入库单（运输），货物上架、下架分拣，扫码出库，生成出库单（运输）/出库单（销售）。

（4）销售作业区域。销售企业管理系统，生成订购单，接收进店，生成进店单（运输）/进店单（仓储）/进店单（生产），扫码销售，自动结账。

通过冷链供应链管理子系统可以实现冷链供应链全程管理（业务流程如图 7－16 所示），包括：

（1）销售企业下订购单，发送给生产企业。

（2）生产企业接收订购单安排生产计划，为单品/包装箱/托盘赋码，印制粘贴标签、激活、生成出厂单（仓储）/出厂单（运输），出厂单（仓储）发送给物流（仓储）企业、出厂单（运输）发送给物流（运输）企业。

（3）物流（运输）企业接收出厂单（运输），生成发货单（生产）/发货单（仓储），发货单（生产）发送给生产企业，发货单（仓储）发送给物流（仓储）企业；物流（运输）企业安排司机车辆，将出厂货物由生产企业运至物流（仓储）企业。

（4）物流（仓储）企业接收出厂单（仓储）和发货单（仓储），生成入库单（生产）/入库单（运输），入库单（生产）发送给生产企业，入库单（运输）发送给物流（运输）企业，物流（仓储）企业安排产品入库。

（5）物流（仓储）企业安排出库，生成出库单（销售）/出库单（运输），出库单（销售）发送给销售企业、出库单（运输）发送给物流（运输）企业。

（6）物流（运输）企业接收出库单（运输），生成送货单（销售）/送货单（仓储），送货单（销售）发送给销售企业、送货单（仓储）发送给物流（仓储）企业；物流（运输）企业安排司机车辆，将出库货物由物流（仓储）企业运送至销售企业。

(7) 销售企业接收出库单(销售)和送货单(销售),检验产品,生成进店单(仓储)/进店单(运输)/进店单(生产),进店单(仓储)发送给物流(仓储)企业、进店单(运输)发送给物流(运输)企业、进店单(生产)发送给生产企业。

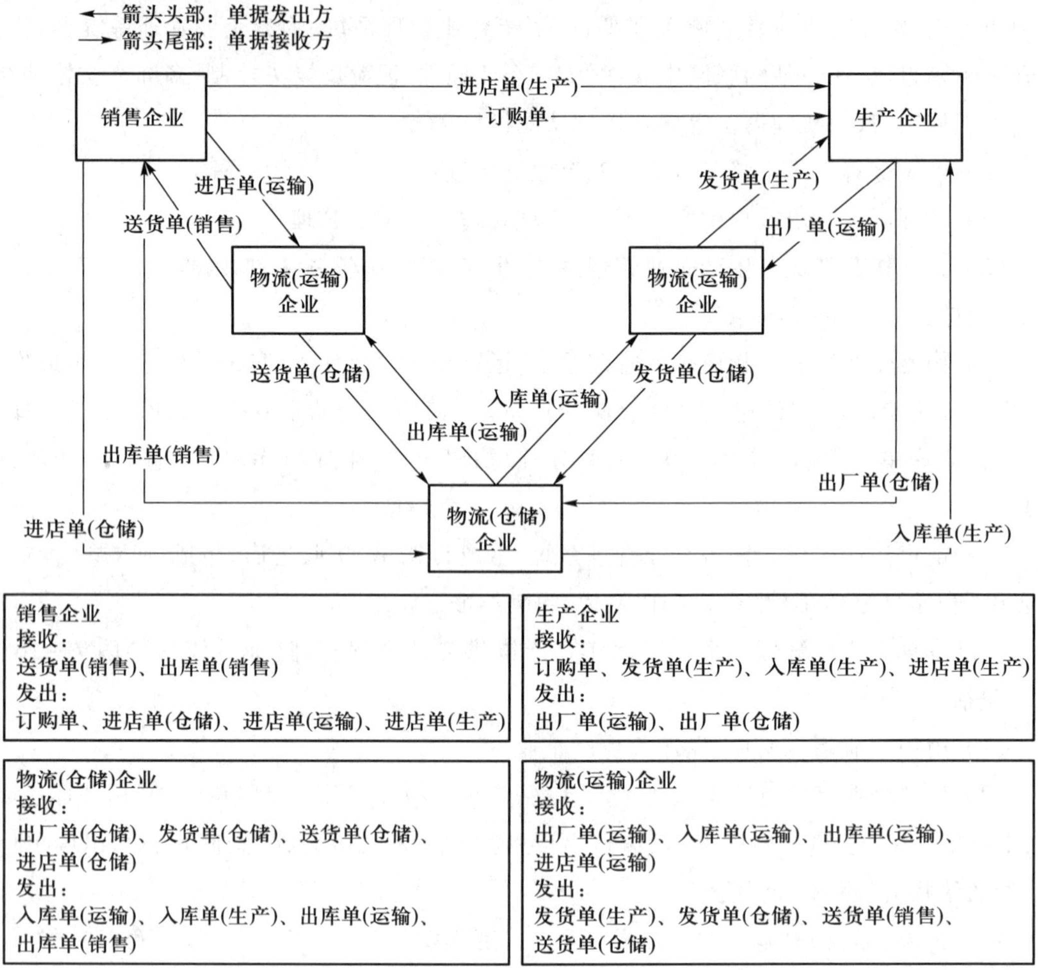

图 7-16 业务流程

冷链供应链管理子系统还可以在管理区域实现在数据中心云平台上注册冷链物流控制设备地址信息(温度传感器、湿度传感器、GPS 传感器、摄像头等),数据中心云平台通过地址解析技术得到企业业务应用系统采集到的冷链物流实时数据;可在相关单据上,绑定冷链物流信息(温湿度值、位置信息、现场图片等);数据中心云平台对采集到的各类数据进行统计分析处理,在前端实现数据可视化展示。

(二) 物联网可视化控制子系统

物联网可视化控制子系统由温湿度监控、位置图像监控、手机 APP 监控、数据统计展示四部分组成。可外接一维/二维条码扫描器、RFID 读写器、智能手机、专用 PDA 以及条码打印机等硬件设备。物联网可视化控制子系统与冷链供应链管理子系统联动,数据共享。

1. 温湿度监控

注册温湿度传感器信息,配置参数,获取温湿度数据。在冷车/冷库/冷柜中安装温湿度感应设备,感应温度或湿度高于或低于预设值(阈值)时,向控制中心发出报警,控制中心管理人员可通过视频监控查看现场情况并做出相应处理。通过 PC 端或手机端实时查看温度、湿度信息,也可查看某一个时间点的温度、湿度信息,还可查看温湿度的历史报警信息。可对采集到的数据进行统计。

2. 位置图像监控

注册 GPS/北斗全球定位芯片信息、配置参数、获取位置数据,可获得冷链物流企业、冷车、冷库、冷柜的地点位置信息,可获得冷车的历史轨迹信息。可通过 PC 端或手机端实时查看位置信息,也可查看某一个时间点的位置信息。

注册摄像头信息、配置参数、获取各个采集点的视频图像信息。通过 PC 端或手机端实时查看图像信息,也可查看某一个时间点的图像信息,还可查看冷车的历史轨迹视频信息。

3. 手机 APP 监控

手机 APP 分为 Android 和 IOS 两个版本。

用户登录后可以查看企业信息、产品信息、最新公告、最新政策、业务地址(追溯)、视频监控、车辆轨迹、温湿度信息。

经授权的业务人员和管理人员,可以通过手机 APP 实现移动端的日常业务管理工作。

4. 数据统计展示

可以对历史数据与当前数据进行采集、统计、分析与图形化展示。

展示冷链物流管理中的温湿度设备工作情况、历史报警情况、温湿度达标率以及其他统计数据等,并用图表的形式展现出来。

(1) 温度达标率。在特定的时间段内,冷车、冷库、冷柜存储的环境温度在其要求温度范围内运营的时长与冷车、冷库、冷柜总运营时长的比值。

(2) 监控率。被监控的冷车、冷库、冷柜的数量与所有运营的冷车、冷库、冷柜的数量的比值。

(3) 在线率。被监控的冷车、冷库、冷柜在线运营的数量与被监控冷车、冷库、冷柜的总数量的比值。

三、系统可视化展示

在主页上提供电子地图,可以采用二级目录(树)的形式分别显示诸如北京、上海、山东等一级目录指示的区域和诸如青岛、大连等二级目录指示的区域,电子地图可根据指示分别显示不同的地图。

通过电子地图可展示所在行政区划中的企业、冷藏车和冷库。百度地图可以通过给定企业的门牌号或地址，找到地图上的位置，并标出。可以支持相应的企业信息手工输入，也支持批量的数据导入。

展示全国各省市企业、冷车、冷库、冷柜的数量、温度达标率、监控率、在线率等看板信息，并在整合百度地图显示标注全国各省市企业、冷车、冷库、冷柜的位置信息。点击地图标注显示名称和地址信息。

功能描述：

（1）显示全国企业、冷车、冷库、冷柜总数量；

（2）以树结构显示全国各省市列表信息：点击省市地图后，可展示对应省/市的企业、冷车、冷库、冷柜信息，同时在地图上标记相应的位置。

案例分析

菜鸟网络："大数据"+"大物流"背后的企图

2013 年 5 月 28 日，阿里巴巴集团、银泰集团联合复星集团、富春集团、顺丰集团、三通一达（申通、圆通、中通、韵达）、宅急送、汇通，以及相关金融机构共同宣布，"中国智能物流骨干网"（简称 CSN）项目正式启动，合作各方共同组建的"菜鸟网络科技有限公司"正式成立，马云任董事长，沈国军任首席执行官。

一、菜鸟网络的"庞大野心"

菜鸟网络计划首期投资人民币 1 000 亿元，希望在 5～8 年的时间，努力打造遍布全国的开放式、社会化物流基础设施，建立一张能支撑日均 300 亿元（年度约 10 万亿元）网络零售额的智能骨干网络。目标是"让全中国任何一个地区做到 24 小时内送货必达"。

阿里巴巴、银泰、复星、富春、顺丰和"三通一达"等共同组建"菜鸟网络"，同时启动"中国智能骨干网"项目建设，这是智能大数据、物联网、云计算、自动化技术等技术在国内的大规模商业实践。

在近期，即三五年时间内，在全国打造搭建形成一个网状的物理的智能骨干体系（CSN），把它做成一个平台。

在中期，"中国智能物流骨干网"将通过信息系统深度融合和处理，整合社会第三方物流企业，计划用 5～8 年的时间建立一个支撑日均 300 亿元网络零售额的物流网络。

在远期，CSN 将不断完善其物流信息系统，并向制造商、电商、第三方物流开放，可以基于大数据和云计算等技术，建立服务于整个"生态系统"的供应链管理体系，整合商流、物流、信息流，实现大物流发展战略。

菜鸟物流将提供多行业产品的仓配管理一站式解决方案，如图 7－17 所示。

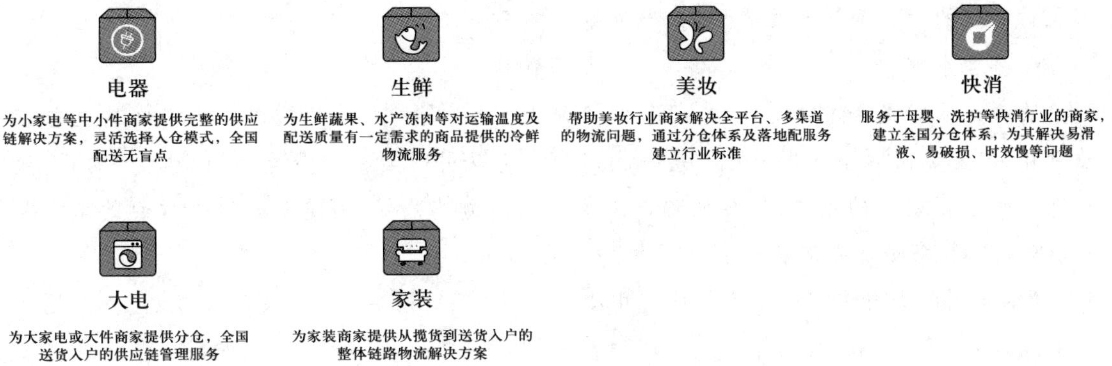

图 7－17　仓配管理一站式解决方案

其仓储将由 8 个左右大仓储节点、若干个重要节点和更多城市节点组成。大仓储节点将针对东北、华北、华东、华南、华中、西南和西北七大区域选择中心位置进行仓储投资。其中，华东最大仓在金义都市新区，华南在广州萝岗区，华北节点最大仓将落户天津。

菜鸟目前的战略可以概括为三点，一是通过数据技术降低物流生态，也就是降低各物流合作伙伴的协同成本，这与工业化思维相对，工业化思维是全部收购变成自己的，自己来做。二是将电商时代的快递承载系统转型一部分到社会化仓配，即使电商的产地到消费地模式，升级到前置仓模式，因为有一部分标准商品是可以做预测的，这样可将 1 000 公里平均物流运输距离降低为 200～500 公里，社会化仓配与自营模式的区别，在于从仓到配均由不同企业完成。三是通过数字技术的方式升级末端网络，实际上就是维持懒人经济下包裹式消费习惯在新零售时代下能够提供更好的服务体验。

菜鸟应该更倾向的是基于大数据的中转中心或调度中心、结算中心。其打通阿里内部系统与其他快递公司系统，通过转运中心，买家从不同卖家购买的商品包裹可合并，节省配送费用。这样，物流成本降到最低，时间做到最快。阿里既掌握了信息流，又掌握了物资流，并制订了规则。

二、问题瓶颈

1. 库存管理

菜鸟网络的仓储是开放的，但菜鸟网络的库存不属于阿里，而是各地卖家，如何做好系统对接、信息流共享、商品结算、库存管理都将面临挑战。

2. 仓储管理

仓储管理本身一直是物流园区的难题，而面对一个全国性的网络，要管理不同供应商的货物，菜鸟是否有能力来管理这样的仓储，提供这样的服务，仍是一个问题。

3. 人才管理

从菜鸟网络现有团队来看，缺乏两项专业知识：一是物流配送专业知识，二是库存管理专业知识。库存周转、库存量的管理也是一门学问。当卖家商品统一被放到菜鸟仓库后，如果对商品的销售预计不准确，则会产生商品挤压成本。

4. 利益协调

物流行业的整合才刚刚开始，菜鸟网络几大合作伙伴，尤其是快递公司之间的竞争依然存在，同盟之间的协调管理同样是一大难题。所以引用某位物流仓储行业人士的话，菜鸟网络是个很宏大的项目，但要实现起来最大的阻力不是钱，而是参与这个项目的地产公司、快递公司、投资方等各方利益的平衡。

（本案例改编自中国电子商务研究中心编著的“互联网＋智库”系列丛书之《互联网＋产业风口》。）

案例分析题：

根据案例并结合所学知识谈谈如何发挥大数据在物流管理中的作用。

思考题

1. 简述信息系统的概念。
2. 物流信息系统的定义与作用分别是什么？
3. 简述大数据与云计算的应用。
4. 现代物流信息系统的建设策略与步骤是什么？
5. 教学模拟实验室与物流应用系统的区别是什么？

拓展阅读

请扫描二维码阅读拓展资源。

加强网络安全的7条建议

互联网金融的主要安全问题

国家互联网金融安全技术专委会明确五大目标

国内外网络安全现状分析

第八章 供应链管理方法

第一节 快速响应

一、QR 的概念

QR(Quick Response)即快速响应,它是美国纺织服装业发展起来的一种供应链管理方法。它是美国零售商、服装制造商以及纺织品供应商开发的整体业务概念,目的是减少原材料到销售点的时间和整个供应链上的库存,最大限度地提高供应链管理的运作效率。

QR 要求零售商和供应商一起工作,通过共享 POS 信息来预测商品的未来补货需求,不断监视需求变化趋势以探索开发新产品的机会,以便对消费者的需求能更快地做出响应。在运作方面,双方利用 EDI 来加速信息流,并通过共同组织活动来使得前置时间最短和费用最小。

QR 的着重点是对消费者需求做出快速响应。QR 的具体策略有待上架商品准备服务(Floor Ready Merchandise)、自动物料搬运(Automatic Material Handling)等。实施 QR 可分为三个阶段:

第一阶段,对所有的商品单元条码化,即对商品消费单元用 EAN/UPC 条码标识,对商品贸易单元用 ITF - 14 条码标识,而对物流单元则用 UCC/EAN - 128 条码标识。利用 EDI 传输订购单报文和发票报文。

第二阶段,在第一阶段的基础上增加与内部业务处理有关的策略。如自动补库与商品即时出售等,并采用 EDI 传输更多的报文,如发货通知报文、收货通知报文等。

第三阶段,与贸易伙伴密切合作,采用更高级的 QR 策略,以对客户的需求做出快速响应。一般来说,企业内部业务的优化相对来说较为容易,但在贸易伙伴间进行合作时,往往会遇到诸多障碍,在 QR 实施的第三阶段,每个企业必须把自己当成集成供应链系统的一个组成部分,以保证整个供应链整体效益的实现。例如,Varity Fair 与 Federated Stores 是北美地区的知名零售商,在与贸易伙伴共同采用联合补库系统后,它们的采购人员和财务经理就可以省出更多的时间来进行选货、订货和评估新产品。

二、实施 QR 成功的条件

美国是 QR 的发源地，有许多企业都已开始实施 QR，并取得了成功。

Black Burn 在对美国纺织服装业研究的基础上，认为 QR 成功的 5 项条件是：

（一）改变企业传统的经营方式、经营意识和组织结构

（1）企业不能局限于依靠本企业独自的力量来提高经营效率的传统经营意识，要树立通过与供应链各方建立合作伙伴关系，努力利用各方资源来提高经营效率的现代经营意识。

（2）零售商在垂直型 QR 系统中起主导作用，零售店铺是垂直型 QR 系统的起始点。

（3）在垂直型 QR 系统内部，通过 POS 数据等销售信息和成本信息的相互公开和交换，来提高各个企业的经营效率。

（4）明确垂直型 QR 系统内各个企业之间的分工协作范围和形式，消除重复作业，建立有效的分工协作框架。

（5）必须改变传统的事务作业的方式，利用信息技术实现事务作业的无纸化和自动化。

（二）开发和应用现代信息处理技术

这些信息技术有条码技术、电子订货系统（EOS）、POS 系统、EDI 技术、电子资金转账（EFT）、卖方管理库存（VMI）、连续补货（CRP）等。

（三）与供应链各方建立战略伙伴关系

具体内容包括以下两个方面：一是积极寻找和发现战略合作伙伴；二是在合作伙伴之间建立分工和协作关系。合作的目标是：削减库存，避免缺货现象的发生，降低商品风险，避免大幅度降价现象的发生，减少作业人员和简化事务性作业等。

（四）改变对企业商业信息保密的传统做法

将销售信息、库存信息、生产信息、成本信息等与合作伙伴交流共享，并在此基础上，要求各方在一起发现问题、分析问题和解决问题。

（五）供应方必须缩短生产周期，降低商品库存

具体来说，供应方应努力做到：缩短商品的生产周期；进行多品种、少批量生产和多频度、少数量配送，降低零售商的库存水平，提高顾客的服务水平；在商品实际需要将要发生时采用 JIT 方式组织生产，减少供应商自身的库存水平。

三、实施 QR 的收益

对于零售商来说，需要销售额的 1.5% ~2% 的投入以支持条码、POS 系统和 EDI 的正常运行。这些投入包括 EDI 启动软件、现有应用软件的改进、租用增值网、产品查询、开发

人员费用、教育与培训、EDI 工作协调、通信软件、网络以及远程通信费用、CPU 硬件、条码标签打印的软件与硬件等。

实施 QR 的收益是巨大的，它远远超过其投入。它可以节约销售费用的 5%，这些节省不仅包括商品价格的降低，也包括管理、分销以及库存等费用的大幅度减少。Kurt Salmon 协会的 David Cole 在 1997 年曾说过："在美国那些实施第一阶段 QR 的公司每年可以节省 15 亿美元的费用，而那些实施第二阶段 QR 的公司每年可以节省费用 27 亿美元。"他提出，如果企业能够过渡到第三阶段（联合计划、预计和补库），每年可望节约 60 亿美元的费用。

研究结果显示实施 QR 的效果如表 8－1 所示。

表 8－1　实施 QR 的效果

对象商品	实施 QR 的企业	零售商的 QR 效果
休闲裤	零售商：Wal－mart 服装生产厂家：Semiloe 面料生产厂家：Milliken	销售额：增加 31% 商品周转率：提高 30%
衬 衫	零售商：J. C. Penney 服装生产厂家：Oxford 面料生产厂家：Burlinton	销售额：增加 59% 商品周转率：提高 90% 需求预测误差：减少 50%

研究结果显示，零售商在应用 QR 系统后，销售额大幅度增加，商品周转率大幅度提高，需求预测误差大幅度下降。应用 QR 系统后之所以有这样的效果，其原因是：

（一）销售额的大幅度增加

应用 QR 系统，由于以下原因，销售额大幅度增加：

（1）可以降低经营成本，从而能降低销售价格，增加销售；

（2）伴随着商品库存风险的减少，商品以低价位定价，增加销售；

（3）能避免缺货现象，从而避免销售的机会损失；

（4）易于确定畅销商品，能保证畅销品的品种齐全，连续供应，从而增加销售。

（二）商品周转率的大幅度提高

应用 QR 系统可以减少商品库存量，并保证畅销商品的正常库存量，加快商品周转。

（三）需求预测误差大幅度减少

如图 8－1 所示，根据库存周期长短和预测误差的关系可以看出，如果在季节开始之前的 26 周进货（即基于预测提前 26 周进货），则需求预测误差（缺货或积压）达 40% 左右。如果在季节开始之前的 16 周进货，则需求预测误差为 20% 左右。如果在很靠近季节开始的时候进货，需求预测误差只有 10% 左右。应用 QR 系统可以及时获得销售信息，把握畅销商品和滞销商品，同时通过多频度小数量送货方式，实现实需型进货（零售店需要的时候才进货），这样使需求预测误差可减少到 10% 左右。

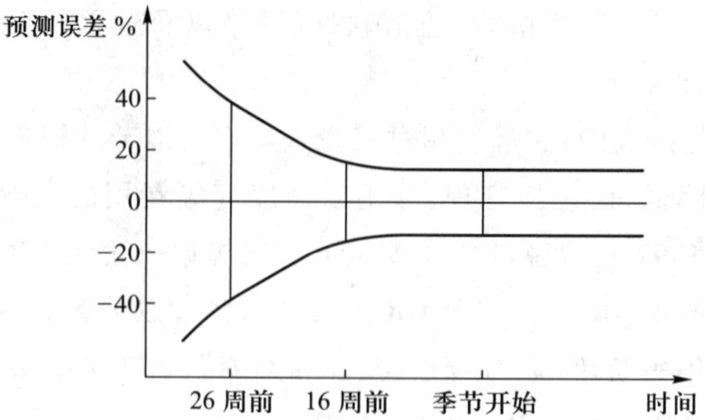

图 8 - 1 库存周期与预测误差的关系

这里需要指出的是，虽然应用 QR 的初衷是为了对抗进口商品，但是实际上并没有出现这样的结果。相反，随着竞争的全球化和企业经营的全球化，QR 系统管理迅速在各国企业界扩展。航空运输为国际的快速供应提供了保证。现在，QR 方法成为零售商实现竞争优势的工具。同时随着零售商和供应商结成战略联盟，竞争方式也从企业与企业之间的竞争，转变为战略联盟与战略联盟之间的竞争。

四、QR 的最新发展

QR 已有 10 多年的历史，如今尽管 QR 的原则没有变化，但 QR 的策略以及技术却今非昔比。最初，供应链上的每一个业务实体(如制造商、零售商或承运商)都单独发挥作用。因此，每一个企业都对其贸易伙伴的业务不感兴趣，更谈不上同其贸易伙伴共享信息。随着市场竞争的加剧，业主及经营者逐渐认识到：应改进自己的业务系统，提高产品的质量，以便为客户提供最好的服务。但令人失望的是，他们很少考虑内部系统的改变给他们的客户和供应商带来的不利影响。

20 世纪 80 年代末到 90 年代初，在市场竞争的强大压力之下，一些先导企业开始考虑评估和重构其做生意的方式以及与贸易伙伴的密切合作，从而导致了对供应链物流和信息的重组活动。例如，Proctor & Gamble 与 Wal - Mart 通过密切合作来确定库存水平和营销策略。

目前在欧美，QR 的发展已跨入第三个阶段，即联合计划、预测与补货(Collaborative Planning，Forecasting and Replenishment，CPFR)阶段。CPFR 是一种建立在贸易伙伴之间密切合作和标准业务流程基础上的经营理念。它应用一系列技术模型，这些模型具有如下特点：①是开放，但安全的通信系统；②适应于各个行业；③在整个供应链上是可扩展的；④能支持多种需求(如新数据类型、各种数据库系统之间的连接等)。

我国学者已对 CPFR 进行了研究，提出了基于 CPFR 的供应链管理的运作过程模型，如图 8 - 2 所示。该过程模型分为 3 个阶段共 9 个步骤。第 1 个阶段为计划阶段，包括步骤 1 和 2；第 2 个阶段为预测阶段，包括步骤 3 至 8；第 3 个阶段为补给阶段，包括步骤 9。

具体步骤为：

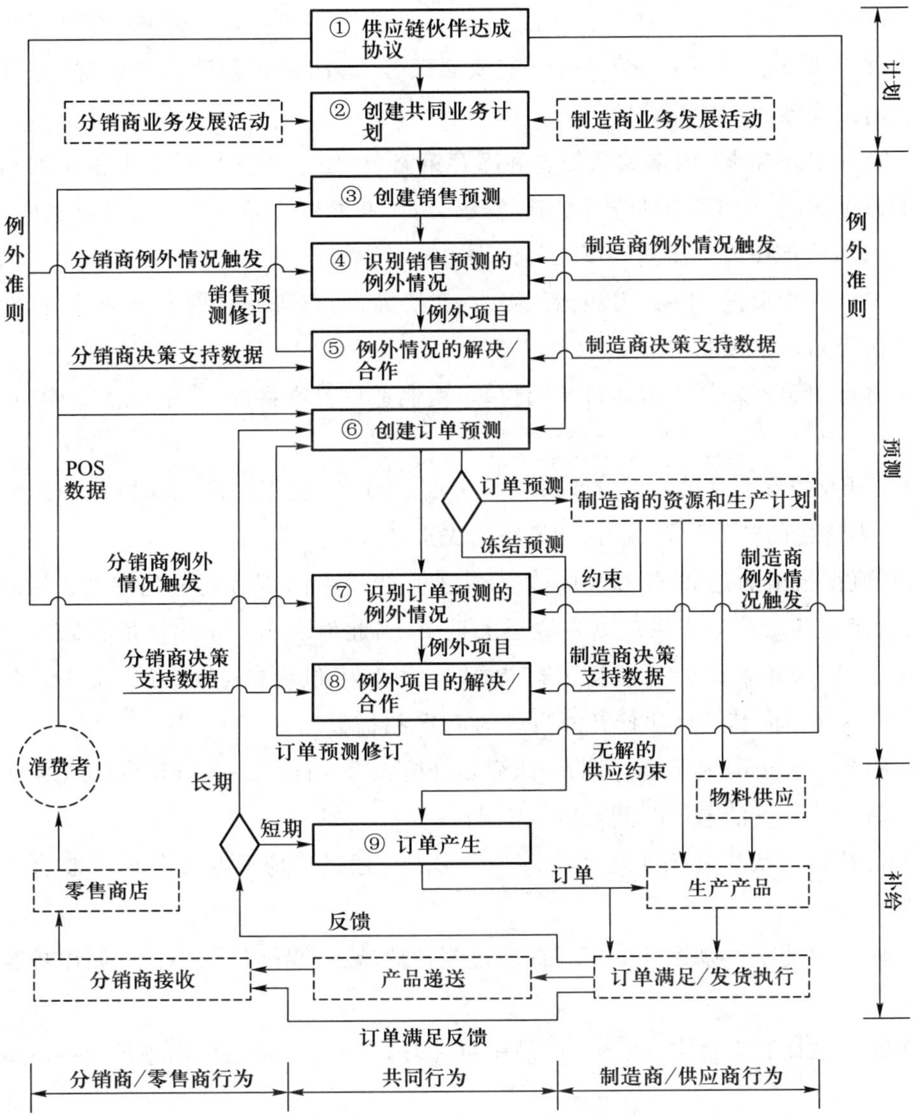

图 8－2 基于 CPFR 的供应链运作过程

(1) 建立供应链合作伙伴关系的指南和规则,共同达成一个通用业务协议,包括合作的全面认识、合作目标、机密协议、资源授权、合作伙伴的任务和成绩的检测。

(2) 供应链合作伙伴相互交换战略和业务计划信息,以发展联合业务计划。建立合作伙伴关系战略,定义分类任务、目标和策略,并建立合作项目的项目管理简况,如订单最小批量、交货期、订单间隔等。

(3) 利用零售商 POS 数据、因果关系信息和已计划事件信息,创建一个支持共同业务计划的销售预测。

(4) 识别分布在销售预测约束之外的项目,每个项目的例外准则需在步骤 1 中得到认同。

(5) 查询共享数据、E - mail、电话、交谈会议等，解决销售预测例外情况，并将产生的变化提交给销售预测(如步骤3)。

(6) 合并POS数据、因果关系信息和库存策略，产生一个支持共享销售预测和共同业务计划的订单预测，提出分时间段的实际需求数量，并通过产品及接收地点反映库存目标。

(7) 识别分布在订单预测约束之外的项目。

(8) 查询共享数据，E - mail、电话、交谈、会议等，调查研究订单预测例外情况，并将产生的变化提交给订单预测(即步骤6)。

(9) 将订单预测转换为承诺订单，订单可由制造厂或零售商/分销商依靠能力、系统和资源来完成。

CPFR研究的重点是供应商、制造商、批发商、承运商及零售商之间协调一致的伙伴关系，以保证供应链的整体计划、目标和策略的先进性。

然而，值得指出的是，即使在美国，如今也有一半以上的零售商不允许别人访问其POS扫描数据，而这些数据对于供应商来说至关重要，因此他们不得不用高库存来应付因缺货造成的损失，但这样做却大大提高了存货成本，不利于供应链效益的提高。要真正实现CPFR，零售商必须向其贸易伙伴开放自己的POS扫描数据。

美国的Kurt Salmon协会通过调查、研究和分析认为，通过实施CPFR可以达到如下目标：

(1) 新产品开发的前导时间可以减少2/3；

(2) 可补货产品的缺货将大大减少，甚至消除(通过供应商与零售商的联合从而保证24小时供货)；

(3) 库存周转率可以提高1～2倍(通过制造商减少前导时间、零售商利用顾客需求导向策略)；

(4) 通过敏捷制造技术，企业的产品中可以有20%～30%是根据用户的特定需求而制造的。

QR在过去的10多年中取得了巨大的成功。商品的供应商和零售商通过这一方法为他们的客户提供了更好的服务，同时也减少了整个供应链上的非增值成本。QR作为一种供应链管理方法，必将向其更高的阶段发展，必将为供应链上的贸易伙伴——供应商、分销商、零售商和最终客户带来更大的价值。

第二节　有效客户响应

一、ECR的概念

ECR(Efficient Consumer Response)即"有效客户响应"，它是在食品杂货分销系统中，分销商和供应商为消除系统中不必要的成本和费用,给客户带来更大效益而进行密切合作的一种供应链管理方法。

ECR 的最终目标是建立一个具有高效响应能力和以客户需求为基础的系统,使零售商及供应商以业务伙伴方式合作,提高整个食品杂货供应链的效率,而不是单个环节的效率,从而大大降低整个系统的成本,使库存量和物资储备减少,同时为客户提供更好的服务。

要实施有效客户响应,首先,应联合整个供应链所涉及的供应商、分销商以及零售商,改善供应链中的业务流程,使其更合理、有效;然后,再以较低的成本,使这些业务流程自动化,以进一步降低供应链的成本和时间。具体地说,实施 ECR 需要将条码技术、扫描技术、POS 系统和 EDI 集成起来,在供应链(由生产线直至付款柜台)之间建立一个无纸系统(如图 8－3 所示),以确保产品能不间断地由供应商流向最终客户,同时,信息流能够在开放的供应链中循环流动。这样,才能满足客户对产品和信息的需求,即给客户提供最优质的产品和适时、准确的信息。

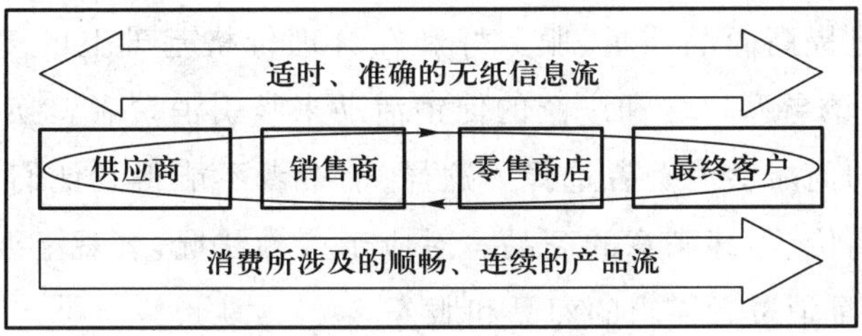

图 8－3 ECR 系统示意图

ECR 是一种运用于工商业的策略,供应商和零售商通过共同合作,如:建立供应商/分销商/零售商联盟,改善其在货物补充过程中的全球性效率,而不是以单方面不协调的行动来提高生产力,这样能节省由生产到最后销售的贸易周期的成本。

通过 ECR,如计算机辅助订货技术,零售商无须签发订购单,即可实现订货;供应商则可利用 ECR 的连续补货技术,随时满足客户的补货需求,使零售商的存货保持在最优水平,从而提供高水平的客户服务,并进一步加强与客户的关系;而供应商也可从商店的销售点数据中获得新的市场信息,改变销售策略;对于零售商来说,ECR 可使其快速分拣运输包装,加快订购货物的流动速度,进而使消费者(客户)享用更新鲜的物品,增加购物的便利和选择,并加强消费者对特定物品的偏好。

20 世纪在 60 年代和 70 年代,美国日杂百货业的竞争主要是在生产厂商之间展开。竞争的重心是品牌、商品、经销渠道和大量的广告与促销,在零售商和生产厂家的交易关系中生产厂家占据支配地位。进入 20 世纪 80 年代特别是到了 90 年代以后,在零售商和生产厂家的交易关系中,零售商开始占据主导地位,竞争的重心转向流通中心、商家自有品牌(PB)、供应链效率和 POS 系统。同时在供应链内部,零售商和生产厂家之间为取得供应链主导权的控制,同时为商家品牌和厂家品牌(NB)占据零售店铺货架空间的份额展开激烈的竞争,这种竞争使得供应链各个环节间的成本不断转移,导致供应链整体的成本上升,而且容易牺牲力量较弱一方的利益。

在这期间,从零售商角度来看,随着新的零售业态如仓储商店、折扣店的大量涌现,使得它们能以相当低的价格销售商品,从而使日杂百货业的竞争日趋激烈。在这种状况下,许多传统超市业者开始寻找对应这种竞争方式的新管理方法。从生产厂家角度来看,由于日杂百货商品的技术含量不高,大量无实质性差别的新商品被投入市场,使生产厂家之间的竞争趋同化。生产厂家为了获得销售渠道,通常采用直接或间接的降价方式作为向零售商促销的主要手段,这种方式往往会大量牺牲厂家自身的利益。所以,如果生产商能与供应链中的零售商结成更为紧密的联盟,将不仅有利于零售业的发展,同时也符合生产厂家自身的利益。

另外,从消费者的角度来看,过度竞争往往会使企业在竞争时忽视消费者的需求。通常消费者要求的是商品的高质量、新鲜、服务好和在合理价格基础上的多种选择。然而,许多企业往往不是通过提高商品质量、服务好和在合理价格基础上的多种选择来满足消费者,而是通过大量的诱导型广告和广泛的促销活动来吸引消费者转换品牌,同时通过提供大量非实质性变化的商品供消费者选择。这样,消费者不能得到他们需要的商品和服务,他们得到的往往是高价、不甚满意的商品。对应于这种状况,客观上要求企业从消费者的需求出发,提供能满足消费者需求的商品和服务。

在上述背景下,美国食品市场营销协会(US Food Marketing Institute,FMI)联合包括COCA - COLA,P&G,Safeway Store 等 6 家企业与流通咨询企业 Kurt Salmon Associates 公司一起组成研究小组,对食品业的供应链进行调查、总结、分析,于 1993 年 1 月提出了改进该行业供应链管理的详细报告。在该报告中系统地提出有效客户响应(ECR)的概念体系。经过美国食品市场营销协会的大力宣传,ECR 概念被零售商和制造商所接纳并被广泛地应用于实践。

二、实施 ECR 的原则与要素

(一) 实施 ECR 的原则

(1) 以较少的成本,不断致力于向食品杂货供应链客户提供更优的产品、更高的质量、更好的分类、更好的库存服务以及更多的便利服务。

(2) ECR 必须由相关的商业带头人启动。该商业带头人应决心通过代表共同利益的商业联盟取代旧式的贸易关系,而达到获利的目的。

(3) 必须利用准确、适时的信息以支持有效的市场、生产及后勤决策。这些信息将以 EDI 的方式在贸易伙伴间自由流动,它将影响以计算机信息为基础的系统信息的有效利用。

(4) 产品必须在不断增值的过程中,即从生产至包装,直至流动至最终客户手中,确保客户能随时获得所需产品。

(5) 必须采用通用一致的工作措施和回报系统。该系统注重整个系统的有效性(即通过降低成本与库存以及更好的资源利用,实现更优价值),清晰地标识出潜在的回报(即增加的总值和利润),促进对回报的公平分享。

(二) 实施 ECR 的四大要素

这四大要素是:高效产品引进(Efficient Product Introductions)、高效商店品种(Efficient Store Assortment)、高效促销(Efficient Promotion)以及高效补货(Efficient Replenishment),见表 8-2 和图 8-4。

表 8-2　ECR 四大要素的内容

高效产品引进	通过采集和分享供应链伙伴间时效性强、更加准确的购买数据,提高新产品的成功率
高效商店品种	通过有效地利用店铺的空间和店内布局,来最大限度地提高商品的获利能力。如建立空间管理系统、有效的商品品种等
高效促销	通过简化分销商和供应商的贸易关系,使贸易和促销的系统效率最高,如消费者广告(优惠券、货架上标明促销)、贸易促销(远期购买、转移购买)
高效补货	从生产线到收款台,通过 EDI,以需求为导向的自动连续补货和计算机辅助订货等技术手段,使补货系统的时间和成本最优化,从而降低商品的售价

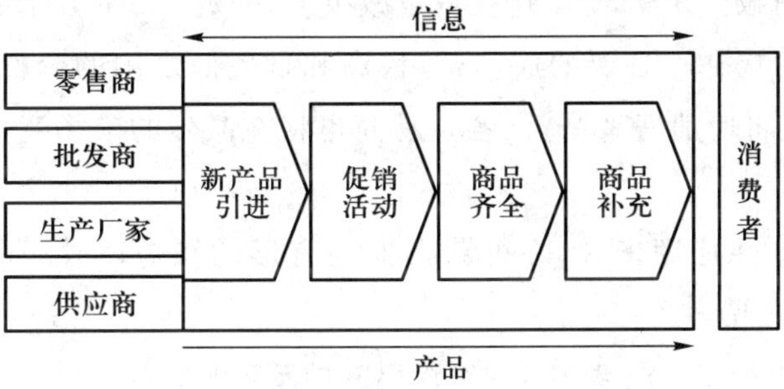

图 8-4　ECR 的运作过程

三、ECR 的实施方法和效益

(一) ECR 的实施方法

1. 为实施 ECR 创造氛围

对大多数组织来说,改变对供应商或客户的内部认知过程,即从敌对态度转变为将其视为同盟的过程,将比实施 ECR 的其他相关步骤更困难,时间花费更长。创造 ECR 的最佳氛围首先需要进行内部教育以及通信技术和设施的改善,同时也需要采取新的工作措施和回报系统。但公司或组织必须首先具备一贯言行一致的强有力的高层组织领导。

2. 选择初期 ECR 同盟伙伴

对于大多数刚刚实施 ECR 的公司来说，建议成立 2～4 个初期同盟。每个同盟都应首先召开一次会议，来自各个职能区域的高级同盟代表将对 ECR 及怎样启动 ECR 进行讨论。成立 2～3 个联合任务组，专门致力于已证明可取得巨大效益的项目，如提高货车的装卸效率、减少损毁、由卖方控制的连续补库等。

以上计划的成功将增强公司的信誉和信心。经验证明：往往要花上 9～12 个月的努力，才能赢得足够的信任和信心，才能在开放的非敌对的环境中探讨许多重要问题。

3. 开发信息技术投资项目，支持 ECR

虽然在信息技术投资不大的情况下就可获得 ECR 的许多利益，但是具有很强的信息技术能力的公司要比其他公司更具竞争优势。

那些作为 ECR 先导的公司预测：在五年内，连接他们及其业务伙伴之间的将是一个无纸的、完全整合的商业信息系统。该系统将具有许多补充功能，既可降低成本，又可使人们专注于其他管理工作以及对产品、服务和系统的开发。

（二）实施 ECR 的效益

根据欧洲供应链管理委员会的调查报告，在接受调查的 392 家公司中，制造商实施 ECR 后，预期销售额增加 5.3%，制造费用减少 2.3%，销售费用减少 1.1%，货仓费用减少 1.3% 及总盈利增加 5.5%。而批发商及零售商也有相似的获益：销售额增加 5.4%，毛利增加 3.4%，货仓费用减少 5.9%，货仓存货量减少 13.1% 及每平方米的销售额增加 5.3%。由于在流通环节中缩减了不必要的成本，零售商和批发商之间的价格差异也随之降低，这些节约了的成本最终将使消费者受益，各贸易商也将在激烈的市场竞争中赢得一定的市场份额。

对客户、分销商和供应商来说，除可获得上述有形的利益以外，还可获得 ECR 带来的不可量化的无形利益（见表 8－3）。

表 8－3　实施 ECR 的无形利益

客户	增加选择和购物便利，减少无库存货品，货品更新鲜
分销商	提高信誉，更加了解客户情况，改善与供应商的关系
供应商	减少缺货现象，加强品牌的完整性，改善与分销商的关系

四、ECR 与 QR 的比较

ECR 主要以食品行业为对象，其主要目标是降低供应链各环节的成本，提高效率。而 QR 主要集中在一般商品和纺织行业，其主要目标是对客户的需求做出快速响应，并快速补货。这是因为食品杂货业与纺织服装行业经营的产品的特点不同：杂货业经营的产品多数是一些功能型产品，每一种产品的寿命相对较长（生鲜食品除外），因此，订购数量过多（或过少)造成的损失相对较小。纺织服装业经营的产品多属创新型产品,每一种产品的寿命相对较短,因此,订购数量过多(或过少)造成的损失相对较大。

二者共同特征表现为超越企业之间的界限,通过合作追求物流效率化。具体表现在如下三个方面:

(一) 贸易伙伴间商业信息的共享

零售商将原来不公开的 POS 系统单品管理数据提供给制造商或分销商,制造商或分销商通过对这些数据的分析来实现高精度的商品进货,调整计划,降低产品库存,防止出现次品,进一步使制造商能制定、实施对应型的生产计划。

(二) 商品供应方进一步涉足零售业,提供高质量的物流服务

作为商品供应方的分销商或制造商比以前更接近位于流通最后环节的零售商,特别是零售业的店铺,从而保障物流的高效运作。当然,这一点与零售商销售、库存等信息的公开是紧密相连的,即分销商或制造商所从事的零售补货机能是在对零售店铺的销售、在库情况迅速了解的基础上开展的。

(三) 企业间订货、发货业务全部通过 EDI 来进行,实现订货数据或出货数据的传送无纸化

企业间通过积极、灵活运用这种信息通信系统,来促进相互间订货、发货业务的高效化。电子计算机辅助订货(CAO)、卖方管理库存(VMI)、连续补货(CRP)以及建立产品与促销数据库等策略,打破了传统的各自为政的信息管理、库存管理模式,体现了供应链的集成化管理思想,适应市场变化的要求。

从具体实施情况来看,建立世界通用的唯一的标识系统以及用计算机连接的能够反映物流、信息流的综合系统,是供应链管理必不可少的条件,即在 POS 信息系统基础上确立各种计划和进货流程。也正因为如此,EDI 的导入,从而到达最终顾客全过程的货物追踪系统和贸易伙伴间的沟通系统的建立,成为供应链管理的重要因素。

五、我国 ECR 的应用推广

我国零售业的管理水平目前还比较粗放、原始,尽管零售企业已经大量使用计算机管理,但管理的层次比较低。

目前,更多的中国零售企业关注的还仅仅是自身的内部信息化建设,比如电子商务、BI、ERP 等,而很少关注外部,即整个供应链的联合和 ECR 所倡导的协作理念。中国零售业亟须“内外兼修”,借鉴国外一些先进的管理经验,特别是建立以信息技术为核心的经营管理模式,加强与上下游的供应链建设。

中国知名家电连锁卖场,如苏宁、国美等均与供应商签订了 ECR 计划。在中国,ECR 理念最具代表性的实践者就是家电业。2007 年,苏宁与其销量最大的合作品牌海尔开展

了 ECR 合作模式。双方依托数字化平台，将顾客的需求通过苏宁信息系统第一时间传递到海尔信息系统，海尔的产品研发部根据这一信息第一时间研制出适合消费者的新产品，并供货给苏宁。海尔与苏宁进行直连后，苏宁的采购订单能直接成为海尔的销售订单，海尔的发货能触发苏宁的收货，苏宁的收货能同时触发苏宁的付款与海尔的收款，极大地缩减了成本，提高了效率。

第三节　企业资源计划

ERP(Enterprise Resource Planning)，即企业资源计划，可追溯到材料需求计划(MRP)和准时制生产(JIT)。1970 年 Joseph A. Orlicky，George W. Plossl 和 Olivers W. Wight 三人在 APICS 的学术年会上，首先提出了物料需求计划的概念和基本框架，并得到该协会的大力支持和推广。物料需求计划是根据市场需求预测和顾客订单制定产品的生产计划，然后基于产品生成进度计划，组成产品的材料结构表和库存状况，通过计算机计算所需材料的需求量和需求时间，从而确定材料的加工进度和订货日程的一种实用技术。

在实施 MRP 时，与市场需求相适应的销售计划是 MRP 成功的最基本要素。如果销售领域能准确、及时提供每个时间段的最终产品需求的数量和时间，则企业就能充分发挥 MRP 的功能，有效地实现 MRP 的目标。从这一思路出发，人们把 MRP 的原理应用到流通领域，发展出营销渠道需求计划 DRP(Distribution Requirement Planning)。

1981 年 Olivers W. Wight 在物料需求计划的基础上，将 MRP 的领域由生产、物料和库存管理扩大到营销、财务和人事管理等方面，提出了制造资源计划(Manufacturing Resource Planning，MRPⅡ)。

JIT 方式最早由日本丰田汽车以"看板"管理的名称开发出来，并应用于生产制造系统，其后 JIT 方式的"及时"哲学被广泛地接受并大力推广。近年来，在供应链管理中，特别是由制造业和零售企业组成的生产销售联盟中，极其重视 JIT 哲学。及时生产、及时管理、及时采购等概念都是在 JIT 方式的影响下产生的。

应该指出的是，MRP 与 JIT 在经营目标、生产要求方面是一致的，但在管理思想上是不同的。MRP 讲求推动概念和计划性，而 JIT 讲求拉动概念和及时性；MRP 认为库存必要，而 JIT 认为一切库存都是浪费。

随着全球化经济的形成，社会消费水平和消费结构发生深刻变革，产品呈现多样性、个性化、系统化和国际化的特征，以面向企业内部信息集成为主、单纯强调离散制造环境和流程环境的 MRPⅡ系统已不能满足全球化经营管理的要求。因为随着网络通信技术的迅速发展和广泛应用，为了实现柔性制造、迅速占领市场、取得高回报率，生产企业必须转换经营管理模式，改变传统的"面向生产经营"的管理方式，转而"面向市场和顾客生产"，注重产品的研究开发、质量控制、市场营销和售后服务等环节，把经营过程的所有参与者，如供应商、客户、制造工厂、分销商网络纳入一个紧密的供应链中。

企业资源计划 ERP 就是在 MRPⅡ和 JIT 的基础上,通过前馈的物流和反馈的物流和资金流,把客户需求和企业内部的生产活动以及供应商的制造资源结合在一起,体现完全按用户需求制造的一种供应链管理思想的功能网链结构模式。

作为一项重要的供应链管理的运作技术,ERP 在整个供应链的管理过程中,更注重对信息流和资金流的控制,同时,通过企业员工的工作和业务流程,促进资金、材料的流动和价值的增值,并决定了各种流的流量和流速。ERP 已打破 MRPⅡ只局限在传统制造业的格局,并把它的触角伸向各行各业,如金融业、高科技产业、通信业、零售业等,从而使 ERP 的应用范围大大扩展。为给企业提供更好的管理模式和管理工具,ERP 还在不断地吸收先进的管理技术和 IT 技术,如人工智能、精益生产、并行工程、Internet/Intranet、数据库等。未来的 ERP 将在动态性、集成性、优化性和广泛性方面得到发展。若将 ERP 与卖方管理库存技术(VMI)相结合,可以开发出下一代的 ERP 产品——供应链规划(Supply Chain Planning,SCP)。它可以将企业所在的供应链中的所有职能都集成到一个单一的框架中,使得整个供应链就像一个扩展企业一样运作。

一、MRP 是 ERP 的核心功能

只要是"制造业",就必然要从供应方买来原材料,经过加工或装配,制造出产品,销售给需求方,这也是制造业区别于金融业、商业、采掘业(石油、矿产)、服务业的主要特点。任何制造业的经营生产活动都是围绕其产品开展的,制造业的信息系统也不例外,MRP 就是从产品的结构或物料清单(对食品、医药、化工行业则为"配方")出发,实现了物料信息的集成——一个上小下宽的锥状产品结构:其顶层是出厂产品,是企业市场销售部门的业务;底层是采购的原材料或配套件,是企业物资供应部门的业务;介乎其间的是制造件,是生产部门的业务。如果要根据需求的优先顺序,在统一的计划指导下,把企业的"销产供"信息集成起来,就离不开产品结构(或物料清单)这个基础文件。在产品结构上,反映了各个物料之间的从属关系和数量关系,它们之间的连线反映了工艺流程和时间周期。换句话说,通过一个产品结构就能够说明制造业生产管理常用的"期量标准"。MRP 主要用于生产"组装"型产品的制造业,如果把工艺流程(工序、设备或装置)同产品结构集成在一起,就可以把流程工业的特点融合进来。

通俗地说,MRP 是一种保证既不出现短缺,又不积压库存的计划方法,它解决了制造业所关心的缺件与超储的矛盾。所有 ERP 软件都把 MRP 作为其生产计划与控制模块,MRP 是 ERP 不可缺少的核心功能。

二、MRPⅡ是 ERP 的重要组成

MRP 解决了企业物料供需信息集成,但是还没有说明企业的经营效益。MRPⅡ同

MRP 的主要区别就是它运用管理会计的概念,用货币形式说明了执行企业“物料计划”带来的效益,实现物料信息同资金信息集成。衡量企业经营效益首先要计算产品成本,产品成本的实际发生过程还要以 MRP 系统的产品结构为基础,从最底层采购件的材料费开始,逐层向上将每一件物料的材料费、人工费和制造费(间接成本)累积,得出每一层零部件直至最终产品的成本,再进一步结合市场营销,分析各类产品的获利性。MRPⅡ把传统的账务处理同发生账务的事务结合起来,不仅说明账务的资金现状,而且追溯资金的来龙去脉。例如,将体现债务债权关系的应付账、应收账同采购业务和销售业务集成起来、同供应商或客户的业绩或信誉集成起来、同销售和生产计划集成起来等,按照物料位置、数量或价值变化,定义“事务处理”(Transaction),使与生产相关的财务信息直接由生产活动生成。在定义事务处理相关的会计科目之间,按设定的借贷关系,自动转账登录,保证了“资金流(财务账)”同“物流(实物账)”的同步和一致,改变了资金信息滞后于物料信息的状况,便于实时做出决策。

ERP 是一个高度集成的信息系统,它必然体现物流信息同资金流信息的集成。传统的 MRPⅡ系统主要包括制造、供销和财务三大部分,依然是 ERP 系统不可跨越的重要组成。

所以,MRPⅡ的信息集成内容既然已经包括在 ERP 系统之中,就没有必要再突出 MRPⅡ。形象说,MRPⅡ已经“融化”在 ERP 之中,而不是“不再存在”。

总之,从管理信息集成的角度来看,从 MRP 到 MRPⅡ再到 ERP,是制造业管理信息集成的不断扩展和深化,每一次进展都是一次重大质的飞跃,然而,又是一脉相承的。

三、ERP 同 MRPⅡ的区别

世界经济形势、管理思想和信息技术都是在不断发展的。随着全球化经济的形成,以面向企业内部信息集成为主的 MRPⅡ系统已不能满足企业多元化(多行业)、跨地区、多供应和销售渠道的全球化经营管理模式的要求。进入 20 世纪 90 年代,随着网络通信技术迅速发展和广泛应用,一些跨国经营的制造企业开始朝着更高的管理信息系统层次——ERP 迈进。需要再次指出的是,MRPⅡ不是“过时了”,而是“不够了”,即不能满足新形势的需求了。

ERP 是由美国加特纳公司(Gartner Group Inc.)在 20 世纪 90 年代初首先提出的,那时的 ERP 概念还只是根据计算机技术的发展和供应链管理推论各类制造业在信息时代管理信息系统的发展趋势和变革。当时,Internet 的应用还没有广泛普及。随着实践和发展,ERP 至今已有了更深的内涵,概括起来主要有三方面特点,也是 ERP 同 MRPⅡ的主要区别。

(一) 在资源管理方面的区别

MRPⅡ系统主要侧重对企业内部人、财、物等资源的管理;ERP 系统则提出了供应链

(Supply Chain)的概念,即把客户需求和企业内部的制造活动以及供应商的制造资源整合在一起,并对供应链上的所有环节进行有效管理,这些环节包括订单、采购、库存、计划、生产制造、质量控制、运输、分销、服务与维护、财务管理、人事管理、项目管理、实验室管理等。

(二) 在生产管理方面的区别

MRPⅡ系统把企业归类为几种典型的生产方式来进行管理,如重复制造、批量生产、按订单生产、按订单装配、按库存生产等,针对每一种类型都有一套管理标准。而在20世纪80年代末90年代初,企业为了紧跟市场的变化,多品种、小批量生产以及看板生产成为企业主要采用的生产方式,而ERP系统则能很好地支持和管理这种混合型制造环境,满足了企业多元化的经营需求。

(三) 在管理功能方面的区别

ERP系统除MRPⅡ系统的制造、分销、财务管理功能外,还增加了支持整个供应链上物料流通体系中供、产、需各个环节之间的运输管理和仓库管理;支持生产保障体系的质量管理、实验室管理、设备维修和备品备件管理;支持对工作流(业务处理流程)的管理。

(四) 在事物处理方面的区别

MRPⅡ系统通过计划的及时滚动来控制整个生产过程,它的实时性较差,一般只能实现事中控制。而ERP系统支持在线分析处理(On-Line Analytical Processing,OLAP)、售后服务及质量反馈,强调企业的事前控制能力,它可以将设计、制造、销售、运输等通过集成进行各种相关的作业,为企业提供对质量、适应变化、客户满意、绩效等关键问题的实时分析。

此外,在MRPⅡ系统中,财务系统只是一个信息的归结者,它的功能是将供、产、销中的数量信息转变为价值信息,是物流的价值反映。而ERP系统则将财务功能和价值控制功能集成到整个供应链上,如在生产计划系统中,除了保留原有的主生产计划、物料需求计划和能力计划外,还扩展了销售执行计划和利润计划。

(五) 在跨国或跨地区经营事务处理方面的区别

电子商务的发展使得企业内部各个组织单元之间、企业与外部的业务单元之间的协调变得越来越多和越来越重要,ERP系统运用完善的组织架构,从而可以支持跨国经营的多国家、多地区、多工厂、多语种、多币制应用需求。

(六) 在计算机信息处理技术方面的区别

随着IT技术的飞速发展,网络通信技术的应用使得ERP系统得以实现对整个供应链信息进行集成管理。ERP系统除了已经普遍采用的诸如图形用户界面技术(GUI)、SQL结构化查询语言、关系数据库管理系统(RDBMS)、面向对象技术(OOT)、第四代语言/计算机辅助软件工程、客户机/服务器和分布式数据处理系统等之外,还要实现更为开放的不同平台互操作,采用适用于网络技术的编程软件,加强用户自定义的灵活性和可配置性功能,以适应不同行业用户的需要。网络通信技术的应用,使ERP系统得以实现供应链管理的信息集成。

此外,ERP 系统同企业业务流程重组(Business Process Reengineering,BPR)是密切相关的。信息技术的发展加快了信息传递速度和实时性,扩大了业务的覆盖面和信息的交换量,为企业进行信息的实时处理、做出相应的决策提供了极其有利的条件。为了使企业的业务流程能够预见并响应环境的变化,企业的内外业务流程必须保持信息的敏捷、通畅。正如局限于企业内部的信息系统是不可能实时掌握瞬息万变的全球市场动态一样,多层次臃肿的组织机构也必然无法迅速、实时地对市场动态变化做出有效的反应。因此,为了提高企业供应链管理的竞争优势,必然会带来企业业务流程、信息流程和组织机构的改革。这个改革,已不限于企业内部,而是把供应链上的供需双方合作伙伴包罗进来,系统考虑整个供应链的业务流程。ERP 系统应用程序使用的技术和操作必须能够随着企业业务流程的变化而相应地调整。只有这样,才能把传统 MRPⅡ系统对环境变化的“应变性”(Active)上升为 ERP 系统通过网络信息对内外环境变化的“能动性”(Proactive)。BPR 的概念和应用已经从企业内部扩展到企业与需求市场和供应市场整个供应链的业务流程与组织机构的重组。

四、ERP 的核心管理思想

ERP 系统的核心管理思想就是实现对整个供应链的有效管理,主要体现在以下四个方面:

(一) 体现对整个供应链资源进行管理的思想

在电子商务时代仅靠企业自身的资源不可能有效地参与市场的竞争,还必须把经营过程中的有关各方如供应商、制造工厂、分销网络、客户等纳入一个紧密的供应链中,才能有效地安排企业的产、供、销活动,满足企业利用全社会一切资源快速高效进行生产经营的需求,以期进一步提高效率和在市场上获得竞争的优势。换句话说,现代企业竞争不是单一企业与单一企业的竞争,而是一个企业的供应链与另一个企业供应链之间的竞争。ERP 系统实现了对整个企业供应链的管理,适应了企业在电子商务时代市场竞争的需要。

(二) 体现精益生产、同步工程和敏捷制造的思想

ERP 系统支持对混合型生产方式的管理,其管理思想表现在两个方面:一是“精益生产”(Lean Production,LP)思想,它是由美国麻省理工学院提出的一种企业经营战略体系。即企业按照大批量生产方式组织生产时,把客户、销售代理商、供应商、协作单位纳入生产体系,企业同其销售代理、客户和供应商的关系,已不再是简单的业务往来关系,而是利益共享的合作伙伴关系,这种合作伙伴关系组成了企业的一个供应链,这是“精益生产”的核心思想。二是“敏捷制造”(Agile Manufacturing)思想。当市场发生变化,企业遇有特定的市场和产品需求时,企业的基本合作伙伴不一定能满足新产品开发生产的要求,这时,企业

就会组织一个由特定的供应商和销售渠道组成的短期或一次性供应链，形成“虚拟工厂”，把供应和协作单位看成是企业的一个组成部分，运用“同步工程”（Simultaneous Engineering，SE）组织生产，用最短的时间将新产品打入市场，时刻保持产品的高质量、多样化和灵活性，这就是“敏捷制造”的核心思想。

（三）体现事先计划与事中控制的思想

ERP 系统中的计划体系主要包括：主生产计划、物料需求计划、能力计划、采购计划、销售执行计划、利润计划、财务预算和人力资源计划等，且这些计划功能与价值控制功能已完全集成到整个供应链系统当中。

另一方面，ERP 系统通过定义事务处理相关的会计核算科目与核算方式，以便在事物处理发生时同时自动生成会计核算分录，保证了资金流与物流的同步处理和数据的一致性，从而实现了根据财务资金现状可以追溯资金的来龙去脉，并可以进一步追溯所发生的相关业务活动，改变资金信息滞后于物料信息的状况，便于实现事中控制和实时做出决策。

此外，计划、事物处理、控制与决策功能都在整个供应链的业务处理过程中实现，要求在每个业务流程处理过程中最大限度地发挥每个人的工作潜力与责任心，流程与流程之间则强调人与人之间的合作精神，以便在组织中充分发挥个人的主观能动性与潜能，实现企业管理从“金字塔式”组织结构向“扁平式”结构的转变，提高企业对市场动态变化的响应速度。

（四）体现了“五流”合一的现代先进管理思想

在供应链上除了人们已经熟悉的“物流”“资金流”“信息流”外，还有容易为人们所忽略的“增值流”和“工作流”。就是说，供应链上有 5 种基本“流”在流动。

从形式上看，客户是在购买商品或服务，但实质上，客户是在购买商品或服务能带来效益的价值。各种物料在供应链上移动，是一个不断增加其技术含量或附加值的增值过程，在此过程中，还要注意消除一切无效劳动与浪费。因此，供应链还有增值链（Value - Added Chain）的含义。不言而喻，只有产品能够售出，增值才有意义。企业单靠成本、生产率或生产规模的优势打价格战是不够的，要靠价值的优势打创新战，这才是企业竞争的真正出路。而 ERP 系统提供了企业分析增值过程的功能。

信息、物料、资金都不会自己流动，物料的价值也不会自动增值，而是要靠人的劳动来实现，要靠企业的业务活动——工作流（Work Flow）或业务流程（Business Process），它们才能流动起来。工作流决定了各种流的流速和流量，是企业业务流程重组（BPR）研究的对象。ERP 系统提供各种行业的行之有效的业务流程，而且可以按照竞争形势的发展，随着企业工作流（业务流程）的改革在应用程序的操作上做出相应的调整。

总之，ERP 所包含的管理思想是非常广泛和深刻的。这些先进的管理思想之所以能够实现，又同信息技术的发展和应用分不开。ERP 不仅面向供应链，体现精益生产、敏捷制造、同步工程的精神，而且必然要结合全面质量管理（TQM）以保证质量和客户满意度；结合准时制生产以消除一切无效劳动与浪费、降低库存和缩短交货期；它还要结合约束理论（Theory of Constraint，TOC，是优化生产技术 OPT 的发展）来定义供应链上的瓶颈环节、消除制约因素来扩大企业供应链的有效产出。

随着信息技术和现代管理思想的发展，ERP 的内容还会不断扩展。

第四节　协同商务

一、协同商务的由来与内涵

协同商务（Collabortive Commerce，CC），它被誉为下一代的电子商务系统，其基本思想最早是由 Gartner Group 公司在 1999 年提出的。Gartner Group 对协同商务的定义是：将具有共同商业利益的合作伙伴整合起来，主要是通过共享整个商业周期中的信息，实现和满足不断增长的客户需求，同时也增强企业本身的获利能力。

就协同商务概念而言，企业信息化建设的目的不仅是管理企业内部的资源，还需要建立一个统一的平台，将客户、供应商、代理分销商和其他合作伙伴也纳入企业信息化管理系统中，实行信息的高效共享和业务的一系列链接。

“协同”有两层含义：一层含义是企业内部资源的协同，包括各部门之间的业务协同、不同的业务指标和目标之间的协同以及各种资源约束的协同，如库存、生产、销售、财务间的协同，这些都需要一些工具来进行协调和统一。另一层含义是指企业内外资源的协同，即整个供应链的协同，如客户的需求、供应、生产、采购、交易间的协同。

协同商务的理论产生的背景原型主要来源于 20 世纪末的“虚拟企业”。虚拟企业主要是指，将企业的各个商务处理过程进行电子化，用信息技术来搭建一个全新的企业组织，这个组织不但将企业内部的资源进行有效的整合，而且实现一个跨企业的合作和动态的企业运行模式。

二、国外协同商务的发展现状

技术、功能、应用、服务、经济的全球化、竞争的激烈化，使企业逐渐走向双赢的合作。一个企业依靠自己的能力很难在各个方面与竞争对手抗衡。从宏观上来看，竞争已不仅简单存在于企业之间，而是扩展到供应链与供应链，甚至是价值链与价值链之间。在网络和协同技术迅速发展的时代，企业的合作需要通过互联网来完成协同式的商务。因此企业不仅要考虑内部员工技能和部门资源的集成，还要考虑与其他企业的协作，实现流程的跨组织化，以便共同提高对顾客的响应速度。这就需要利用信息技术，建立企业间的协同环境，扩大企业的接触范围和接入渠道，提高整个供应链的柔性。如何协调企业间众多复杂的业务往来关系，是企业管理所面临的新问题。

美国 Gartner Group 公司对于信息技术应用的发展与趋势，作出了三阶段划分。

(一) 信息技术主要在单个企业内部应用阶段

在这一阶段中，信息技术的应用主要是以 ERP 为代表的单个企业内部的应用。ERP 是面向交易的管理系统，通过重组企业业务流程，帮助企业实现了管理的规范化和标准化，并且加速了财务统计等业务。但是由于受 IT 技术发展的限制，原本是解决企业供应链管理的 ERP 系统，难以突破不同企业之间的组织边界，企业之间难以通过信息的有效沟通，协同对市场作出快速反应。即使是在跨地区经营的企业内部也往往由于系统运行成本过高而难以建立企业一体化应用。因此，ERP 系统不得不退居为一个企业内部管理系统，帮助企业实现内部资金流、物流与信息流的一体化管理。

(二) 电子商务(E－Commerce)成为信息技术的主流应用阶段

这一阶段基于 Web 技术的 ERP 系统为企业跨越组织边界、跨越地域限制，从而为企业真正实现供应链管理提供了可能。这时的 ERP 系统主要分两个方向向外扩展：一是基于互联网的采购管理，实现企业与供应商之间的网上采购业务管理，包括网上采购、竞购与拍卖和反拍卖等。二是客户关系管理系统(CRM)，其定位于产成品的整个营销过程的管理，包括市场活动、营销过程与售后服务三大环节管理。

(三) 协同商务阶段

Gartner Group 公司甚至将协同商务确定为 21 世纪第一个五年中发达国家信息技术的主流应用。这是因为，协同商务能确保企业决策的准确性和整体运作的高效率，尤其适用于合作制造环境。例如，在合作制造环境中，产品的设计可能来自专业设计机构，而制造任务将会由几家制造商来承担，相关采购可能要有几十家乃至上百家供应商来完成。问题是如何去协调设计、制造和采购活动，让各参与商能够协同工作在一起，一个必要的条件就是让他们能够共享信息，能够使有关的业务流程自动连接。这些正是协同商务所关注的问题。

这些发展与变化早就得到了国外厂商的注视，并渐渐地在产品储备上予以应对。自 1999 年 Gartner Group 公司提出协同商务的概念以后，协同商务迅速成为欧美发达国家研究的热点。许多协同商务的解决方案陆续推出，如 SAP 提出的协同、集成的、功能强大的 Mysap. com 协同电子商务平台，Oracle 公司基于门户的协同商务系统，JDE 公司提出的 Freedom to Choose Power to Share 的 ONEWord XE 系统。这些公司的产品虽然在界面和功能上有明显的差别，但是从结构上看，基本模块划分都是类似的，基本上是：工作流、人力资源管理、知识管理、客户关系管理、资产与产品管理、项目管理与财务分析管理为主。通过七个模块的组合，集成为一个完整的基于 Web 的企业协同商务的解决方案。协同商务已经成为新的争夺行业资源与行业垄断地位的战场，就像当年的托拉斯或者康采恩对于工业化发展的推动一样。

三、国内协同商务的发展现状

国内协同商务的发展从办公自动化(OA)的需求上发展而来。我国协同商务的雏形起源于政府的公文和档案管理。由于计划经济体制的影响，政府对企业的管理除了依靠法律、法规之外，还有大量的行政指令和指示。企业在进行许多决策的时候，需要了解政府的行政指令和指示，也经常需要向主管的政府部门请示汇报。另外，当时的政府官员和企业领导存在着比较严格的对应关系，即企业领导和政府官员行政级别挂钩，可以按级别调看政府文件。因此企业与政府共享政府公文和档案就比较自然。此时就出现了以办公自动化为代名词的协同商务的雏形。当时的办公自动化系统的特点是：以公文处理、档案管理为核心。办公其实就是办文。

随着企业的介入，OA也有一定的发展，加入了很多企业的特性，例如，OA的知识管理强调业务流程的整合，但是，效果并不是很理想。目前运用的功能大多数是一些简单的功能，主要的是文档的整理工作、报告的审批、物品的管理、文档管理、车辆管理、后勤管理、简单的人事管理等。尽管解决了企业中存在的层级结构问题，但是企业的审批流程过于复杂与繁复，管理本身存在很多的问题，因此，办公自动化不过是将手工工作搬到计算机网络上，并利用了计算机技术的一些先进特点而已，却没有增加任何先进的管理理念和方法。另外，办公自动化处理的信息范围过于有限，因此，办公自动化也应适时改变它的属性，真正演变成一个对企业有实际价值的协同应用产品。但是目前企业还是没有真正体会到协同商务的作用。协同商务要想在国内得到发展，还需要一定的时间与努力。

四、协同商务的发展方向

协同商务提出的时间虽然不是很长，但是一直在迅速发展中，其管理思想也在不断完善，主要是两大发展方向：协同商务链与企业信息门户。

(一) 协同商务链

协同商务思想的提出以及相应的发展，主要来源于供应链管理的思想和发展，以及信息技术的不断发展对企业能力的提升。信息技术的发展以及各种企业信息管理系统的不断完善，使得企业有更多的能力来实现供应链优化思想。成功地应用协同商务，实际上就是帮助企业与自己的供应商以及下游合作伙伴建立协同商务链。传统的供应链管理是在大规模制造的情况下寻求解决问题的思路，在一个市场变化较小的环境下，采用传统的供应链管理的确要比垂直一体化的解决方案具有更低的成本和更好的产出。然而，今天的世界是一个产出多于需求、竞争异常激烈、客户需求变幻不定的时代。因此，对于协同商务产品，也需要加强在协同商务链方面的功能，为企业建立自己的知识管理与创新能力。当然协同商务链不是对供应链的否定，只是比供应链走得稍微远一点。协同商务链除了我们熟悉的物流与资金流之外，还多了一层双向的知识流。

（二）信息门户

协同商务的另外一个发展重点是向企业信息门户发展。在传统的电子商务向协同商务转变的过程中，信息门户的出现无疑使这个转变加快了进程。但是信息门户的局限性在于，提供给客户一个前台的整合界面是远远不够的，因为门户就是门户，只是提供一个统一的访问入口，虽然和以前相比使用更加方便，也不用来回切换各种应用界面了，但如果后台仍然是一些信息孤岛或者不够集成的各种应用和数据库的简单堆积，那么即使用户看到了一个整合的前台，用户的数据、信息和知识的利用也没有得到最大化。整合的协同商务平台将是未来的发展方向，目前的各种应用系统如 ERP、CRM、SCM 以及信息门户等都会成为一个更大、更复杂的企业间系统的组成部分。在传统的商务模式中，ERP 处于核心的地位，而在将来，会出现一种更有活力的在线市场，厂商可以通过一种多企业架构同雇员、股东、销售渠道和供应商进行协作。届时我们将会看到，企业运营在一个整合的协同商务应用平台上，而用户使用这些平台的入口就是信息门户。

第五节　供应商管理库存

近年来，为了降低库存成本，整合供应链资源，越来越多的企业开始尝试一种新型的供应链管理模式——供应商管理库存（VMI），特别是在零售行业中，零售商长期以来饱受“长鞭效应”的困扰，长期以来，为了保证产品销售的连续性，零售商一直独自管理产品库存，单独承担库存成本，而产品一直由几家供应商负责供应，为了保证自己在市场营销方面的核心竞争力和加强企业间合作程度，同时降低成本，抑制“长鞭效应”，重新整合企业资源，零售商决定实施供应商管理库存（VMI）的供应链战略来进行企业之间的联盟。

一、供应商管理库存的概述

（一）定义

VMI 全称 Vendor Managed Inventory，即供应商管理库存。它是一种在供应链环境下的库存运作模式，本质上是将多级供应链问题变成单级库存管理问题。VMI 是以实际或预测的消费需求和库存量，作为市场需求预测和库存补货的解决方法，即根据销售资料得到的消费需求信息，供货商可以更有效地计划、更快速地反应市场变化和消费需求。

供应商管理库存是以供应商为中心，以双方最低成本为目标，在一个共同的框架协议下把下游企业的库存决策权代理给上游供应商，由供应商行使库存决策的权利。

第三方物流参与到供应商管理库存系统中,并通过对该框架协议经常性地监督和修改以实现持续改进。供应商收集分销中心、仓库和POS数据,实现需求和供应相结合,下游企业只需要帮助供应商制定计划,从而下游企业实现零库存,供应商的库存也大幅度减少。VMI是一种很好的供应链库存管理策略,它能够突破传统的条块分割的管理模式,以系统的、集成的管理思想进行库存管理,使供应链系统能够获得同步化的运作。

（二）优点

1. 供应商受益

（1）通过销售点(POS)数据透明化,简化了配送预测工作。

（2）结合当前存货情况,使促销工作易于实施。

（3）减少分销商的订货偏差,减少退货。

（4）需求拉动透明化、提高配送效率,以有效补货,避免缺货。

（5）有效的预测使生产商能更好地安排生产计划。

2. 分销商和消费者受益

（1）提高了供货速度。

（2）减少了缺货。

（3）降低了库存。

（4）将计划和订货工作转移给供应商,降低了运营费用。

（5）在恰当的时间,适量补货,提升了总体物流绩效。

（6）供应商更专注地提升物流服务水平。

3. 供应链成员共同获益

（1）通过计算机互联通信,减少了数据差错。

（2）提高了整体供应链处理速度。

（3）从各自角度,各方更专注于提供更优质的用户服务。避免缺货,使所有供应链成员受益;真正意义上的供应链合作伙伴关系得以确立。

（4）长期利益包括更有效的促销运作、更有效的新品导入和增加终端销售量等。

（三）原则

VMI的实施要体现如下原则。

1. 合作原则

供应商和零售商要想获得双赢,必须保持良好的合作精神。

2. 互惠原则

实施VMI策略是要使供应链上参与企业成本降低,最终达到总成本最低。

3. 目标一致性原则

合作双方要在思想认识上达成一致的目标。对货物的存放问题、管理费用问题、负责问题等都要做出明确规定,并且要体现在协议中。

4. 持续改进原则

在合作的过程中要不断地发现问题并及时改进,保证合作的有效进行。

二、供应商管理库存的前期准备

（一）实施供应商管理库存的目标分析

根据供应商管理库存经济效益和库存分析,双方企业的目标主要在以下几个方面:

(1) 降低供应链上产品库存,抑制长鞭效应;

(2) 降低买方企业和供应商成本,提升利润;

(3) 保证企业的核心竞争力;

(4) 提高双方合作程度和忠诚度。

（二）供应商管理库存协议的制订

(1) 整个供应商管理库存所做出额外投资的成本由买方企业和供应商按比例共同承担。

(2) 实施供应商管理库存所带来的供应链利益的上升,应由双方共享:特别是在双方企业实施供应商管理库存的前期阶段,可能会使得供应链上升的利润大部分被买方企业所攫取,所以在短期内买方企业应该让渡部分利润给供应商来保证他实施供应商管理库存的积极性和信心。

(3) 在整个供应商管理库存实施的过程中,规定一系列的条款来规范双方企业的行为。如例外条款的拟订:一旦出现意外事件需要及时通告双方,通告的渠道和方式;付款条款的拟订:包括付款方式、付款期限的规定等;罚款条约的拟订:包括供应商如果在运输配送中出现差错,将如何对其实施罚款;买方企业如果传送错误的产品销售信息将如何对其实施罚款等。

(4) 关于操作层面的协议:供应商和买方企业通过协议,来确定实施供应商管理库存过程中前置时间、订单处理时间、最低到货率、补货点等一系列操作层面的问题。

（三）实施供应商管理库存的资源准备

这是针对实施供应商管理库存所必需的一些支持,具体包括组建信息网络、准备 IT 技术、电子数据交换(EDI)等。

(1) 电子数据交换 (EDI)系统,它可以降低成本,美国通用汽车通过实施 EDI,每年大概可以获得 12.5 亿美元的成本节约。

(2) 自动销售点信息(POS)系统,实施 POS 系统提高了资金的周转率,可以降低缺货现象,使库存水平合理化,此外,对于其他方面如何进行有效的管理也起着重要作用,对于供应商管理库存中实现真正的信息共享是必不可少的。

(3) 条形码技术,它的应用不仅提供了一套可靠的代码标识体系,还为供应链各节点提供了通用语言,解决了数据录入和数据采集经常出现的“瓶颈”问题,为供应商管理库存的实施提供了有力支持。

除此之外,还包括实施供应商管理库存所必需的物流方面的配套支持以及产品的仓储和运输配送等。

三、供应商管理库存的实施

(一) 实施供应商管理库存的信息沟通

实施供应商管理库存首先必须拥有一个良好的信息沟通平台,我们需要在原有企业拥有的 EDI 的基础上,重新整合原有的 EDI 资源来构建一个适合于供应商管理库存的信息沟通系统。

(二) 供应商管理库存的工作流程设计

买方企业和供应商实施 VMI 后,必须设计针对 VMI 的工作流程来保证整个策略的实施。

整个供应商管理库存的实施都是透明化的,买方企业和供应商随时都可以监控。主要分为两个部分:库存管理和仓储与运输配送。

(1) 库存管理。其实是由销售预测和库存管理以及和供应商生产系统共同组成的,因为实施了供应商管理库存之后,这几个部分的工作主要由供应商和买方企业共同相协调来完成,所以我们把它们归为一种模块来处理。首先由买方企业那里获得产品的销售数据,然后和当时的库存水平相结合及时传送给供应商,然后由供应商的库存管理系统做出决策,如果供应商现有的仓储系统能够满足库存管理系统做出的决策所需要的产品数量,就直接由仓储与运输配送系统将产品直接及时配送给买方企业,如果供应商现有的仓储系统不能够满足库存管理系统做出的决策,就必须通知生产系统生产产品后再通过运输与配送系统及时将产品配送给买方企业。其中,在正式订单生成前,还应该交由买方企业核对,调整后再得出最后订单 。

(2) 仓储与运输配送。一方面负责产品的仓储、产品的分拣入库以及产品的保存;另一方面负责产品的运输配送,产品按要求及时送达买方企业手中,同时负责编排尽量符合经济效益的运输配送计划,如批量运输和零担运输的选择,运输的线路和时间编排以及安排承载量等。

(三) 供应商管理库存的组织结构调整

买方企业和供应商实施供应商管理库存后,为了适应新的管理模式,需要根据供应商管理库的工作流程来对组织机构进行相应的调整。

因为供应商管理库存毕竟是对企业成员的管理策略的一种“否定”,在双方企业之间肯定会有工作和职能上的合作和调整,所以为了保证供应商管理库存能够正常地运行,就

有必要设立一个供应商管理库存协调与评估部门,主要的作用在于:

(1) 原有企业之间的人员在实施供应商管理库存后,可能会因为工作上的合作而导致利益冲突,所以供应商管理库存协调和评估部门就可以制定一系列的工作标准来协调和解决这些问题,可以作为双方企业之间沟通的桥梁。

(2) 因为实施供应商管理库存后,原有工作岗位就会适当合并和调整,如原有的买方企业库存和仓储人员的工作岗位再安排,他们可能会认为现有的供应商管理库存对他们来说是一种威胁到自己饭碗的威胁,所以供应商管理库存协调和评估部门就应该做好他们的工作,对他们的工作做出适当的安排和调整。

(3) 对供应商管理库存的实施进行监控和评估,用以提供合理科学的管理信息给企业高层,作为企业高层对企业调整的重要依据。

(四) 供应商管理库存的实施过程中应注意的问题

1. 双方企业合作模式的发展方向问题

双方企业管理高层应该进一步加强企业之间的合作和信任,供应商管理库存原本由供应链管理模式:快速反应(QR)、有效客户反应(ECR)等供应链管理策略发展而来,由于买方企业相对供应商来说它是产品的需求方,所以在整个 VMI 策略实施中占主导地位,但随着双方企业合作越来越紧密,双方企业谁也离不开谁,所以随着时间的推移,双方企业相互之间的地位也会趋于均衡,所以供应商管理库存也应当做出适当调整,一种新的供应商管理模式——联合计划预测补充 (CPFR)很可能是 VMI 的发展方向,它和供应商管理库存主要的区别在于:它所涉及的双方企业的涵盖面更加宽广,不像供应商管理库那样主要只涉及双方企业的销售、库存等系统,而且双方企业的地位更加均衡,可以说它是买方企业和供应商在长期实施供应链策略时的长期选择方向。

2. 产品采购数量和采购价格的调整问题

在实施供应商管理库存的初期阶段,由于客观市场环境的影响,终端市场产品的需求可能不会因为实施供应商管理库存而发生比较大的影响,加上买方企业不会在刚刚实施供应商管理库存后,就对供应商的采购价格做出上升调整,所以初期阶段实施供应商管理库存所带来的利益大部分被买方企业所攫取了,而在长期全面供应商管理库存后,买方企业会因为自己成本的下降,利用自己的核心竞争力——市场营销能力来调整自己的产品销售价格来获得更多市场份额,获得更多的消费者,这样的话,双方企业的采购价格和数量就可以做出调整,调整的方式主要通过事先双方企业签署协议来达成,但在长期实施 VMI 过程中,调整的频率可能会比较高,所以双方企业都应该对采购的数量价格频繁变化做好充分的准备,以免在签署协议时产生矛盾和不信任。

3. 长期利益分配问题

长期实施供应商管理库存后,双方企业的利润相对于实施供应商管理库存之前,都会得到提高，但买方企业和供应商获得利益的上升却“不平等”，从整个供应商管理库存实施的过程来看，供应商承担了大部分的工作，虽然双方企业在实施前达成协议对实施供应商管理库存所需要的投资共同分担，收益共同分享，但大部分的好处仍然被买方企业据为己有，这主要是因为买方企业相对供应商来说是产品的需求方，在整个供应链中它属于上游企业，在整个供应链管理中占主导地位，在长期内，全面实施供应商管理库存的过程中，双方企业应该对整个利润的分配在责权对等的基础上分配。分配可以根据双方企业的会计财务系统根据双方企业成本大小按比例通过签署协议来执行，分配的方式多种多样，如投资设备的分配、人员培训的分配或者直接现金的分配也可以。

4. 实际工作的不断调整问题

因为供应商管理库存所带来的效益并非一朝一夕就显现出来（买方企业可能除外），所以一旦实施，必将是一个长期的过程，因此，在长期实施供应商管理库存时，双方企业应该不断地调整实际工作来适应整个供应商管理库存的实施，这主要有以下几点：

产品管理应该向标准化、一致化发展，比如产品的包装、规格及质量体系应该同一口径，这样不但可以减少双方企业之间的误会，同时对产品的售后也有据可依。

员工交流和培训。因为供应商管理库存本身就是一个企业之间通过协议合作的模式，人员的交流和培训是必不可少的，双方企业可以定期互派员工到企业中参观和学习，进一步熟悉自己的合作伙伴，也可以通过员工之间的联谊来交流企业文化，以便更好地增加双方企业之间的信任感，这些都可以通过企业之间的协调部门来执行。

库存系统的进一步融合，真正做到 JIT 化的库存管理。如检查周期、库存维持水平、订货点水平、订单的处理和传送等一系列关于库存管理的内容应该根据双方企业信息系统提供的准确信息不断调整。

仓储和运输配送系统选择。刚开始实施时，仓储和运输配送可以通过第三方物流形式来执行，也可以通过自己原有仓储和配送资源来执行。但双方企业考虑长期实施供应商管理库存的话，可以考虑通过自己原有的资源来执行仓储和运输配送，因为这样的话，和第三方物流的服务相比，双方企业的管理层能够更好地整合自己所有的资源，充分利用资源，减少资源的浪费和避免低效率。

四、供应商管理库存的评估

在实施初始阶段，必定会有诸多意料之外和不确定性因素的存在，这样就会导致供应商管理库存刚开始实施时可能不会达到双方企业预期的目的，所以我们设立一个供应商管理库存的评估体系来对供应商管理实施进行评估，然后对其进行调整和完善，同时还需要制定一个评估的时间周期，通常在供应商管理库存系统的建设阶段也就是实施初期会比较频繁，双方企业需要采用一致的评估口径和基准，这样才能保证对供应商管理库存的实施效果有比较客观的评估。

具体评估过程如下：

（1）确定评估的目标对象。

（2）确定评估的指标。主要是根据供应商管理库存给买方企业和供应商可以带来的利益进行设立：

产品库存水平满意度（0～100%）；

节约成本满意度（0～100%）；

产品的到货率；

双方企业合作与信任满意度（0～100%）；

双方企业各个核心竞争力保护满意度（0～100%）；

上述指标获得的方式可能通过整个供应商管理库存的工作人员根据实施过程调查综合评定得出。

（3）确定评估指标在整个评估系统的中权重。

权重分别代表上诉评估指标在整个供应商管理库存中的重要程度。

因为供应商管理库存最直接、最明显的作用就是减少库存和节约成本，所以我们对产品库存水平满意度的权重和节约成本满意度权重分别设立较高的权重，如分别为30%和30%，产品的到货率的权重可以为20%，而双方企业合作与信任满意度权重以及双方企业各个核心竞争力保护满意度权重可以为10%和10%。

上述指标权重获得的方式可以通过管理专家或企业的高层管理人员根据企业的战略目标综合评定得出。

（4）评价的等级与量化数据。

一般设立四个等级：优，良，中，差，而等级的量化数据是与等级相对应的，一般为：优：80～100；良：80～70；中：70～60；差：60～0。

通过评估系统对供应商管理库存实施前后进行评估，如果实施供应商管理库存后的效果比较理想，就可以进行下一个阶段，就继续实施供应商管理库存。如果得出的评估结果不满意，就必须对实施进行完善和调整，直到得出理想的结果。

案例分析

阿里巴巴：B2B环境下供应链管理模式分析

一、引言

进入21世纪以来，随着互联网和计算机技术的广泛普及，我国电子商务也随之得到快速发展。据统计，2014年，我国电子商务市场整体交易规模已超过2.82万亿元，而且从2008年至今，我国电子商务市场交易额每年保持15%～20%的增长速度，可见电子商务这些年来在我国得到了前所未有的发展良机。电子商务主要有商家对商家(B2B)、客户对客户(C2C)、商家对客户(B2C)等形式,商家对商家(B2B)是电子商务中一个重要的运营模式。

商家对商家(B2B)是在互联网的基础上,融合金融和物流等行业组成一个虚拟的、没有实体的交易平台,该平台为商家提供交易信息和交易服务。B2B是目前我国电子商务市场中交易规模最大的一种运营模式,2013年,B2B电子商务交易额占所有电子商务交易总额的50%以上,可见B2B在当前以及未来很长一段时间内都将是电子商务发展的主要模式。在电子商务时代,供应链的竞争也开始依靠电子商务,企业供应链管理需要创新发展,而融入B2B电子商务中的供应链管理模式就是一种创新发展。

阿里巴巴是我国电子商务界的领军企业。阿里巴巴于1998年开始它的创业和发展历程,时至今日,阿里巴巴改变了人们的消费习惯和消费方式,创造了一个崭新的网购时代。阿里巴巴的商业神话基于我国电子商务的迅猛发展,与阿里巴巴同类型的电商企业也在快速成长中,如京东、唯品会、微信支付等,面对当前日益激烈的市场竞争,供应链竞争是企业竞争的一个重要且关键环节,对阿里巴巴来说,应对未来市场竞争的一个对策就是对现有的供应链管理模式进行完善和重构,以此来不断提高阿里巴巴的核心竞争力。

二、B2B供应链的内涵

前文提到,B2B(Business - to - Business)融合金融和物流等行业,通过虚拟的、没有实体的交易平台为商家提供交易信息和交易服务。B2B电子商务模式主要有:以中间市场为主的水平交易模式,这种模式是各行各业的商家集中在一个场所即中间市场来交易,阿里巴巴是水平交易模式的典型;垂直交易模式,这种模式分为上中下游,主体主要是一个行业或者行业相关内的,上中下游的供应商、生产商、经销商形成一个完整的商品生产销售过程。

B2B在目前我国电子商务市场交易规模中占主要份额,2013—2015年这三年中,B2B保持着50%左右的增长率。

供应链是指商品从原材料采购开始到最终成为消费者手上的商品需要经过的一系列涉及制造商、供应商、零售商、分销商和最终消费者的环节,这一系列的环节由此连成一个整体的功能网链,形成供应链。供应链管理就是把链上各环节的企业看作是一个整体,各个企业是这个整体的部分,而对这个整体的管理就是供应链管理。有效的供应链管理可以实现降低企业风险、缩短现金周转时间、增加盈利等目标。

因此,B2B供应链是建立在电子商务基础上,企业或者商家通过互联网交易平台来进行包括物流、信息流和资金流等过程的采购、销售以及协调供应商、客户等业务。

三、电商平台供应链管理模式构建研究

(一)电商平台供应链管理模式构建思路

电商平台供应链管理模式构建应能做到提高供应链系统的快速反应能力、提高供应链核心竞争力以及有效降低供应链运行成本三点要求。如何满足这三点要求?具体包括:

首先要构建合理的物流网格。物流网格组成要素主要有原材料、配送中心、供应商库房、零售商等。物流的多环节性和多分布性,决定了物流服务需要大量的运输和仓储资源,构建合理的物流网格可以将这些资源进行合理配置,避免闲置或空载造成的浪费。此外,物流网格化还可以充分利用信息资源和其他如计算机等资源,使资源合理配置,进而减少对基础设施的投资,省去大量建设成本。

其次,顾客价值是顾客对企业所有产品和服务的感知,它可以推动供应链不断发展和不断完善。因此,要正确感知顾客价值,需要顾客对供应商提出要求,供应商为了获得更大的竞争优势就会根据这些要求不断改进供应链。

(二)电商平台供应链管理模式构建原则、策略和方法

在B2B环境下,供应链管理模式建设都应遵循整体性、高效化以及信息化三大构建原则。整体性原则是指供应链上所有企业有着统一的协调性,这种特性能够有效实现简化、通畅的资金流、信息流和物流,使得供应链上的所有企业拧成一股力量,提升了整体竞争优势;高效化原则是指网络交易平台能够使物流更为高效,同时节约成本;信息化原则是指供应链上的各企业通过网络平台分享和获取信息,使得企业和企业之间的沟通、交流无障碍。只有严格遵循了这三大原则才能使企业在瞬息万变的互联网市场中,提高市场反应速度和灵敏度,以最低的成本获得最大的经济效益。

构建电子商务平台供应链管理模式要遵循“顾客需求”为主和“新型协作”的设计策略。“顾客需求”为主的供应链设计策略侧重于顾客需求,因此供应链的构建就根据顾客需求组织生产和安排物流活动。

供应链的构造方法主要有三种,分别是顺流构造法、逆流构造法、顺流和逆流综合构造法。顺流构造方法从原材料出发(最上游的供应商),由下至上设计供应链流程,直到最终消费者。逆流构造方法是从最终消费者的需求出发,构成从零售商到自身企业的一条供应链。综合构造法根据供应商和市场需求特点来设计,是顺流构造方法和逆流构造方法的综合运用。

四、阿里巴巴供应链管理模式构建研究

(一)阿里巴巴集团主要情况介绍

阿里巴巴是目前中国最大的网络公司。阿里巴巴于2014年在美国上市,成为继谷歌之后的全球第二大网络公司。阿里巴巴旗下主要有淘宝、支付宝、聚划算、天猫、中国雅虎等知名公司,主要经营搜索引擎(雅虎)、C2C(淘宝、天猫和聚划算)、B2B(阿里巴巴)和电子金融(支付宝)四大业务。2015年,阿里巴巴总营业收入达到1 107亿元,相比于2014年的525亿元,营收增长速度超过110%,平均每分钟有20万元左右的创收。截至2015年,阿里巴巴注册用户超过8 000万人,注册企业超过1 000万个。但阿里巴巴淘宝、阿里妈妈、支付宝、阿里软件等未上市,只有B2B部分上市,本文对阿里巴巴供应链管理模式的研究也主要是对B2B部分进行研究。

(二)阿里巴巴供应链管理模式分析

资金流分析。资金流分为支付结算和交易两个环节,这两个环节在整个电子商务交易

活动中占有非常重要的地位和作用，它连接了商家和消费者，是电子商务交易活动得以顺利完成的重要保障。阿里巴巴建立了支付宝用于支付结算环节，支付宝是一个中间交易平台，属于第三方担保，目前支付宝已成为电子商务的一个重要支付手段。支付宝促进了阿里巴巴的资金流发展。

信息流分析。阿里巴巴很早之前就高瞻远瞩地重点建设信息流，阿里巴巴汇集了很多网站的信息，使用户只需要通过阿里交易平台就能够快速获取所需的且是最新、最及时的信息。此外，阿里巴巴还推出了“贸易通”聊天工具，用于企业和企业之间的信息和贸易交流，顺畅的沟通和交流使得企业之间交易顺利进行，对降低成本和提高效率都有帮助。随后，阿里巴巴又推出了会员制的“诚信通”，成为会员的企业或客户可以发布相关信息，进行线上和线下共同推广。

物流分析。传统物流模式受库存限制，而电子商务物流模式不受库存限制，电子商务物流模式可以有效连接各配送点的物流。当前物流主要有第三方物流、物流一体化、自营、物流联盟四种经营模式。阿里巴巴采用第三方物流模式，这种模式可以有效降低阿里巴巴的部分成本，提高物流效率，使其能够集中更多的资金和精力去发展其他业务。但是第三方物流模式也对阿里巴巴的发展产生了一定的负面影响，受制于他人。

除此之外，从阿里巴巴近些年的大动作可以看出，阿里巴巴非常重视供应链管理建设工作。2013 年，阿里巴巴集团董事局主席马云对阿里巴巴供应链进行了大构建，全面整合供应链平台，目标是建成中国乃至全球最大的供应链服务平台。首先是开展供应链金融服务以改变传统银行的做法；紧接着，阿里巴巴重金收购新浪微博 18% 的股份以及高德地图 28% 的股份，通过供应链前端吸引用户；通过淘宝等 B2C 加强对商流的控制；通过支付宝、余额宝等网络金融强化对资金流的控制；启动菜鸟网络强化物流，整合多个快递企业，同时在全国各地进行圈地运动，投资日日顺和海尔等物流公司，并控制多达上万个的县级、乡级、村级物流配送点或服务点，布局阿里大物流。

（三）阿里巴巴集团供应链构建面临的挑战

阿里巴巴自成立到现在，发展势头不可阻挡，建成中国乃至全球最大的供应链服务平台看起来指日可待。但是阿里巴巴整合供应链管理资源、重建供应链管理模式也并非一帆风顺，依然面临着巨大的挑战和风险。

首先，阿里巴巴运用互联网思维来重建其供应链管理模式，这是一种创新发展，对阿里巴巴乃至我国的供应链管理模式都会产生深远的影响。然而有些问题不可忽视，阿里巴巴并非专业做供应链方面业务，其供应链整合完全是靠大量的资金推动，这种非专业单纯依靠外力的构建方式本身就存在着一定的风险。而且目前中国很多企业和个人电子商务意识尚未成熟，做不到完全依靠网上作业，从这点来说，影响到了阿里巴巴电子商务运作的规模经济。

其次，阿里巴巴在重构供应链管理模式中是以第三方身份，即协调供应链管理资源者的身份出现的，物流资产并非全归阿里巴巴所有，阿里巴巴仅仅占有极小部分的资产，因此尽管阿里巴巴在供应链整合方面投入了大量资金，但是其所能获得的收益极少。企业最根本的追求是利益，阿里巴巴也许会考虑到这点，寻找更佳的出路，而不仅仅是把钱投资于第三方物流。如此，阿里巴巴供应链管理重构之路又是疑惑重重，充满变数。

（四）B2B 环境下阿里巴巴构建供应链管理模式的建议

1. 遵循构建原则

供应链管理模式建设要遵循整体性、高效化以及信息化三大构建原则。无论是什么类型的电子商务服务企业，甚至是对实力雄厚的阿里巴巴来说，在 B2B 环境下，都要严格遵循这三大原则，在这三大原则的基础上构建供应链模式才能更好优化资金流、物流、信息流等供应链的各方面，使供应链上的各企业能够顺畅沟通，提高市场反应速度和灵敏度，提升整体竞争优势，以最低的成本获得最大的经济效益。

2. 纳入客户关系管理体系

供应链管理模式应包含阿里巴巴的客户关系管理体系。企业之间的竞争非常激烈，每一个环节都要做到精益求精。阿里巴巴要想在供应链管理竞争中拔得头筹，除了大量投入资金外，还要在一些细节方面加强，将客户关系管理体系归入供应链管理模式中进行重点建设和管理，就是强化细节的体现。客户是电子商务企业发展的根本，与客户建立一种长期稳定的合作关系是客户关系管理体系的根本要求，满足客户不同需求以吸引和留住更多的客户，可以有效提升整个供应链的竞争力。

3. 细化供应链建设体系

细化阿里巴巴供应链体系建设内容。目前阿里巴巴致力于整合供应链管理系统，但是供应链不是做得越大就越好，在做大的同时也要讲究细和精。因此阿里巴巴供应链体系应进一步划分，进行内部和外部供应链体系建设，内外都有、内外兼顾才能使企业获得更好的发展。内部供应链系统建设主要以供应链计划（SCP）和企业资源计划（ERP）系统为核心，进行内部集成化供应链管理。ERP 主要是集成管理阿里巴巴业务流程中涉及采购、订单管理等方方面面。SCP 主要是对采购计划、作业计划以及各项决策业务的集成。外部供应链系统建设即通过电子商务联系供应链中的各企业。通过电子商务平台可以实现有效的信息收集和反馈，进行相关计划和策略的合理安排，同时还可以有效连接企业内部之间和外部之间的供应链关系。

4. 人员安排

分散客服人员和技术人员的地理分布。阿里巴巴总部位于浙江省杭州市，阿里巴巴的主要技术人员和客服人员也都集中在杭州总部。而阿里巴巴的战略发展地图遍布全国各地乃至全球各国、各地区，人员的集中和战略发展的分布不相符。因此在条件允许的情况下，阿里巴巴可合理分散技术人员和客服人员的地理分布，如此既节约成本，又提高技术服务水平和服务效率，增强对客户需求和市场需求的反应速度。同时，通过人员的分散分布，可以提高对不同地区不同市场的信息调查准确度和及时性，并能及时将这些有用的信息反馈给阿里巴巴管理人员，便于管理人员根据不同地区不同的客户需求做出及时调整，提升公司的应变能力，使阿里巴巴逐渐扩大竞争优势。

5. 建立统一的供应链联盟

阿里巴巴目前虽已成为我国最大的网络公司，但它还未停止发展和前进的脚步，其不断扩张、不断发展的战略目标显而易见。那么随着阿里巴巴的不断发展，其供应链所涉及的范围也将不断扩大。在越来越多的供应链成员中，如何有效进行联系、沟通和合作，这就需要建立一个联盟进行集成化管理。这个联盟成员包括各种各样的商家，以及为商家提供各种相关材料的供应商和其他相关机构等。同时，阿里巴巴也需要将自己企业的内部供应链系统和外部供应链系统进行有机集成，使整个供应链体系发挥出最大作用，帮助阿里巴巴在日益激烈的竞争环境中获得更大的竞争优势，继续领跑中国电子商务企业。

五、结论

供应链竞争是企业竞争的一个重要且关键环节，在当前竞争日益激烈的市场环境下，中国最大的电子商务公司——阿里巴巴也面临着严峻的挑战，阿里巴巴要想获得不断发展，就需要对现有的供应链管理模式进行完善和重构，以此来不断提高阿里巴巴集团的核心竞争力。

案例分析题：

根据案例并结合所学知识分析如何正确选择供应链管理模式。

思考题

1. 什么是快速响应？
2. 什么是有效客户响应？
3. 简述 ECR 的四大要素。
4. ERP 系统的功能组成是什么？
5. 简述供应商管理库存实施的前提条件及需要注意的问题。

拓展阅读

请扫描二维码阅读拓展资源。

浅谈电子商务信用体系的建设

附录

物流术语

《物流术语》(修订版)GB/T 18354—2006。扫描二维码可直接阅读或下载。

附录物流术语

参考文献

1. 张成海,张铎,张志强. 条码技术与应用(高职高专分册)[D].2 版. 北京:清华大学出版社,2018.
2. 张成海,张铎,赵守香. 条码技术与应用(本科分册)[D].2 版. 北京:清华大学出版社,2018.
3. 范海明. 电子商务与物流协同发展策略[J/OL]. 现代营销(下刊),2018(01):164[2018-04-28].
4. 刘晏君. 跨境电子商务物流模式创新与发展趋势[J]. 现代交际,2018(03):255-256.
5. 顾明. 电子商务物流[D]. 北京:机械工业出版社,2017.
6. 魏修建. 电子商务物流[D].3 版. 北京:人民邮电出版社,2017.
7. 周长青,付蕾. 电子商务物流[D].3 版. 重庆:重庆大学出版社,2017.
8. 方磊. 电子商务物流管理[D].2 版. 北京:清华大学出版社,2017.
9. 胡辰. 无人机物流配送的相关研究[J]. 现代商业,2017(09):13-14.
10. 陶君成,潘林,初叶萍. 大数据时代城乡物流网络重构研究[J]. 中国流通经济,2016,30(11):22-32.
11. 尚玉冰. 我国智能快递柜发展现状分析[J]. 经营与管理,2016(08):36-38.
12. 王柏谊,孙庆峰. 大数据时代物流信息平台构建与建设对策研究[J]. 情报科学,2016,34(03):52-56+61.
13. 汪旭晖,张其林. 基于物联网的生鲜农产品冷链物流体系构建:框架、机理与路径[J]. 南京农业大学学报(社会科学版),2016,16(01):31-41+163.
14. 许海燕. 浅谈物流与电子商务的关系[J]. 散文百家(新语文活页),2015(12):157+149.
15. 魏利峰,耿佳,赵礼强,徐家旺. 无人机在电商物流领域应用可行性分析[J]. 商场现代化,2015(23):59-61.
16. 刘立华. 智能快递柜自助服务的应用及其发展方向[J]. 物流工程与管理,2015,37(08):54-55.
17. 王嘉琦,邹恩. 基于智能快递柜模式的网购末端物流应用分析[J]. 物流技术,2015,34(05):58-60.

18. 袁学国,邹平,朱军,吴迪. 我国冷链物流业发展态势、问题与对策[J]. 中国农业科技导报,2015,17(01):7 - 14.
19. 梁红波. 大数据技术引领物流业智慧营销[J]. 中国流通经济,2015,29(02):85 - 89.
20. 方凯. 我国农产品冷链物流的发展问题研究[D]. 华中农业大学,2013.
21. 张成海,张铎,物联网与产品电子代码(EPC). 北京:清华大学出版社,2010.
22. 张谦,张铎. 现代物流与自动识别技术[D]. 北京:中国铁道出版社,2008.
23. 张铎. 物流实验教程[D]. 北京:中国铁道出版社,2008.
24. 张铎. 电子商务物流管理实验教程[D]. 北京:高等教育出版社,2006.
25. 张铎,柯新生. 现代物流信息系统建设[D]. 北京:首都经济贸易大学出版社,2004.
26. 张铎,林自葵. 电子商务与现代物流[D]. 北京:北京大学出版社,2002.
27. 张铎,张耀平. 国际物流学[D]. 北京:清华大学出版社,2000.
28. 牛东来,张铎,等. 电子商务理论与实践[D]. 北京:北京理工大学出版社,2000.

教学支持说明

建设立体化精品教材，向高校师生提供整体教学解决方案和教学资源，是高等教育出版社“服务教育”的重要方式。为支持相应课程教学，我们专门为本书研发了配套教学课件及相关教学资源，并向采用本书作为教材的教师免费提供。

为保证该课件及相关教学资源仅为教师获得，烦请授课教师清晰填写如下开课证明并拍照后，发送至邮箱：jingguan@ pub. hep. cn 或 zengfh@ hep. com. cn，也可通过管理类专业教学交流 QQ 群 234904166，进行索取。

咨询电话：010－58581020，编辑电话：010－58581771。

证　　明

兹证明________________大学________________学院/系第________学年开设的________________________________课程，采用高等教育出版社出版的《　　　　　　　　　》(　　　　　　主编)作为本课程教材，授课教师为____________，学生________个班，共________人。授课教师需要与本书配套的课件及相关资源用于教学使用。

授课教师联系电话：____________ E－mail：________________________

学院/系主任：____________(签字)

(学院/系办公室盖章)

20____年____月____日